Die Apokalypsen

Rosel Termolen

Die Apokalypsen

Geheime Offenbarungen aus biblischer Zeit

HOHE

Rosel Termolen (Hrsg.): Die Apokalypsen.
Geheime Offenbarungen aus biblischer Zeit
Titel der Originalausgabe: Die Apokalypsen.
Das Buch der geheimen Offenbarungen

Lizenzausgabe für Verlag HOHE GmbH, Erftstadt

Die Verlag HOHE GmbH ist ein Gemeinschaftsunternehmen
der Herder GmbH & Co. KG, Freiburg, und
BMH Buch Medien Handel GmbH, Erftstadt.

Einbandgestaltung: sowiesodesign.de
Einbandabbildung: Ausschnitt aus dem Gemälde
„Die Barke des Dante“ (1822) von Eugène Delacroix,
picture-alliance/akg-images/Erich Lessing
Redigitalisierung: Bernhard Heun, Rüssingen

Gesamtherstellung: Verlag HOHE GmbH, Erftstadt
Printed in Czech Republic 2007

ISBN 978-3-86756-018-4

Inhalt

Einführung

Die Schau in die Zukunft

Das Bedürfnis, in die Zukunft zu schauen, Kommendes im voraus zu wissen und das eigene Handeln darauf einstellen zu können, ist wohl so alt wie die Menschheit. Es gibt keinen Kulturkreis, keine Epoche des klassischen Altertums, ja der Frühzeit der Menschheitsgeschichte, in dem sich nicht irgendeine Form des Orakelglaubens nachweisen ließe. Die griechische Schule der Stoiker kategorisierte später die Vorausschau, die „divinatio", in zwei Gruppierungen: die „kunstlos-natürliche", also Traum und Hellsehen, und die „künstliche", zu der man die Eingeweideschau bei den Opfertieren, die Deutung des Vogelfluges und der Rißbildung in der Erde rechnete, und vor allem die Astrologie.

Daß man auch bei den Kindern Israels von frühester Väterzeit an der Zukunftsschau große Bedeutung beimaß, beweist die Erzählung von Josephs Traumdeutung am Hofe des Pharao, dem er die fetten und die mageren Erntejahre voraussagte, beweisen vor allem die Prophetentexte bis hin zum Buche Daniel, das, die geschichtliche und nationale Vorausschau überschreitend, schließlich zur „Mutterapokalypse" wurde.

Der einzelne wie die Sippe und der Staat waren an Personen oder Institutionen interessiert, die durch ihre Gabe der Zukunftsschau helfen konnten, wichtige Entscheidungen richtig und frühzeitig zu treffen. Entsprechend hoch rangierte der Schamane, der Priester, der Prophet oder die Sibylle in der gesellschaftlichen Rangordnung.

Das Wort der Propheten

Jüdisches Schrifttum ist von den Anfängen an durch prophetisches Denken, durch Offenbarung geprägt – von jenem Tag an, da Jahwe dem Abraham befiehlt, in ein unbekanntes Land aufzubrechen, von dem Tag an, da die Engel Abrahams Gastfreundschaft genießen und ihm die späte Geburt des Isaak verheißen, von dem

Tag an, da Jahwe sich am Sinai dem Mose offenbart und den Bund des Gesetzes mit dem auserwählten Volk schließt, von dem Tag an, da der Allerhöchste den Noah zum Bau der Arche mahnt ...

Deutlich setzt mit dem Zerfall des davidisch-salomonischen Großreiches das prophetische Schrifttum und die politische Rolle der Propheten ein. Als Assyrien die Herrschaft über Israel und Juda gewinnt, treten jene großen Prophetengestalten ins Bild der Geschichte, deren Namen sich in den unvergänglichen Texten des Alten Testaments manifestieren: Amos und Josea, Micha und Jesaja. Über den Untergang der Reiche, die Zeit des Exils, die Zerstörung des Tempels, die Perser- und die Römerherrschaft hinweg bleibt das prophetische Mahnen Mittelpunkt der jüdischen Tradition, schildert Geschichte und ist Geschichte.

Denn hier ist der Ausgangspunkt für jene Botschaft, mit der Jahrhunderte später das christliche Johannes-Evangelium beginnen sollte: „Im Anfang war das Wort."

Von Anfang an ist das Wort Jahwes Voraussetzung und Inhalt der prophetischen Botschaft, nicht aber Gegenstand theologischer Reflexion. Das „Wort" dient nicht – wie heute – als Mittel, mit dem der eigene Geist sich preisgibt, es ruht vielmehr im Dinglichen, weil ja das Weltbild noch nicht in ein geistiges und ein materielles auseinandergebrochen ist, weil Realität und Imagination noch ineinanderfließen, weil im Bild der Sprache die Welt ihre Wirklichkeit findet, weil erst das Wort die Vorstellung in die Realität bannt.

Die Welt wurde geschaffen, weil Gott das Wort „Es werde" sprach, das Tier wurde existent und verfügbar, als der Mensch es mit einem Namen belegte. Schon das Aussprechen eines Fluches läßt diesen wirksam werden; es bedarf nicht einmal des Zuhörens, wenn Seraja seine Drohung gegen Babylon schleudert, und noch während die Anklage gegen den Pelatja formuliert wird, bricht er tot zusammen ...

Durch das Wort wird die Ordnung des Lebens gegen alle Gefährdung geschützt, wird der „Zauber" wirksam, der die Beute in die Gewalt des Jägers bringt, der das Böse aussperrt, der den Segen für Volk und Familie schenkt. Zumindest Reste dieser urältesten Funktion des Wortes finden sich in der mächtigen – also Macht beinhaltenden – Sprache der Propheten, mag dieses Prophetenwort noch so persönlich, noch so unmittelbar auf die Stunde und die Geschichtssituation bezogen sein. Und dies gilt nicht nur für die Propheten des auserwählten Volkes, nicht nur für den orientalisch-mediterranen Kulturkreis ...

„Dies Wort ist euer Leben", sagt Mose – aber es gilt nicht minder, daß nicht nur Jahwes Zorn tod- und verderbenbringend ist, sondern auch das Prophetenwort, durch das Israels Alltag bestimmt wird. Und weil der Prophet um den vernichtenden Zorneshauch Jahwes weiß, ist für ihn Israels „Vertrag" mit Gott, Gottes „Vertrag" mit Israel weitaus verpflichtender als für die meisten seiner jeweiligen Zeitgenossen, die die unbequeme Strenge des Gesetzes wohl allzu gerne umgangen hätten.

So werden die Propheten das Gewissen des auserwählten Volkes, werden Lehrer und Führer, zugleich aber auch, dem vorangegangenen Geschichtsgeschehen nachlauschend, Wegweiser und Begleiter in die Zukunft. Ihre Verkündigung – oft genug Projektion des Gegenwärtigen in die Zukunftserwartung – soll das Volk Israel auf neue geschichtliche Abläufe einstimmen. Diese Geschichtsbezogenheit der Prophetentexte ist ein entscheidender Schlüssel zu ihrem Verständnis. So weisen Amos und Jesaja auf den drohenden Angriff der Assyrer hin, Jeremia auf die von Norden anrückenden Neubabylonier, Deuterojesaja auf die Perser.

Im Ablauf der Geschichte wird das Handeln Gottes deutlich, darum ist für den Propheten die geschichtsorientierte Zukunftsschau in die theologische Ebene überhöht, wird zur Verkündigung des göttlichen Willens: Ursache und Wirkung fließen ineinander.

Die jüdischen Apokalypsen

Apokalypsen – eine kunstvoll komponierte Mischung aus Legenden und Überlieferungen, aus vermeintlicher oder echter Vision und Phantasie – sind eine jüdische Literaturgattung, die uraltes Wissen und tradierte Weisheit weitergibt, durch die Verkündung des bevorstehenden Weltendes die Hoffnung auf das Ende aller Not nähren und zur Bekehrung aufrufen sollte. Die Niederschrift der Apokalypsen erlebte in der Zeit zwischen etwa 200 vor und 100 nach Christus ihre höchste Blüte. Doch bis heute gibt es keine allgemein anerkannte, unanfechtbare Definition dieses spätjüdischen, in vielerlei Details weit voneinander abweichenden Offenbarungsphänomens, dessen literarischer Wert gelegentlich in

Zweifel gezogen wird, weil zahlreiche spätere Überarbeitungen die ursprüngliche Intention (und sicherlich auch die sprachliche Schönheit) verdecken.

Der rückwirkend auf die ganze Gattung dieser Weltgericht und Zeitenwende verkündenden Jenseitsschau ausgedehnte griechische Begriff „Apokalypse" ist in christlicher Zeit der Überschrift zur Geheimen Offenbarung des Johannes entnommen worden und bedeutet zunächst Entblößung. Was ursprünglich nur im Sinne der körperlichen Entblößung, dem nicht bedeckten Kopf, gemeint war, wird nun im geistig-religiösen Sinn einer Enthüllung künftiger Geschehnisse verwendet, ursprünglich nur in der christlichen Tradition, dann auch für die jüdischen Schriften der Zeitenwende.

Die Frage nach der Herkunft der Literaturgattung Apokalypse gilt noch immer als nicht restlos geklärt und bleibt in vielen Details umstritten. Sie kann als Fortführung des traditionsreichen Prophetismus und der Psalmentexte ebenso eingeordnet werden wie als literarische Sonderform der Weisheitsbücher, an deren Diktion sich manche der apokalyptischen Texte eng anschließen.

Ihre Strukturelemente jedenfalls gehen entsprechend der zeitgeschichtlichen Entwicklungen, des sich wandelnden Verständnisses von Gott, Welt und Mensch, der Interpretation kosmischen Geschehens – das in der ganzen orientalischen Welt hohen Stellenwert genoß – weit über die alttestamentliche Tradition hinaus: Ihr Bogen spannt sich von den Weisheitssprüchen Salomons bis zur wissenschaftlich-fortschrittlichen Schule von Alexandrien.

In der Zwei-Äonen-Schilderung, im kosmischen Dualismus, im Gegensatz der göttlichen und der satanischen Macht, im Engel- und Dämonenglauben, in der Auferstehungslehre werden persisch-iranische Einflüsse spürbar, die Lehre von den vier Reichen führt zu Zarathustra. Die Schilderung bereits erlebter und somit gesicherter Geschichte in Futurform – die den Wahrheitsgehalt der Prophetie und damit die Glaubwürdigkeit des Autors untermauern soll – entspricht ägyptischer wie persischer Denkart. Die Unterweltsschilderung wird vom Hellenismus mitgeprägt, Zahlenmystik und astrologisches Wissen waren lange zuvor in Babylonien beheimatet, die Berechnung des Sonnenjahres und die Verehrung der Sonne als Sinnbild Gottes führen wiederum ins Pharaonenreich.

Um die Zeitenwende war Palästina ja ein Schmelzkessel aller

Kulturen im Vorderen Orient und im Mittelmeerraum. Die verschiedenen Besatzungsperioden feindlicher Übermacht hatten ihre geistigen Spuren ebenso hinterlassen wie die Zeiten des Exils und der Heimkehr; zwischen den in und um Jerusalem und den in der Diaspora lebenden Juden hatten sich, auch wenn beide den überkommenen Lehren weitgehend treu geblieben waren, mentale Unterschiede herausgebildet. Zugleich fing das Judentum an, in immer mehr verschiedene Gruppierungen auseinanderzufallen, in Pharisäer und Schriftgelehrte, in einfache, fromme Seelen und die asketischen Sekte der Essener. So waren die Apokalypsen nicht zuletzt Antwort auf jene vielfältigen Einflüsse, auf die Ausbreitung der bequemeren hellenistischen Lebensphilosophie.

Wandten sich die Sibyllinischen Schriften als eine Art von Missionierungsbotschaft an die Heiden, waren Werbung für den Monotheismus, so waren die Apokalypsen an die Söhne Israels gerichtet. Sie sollten Traditionsbewußtsein und Gesetzestreue des auserwählten Volkes stärken, sie waren Selbstschutz gegen die in der letzten vorchristlichen Epoche immer stärker werdende Auflösung der gemeinsam an Jahwes Gebot gebundenen, die Stämme einigenden Tradition, die durch die einander bekämpfenden Lehrmeinungen gefährdet war. In einer Zeit, einer endlos langen Zeit, in der Bedrohung und Verführung, Glanz und Elend, Kultur und Brutalität aufeinanderprallten, Weltreiche zerfielen und entstanden, mußte das kleine Volk Gottes wie ein Sandkorn zwischen den Mächten zerrieben werden, konnte sich nie frei von Bedrohung fühlen, mußte seine Ängste, die inneren wie die äußeren, in endzeitlichen Bildern formulieren.

Über alle wissenschaftliche Diskussion hinweg gibt es eine Reihe von Merkmalen, die die apokalyptischen Schriften und ihr eschatologisches Gedankengut gegen andere religiöse Literatur ihrer Zeit abgrenzen:

Die anonymen (und nicht identifizierbaren) Autoren wählen ihre Pseudonyme aus der Frühzeit der jüdischen Geschichte, Namen, die jedem dem auserwählten Volk Zugehörigen vertraut sind, mag er im Umfeld der Stadt Davids leben oder in der Diaspora, Namen, in denen sich Gottes Geschichte mit seinem Volk schon einmal manifestiert hat, Namen, die die Kontinuität des Bundes zwischen Gott und den Menschen bestätigen – Adam und Abraham, Isaak und Moses, Baruch und Esra, Jeremias und Henoch ... Diese Pseudo-Anonymität des Autors wird, um der höheren Glaubwürdigkeit willen, stets mit dem Hinweis verbunden, die Erzväter und Patriarchen hätten die Texte dieser ihrer Gesichte und Träume niedergeschrieben, aber es sei ihnen geboten gewesen, die Schriften bis zum Ende der Zeiten geheimzuhalten, zu „versiegeln". Nun aber, da eben dieses Ende der Zeiten unmittelbar bevorstehe, dürften sie herausgegeben werden.

Geschieht die Offenbarung des Höchsten bei den Propheten meist als Audition – „Höre und sage" heißt die vertraute Formel –, so erfährt der Apokalyptiker eine bildhafte Vision: „Komm und sieh." Ekstase oder Traumreise erlebt er meist kurz vor seinem Tod, die Texte werden also zum Testament, zur Lehr- und Mahnrede an die nachkommenden Generationen.

Die Bilder – aus der Natur ebenso übernommen wie aus dem kulturellen Umfeld – haben in der Regel einen symbolischen Charakter, der die besondere Belehrung des Sehers durch einen Engel – bei den christlichen Apokalypsen dann durch Jesus selbst – voraussetzt. Die spürbare Diskrepanz zwischen der überkommenen Bildsprache und der späteren Verwendung in den Apokalypsen wie auch der Fremdeinfluß aus nicht allgemein vertrauten Kulturkreisen machen die Entschlüsselung des verborgenen Heilswissens durch den in Gottesferne lebenden Menschen schwierig, macht einen „Führer" durch die jenseitigen Sphären notwendig. Zugleich soll die Anwesenheit eines solchen hohen Geistwesens die Authentizität der Offenbarung erhöhen und sie gegen negatives Wissen – Magie und Okkultismus – abgrenzen.

Manche Details dieser Bildersprache geben der Forschung bis heute Rätsel auf, was wohl mit der jeweiligen Situation des Entstehens zusammenhängen dürfte. Die Sinnfrage der Menschheit wird gestellt und beantwortet, düster, bedrohend, pessimistisch für den irdischen Äon, voller gläubiger Hoffnung für den jenseitigen.

Bezieht der Prophet sich noch deutlich und klar auf den geschichtlichen Ort, von dem aus er sein Zukunftsbild entwirft, so verschleiert der Apokalyptiker gerade diesen präzisen Ausgangspunkt seiner Schau. Verkündet der Prophet noch eine realistische Hoffnung auf die Besserung der geschichtlichen Abläufe, die Beschwichtigung des zürnenden und strafenden Gottes durch die Umkehr der sündigen Menschheit, so wendet sich das apokalyptische Denken nur noch dem Ende der Zeiten zu, der utopischen Hoffnung auf das Gottesreich.

Für den Apokalyptiker sind die Geschichte der Völker wie der Ablauf der Natur detailliert vorherbestimmt und münden, wenn das Anwachsen des Bösen das zugelassene Maß des Frevels erreicht hat, in den terminierten Untergang der Schöpfung. Die Grundhaltung ist also nur vordergründig pessimistisch, denn sie wird getragen vom Vertrauen in das göttliche Ordnungsprinzip. Die Apokalypsen sind also nicht Drohung, sondern Aufforderung, während dieser Zeit des göttlichen Zornes auszuharren, in der Gewißheit, daß eine Zeit des Segens, des Friedens, der Freiheit anbrechen werde. Sie sind, der jüdischen Weisheitslehre getreu, geschrieben in der Absicht, dem Menschen Hilfe und Hoffnung zu geben in den Schwierigkeiten seines individuellen Seins, der nationalen Not, in der sich nach Jahwes Plan die Macht des Bösen manifestieren darf.

In vielerlei Hinsicht werden die Apokalypsen von den Bildern des dualistischen Prinzips durchzogen, in der Kompensation irdischer Leiden durch die jenseitige Glückseligkeit ebenso wie durch den gequälten Aufschrei und vertrauensvolle Hoffnung. Zwar wird die Terminologie „dieser Äon – jener Äon“ erst in den späteren Apokalypsen wirklich deutlich, doch ist er schon zur Zeit Jesu und vorher vertraut. Die Idee des Dualismus in theologischer Deutung prägt schon die ältesten Offenbarungstexte, etwa wenn bei Daniel die Reiche dieser Welt durch die Symbole des Gottesreiches zertrümmert werden. Denn es gibt keine Kontinuität zwischen der Welt des Menschen und der Welt Gottes, zwischen dem Endlichen und dem Unendlichen. Und dieser theologische Dualismus wird als entscheidender Unterschied zwischen der apokalyptischen Eschatologie und der national gestimmten Endzeitlehre des Rabbinismus gedeutet ...

Noch immer und für immer lebt das bedrängte jüdische Volk um die Zeitenwende in der Hoffnung der Verheißung, durch Gottes Eingreifen möge der Lauf der Weltgeschichte neu in Bewegung gesetzt werden, möge Israel aus dem Niedergang zu einer „Auferstehung“ im Sinne nationaler Macht und Herrlichkeit geführt werden, möge ein „Messias“ kommen, der die Feinde vernichtet und die Stämme eint. Daß diesem neuen Anfang die vollständige Vernichtung des Bisherigen vorausgehen müsse, ist ein logischer Gedanke, der als eschatologische Naherwartung ja auch die Evangelien, die Johannes-Apokalypse und die Apostelbriefe durchzieht, die nicht minder von der historischen Situation, von der hoffnungslosen Lage des besiegten jüdischen Volkes geprägt sind.

Zwar sind noch immer Spuren der uralten Heilsverkündigung lebendig, aber sie bieten nur noch eine illusionistische, keine reale Sicherheit mehr. Hatten auch die heiligen Schriften nach dem Ende der Prophetenzeit immer wieder eschatologische Ängste und Hoffnungen aufgezeigt – Mischungen aus echter Mystik und poetischer Halluzination –, so werden nun die Ängste konkret genannt, werden die Visionen zum realen Spiegelbild einer Zeit, in der Ausweglosigkeit und Sehnsucht einander die Waage halten, werden zum Aufschrei der jüdischen Seele, die noch immer der Erfüllung alttestamentlicher Verheißungen harrt, niedergedrückt ist von Fremdherrschaft, von der Entweihung und Zerstörung ihres Tempels, von der Erkenntnis politischer Ohnmacht.

Nur das Zerbrechen des ersten, des irdischen Äons, also das Ende aller Welten und Zeiten, konnte die Wende bringen, die Heraufkunft des zweiten, des göttlichen Äons. Diesen Äon, die Herrlichkeit des Jenseits und den Glanz des göttlichen Thrones, gilt es zu beschreiben, in visionären Bildern, in geheimnisvollen Bildern, denn die Sprache des Alltags ist zu arm, die himmlischen Sphären zu schildern.

Lange wissenschaftliche Auseinandersetzungen haben den Begriff Eschatologie in das jüdische Weltbild zu interpretieren versucht – vom Sinai-Erlebnis bis zu den christlichen Apostelbriefen wurde die Frage gestellt, ob der Begriff überhaupt erst in den christlichen Texten die uns vertraute Bedeutung erlangte. Womit freilich ihre ursprüngliche, prophetische Aussage in Zweifel gezogen wird. Nun ist aber bei den jüdischen Propheten wie bei den Jüngern Jesu jede Botschaft auf das Weltende eine Naherwartung, immer wieder heißt es ja: „Das Ende ist nahe."

Auf die Prophetenschriften bezogen wird eben diese Naherwartung zum Kriterium späterer Auslegung, wird zur Frage: Beinhalten diese Weissagungen überhaupt eine Vorstellung vom absoluten Weltende? Ist ihr Zeitbegriff dem unsrigen vergleichbar?

Wie kommt der duale Zeitbegriff, die Imagination der Zeitalter – des irdischen und des göttlichen, des sichtbar geschaffenen und des als Ideal dahinter wirkenden – zum Tragen?

Das eschatologische Denken Israels ist immer bestimmt von der Erwählungsverheißung Jahwes und von der politisch-historischen Situation, die eigentlich Gottes umgehendes Eingreifen in die Geschichte notwendig machte – stünde nicht zwischen dem Schöpfer und seinem Geschöpf die offene Frage menschlicher Schuld.

Immer, auch noch als das Zeitalter der großen Propheten in die geschichtlichen Dimensionen zurückgesunken war, blieb Israels Blick auf die Zukunft, auf die Endzeit des irdischen und das Kommen des himmlischen Reiches gerichtet. Durch alle Texte klingt das Hoffen auf ein neues Jerusalem, auf das Kommen eines Gesalbten. Weicht auch – je näher die Zeitenwende rückt – das prophetische Bild der Naherwartung vom Eingreifen Jahwes in die Geschichte Israels, so keimt in der aufkommenden und sich rasch ausbreitenden Apokalyptik noch einmal neue Hoffnung auf, eine andere freilich, weltumspannend, kosmisch ausgerichtet.

So sehr die Apokalypsen im Detail auf das Schicksal des auserwählten Volkes bezogen sind, so deutlich sind sie im Gesamttenor auf das ganze Universum abgestimmt. Die Endzeit muß sich ja auf die gesamte Schöpfung beziehen, auf den ganzen Kosmos. Der Mensch muß sich als Geschöpf, nicht als Angehöriger des auserwählten Volkes vor dem Schöpfer verantworten. Der Zeitpunkt dieses Weltenendes wird in keiner der Vorhersagen deutlich genannt, sondern – wenn überhaupt – hinter Allegorien von Weltepochen oder Schöpfungstagen verborgen. Deutlich wird nur, in der jüdischen wie in der christlichen Apokalyptik, daß eben dieses Ende nahe bevorstehe, daß der jeweilige Leser, an den sich die unterschiedlichen Botschaften richten, in der letzten Epoche der Geschichte lebe.

Immer wieder werden im Kontext der verschiedenen Apokalypsen die gleichen Grundtendenzen deutlich:

Durch die Analyse und die Kommentierung des Gesetzes, durch seine präzise Auslegung, kann alles Unglück als Folge der Sünde definiert werden. –

Aus der Züchtigung, mit der Gott den Ungehorsam des Menschen gegen das Gesetz und den „Gehorsam" gegen die Satansverführung straft, erwächst die Verpflichtung zur Heiligung des einzelnen und der gesamten Schöpfung. –

Jedes Geschöpf ist von der Sehnsucht getragen, daß die Not beendet, der Feind, als Sinnbild des Bösen an sich, vernichtet und der Weg ins Paradies frei werde.

Durch alle Phasen der Verkündigung und der späteren Erforschung mußten sich die Apokalyptiker wohl die Frage gefallen lassen nach der Legitimation zu ihrem kühnen Schritt durch die geheimnisvollen Sphären des Jenseits bis hin zum Thronsaal des Allerhöchsten, über die Verbreitung unbekannten Wissens über die

Hierarchie des Himmels, die Macht und den Glanz der Engel, aber auch über Astronomie, die Geographie fremder Länder.

Eine doppelte Absicherung eben dieser Legitimation gehört daher zum typischen Bild aller Apokalypsen, daß nämlich einerseits die Ordnung des Kosmos sich logischem Forschen entziehe, es andererseits Jahwe zu aller Zeit möglich sei, sich dem Menschen zu offenbaren, durch Träume, durch Visionen, durch die Entrükkung in außerirdische Fernen.

Nicht ihr eigenes mystisches Denken also, sondern die Entschleierung göttlicher Geheimnisse durch die unmittelbare Erleuchtung benennen die Apokalyptiker als Legitimation – und zeigen damit schon im Denkansatz, nicht nur in verschiedenen Formulierungen, eine geistige Nähe zu den Gnostikern, die ihr Verständnis der Weisheitslehren ebenfalls nicht aus menschlichem Forschen, sondern aus der sie blitzartig überkommenden Erkenntnis ableiten.

Obwohl die Apokalyptiker ihren eigenen historischen Standort nicht preisgeben, ihrem Geschichtsverständnis nach auch nicht preisgeben können, läßt sich die Entstehungszeit der Texte einigermaßen sicher eingrenzen. Sie ist in ihrem Kern auf knapp drei Jahrhunderte begrenzt, beginnt um 200 vor der Zeitenwende und endet mit dem 1. nachchristlichen Jahrhundert, läßt man die Epochen späterer Überarbeitung und nachträglicher Redaktion außer acht. Die hohe Zeit der Apokalyptik beginnt um 167 v. Chr. mit der im Alten Testament kanonisierten „Mutterapokalypse", dem Buch Daniel, in dem erstmals das nahe Weltenende gezeichnet, die Suche nach einer theologischen Deutung der Geschichte erkennbar wird. Bei allen anderen Apokalypsentexten sind die Entstehungszeiten keineswegs so präzise gesichert, nicht nur, weil die Forschungsergebnisse einander gelegentlich widersprechen (und jeweils nach neuen Funden entsprechend korrigiert werden müssen), sondern vor allem, weil viele Texte aus Teilen zusammenkomponiert wurden, die in sehr langen Fristen und von unterschiedlichen Autoren verfaßt wurden. Auch daß überkommene Visionen in die Schriften adaptiert und historische Abläufe um der höheren Glaubwürdigkeit willen korrigiert wurden, wenn deren zunächst vorliegende visionäre Formulierung sich als falsch erwiesen hatte, macht die konkrete Datierung schwer.

Zudem sind die Apokalypsen meist nur in Fragmenten und in unterschiedlichen Sprachen überliefert, in Fragmenten, die sich ergänzen oder parallel laufen können, die auf gemeinsame Wurzeln verweisen, aber selten genug identisch sind. Auch ist ein großer Teil der Schriften ja nur aus Übersetzungen bekannt, die des Henoch etwa aus einer äthiopischen Fassung und einer griechischen, die auf Athos gefunden wurde. Und wahrscheinlich gibt es noch manch andere, die für immer verloren ist. Nur dort, wo – um ein Beispiel zu wählen – die Zerstörung des Tempels detailliert beschrieben wird, kann die Entstehung mit Sicherheit nicht vor dem Jahr 79 angenommen werden, wo der Ausbruch des Vesuv genannt wird, nicht vor dem Jahr 70.

Wird etwa das Henoch-Buch (in der äthiopischen Fassung) von der Forschung auf 150 v. Chr. angesetzt, so wird man davon ausgehen können, daß diese Schriftensammlung eine sehr lange Entstehungsgeschichte hat und erst in der Mitte des zweiten vorchristlichen Jahrhunderts die Endredaktion erfolgte, daß dann auch jahrhundertelang tradierte Formulierungen partiell neu gestaltet wurden.

Die geistige Nähe zu den Traumdeutungen des Joseph oder des Daniel, die erst später üblich gewordene Periodisierung der Geschichte, läßt viele Terminierungen offen, wobei lediglich die eschatologische Komponente neu hinzukommt. Neben Patriarchen-Texten wurde unter den Schriftenrollen von Qumram auch ein Fragment zum Henoch-Buch entdeckt, das eine früher zwar vermutete, aber nicht beweisbare Nähe zu den Essenern andeutet, wenngleich andere Stilelemente dem widersprechen.

Bei vielen durch diese kleine Episode angedeuteten offenen Fragen nach Entstehungszeit und Autorenschaft der Apokalypsen dürfte doch als erwiesen gelten: Sie wurzeln nicht nur in der prophetischen Überlieferung, sondern auch in der Tradition der Weisheitsbücher. Sie sind historisch eine letzte Aktualisierung jahrhundertealter esoterischer Überlieferungen, vermitteln eine Vorstellung von der Transzendenz der Heilsgeschichte, von der Auslegung kanonischer Schriften und Traumgesichte, die nun durch eine gewisse Systematisierung und geheime Ordnungsprinzipien überhöht werden sollten.

Die christliche Apokalyptik

Nicht allein die Entstehungszeit verklammert die spätjüdische mit der frühchristlichen Apokalyptik – sie sind in einem Kulturkreis, aus einer Tradition, aus einer gemeinsamen Not und einer gemeinsamen Hoffnung erwachsen. Die Jünger Jesu – wie er selbst – sind in der jüdischen Tradition erzogen, und auch die Wurzel der christlichen Evangelien ist jüdischer Herkunft. Nicht wenige zentrale Aussagen der Evangelien stammen aus den Texten des Alten Testaments.

So oft es auch in den kanonischen Schriften betont werden mag, daß der Herr und seine Jünger etwa das Passah-Mahl feierten, daß Jesus den Tempel besuchte, als Kind schon in ihm dargestellt wurde und dort lehrte – wir pflegen für gewöhnlich sein Leben aus der Tradition Israels herauszulösen, statt dort dessen Ursprung, dessen Geist zu sehen.

So versteht es sich fast von selbst, daß wir auch die Schriften der Apostel ebenso vordergründig aus dieser Tradition herauslösen wie die frühchristlichen Apokalypsen.

Aber: Waren nicht auch die Hoffnungen, die die Jünger in den Herrn, in den Messias, setzten, zunächst Hoffnungen, die auf einen Sieg über die Römerherrschaft gerichtet waren? War die Depression, die die junge Gemeinde nach Golgota befiel, nicht Ausdruck des Zerbrechens eben dieser Hoffnung?

Die frühchristlichen Schriften, die frühchristlichen Apokalypsen sind in ihrer Grundstruktur jüdische Apokalypsen.

Diese Nähe der jüdischen und der christlichen Apokalypsen erklärt sich sicherlich nicht nur aus der von Juden und Urchristen gemeinsam erfahrenen leidvollen Geschichte Palästinas – der römischen Besatzung etwa, der Zerstörung des zweiten Tempels, dem Rebellenaufstand und der Einnahme von Massada –, sondern nicht weniger aus dem gemeinsamen Diaspora-Umfeld. Um die Mitte des 1. Jahrhunderts, also zur Entstehungszeit der ersten christlichen Apokalypsen, lebten, niedrig geschätzt, rund vier Millionen Juden im ägyptischen, griechischen oder römischen Herrschaftsbereich und höchstens anderthalb Millionen innerhalb der alten Grenzen Israels.

Wie deutlich verrät allein das Jenseitsbild des Christentums diese orientalisch-breite Wurzel: Bis ins Mittelalter finden wir die detaillierte hellenistische Beschreibung der Höllenqualen wieder oder – der jüdischen Eschatologie entsprechend – den Glanz der Himmel, die fatalistische Vorherbestimmung des menschlichen Schicksals, dem Pharaonenbrauch entnommen die futuristische Darstellung erlebter Geschichte und schließlich das schon aus dem ägyptischen Totenbuch bekannte Gericht über die Seelen der Abgeschiedenen. Finden und verwenden wir die Bildersprache der Gleichnisse Jesu ...

Selbst die Visionen einer Hildegard von Bingen zeigen – im 12. Jahrhundert – das aus den jüdischen Apokalypsen vertraute Szenarium. Es ist gesichert, daß Dante Alighieri die nicht kanonisierte Petrus-Apokalypse mit ihren Höllenschrecknissen kannte, als er in seiner „Göttlichen Komödie“ das Inferno beschrieb. Und woher wohl haben die Bildhauer der Romanik ihre Phantasie genährt, als sie die Bestiensäulen gestalteten, die Dämonenfratzen an Kirchenportale oder – später, während der gotischen Periode – auf die Pfeiler der Dome setzten? Und nicht nur die Höllenbilder eines Hieronymus Bosch machen die apokalyptischen Bilder noch einmal sinnenhaft erfahrbar ...

Krieg, Revolution, die Bedrohung durch einen übermächtigen Feind und seine immer gefährlicher werdenden Waffen, Hungersnot, Dürre, Krankheit, Seuchen – wer verstünde nicht auch in unserer, zweifellos nicht weniger ungesicherten Zeit die Angst des Menschen, seine Sehnsucht nach einer friedvollen, von Gerechtigkeit und Liebe geprägten Welt? Wer verstünde nicht die Angst vor Feuer und Folter, vor Haß und immerwährendem Leid, vor den geheimen Kräften der Natur? Das Gedankengut der Apokalypsen hat seine Wurzeln nicht nur in diesen Urängsten, zeitbezogenen und zugleich zeitlosen Ängsten, es ist auch ein Spiegel der Zeit, in der es entstand, ein Spiegel der Gerichtspraxis und der Folterqualen. In alle Visionen aller Zeiten ist das Wissen eingeflossen um das, was Tag für Tag erlebt und erlitten wird.

Lange Zeit ließ sich die theologische Erforschung der Kirchengeschichte und des Schrifttums von dem Gedanken leiten, das sich erst nach der Zerstörung des Jerusalemer Tempels formierende jüdisch-orthodoxe Denken ließe sich nicht in die Apokalyptik christlicher Prägung integrieren. Im Prinzip beherrschte diese generelle Einengung des Begriffes Apokalyptik noch weitgehend das 19. Jahrhundert, ehe die Funde von Nag Hammadi, von Hakhim und schließlich von Qumram und deren Erforschung die innere Verwandtschaft, ja die Verwurzelung der christlichen in den jüdischen Offenbarungen unübersehbar deutlich werden ließ.

Wirklich eigenständige Werke stellen – weder in theologischer noch in literarischer Hinsicht – also die christlichen sowenig wie die gnostischen Apokalypsen dar. Sofern sie nicht überhaupt als reine Adaptionen jüdischer Vorlagen gelten müssen, lehnen sie sich an deren Inhalte in so ausgeprägter Form an, daß eine Trennung zwischen jüdischer und christlicher Apokalyptik umstritten bleibt und umstritten bleiben muß.

Auch die als einzige in das Neue Testament aufgenommene Apokalypse, die Geheime Offenbarung des Johannes, bedient sich in der Darstellung der Thronsaal-Herrlichkeit wie der Bestrafungsschrecknisse der Vision der Himmelskönigin oder des Drachens und zahlreicher anderer Bilder jüdisch-orientalischer Mythologie. Von den jüdischen Apokalypsen freilich unterscheidet sie ein wesentliches Merkmal, ein Merkmal, das sie aber auch von vielen christlichen Apokalypsen trennt: Der Verfasser bezieht seine Legitimation, seine Glaubwürdigkeit nämlich nicht aus einer geborgten Identität, sondern nennt sich beim eigenen Namen, aus seiner individuellen prophetischen Berufung.

Und aus seiner detaillierten Beschreibung der Verhältnisse in der Gemeinde geht die eigene Stellung hervor, so wie er Patmos als Entstehungsort seiner Schrift nennt, wo er wohl nicht – wie oft angenommen wird – als Verbannter lebte, sondern eher als geachtetes Mitglied der christlichen Gemeinde, vielleicht sogar als deren Vorsteher.

Gegen Ende des 1. Jahrhunderts entstanden, hat auch diese Apokalypse den traditionsgebundenen Zweck, die Empfänger, also jetzt die Christen, zum Ausharren in ihrer Notlage zu ermuntern, sie durch die Naherwartung aus Weltenende und Gottesherrschaft zu trösten. Und dieses Ende ist, wiederum ist die Parallele überdeutlich, unabänderlich vorherbestimmt. Neu und ohne vergleichbare Parallelen zu anderen Apokalypsen – auch des neutestamentlichen Bereichs – ist lediglich die Darstellung des Lammes Christi, das durch die Lösung der sieben Siegel die Endzeit inauguriert.

Die Existenz einer sogenannten Petrus-Apokalypse – die vermutlich in der ersten Hälfte des 2. Jahrhunderts in Ägypten entstand – wurde bereits in frühchristlichen Schriften erwähnt, bei Eusebius etwa oder bei Clemens von Alexandrien. Aus den verschiedensten Quellen wird deutlich, daß die Petrus-Apokalypse, obwohl sie nicht in den offiziellen Kanon aufgenommen wurde, gleichermaßen im römischen wie im palästinensischen Christentum bekannt und hoch geschätzt war, daß sie die Vorstellungen der jungen Kirche von Himmel und Hölle entscheidend mitbeeinflußte. Nicht zuletzt wohl, weil der Autorenname – oder das Autorenpseudonym? – den Apostel Simon Petrus als Verfasser vermuten ließ.

Tatsächlich nachgewiesen werden konnte die Existenz der Schrift aber erst im ausgehenden 19. Jahrhundert, als nämlich 1887 in einem Grab im oberägyptischen Akhim wesentliche Teile der Schrift gefunden wurden. Wenig später kam auch eine äthiopische Fassung ans Licht, die vermutlich auf den griechischen Urtext zurückgeht. Zwei weitere Fragmente, ein arabisches und ein koptisch-gnostisches – aus Nag Hammadi stammend –, sind mit dem Akhim-Text nicht identisch, weisen auch kaum Parallelen auf.

Inwieweit der gefundene Text tatsächlich vollständig ist, bleibt bis heute umstritten, Anfang wie Schluß fehlen wohl noch immer. Das eingangs erwähnte, aber nicht vorhandene Gespräch zwischen Jesus und Petrus läßt auf einen beträchtlich größeren Umfang des Werkes schließen. Nicht einhellig war lange Zeit auch die wissenschaftliche Meinung, ob es sich bei dem Text um einen Teil des sogenannten Petrus-Evangeliums oder eine eigenständige Apokalypse handelt; letzteres wurde erst zur Gewißheit, als die äthiopische Textfassung vorlag, deren Parallelen zum Fund von Akhim unübersehbar waren.

Fast eigenartig berührt es daher wohl den späten Leser, daß von den vielen apokalyptischen Texten, die im jüdischen wie im christlichen Umfeld entstanden sind, nur Bruchteile in die kanonischen Schriften eingingen. Diesen Ausschluß freilich sollte man weder als theologische noch als literarische Geringschätzung werten. Die Texte sind in der Regel von großer theologischer Tiefe und sprachlicher Schönheit. Der Ausschluß speziell von jüdischen, aber auch von christlichen Offenbarungstexten erfolgte oft erst lange nach deren Entstehung und Verbreitung, oft genug nur eines Streites zwischen verschiedenen Lehrmeinungen und Auslegungspraktiken wegen.

Apokalyptische Texte jüdischer Herkunft wurden nicht zuletzt aus den kanonischen Verzeichnissen um einer Talmud-Formulierung willen gestrichen, die besagt: „Wer vier Dinge zu ergründen sucht, was sich in der Tiefe und in der Höhe befindet, was vorher gewesen ist und nachher sein wird, der wäre besser nicht geboren." Für die christliche Selektion spielen die Sektengruppierungen der Urkirche eine bedeutende Rolle, deren Berufung auf eine einzige Stelle des apokryphen Schrifttums Grund genug war, dieses in seiner Gesamtheit abzulehnen.

Und wenn denn auch nur eine einzige Apokalypse aus frühchristlicher Zeit in das Neue Testament aufgenommen wurde, die Geheime Offenbarung des Johannes nämlich, nahmen Schriften und Gedanken, die nahes Weltende, Gottesgericht, himmlische Seligkeit und Höllenqualen verkündeten, im Christentum von Anfang an einen breiten Raum ein, kennzeichnen die Gleichnisse Jesu, die Evangelien, die Apostelbriefe, die Schriften der Kirchenlehrer und die Anfänge des Mönchtums.

Der katholische Kanon, 1545 im Konzil von Trient festgelegt, anerkennt 45 alttestamentliche Schriften als authentisch, der jüdische Kanon, dem die evangelische Kirche folgt, nur 39 – dort wird etwa ein Großteil des Buches Daniel oder das zweite Makkabäerbuch ausgesondert. Diese sechs ausgesonderten Schriften wiederum werden von der katholischen Tradition als deuterokanonisch, also dem jüdischen Kanon folgend, eingestuft.

Manche der apokryphen Schriften, die in der späteren Entwicklung abgelehnt wurden, hatten in der Urkirche durchaus ihre Tradition, die Esra-Schriften etwa oder das Henoch-Buch, das noch heute Teil der offiziellen äthiopischen Bibelübersetzung ist. Auch in der berühmtesten lateinischen Bibelfassung, der Vulgata, finden sich Formulierungen aus den Esra- und den Manesse-Schriften, die sogar in das früheste Meßbuch Eingang fanden.

Viel entscheidender als die Aussonderung mancher Schriften aus dem Kanon wirkte sich sicherlich die starke und oft dem Urtext qualitativ keineswegs adäquate Bearbeitung aus, die die geistig-theologische Kompetenz ebenso in Frage stellt wie den sprachlichen Glanz. Gerade die Sibyllen-Bücher und die Patriarchen-Testamente bieten dafür entsprechende Beispiele. Der Grund für diese formale und inhaltliche Verflachung mag in vielen Fällen in der Unkenntnis der altjüdischen Überlieferung zu finden sein, auch in dem gutgemeinten missionarischen Bestreben, an renommierte Autoren anzuknüpfen, selbst wenn die eigene literarische oder theologische Qualifikation dem nur in geringem Maße entsprach. Fehlinterpretationen, mißverständliche Bilder, Symbolverfälschungen waren die unweigerliche Folge und brachten so manchen frühchristlichen Apokalypsentext in ein zwiespältiges Licht.

Zu den frühchristlichen Apokalypsen wird auch der Text „Hirten des Hermas" gerechnet, obwohl ihm die typischen Merkmale der Literaturgattung fehlen. Immerhin war diese Schrift kurzfristig kanonisch anerkannt und noch lange zum privaten Gebrauch zugelassen. Der Titel bezieht sich auf eine der „Führer"-Gestalten, die im Text auftreten. Das griechische Original des Textes ist nicht erhalten, aber drei fragmentarische Handschriften sind überkommen, zwei vollständige lateinische Fassungen und eine äthiopische Übersetzung sowie Teile einer koptischen und einer persischen Version. Entstanden sein dürfte der Text Mitte des 2. Jahrhunderts in Rom, wo der Bruder des Autors ein Amt in der christlichen Gemeinde innegehabt haben dürfte, wenn auch nicht gerade das eines Bischofs, wie es im Text angedeutet wird. Interessant ist, daß hier eine Sibyllengestalt als Symbol der Kirche gedeutet wird, die Anweisungen zur Ausbreitung der Schrift gibt. Wenn im späteren Text die erklärende Sibylle durch einen Hirten ersetzt wird, so weist das – wie einige andere Stilelemente – darauf hin, daß auch hier, wie in so vielen Apokalypsen, ursprünglich verschiedene Texte zu einer Schrift zusammengefaßt wurden.

Testament der zwölf Patriarchen

Auch das den apokryphen Apokalypsen zugerechnete Testament der zwölf Patriarchen weist, wie der Text des Hirten des Hermas, nur wenige der für die Apokalypsen typischen Stilelemente auf. Jedes der Testamente enthält die Lebensgeschichte eines der jüdischen Stammväter, dazu moralische Belehrungen und Weissagungen, von denen sich allerdings nur zwei auf das Geschehen der Endzeit beziehen, die übrigen weitgehend auf das zu erwartende Schicksal der jeweiligen Stämme. Die sehr unterschiedlichen Inhalte und Gedanken lassen sich durch die sich über Jahrzehnte – nach manchen Forschungsergebnissen über rund zwei Jahrhunderte – hingezogene Entstehungszeit und die verschiedenen Lehrrichtungen zuzuordnenden Autoren erklären. Die Texte wurden wohl systematisch gesammelt und nachträglich, Mitte des 1. Jahrhunderts, mit den moralischen Belehrungen ergänzt.

Im wissenschaftlichen Streit ist die Frage, ob die Testamente rein christlicher Herkunft sind oder ob jüdische Originale überarbeitet wurden, nicht restlos geklärt, denn selbst nach Entfernung der christlichen Einschübe bietet sich kein einheitliches Bild. Die Deutung der Herkunft wird durch die unterschiedlichen Sprachfassungen der Fragmente erhöht; nach dem 10. und vermutlich vor dem 15. Jahrhundert wurde eine griechische Fassung entdeckt. Eines der Testamente ist in hebräischer Sprache erhalten, auch slawische und armenische Fragmente wurden gefunden, aus allen aber wird letztlich auf eine verschollene semitische Urfassung geschlossen.

Die Esra-Apokalypse

Eine starke christliche Überarbeitung, vermutlich um 120 vorgenommen, verrät auch der tradierte jüdische Text der Esra-Apokalypse. Diese im Altertum am weitesten verbreitete Apokalypse, in der griechischen Fassung durch eine erkennbare Verstümmelung von Namen und Begriffen gekennzeichnet, ist in lateinischer, syrischer, äthiopischer, armenischer und arabischer Übersetzung erhalten. Unübersehbar ist die Nähe zur Baruch-Apokalypse. Ursprünglich dürfte der Text an die letzten Prophetenschriften von Zacharias, Hageas und Melachias angeknüpft haben, die etwa um 500 v. Chr. aufgetreten sind. Der enge Zusammenhang mit einer verlorengegangenen Chronik aus der Zeit des babylonischen Exils wird deutlich vermutet, die Beschreibung der Ereignisse bis zur Zeitenwende dürfte dann einer jüdischen Bearbeitung entsprechen, der wiederum sich ein christlicher Autor für die eschatologisch orientierte Endredaktion bediente. Eine unzweifelhaft alttestamentliche Tendenz ist die hier so deutlich wie nirgendwo sonst angesprochene Theodizee-Problematik, also die Frage des Menschen, warum Gott dem Bösen so große Macht eingeräumt habe und wie das dadurch bedingte menschliche Versagen mit dem Wesen der göttlichen Gerechtigkeit vereinbar sei.

Die Himmelfahrt des Jesaja

Die Himmelfahrt des Jesaja gilt als ältestes Beispiel für die Ineinanderarbeitung jüdischer und christlicher Texte. Die jüdische Legende, König Manasse habe den Propheten mit einer Baumsäge töten lassen, wird durch eine Weissagung über das Kommen Christi, sein Leben und Sterben, über die Einsetzung der Kirche und deren Verfolgung christianisiert, auch die Vision Jesajas über die himmlischen Sphären verrät deutlich eine spätere Bearbeitung – im 2. Jahrhundert – durch einen christlichen Autor. Neben christlichem ist auch umfangreiches gnostisches Gedankengut erkennbar, beispielsweise wenn die Beherrscher der Unterwelt beschrieben werden oder der Weg des Messias durch das Totenreich und seine Auffahrt in den Himmel, durch die er den abgeschiedenen Seelen den Weg zum Vater öffnet.

Der ursprünglich griechische Text ist in äthiopischer Übersetzung erhalten, dazu wurden Fragmente in der Originalsprache und in lateinischer Version gefunden.

Die Bartholomäus-Apokalypse

Wohl vor allem der Legitimation der entstehenden christlichen Hierarchie sollte die Bartholomäus-Offenbarung dienen, die neben der Begnadigung von Adam und Eva im Endgericht von der Stellung Petri als „Erzbischof der Welt" erzählt. Der Text ist in koptischer Fassung erhalten und zeigt, möglicherweise als Teil des apokryphen Bartholomäus-Evangeliums, gnostische Einflüsse.

Die Stephanus-Apokalypse

Die Stephanus-Apokalypse, vermutlich auf einer verschollenen älteren Schrift basierend, wurde um 400 von dem Presbyter Lucian in griechischer Sprache abgefaßt und ist im Decretum Gelasianum unter die mit großer Entschiedenheit abzulehnenden Schriften eingereiht. Ihren Namen verdankt die Schrift dem mißverstandenen Textanfang über die Auffindung der Stephanus-Reliquien.

Die Apokalypse des Philippus

Nicht erhalten ist eine Apokalypse des Philippus, die in einem frühen irischen Text erwähnt wird. Nach der dort erzählten Legende wurde dem Philippus während des Martyriums die Zunge herausgeschnitten, wuchs aber wieder nach, weil er nicht aufhörte, die Wunder der Schöpfung, des Himmels wie der Erde, zu preisen und die Schrecknisse der Hölle auszumalen, die er in einer Vision gesehen hatte.

Die Zacharias-Apokalypse

Zu den unsicheren „Quellen" der frühchristlichen Apokalyptik gehört eine Zacharias-Offenbarung, die nur in frühen Verzeichnissen enthalten ist, dann aber wohl verlorenging. Vermutlich ist der Text, der die Kindheit des Täufers und den Tod seines Vaters Zacharias erzählt, erst im 3. Jahrhundert entstanden. Soweit die vorhandenen Quellen einen Rückschluß zulassen, wird auf eine Zusammenstellung und dichterische Ergänzung von Texten aus dem Matthäus- und dem Lukas-Evangelium sowie dem Protevangelium Jakobi geschlossen.

Die Sibyllen

Die erste Wahrsagerin, die wohl den Frauennamen Sibylla getragen haben dürfte, ist aus der griechischen Frühgeschichte bekannt. Zwar findet sich erst im 4. vorchristlichen Jahrhundert eine auf sie bezogene Inschrift, Heraklit aber nennt ihr Wissen „auf tausend Jahre weit", also in die nicht mehr erforschbare Vorzeit zurückreichend. Aus dem Eigennamen dieser Sibylla mag schließlich die tradierte Gattungsbezeichnung geworden sein. Sibyllen können Griechinnen, Römerinnen, Hebräerinnen sein, können aus Libyen, Babylon oder Ionien stammen. In enger Beziehung stehen die einen – als Tochter, Schwester oder Gattin – mit Gott Apoll, als Enkelin oder Schwiegertochter die anderen mit Noah.

Selbst nach dem Verfall der großen Orakelstätten – dem griechischen Delphi oder dem römischen Cumae – bleiben, nun als vielzitierte Überlieferung, die Weissagungen der Sibyllen lebendig, wobei glaubwürdige Orakel in der klassischen Form des Hexameters abgefaßt sein mußten, denn auch deren „Erfindung" (rund 4000 sind erhalten) wurde dem hohen Wissen der prophetischen Frauen zugeschrieben.

Nicht nur in Rom, wo die Beratung der Cäsaren und des Senats zu den Aufgaben der Prophetinnen gehörte, verstärkte man – als die alten Schriften beim Brand des Kapitols im Jahr 83 vor Christus verlorengingen – die Neusammlung der tradierten Formulierungen vielfältig durch aktuelle und situationsbedingte Neufassungen.

Typisch für das sibyllinische Orakel blieb dabei, daß es sich niemals um klare, unmißverständliche Voraussagen handelte, sondern stets um Lebensweisheiten, um dunkel-geheimnisvolle Formulierungen, die Ursachen und mögliche Folgen nannten und dem Fragesteller die Deutung überließen: „Wenn – dann ..."

In allen, vor allem aber in den späteren Epochen der Geschichte waren die sibyllinischen Schriften nicht zuletzt ein Mittel der politischen wie der religiösen Propaganda. Deutlich wird dies nicht zuletzt an den jüdisch-christlichen Sibyllenschriften, die etwa im gleichen Zeitraum entstanden wie die Apokalypsen und die in vielem den heidnischen Orakelschriften nachempfunden sind, griechische wie ägyptische, phönizische, äthiopische Einflüsse ebenso aufweisen wie chaldäische, persische oder kretische. Göttermythen lassen sich ebenso entdecken wie Zahlenorakel oder Wortspiele, etwa wenn die vier Buchstaben des Namens Adam mit den vier Himmelsrichtungen der Schöpfung interpretiert werden. Verbunden mit den Weissagungen eines künftigen Weltgerichts kämpfen die jüdischen Sibyllen gegen die Götzen der Nachbarvölker und der Unterdrücker, propagieren den monotheistischen Glauben mit großem Missionierungseifer.

Nicht anders verfährt nach der Zeitenwende das frühe Christentum, dessen Sibyllen-Apokalypsen nicht minder deutlichen Verkündigungs- und Überzeugungscharakter haben. Wobei man noch zu Zeiten der frühen Kirchenväter sich nicht scheute – wiederum nach historischem Vorbild – das bereits erlebte und in den Evangelien festgeschriebene Geschehen in die Form der Zukunftsschau zu kleiden, um der eigenen Botschaft größere Glaubwürdigkeit zu sichern.

Unter dem Sammlungstitel der Sibyllinischen Bücher ist somit eine Fülle unzusammenhängenden und situationsbezogenen Materials aus nahezu fünf Jahrhunderten überkommen, aus den verschiedensten Kulturen und Epochen. Wenn man einigen Texten eine gewisse Konfusion nicht absprechen kann, sollte die Frage der späteren Bearbeitung und Adaption nicht außer acht gelassen werden.

Von 14 Büchern, die heute von der Forschung gezählt werden, waren bis zum Beginn des 19. Jahrhunderts nur acht bekannt. Die Ausweitung und Unterscheidung der Titel erfolgte erst durch die intensive und kritische Bearbeitung verschiedener Kirchenväterschriften, wobei manche Zuschreibungen allerdings bis heute nicht oder nur teilweise gesichert sind. Und die Willkür mancher nachträglicher, sinnverändernder wie sinnentstellender Einschiebungen, wie etwa über das Wirken des Mose oder Jesu, hinderten die kirchliche Tradition nicht, sie als echte Prophezeiungen zu tradieren.

Apokalypse des Abraham

Abraham zweifelt an den alten Göttern

Buch der Offenbarung an Abraham, den Sohn des Therach und den Enkel des Nachar, der ein Sohn des Serug und ein Enkel des Reus war, dieser wieder der Sohn des Arphaxad und der Enkel des Sem, dieser des Noahs Sohn und des Lamech Enkel, welcher der Sohn des Methusalem und Enkel des Henoch war, des Sohnes von Jared. An jenem Tag, da ich den Dienst an den Götterfiguren meines Vaters Therach und seines Bruders Nachor versah, wollte ich erkunden, wer denn in Wahrheit der einzige und starke Gott ist.

Damals, als es meine Aufgabe war, die Götter meines Vaters Therach aus Holz und Stein, aus Gold und Silber, aus Erz und Eisen zu verehren, fand ich den Steingott Merumat vornübergestürzt und zu Füßen des Eisengottes Nachon liegend. Mein Herz war bei diesem Anblick verwirrt, denn ich erkannte, daß ich nicht in der Lage sein würde, ihn alleine wieder an seinen Platz zu bringen, denn er war aus einem großen und schweren Stein. So ging ich zu meinem Vater und berichtete ihm, und er ging mit mir.

Als wir ihn zusammen auf seinen Platz zurückstellten, brach der Kopf ab, wo ich ihn festgehalten hatte. Wie nun mein Vater Merumats Kopf sah, rief er mich: Abraham! Und ich antwortete: Da bin ich. Da sagte er zu mir: Hole mir ein kleines Beil aus dem Haus. Ich holte es ihm. Und er schlug aus einem anderen Stein einen neuen Merumat, aber ohne den Kopf. Er setzte ihm dann den abgebrochenen Kopf auf und zerschlug die vorherige Merumat-Figur.

Das Schicksal der Götzen

Mein Vater schuf noch fünf andere Götzenfiguren. Er gab sie mir, damit ich sie auf den Straßen verkaufen sollte. Da sattelte ich den Esel meines Vaters und befestigte die Götzenfiguren daran. Zum Verkauf ging ich in das Gasthaus. Dort traf ich Kaufleute aus dem syrischen Fandana, die mit ihren Kamelen auf dem Weg nach

Ägypten waren, um Papyrus zu holen vom Nil. Wir kamen miteinander ins Gespräch.

Da brüllte eines der Kamele so laut, daß der Esel erschrak und davonlief. Die Götterfiguren wurden abgeworfen, und drei von ihnen zerbrachen, zwei blieben unversehrt. Als die Syrer jetzt sahen, daß ich Götterfiguren hatte, sagten sie zu mir: Warum hast du uns nicht gesagt, daß du Götter hast. Wir hätten sie dir abgekauft, ehe der Esel das Gebrüll des Kamels gehört hat. Dann wären sie nicht zerbrochen.

Gib uns jetzt wenigstens die anderen Figuren. Für die zerbrochenen Götter zahlen wir dir einen angemessenen Preis, genau wie für die unversehrten. Mich aber quälte tiefer Kummer im Herzen, wie ich meinem Vater den geringeren Erlös erklären sollte. In den Gurfluß warf ich die drei zerbrochenen Figuren, sie sanken in die Tiefe und verschwanden.

Die Bedenken Abrahams

Noch unterwegs kamen mir schlimme Gedanken in den Sinn. Ich fragte mich, ob es böse sei, was mein Vater tut. Ist nicht er der Gott seiner Götter? Die Figuren entstehen doch durch seine Kunstfertigkeit, durch sein Schnitzen und Drechseln. Sollten nicht sie, die nur Gebilde aus seiner Hand sind, eher ihn anbeten? Sind die Werke meines Vaters nicht ein Trugbild?

Als Merumat niederstürzte, konnte er sich nicht einmal in seinem eigenen Tempel mehr erheben. Ich schaffte es nicht, ihn aufzurichten, bis mein Vater dazukam und wir ihn gemeinsam hochhoben. Und weil wir selbst da noch zu schwach waren, brach auch noch sein Kopf ab. Mein Vater setzte ihn auf den Rumpf eines anderen Steingottes, den er gemeißelt hatte.

Auch die anderen Götzenbilder wurden durch den Esel zertrümmert, sie konnten sich weder selbst retten noch den Esel bestrafen, der sie zerbrochen hatte, noch tauchten ihre Trümmer aus dem Fluß wieder auf. In meinem Herzen dachte ich: Wenn das so ist, wie kann dann Merumat, das Götzengebilde meines Vaters, einen Menschen erretten oder das Bittgebet eines Menschen erhören oder ihn belohnen, wenn er doch bloß aus dem Kopf eines fremden Steines und selbst aus einem anderen Stein besteht.

Abrahams Unterhaltung mit dem Vater

In Gedanken versunken kam ich heim ins Haus meines Vaters, versorgte den Esel mit Wasser und Heu, nahm das Geld und brachte es Therach, meinem Vater. Er freute sich und sagte: Du hast die Götterbilder verkauft, und meine Arbeit war nicht umsonst. Die Götter segnen dich, Abraham.

Da sagte ich: Höre, Vater Therach. Du hast diese Götterbilder gesegnet. Aus deiner Hand haben sie ihr Leben, also bist du ihr Gott. Ihr Segen bringt Verderben, und nutzlos ist ihre Hilfe. Sie können sich selbst nicht helfen, wie sollen sie dir helfen oder mir Segen schenken? Ich konnte dir in dieser Sache von Nutzen sein durch meine Klugheit und Geld für die zerbrochenen Krüge bringen. Als er meine Worte hörte, wurde er sehr wütend, weil ich so lästerliche Worte über seine Götzen gesagt hatte.

Abraham lästert die Götzen

Ich ging weg und dachte darüber nach, daß mein Vater so ärgerlich war. Dann rief mich der Vater: Abraham! Ich antwortete: Hier bin ich.

Er sagte: Sammle die Späne ein von dem Holz, aus dem ich die hölzernen Götter machte, ehe du kamst. Bereite mir mit ihnen ein Mittagsmahl.

Wie ich den Boden von den Holzspänen säuberte, fand ich unter ihnen eine kleine Götzenfigur, die zu meiner Linken unter den Spänen lag und, wie auf ihrer Stirne geschrieben stand, der „Gott Barisat“ war. Ich erzählte dem Vater nichts von diesem Fund. Als ich mit den Spänen das Feuer entfachte, um für meinen Vater das Mahl zu bereiten, und gehen wollte, um ihn zu fragen, was er essen wolle, schob ich den Barisat ans flackernde Feuer und sagte ihm: Paß auf, Barisat, daß die Flamme nicht verlischt, bis ich wiederkomme. Geht sie aber aus, dann blase sie wieder an, damit sie brenne.

Ich ging weg und fragte den Vater nach dem Essen. Als ich zurückkam, fand ich Barisat schrecklich versengt, auf dem Rücken liegend und die Füße in den Flammen. Bei diesem Anblick mußte ich lachen und sagte zu mir selbst: Barisat, du kannst gut Feuer anzünden und Speisen kochen. Und während ich noch sprach und lachte, verkohlte er langsam im Feuer und verfiel zu Asche.

Dann brachte ich meinem Vater das Mahl, er aß es, ich gab ihm Wein und Milch, er trank davon und freute sich, rühmte Merumat, seinen Götzen. Da sagte ich zu ihm: Mein Vater Therach! Lobe nicht Merumat, deinen Götzen. Preise lieber deinen Götzen Barisat. Er warf sich selbst in das Feuer, um deine Speise zu kochen, denn er liebt dich mehr.

Er fragte mich: Wo ist er jetzt? Ich sagte: Er ist in der Glut zu Asche verbrannt und zu Staub geworden.

Da sagte er: Groß ist Barisats Macht. Ich will noch heute einen neuen Barisat machen, der mir morgen das Mahl bereitet.

Die Ohnmacht der Götzen

Als ich diese Worte meines Vaters hörte, lachte ich, dann aber verdüsterte sich meine Seele, und ich, Abraham, sagte: Wie kann denn das von meinem Vater gemachte, von seiner Hand geschaffene Bildnis ihm nützen? Ist es denn wirklich so? Ist unser Geist besiegt durch die Unvernunft, die Dummheit? Und ist zugleich unser Leib der Seele, die Seele dem Geist unterworfen? Ich dachte: Es ist angemessen, das Üble zu ertragen. Darum will ich meine Gedanken rein bewahren und vor ihm mein Denken offenlegen.

Ich sagte also: Mein Vater Therach! Welchem von diesen Götzen du auch Gottesdienst erweisen magst – unvernünftig bist du in jedem Falle. Siehe, die Götter deines Bruders Haran, die im heiligen Tempel stehen, sind doch verehrungswürdiger als die deinen.

Denn schau, Zucheus, der Gott deines Bruders Haran, bekommt größere Verehrung als dein Götze Merumat, denn er ist aus Gold geformt, das im Volke so viel gilt. Wird er im Laufe der Jahre alt, so wird er neu gestaltet. Wenn aber Merumat, dein Götze, unansehnlich wird oder zerbricht, wird er nicht erneuert, denn er ist aus Stein. Und genauso ist es mit dem Götzen Joavon. Barisat gar fiel ins Feuer, er wurde zu Asche und verbrannte völlig.

Der einzige Gott

Wahrlich, das Feuer verdient mehr Verehrung als alle deine Götterfiguren. Es verzehrt, was keinem unterworfen ist, und die vergänglichen Dinge dienen seinen Flammen zum Gespött. Noch mehr Verehrung freilich verdient das Wasser, denn es löscht das Feuer und stillt den Durst der Erde.

Aber diese Naturgewalten nenne ich nicht Gott, denn sie sind der Erde unterworfen, wie auch das Wasser. Noch mehr Verehrung verdient die Erde, weil sie des Wassers Natur überwindet. Aber auch sie nenne ich nicht Gott, denn sie wird von der Sonne ausgetrocknet und dient dem Menschen zum Bepflanzen.

Noch mehr Verehrung als die Erde verdient die Sonne, denn mit ihren Strahlen erhellt sie das ganze Weltall. Doch auch sie nenne ich nicht Gott, weil durch Nacht und Wolken ihr Lauf verdunkelt wird. Weder den Mond noch die Sterne nenne ich Gott, weil zu ihrer Zeit die Nacht ihr Licht verlöscht.

Also höre, Therach, mein Vater, daß ich dir den Gott zeige, der alles geschaffen hat, und nicht jene, die wir für die Götter halten. Wo ist er? Was ist er? Wer gibt dem Himmel die Röte, der Sonne das Gold, dem Mond und den Sternen ihr Licht? Wer erschuf inmitten der Wasserfluten das trockene Land? Wer sandte dich in die Welt? Wer nahm sich meiner an, als meine Sinne sich verwirrten? Wir bitten dich, Gott, offenbare dich uns.

Die Offenbarung Gottes

Und als ich im Hofe meines Hauses so zu Therach, meinem Vater, sprach, kam die Stimme eines Gewaltigen und Mächtigen in einem Feuersturm vom Himmel und rief: Abraham, Abraham! Ich antwortete: Hier bin ich! Er sprach: Du suchst den Gott der Götter in deinem Herzen, den Schöpfer. Ich bin es.

Verlasse Therach, deinen Vater. Verlasse das Haus, damit nicht auch du in den Sünden des Vaterhauses umkommst. Ich ging hinaus. Noch ehe ich das Hoftor erreichte, fiel unter großem Donnergetöse Feuer vom Himmel, das verbrannte meinen Vater und sein Haus sowie alles, was darin war, bis auf vierzig Ellen unter den Grund.

Die Apokalypse

Abraham wird aufgefordert zu opfern

Da ertönte eine Stimme, die mich zweimal rief: Abraham, Abraham! Ich antwortete: Hier bin ich. Sie sprach: Ich bin es. Sei ohne Furcht. Ich bin ein starker Gott vor allen Zeiten. Ich habe das

Licht der Welt erschaffen. Dein Beistand und Schutz bin ich, dein Helfer.

Geh jetzt hin, nimm eine junge, dreijährige Kuh, eine dreijährige Ziege und ein dreijähriges Schaf. Nimm eine Turteltaube und eine andere Taube und bringe mir ein mir gefälliges Opfer dar.

Ich zeige dir Anfang und Ende, Vergangenheit und Zukunft, ich zeige dir das Geheimste. Du wirst so Großes sehen, wie du es bisher nicht gesehen hast, denn du sehntest dich, mich zu finden, und ich habe dich als meinen Freund erkannt. Faste vierzig Tage lang und esse keine Speise, die aus dem Feuer kommt, trinke keinen Wein und salbe deinen Körper nicht.

Dann erst bringe mir das Opfer dar, wie ich es dir befahl, an jenem Platz, den ich dir zeigen werde, auf einem hohen Berg. Dann werde ich dir zeigen, was ich durch mein Wort geschaffen habe, und ich werde dir auch offenbaren, was diejenigen zu erwarten haben, die Gutes oder Böses tun.

Die Botschaft des Engels

Ich schaute links und rechts, um festzustellen, wem diese Stimme gehörte, wer diese Worte zu mir sagte. Es war nicht der Hauch eines Menschen. Da erschrak ich so sehr, daß meine Kräfte mich verließen. Ich wurde starr wie ein Stein und stürzte zu Boden.

Wie ich so mit dem Gesicht auf der Erde lag, hörte ich die Stimme sagen: Geh, Javel, mit der Kraft meines unaussprechlichen Namens gestärkt, hebe mir diesen Mann auf. Laß ihn sich erholen von seinem Schrecken. Der Engel, den er zu mir geschickt hatte, war einem Manne ähnlich. Er faßte mich an der Hand, stellte mich auf die Beine und sagte: Steh auf, Abraham. Gott liebt dich wie einen Freund! Laß dich also nicht mehr wie ein Mensch von der Angst besiegen. Ich bin geschickt worden zu dir, um dir Kraft zu geben, um dich im Namen Gottes zu segnen, des Schöpfers des Himmels und der Erde, der dich zum Freund erwählt hat. Faße Mut! Geh zu ihm!

Er hat mir den Namen Javel gegeben, der auch noch das bewegt, was, wie ich, auf des Himmels siebenter Stufe ist. Durch seinen unaussprechlichen Namen besitze ich die Kraft, durch ihn, der in mir ist. Er befahl mir zu verhindern, daß sich die Engel kämpfend aufeinanderstürzen. Seine Träger unterrichte ich im Gesang, im Gesang der Menschen zur siebenten Stunde der Nacht. Auch den

Teufel habe ich zu zügeln, die Drohungen und Angriffe der furchtbaren Wesen unter Kontrolle zu halten. Und ich bin dazu da, die Hölle aufzulösen, jene zu zerstören, die die Toten anstarren. Ich bin es, dem befohlen wurde, zugleich mit diesem das Haus deines Vaters in Flammen zu legen, weil er das Leblose verehrte. Zu dir bin ich geschickt, um dich zu segnen, so wie das Land, das dir der Ewige bereitet hat, zu dem du gerufen hast. Deinetwegen führte mein Weg auf die Erde.

Steh auf, Abraham! Fürchte dich nicht. Freue dich vielmehr und sei fröhlich. Ich bin mit dir. Denn der Ewige schenkt dir ewige Ehre. Nun geh und bringe das Opfer dar, wie dir geboten ist. Mein Auftrag ist es, bei dir zu sein und mit deinen Nachkommen. Gemeinsam mit mir segnet dich Michael auf alle Zeiten.

Sei also guten Mutes und mach dich auf den Weg!

Der Reisebegleiter des Abraham

Da stand ich auf und sah den, der mich an der rechten Hand hielt und der mich auf die Füße stellte. Einem Saphir glich sein Leib, einem Chrysolithen sein Gesicht, das Haupthaar dem Schnee, dem Regenbogen der Kopfschmuck. Sein Kleid war dem Purpur gleich, und in der Rechten hatte er ein goldenes Zepter.

Er rief: Abraham! Ich antwortete: Hier bin ich, dein Diener. Er sagte: Weder mein Blick noch meine Worte sollen dir Furcht einjagen, damit sich deine Seele nicht verdüstert. Komm mit mir. Von Angesicht bleibe ich bei dir bis zum Opfer, danach aber bin ich für immer unsichtbar.

Komm und sei guten Mutes.

Das Opfer auf dem Berg Horeb

Seite an Seite gingen wir vierzig Tage und Nächte. Ich aß kein Brot und trank kein Wasser. Den Engel, der bei mir war, zu sehen, das war meine Nahrung, seine Worte zu hören mein Trank. Dann erreichten wir den Horeb, den hochgerühmten Berg Gottes.

Da sagte ich dem Engel: Du Sänger des Ewigen, ich habe weder ein Opfer bei mir, noch sehe ich einen Altar auf diesem Berg. Wie soll ich da das Opfer darbringen? Und er sagte zu mir: Schau um dich.

Da schaute ich um mich und sah, daß uns die befohlenen Opfertiere nachfolgten, eine junge Kuh, eine Ziege und ein Schaf, eine Turteltaube und auch eine andere Taube. Der Engel sagte zu mir: Abraham! Ich antwortete: Hier bin ich.

Da sprach er: Schlachte sie alle. Zerlege die Opfertiere in zwei Hälften. Lege sie einander gegenüber. Nur die Vögel sollst du nicht zerteilen. Gib alles den Männern, die ich dir zeigen werde, die hier bei dir stehen. Sie sind der Altar auf diesem Berge, damit dem Ewigen das Opfer dargebracht wird. Mir aber gib die Turteltaube und auch die andere Taube. Denn ich will auf Vogelschwingen hinaufsteigen und dir den Himmel zeigen, die Erde und das Meer, die Tiefen und die Hölle, das Paradies und seine Flüsse, die ganze Welt und den Erdkreis in seinem Reichtum. Das alles wirst du sehen.

Abrahams Opfer

Wie mich der Engel geheißen hatte, tat ich. Ich gab den Engeln, die bei uns waren, die zerteilten Tiere, dem Engel Javel aber reichte ich die Vögel. Ich wartete auf das Abendopfer.

Da landete ein aasfressender Vogel auf den Tierleibern, und ich vertrieb ihn. Da redete der Vogel zu mir: Was suchst du, Abraham, hier auf dem heiligen Berg, wo man weder ißt noch trinkt, wo es für den Menschen kein Überleben gibt, wo im Feuer alle Dinge vernichtet werden und auch du verbrennst?

Verlasse den Mann neben dir und flieh! Wenn du auf diesen Berg hinaufgehst, wirst du vernichtet werden. Als ich den Vogel so sprechen hörte, fragte ich den Engel: Wer ist dies, mein Gebieter? Er sagte: Dies ist die Gottlosigkeit, dies ist Azazel. Dann wandte er sich an diesen: Verderben komme über dich, Azazel. Abraham hat Anteil am Himmel, dein Reich aber ist die Erde. Und weil du so gewählt und sie als Wohnung für deine Unreinheit genommen hast, macht dich der Herr, der ewig Starke, zum Erdenbewohner und durch dich auch den bösen Geist der Lüge, den Zorn und die Anfechtung für die gottlosen Menschen. Denn der ewige und mächtige Gott läßt nicht zu, daß die Gerechten dir ausgeliefert werden. Die Auserwählten retten das Leben der Gerechten und vernichten die Unreinen.

Höre, mein Freund, ich will dich beschämen, denn du hast nicht die Macht, alle Frommen zu versuchen. Weiche also von diesem Mann! Ihn kannst du nicht verführen, denn er ist nicht dein

Freund, sondern der Feind all jener, die dir Gefolgschaft leisten, die lieben, was du liebst. Siehe, das himmlische Gewand ist nun ihm gegeben, und die Vergänglichkeit, die ihm gebührte, ging nun über auf dich.

Abraham wird Diener Gottes

Der Engel rief mich: Abraham. Ich antwortete: Hier bin ich, dein Diener. Er sagte: Erkenne nun, daß der Ewige, der, den du verehrst, dich auserwählt hat. Sei also guten Mutes und bekämpfe jene, die die Wahrheit schmähen. Warum sollte ich jenen nicht schmähen, der die Geheimnisse des Himmels über die Erde verstreute und der sich empörte gegen den Allmächtigen. Befiehl ihm: „Werde zur Glutkohle des Ofens auf der Erde. Geh, Azazel, in das Reich der Vergänglichkeit und des Todes. Dir ist zugeteilt, über die zu herrschen, die bei dir sind, die einst mit den Sternen und den Wolken geboren wurden, um zu herrschen über Menschen, an denen du Anteil hast, die leben, weil du lebst. Feind bist du der Gerechtigkeit. Um dieser Versäumnisse willen, weiche von mir!"

Und ich gebrauchte die Worte, die der Engel mich lehrte. Er sprach: Abraham! Und ich sagte: Hier bin ich, dein Diener. Der Engel sagte zu mir: Antworte diesem nicht. Denn Gott verlieh ihm Gewalt über alle, die ihm antworten. Ein zweites Mal sagte mir der Engel: Gib ihm keine Antwort mehr, soviel er dir auch sagen mag, damit sein Wille sich nicht auf dich stürzen kann. Der ewig Starke ließ ihm ja einen starken Willen. Also antworte ihm nicht. Ich tat, was der Engel mir befohlen hatte, und mochte jener auch schmeicheln oder fordern, ich gab ihm keine Antwort.

Abrahams Reise durch die Lüfte

Fester Rauch, Rauch wie aus einem Ofen, kündete das Opfer bei Sonnenuntergang. Die Engel, die die Teile der Opfertiere hatten, stiegen von der Spitze der rauchenden Opferstätte auf. Der Engel nahm mich mit seiner rechten Hand und setzte mich auf den rechten Flügel der Taube. Er selber setzte sich auf den linken Flügel der Turteltaube. Diese Tauben waren ja weder geschlachtet noch zerschnitten worden. Er trug mich so bis an die Grenzen des Feuers.

Wie mit starken Winden stiegen wir empor zum Himmel, jenseits des Firmaments. Auf jener Höhe in der Luft, die wir erreichten, sah ich ein unbeschreiblich strahlendes Licht. Und in dem Licht war ein mächtiges Feuer und darinnen eine Schar, eine große Schar mächtiger Gestalten, die alle ständig ihr Aussehen und ihre Gestalt veränderten, sich wandelten, lobsangen und Worte riefen, die ich nicht kannte.

Die Schau Gottes

Warum hast du mich hierhergebracht, fragte ich den Engel. Ich kann nichts erkennen, weil ich schwach geworden bin und mein Mut mich verlassen hat. Er sagte zu mir: Bleibe bei mir, und hab keine Furcht. Der, den du jetzt auf uns zukommen siehst und der mit lauter Stimme ruft: „Der Herr ist heilig, heilig, heilig", der ist der Ewige, der dich auserwählt hat. Ihn selber freilich siehst du nicht. Doch soll ob dieses lauten Rufens deinen Geist keine Schwäche überkommen. Ich bin bei dir, um dir Kraft zu geben.

Das Lied des Abraham

Und während er noch redete, breitete sich rings um uns ein Feuer aus, und in diesem Feuer ertönte eine Stimme, eine Stimme wie brausendes Wasser, wie das Tosen der Meeresbrandung. Mit mir zusammen neigte der Engel anbetend sein Haupt. Ich wollte, ich hätte mich auf die Erde werfen können, aber unsere hohe Insel stand bald aufrecht da, bald drehte sie sich nach unten.

Er sagte: Abraham, bete an und sage den Vers, den ich dich lehrte. Es gab ja keinen Flecken mehr, auf den ich mich hätte niederwerfen können. So betete ich an und sprach die Worte, die er mich gelehrt. Er sagte: Sprich ohne aufzuhören. Und er sprach meinen Vortrag mit mir gemeinsam: „Ewiger, Mächtiger, Heiliger Gott, Herr über Himmel und Erde, du aus dir selbst Geschaffener, du Unvergänglicher, Unbefleckter, Unerschaffener, du Makelloser, Unsterblicher, Vollkommener, der du aus dir selber leuchtest. Ohne Vater, ohne Mutter, du wurdest nicht gezeugt, du Erhabener, Lodernder, Einziger, du, der du den Menschen liebst, du Barmherziger, du Milder, du, der du um mich besorgt bist in wahrer Geduld. Eli, das heißt ‚mein Gott', du Ewiger, du Starker, du heiliger Sabaoth, du Herrlichster, El, el, el Javel. Dich allein liebt meine Seele, du Ewiger, Beschützer, der du leuchtest wie das

Feuer, du, dessen Stimme grollt wie der Donner, dessen Blick leuchtet wie der Blitz. Allwissender, der du die Gebete derer erhörst, die dich ehren, und dich den Bitten derer verschließt, die Hindernisse schaffen, weil ihr Aufstand Hindernisse schafft, du, der du das Chaos der Welt ordnest, das Chaos, das in der sündigen Welt von den Sündern wie von den Frommen ausgeht. Denn du erneuerst die Welt der Gerechten.

Du Licht, das auf deine Geschöpfe scheint noch vor der Morgendämmerung, so daß es auf Erden Tag werde. In den Wohnungen deines Himmels ist kein anderes Licht vonnöten als das unbeschreibliche Leuchten deines Angesichts.

Erhöre mein Flehen. Erfreu dich an meinem Gebet und an dem Opfer, das du durch mich dir selbst bereitest, durch mich, der dich sucht. Nimm mich an in Barmherzigkeit. Führe mich, unterweise mich. Offenbare deinem Diener alles, was du mir verheißen hast."

Der Thron des Allerhöchsten

Und während ich noch das Lied sang, stieg das Feuer empor, das festgegründet gestanden hatte. Ich vernahm eine Stimme, dröhnend wie das Brausen des Meeres, die durch das Flammenmeer nicht gedämpft wurde. Und als das Feuer in die Höhe stieg und sich erhob, sah ich unter den Flammen einen feurigen Thron, um den sich vieläugige Wesen scharten, das Lied vortragend, und vier Feuerwesen sangen unter dem Thron.

Sie waren einander gleich, jedes von ihnen hatte vier Gesichter. Und so sahen ihre Gesichter aus: Das erste war das eines Löwen, das zweite das eines Menschen, das eines Stieres das dritte und das letzte das eines Adlers. Vier Köpfe trugen die Leiber, so daß diese vier Wesen sechzehn Köpfe hatten. Sechs Flügel hatte ein jedes, an den Schultern, den Seiten und den Lenden. Mit den Flügeln, die an den Schultern waren, bedeckten sie ihr Angesicht, mit den Lendenflügeln ihre Füße. Die mittleren Schwingen aber breiteten sie aus, um vorwärts zu fliegen. Als sie ihr Lied beendet hatten, blickten die Wesen einander drohend an. Als der Engel, der bei mir war, sah, daß die Wesen einander bedrohten, verließ er mich und lief zu ihnen hin. Er drehte das Gesicht eines jeden Wesens vom gegenüberstehenden weg, so daß ihre drohenden Mienen einander nicht mehr sahen. Er lehrte die Wesen das Lied des Friedens, das seinen Ursprung hat im Ewigen. Alleine stehend sah ich mich um und sah einen Wagen hinter jedem Wesen, der feurige Räder hatte, und diese waren rundum voller Augen. Und auf diesen Rädern erblickte ich einen Thron, der wiederum von Feuer bedeckt war und ringsum von Flammen umflossen. Und es war ein unbeschreibliches Feuer um die Flammenfülle. Wie eines Mannes Stimme hörte ich da seine heilige Stimme.

Abraham schaut in den Himmel

Aus der Mitte des Feuers erreichte mich eine Stimme: Abraham! Abraham! Ich antwortete: Herr, hier bin ich. Er sagte: Betrachte nun die Flächen unter dem Himmel. Wohin du auch schaust, nirgendwo ist ein anderer als der, den du suchst und der dich liebgewonnen hat. Und noch während er redete, öffneten sich die Flächen und der Himmel unter mir.

Auf der siebten Stufe des Himmels, wo ich mich befand, sah ich Flammen ausgebreitet und Licht und Tau und Engelsscharen. Und über den Wesen, die ich sah, lag Pracht in unsichtbarer Herrlichkeit, doch niemand anderen konnte ich dort erblicken. Von der Höhe, auf der ich stand, schaute ich hinab auf die sechste Ebene und erblickte auf ihr Scharen von Engeln, körperlose Wesen, die auf der siebten Himmelsstufe die Befehle der Feuerengel ausführten, auf welcher ich, über ihnen schwebend, stand. Auf dieser Stufe gab es keine Wesen von irgendwelcher Gestalt als die reinen Geister der Engel, vergleichbar jenen Kräften, wie ich sie auf der siebten Himmelsstufe gesehen hatte. Er befahl, diese sechste Stufe wegzunehmen. Und da sah ich, wie auf der fünften Himmelsebene die Befehle von Sternenmächten ausgeführt wurden, denen dabei selbst die Elemente der Erde gehorchten.

Die Nachkommen des Abraham

Der Ewige, der Starke, sagte zu mir: Abraham! Abraham! Ich antwortete: Hier bin ich. Er sagte: Schau von oben auf die Sterne, die unter dir sind. Zähle sie und nenne mir ihre Zahl. Ich antwortete: Wie soll ich das tun? Ich bin doch nur ein Mensch, aus Staub und Asche geformt.

Er sagte zu mir: Entsprechend der Zahl und der Kraft der Sterne soll dein Stamm zu einem Volk und einer Nation werden, mir erwählt aus dem Erbe, das ich teile mit Azazel. Ich antwortete: Du

Ewiger, Mächtiger, Alleiniger. Meine Nachkommen sollen dich preisen. Und wende deinen Zorn nicht gegen den, den du erwählt hast. Ehe du mich hinaufführtest, hat Azazel mir geflucht. Was geschieht, da er nicht vor dir war, hast du dich selbst mit ihm besprochen?

Abraham schaut auf die Erde

Er sagte mir: Sieh auf das Firmament unter deinen Füßen. Betrachte die dargestellte Schöpfung auf dieser Ebene, alle Kreaturen darin und die Welt, die für sie bereitet ist. Ich sah hinab, durchschaute sechs Himmel und alles, was sie enthielten, auch die Erde und alle Frucht, die sie trug, und alles, was sich regte auf ihr, ihre Geister und die Kraft des Menschen, ihr gottloses Handeln und ihre guten Taten, die Grundlagen ihres Tuns. Ich sah die unteren Regionen und die Verdammten, den Abgrund und seine Qualen.

Ich sah den Ozean und seine Inseln, sein Getier und die Fische, ich sah den Teufel in seinen Höhlen und die Welt, die auf ihm lastete, sah seine Untaten und wie die Welt zerstört wurde dieser seiner Untaten wegen. Ich sah die Ströme und ihre Quellen und die Kreise, die sie zogen. Ich sah den Garten Eden und seine Früchte, die Quelle der Ströme, die dort entspringen, sah Bäume und Blüten und die Gerechten. Ich sah deren Speisen und die Seligkeiten, die sie genossen. Eine große Schar von Männern, Frauen und Kindern sah ich, auf der rechten Seite stehend die einen, auf der linken die anderen.

Das auserwählte Volk

Ich fragte: Du Ewiger, Allmächtiger, Alleiniger. Was bedeutet dieses Bild des Geschaffenen? Er sagte mir: Es existierte in meinem Willen und meinem Ratschluß, es war mir wohlgefällig, und darum erweckte ich es durch mein Wort. So entstand, was ich zu entstehen beschlossen hatte, und was ich in diesem Bild zuvor geplant hatte, stand vor mir, wie du es sahst, noch ehe es mit Leben erfüllt wurde.

Ich sagte: Herrscher, Starker, Ewiger! Wer sind diese, die in Scharen in dem Bilde zu sehen sind, auf der einen und auf der anderen Seite? Er sagte mir: Die auf der linken Seite stehen, das sind die vergangenen Geschlechter und die, die nach dir kommen. Die einen erwartet das Gericht und die Wiederauferstehung. Die anderen verfallen der Nacht und dem Verderben am Ende der Zeiten.

Rechts steht das Volk, das ich mir erwählt habe aus den anderen, über die Azazel herrscht. Sie habe ich bestimmt, geboren zu werden aus dir und deinen Nachkommen, und sie sollen mein auserwähltes Volk genannt werden.

Adam und Eva

Nun sollst du noch sehen, wer Eva zur Sünde verführte und was die Frucht war, die sie nahm. Du sollst auch erfahren, wie es deinen Nachkommen ergehen wird und wie das Ende der Welt kommt. Was du nicht begreifen kannst, will ich dir deutlich machen, denn du hast Gnade gefunden vor meinen Augen. Darum sollst du auch erfahren, was in meinem Herzen verborgen ist. Ich wandte mich wieder dem Bild zu und schickte meinen Blick in den Garten des Paradieses.

Dort erblickte ich einen Menschen von riesigem Wuchs und herrlichem Aussehen. Er hielt eine Frau im Arm, die ihm an Größe und Aussehen glich. Sie standen miteinander unter einem Baum, dessen Früchte wie Weintrauben aussahen. Hinter dem Baum versteckte sich ein Wesen, das an seinem Schlangenkörper Hände und Füße hatte wie ein Mensch und Flügel an den Schultern, sechs auf jeder Seite. Ich sah, daß der Mann und die Frau eine Traube in den Händen hielten und davon aßen. Und ich sah, wie sie einander umarmten.

Wer sind diese beiden, die sich in den Armen halten, fragte ich. Und wie heißt der, der bei ihnen steht? Und wie heißt die Frucht, die sie essen? Du Unendlicher, Allmächtiger, alleiniger Gott! Er sagte mir: Das ist das Geschlecht der Menschen, das ist Adam, für den die Erde bestimmt ist. Und bei ihm ist Eva. Der, der sich zwischen sie gedrängt hat, ist der Gottesverleugner. Was sie tun, bringt sie ins Verderben, unter die Macht Azazels. Ich sagte: Unendlicher, Allmächtiger, alleiniger Gott! Warum hast du dem Menschengeschlecht die Macht gelassen, mit seinen bösen Taten die Erde ins Verderben zu führen? Er erklärte mir: Zornig macht es mich, daß die Menschen Böses wollen und Böses tun, darum überließ ich solche der Macht des Azazel und senkte die Liebe zu ihm in ihre Herzen.

Ich sagte: Unendlicher, Allmächtiger, alleiniger Gott: Warum hast du zugelassen, daß die Menschen das Böse wollen, wenn es dich doch zornig macht, wenn sie tun, was der Erde schadet?

Das Verderben der Welt

Er erklärte mir: Wütend bin ich auf die Völker deinetwegen und deiner Nachkommen wegen, die sie verfolgen werden. Du kannst ja sehen, welche Last sie tragen müssen. Du sollst auch sehen, was geschehen wird, wenn das Ende der Welt kommt. Betrachte gut, was ich dir zeige. Ich konnte nun alles erkennen, was auf Erden gewesen war, ehe ich war.

Da sah ich Adam und Eva, seine Frau, und die Schlange, den Bösen. Und ich sah Kain, der mordete nach dem Ratschlag des Bösen. Ich sah den erschlagenen Abel und das Elend, das durch die Schlange über ihn gebracht wurde. Ich sah die Schamlosigkeit und die, die ihren Lüsten nachlaufen, die sich unkeusch beflecken und voller Eifersucht sind. Und ich sah, wie in den Abgründen der Erde die Flammen der Bosheit loderten. Ich sah die, die sich an fremdem Eigentum vergriffen, und sah die Strafe, die sie erwartet, und die Versammlung der Richter.

Dann sah ich Männer, die sich nackt gegenüberstanden, Körper an Körper, sah ihre Schande, ihre Begierde und das Gericht, das sie erwartet. Ich begriff, daß die Gier die Wurzel allen Übels sei, daß alles, was sie hervorbringt, ins Verderben führt.

Ich konnte die Götzenbilder erkennen, so etwa, wie mein Vater sie aus Holz schnitzte. Von poliertem Eisen war eine Statue, davor stand ein Beter, ich sah einen Opfertisch, auf dem ein Kind lag, hingemetzelt zu Ehren des Götzen.

Da fragte ich: Wer ist dieser Götze, was ist es für ein Opfertisch, wer wird hingemetzelt, und wer ist es, der diesen als Opfer darbringt? Wie heißt der großartige Tempel, den ich erblicke? Er ist so herrlich wie der Schmuck unter deinem Thron. Er erklärte mir: Abraham, all die Schönheit, die du sehen kannst, der Tempel, der Opfertisch, das ist für mich die Verehrung meines Namens durch die Priesterschaft, denn das Gebet des Menschen ist in sie eingeschlossen, auch die Verehrung, die Könige und Propheten mir entgegenbringen, und alle Opfergaben, die deine Nachkommen mir darbringen werden.

Das Bild aber, das ich dir zeigte, ist Sinnbild meines Zorns, den ich gegen deine Nachkommen verspüre. Und dieser Beter, den du als Mörder siehst, ist der, der aufreizt zu so blutigen Opfern. Die Hingemetzelten sind mir Zeugen für das letzte Gericht, das von Anfang der Schöpfung in meinem Plan feststand.

Von der Vorbestimmung

Ich sagte: Du Unendlicher, Allmächtiger, alleiniger Gott! Warum hast du zugelassen, daß alles so geschehen sollte, ehe du es offenbarst. Er erklärte mir: Siehe, Abraham, begreife, was ich dir zeige. Und antworte mir auf meine Fragen. Warum hörte Therach, dein Vater, nicht auf deine Mahnung und blieb dem teuflischen Götzen treu, bis er und sein ganzes Haus dem Untergang verfielen?

Ich antwortete: Du Unendlicher, Allmächtiger, alleiniger Gott! Er hatte wohl gar nicht die Absicht, auf mich zu hören. Aber ich bin seinem Vorbild ja auch nicht gefolgt. Er sagte mir: Höre Abraham. Wie dein Vater seinem Willen folgt und du dem deinen, so ist auch in meinem Willen die Zukunft schon beschlossen, ehe du sie kennst und ehe du erfahren kannst, was geschieht. Aber du sollst jetzt schon sehen, was aus deinen Nachkommen wird.

Die Geschichte Israels

Als ich hinschaute, sah ich das Bild in Bewegung. Die Heiden, die auf der linken Seite standen, überfielen die, die auf der rechten Seite standen, Männer, Frauen und Kinder, und raubten sie aus. Die einen ermordeten sie, die anderen nahmen sie gefangen. Ich erkannte vier Portale, durch die sie in den Tempel eindrangen, in ihm Feuer legten und die Geräte stahlen. Ich sagte: Unendlicher, Allmächtiger, alleiniger Gott! Meine Nachkommen, die du als dein Volk erwählt hast, werden ausgeraubt von den heidnischen Stämmen. Sie werden ermordet und in Gefangenschaft gehalten. Die Tempel werden in Flammen aufgehen und ihrer Schätze beraubt.

Unendlicher, Allmächtiger, alleiniger Gott! Laß die Taten der Bösen zu Ende gehen, beende ihren Übermut. Laß mich doch diejenigen sehen, die in Gehorsam deinen Geboten folgen. Das liegt doch in deiner Macht.

Er sagte mir: Die Herrschaft des Guten liegt ja davor, durch das gute Beispiel der Herrscher und der Gerechten, die als erste geschaffen wurden, um die Macht zu verwalten. Aber sie haben

Männer gezeugt, die nur ihren eigenen Vorteil suchten. Und diese hast du nach meinem Willen gesehen.

Die Zeitalter der Welt

Ich sagte: Unendlicher, Allmächtiger, alleiniger Gott, der du deine Würde aus eigener Vollkommenheit hast, erhöre mein Flehen. Zeige mir, denn darum hast du mich ja hierher gebracht, zeige mir, den du erkoren, wird all das, was ich gesehen, an meinen Nachkommen geschehen?

Da ließ er mich die Scharen meiner Nachkommen sehen und sagte: Durch vier Portale bringen sie mich in Zorn, wie ich es dir gezeigt habe, und durch sie wird sie auch die Strafe für ihre Schandtaten erreichen. Hundert Jahre und eine Stunde der Weltzeit lang – auch sie dauert hundert Jahre – wird das Unheil das Heidenvolk verfolgen. Das bedeutet das vierte Portal.

Weltenstunde – Weltenzeit

Ich sagte: Unendlicher, Allmächtiger, alleiniger Gott! Wie lange dauert eine Stunde der Weltenzeit? Er sagte: Ich habe beschlossen, daß dieses schlimme Zeitalter zwölf Stunden lang Macht haben soll über deine Nachkommen und die anderen Völker der Erde. So wie du es gesehen hast, wird es dauern bis zum Ende der Zeit. Betrachte das Bild, damit du es besser berechnen und verstehen kannst.

Ich schaute und konnte eine Gestalt erkennen, die von der linken Seite kam; aus der Schar der Heiden kamen Männer, Frauen und Kinder, die sie anbeteten. Und es waren ihrer viele. Ich schaute weiter und sah, wie sich auch aus der rechten Schar viele lösten. Etliche von ihnen verspotteten die Gestalt, andere prügelten auf sie ein, andere aber schlossen sich den Verehrern der Gestalt an. Ich sah, daß sie die Gestalt anbeteten. Da kam auch Azazel herbei und betete die Gestalt an, herzte und küßte sie und blieb bei ihr stehen.

Ich sagte: Unendlicher, Allmächtiger, alleiniger Gott! Wer ist diese verspottete und verprügelte Gestalt, die zugleich verehrt wird von den Heiden und dem Azazel? Er sagte: Abraham, merke auf. Die Gestalt, die du siehst, verspottet und verprügelt und zugleich verehrt, das bedeutet, daß die Heiden deine Nachkommen gnädiger behandeln in den spätesten Zeiten, in der zwölften Stunde jenes Weltzeitalters, das man das gottlose nennt.

Doch in einer Frist, im zwölften Jahr der Endzeit, kommt aus deiner Nachkommenschaft jener Mann, den du gesehen hast, einer aus meinem auserwählten Volk. Viele werden mit ihm gehen, viele, die ich dazu bestimmt habe, alle, deren Sinn nicht erstarrt ist. Du hast die vielen gesehen, die von der linken Hälfte kommen. Das soll heißen, daß auch von den Heiden viele auf sein Kommen warten. Und damit du erkennen konntest, daß von deinen Nachkommen, die rechts stehen, die einen ihn verspotten und verprügeln, die anderen ihn verehren, soll heißen, daß er vielen zum Ärgernis wird.

Er wird in der zwölften Stunde der Endzeit auf diejenigen deiner Nachkommen schauen, die sich ihm angeschlossen haben, und so wird das gottlose Zeitalter abgekürzt. Bevor die Ära der Gottesverehrung anfängt, bringen deine Nachkommen, mein auserwähltes Volk, meine Strafen über die Gottlosen. Über alle Geschöpfe der Welt sende ich in dieser Ära zehn Plagen, sende ihnen Unglück, Seuchen und Trauer. Viel Leid wird über die Menschen kommen, weil sie mich erzürnt haben durch ihre Widerspenstigkeit und ihre sündhaften Neigungen. Eine Schar gottesfürchtiger Männer unter deinen Nachkommen werde ich aussondern. Wie viele es sind, weiß nur ich. Sie ziehen zu einem Ort, den ich dir nur als Wüste beschrieb, um meinen Namen zu verherrlichen.

Dort werden sie in Gerechtigkeit und in Wahrheitsliebe leben, werden mir opfern und die Ära der Gottesfurcht gestalten. Sie werden um meine Nähe wissen und werden sich an denen rächen, die ihnen Böses getan. Sie werden die verspotten, die sie verspottet haben. Denen, die sie einst geschmäht haben, spucken sie ins Gesicht, denen nämlich, die auch mein Mißfallen erregten. Sie aber dürfen meine Nähe spüren, sie zählen zu meinen Auserwählten und schließen alle in ihre Arme, die den Weg der Umkehr gehen und mich suchen.

Abraham, bedenke, was du wahrgenommen hast durch deine Augen und Ohren. Begreife, was du begreifen sollst. Nun geh zu deinem Erbe, und ich begleite dich auf ewig.

Die zehn Plagen

Und während er noch mit mir sprach, war ich wieder auf die Erde zurückversetzt. Ich sagte: Unendlicher, Allmächtiger, alleiniger Gott! Ich bin nicht mehr in deiner Nähe, zu der du mich emporgehoben hast, und was mein Geist zu verstehen suchte, habe ich nicht begriffen. Er antwortete mir: Was dein Geist zu verstehen sucht, will ich dir erklären. Denn du warst bereit, die zehn Plagen zu sehen, die ich den Gottlosen zugedacht habe und die vorausgeplant waren, wenn die Erde in diese zwölfte Stunde eintritt.

Merke auf: Ich werde dir sagen, wie es sein wird. Zuerst wird eine große Dürre kommen, dann gehen viele Städte in Flammen auf. Dann kommt ein großes Sterben über die Herden, daraufhin wird eine Hungersnot über die Welt und die Völker kommen. Die fünfte Plage wird die Regierenden verwirren, die Erde wird beben, das Schwert herrschen. Die sechste Plage bringt Hagel und Schnee im Übermaß, dann werden wilde Bestien den Menschen zerreißen, Hunger und Pest werden herrschen, ehe das Schwert als neunte Plage alle züchtigt und ins Elend treibt. Donner und Krachen künden dann das alles vernichtende Erdbeben, die zehnte und letzte Plage.

Das Jüngste Gericht

Dann wird aus den Wolken meine Stimme erschallen wie eine Posaune, und ich will den senden, den ich erkoren und der ausgerüstet ist mit der Macht, die ich ihm verliehen. Er wird aus allen Enden der Welt mein Volk zusammenrufen, das geschmähte, und wird diejenigen vernichten, die seiner gespottet haben, und diejenigen, die über sie herrschen. Diejenigen, die mich gelästert haben, werden dem Spott der kommenden Epochen anheimfallen. Denn sie sollen die Flammen der Hölle am Brennen halten, und zugleich sollen sie in der Unterwelt ohne Unterlaß über dem Abgrund schweben, den Körper von Maden zersetzt.

Denen, die mir Gefolgschaft leisteten und meinen Geboten gehorchten, sollen sie Zeichen sein meiner Gerechtigkeit. Und diese werden voll Freude und voller Frohlocken sein, weil jene Männer gestürzt wurden, die sich von mir abwandten, die dem Götzen Gefolgschaft leisteten und mordeten, um ihm zu gefallen. Sie werden verfaulen als Teil des Gewürmes, das Azazel heißt, und brennen in den Flammen, die sein Maul ausstößt.

Ich war voller Hoffnung, daß sie sich zu mir bekehren, aber sie haben sich mir nicht zugewendet. Sie hingen dem Bösen an und huldigten ihm, ihm, dem sie nicht folgen sollten. Um seinetwillen wandten sie sich ab vom Allmächtigen.

Israels Kinder als Sklaven Ägyptens

Darum, Abraham, merke und höre. Das siebente Geschlecht deiner Söhne ist davon betroffen. Sie werden in ein fremdes Land ziehen, und dort werden sie zu Sklaven gemacht. Sie werden Arges erdulden müssen. Mag es nur als eine einzige Stunde in jenem Zeitalter des Bösen erscheinen. Ich aber werde das Volk vernichten, das meine Auserwählten in Sklaverei gefangenhielt.

Apokalypse des Sophonias

Vision des Sophonias

Die Qualen der Hölle

Ich mußte eine Seele sehen, die von fünftausend Geistern gezüchtigt und festgehalten wurde. Sie trieben sie mit Schlägen von Sonnenaufgang nach Sonnenuntergang, und jeder der Geister schlug Tag für Tag hundertmal mit der Peitsche auf sie ein.

Ich wurde von Angst befallen und warf mich auf die Erde, denn meine Knie versagten mir den Dienst. Da nahm mich der Engel bei der Hand und sagte mir: Nur wenn du schwach bist, gehst du zugrunde. Nimm deine Stärke zusammen, dann wird der Ankläger nicht Herr über dich sein, und du wirst nicht in der Hölle bleiben müssen.

Ich stand also auf und frug: Warum wird diese Seele so hart bestraft? Der Engel sagte: Das ist die Seele eines Sünders, der starb, ehe er seine Schuld bereuen konnte. In einer wahrhaftigen Vision wurde mir, dem Sophonias, dies gezeigt.

Dann führte der Engel, den der Herr mir gesandt hatte, mich zu einem anderen Ort. Wir gelangten zu einem unendlich weiten Raum, in dem Tausende und Abertausende sich drängten. Jeder von ihnen sah anders aus, aber schrecklich ein jeder. Ihre Haare waren ungepflegt und verwirrt, die Zähne ausgefallen.

Die Wanderung der Seele des Sophonias

Des Sophonias Weg mit dem Engel

Als er starb, bestatteten wir ihn nach der üblichen Sitte. Während wir seinen Leib hinaustrugen, schlugen wir die Leier und sangen Psalmen. Dann kam wieder der Engel Gottes zu mir, und er stieg mit mir empor, so daß ich die ganze Stadt von oben sehen konnte. Zuerst konnte ich keinen Menschen erblicken, dann aber sah ich zwei Menschen, die nebeneinander hergingen, dann zwei Frauen, die an einem Werkzeug arbeiteten. Ich konnte sehen, wie sie miteinander sprachen. Und plötzlich reichte mein Blick über den ganzen Erdball.

Die Freuden des Paradieses

Da frug ich den Engel, den mir der Herr gesandt hatte: Wird es hier denn niemals dunkel, bricht niemals die Nacht herein? Der Engel antwortete mir: Nein. Denn hier ist der Ort, an dem die Heiligen Gottes und die Gottesfürchtigen leben. Hier gibt es keine Dunkelheit, hier ist das Licht des Herrn. Und dann richtete sich mein Blick auf die Seelen aller Abgeschiedenen, die für ihre Sünden büßen. Da wandte ich mich an den allmächtigen Schöpfer: Herr, du hast deinen Dienern die Gnade deiner Nähe gewährt, du wirst dich doch gnädig auch der Welt erbarmen und der Seelen, die gepeinigt werden ob ihrer Schuld. Da sagte der Engel, den der Herr mir gesandt hatte, zu mir: Komm mit mir, dann sollst du die Gerechtigkeit schauen. Er geleitete mich auf einen hohen Berg, und dort konnte ich drei Männer sehen.

Die Nachkommen des Priesters Joatham

Bei den Männern waren zwei Wesen, die voller Glück und Freude jubelten. Ich frug meinen Begleiter, wer diese seien. Der Engel erklärte mir: Das sind die drei Söhne Joathams, des Priesters. Sie gehorchten weder den Weisungen ihres Vaters, noch respektierten sie die göttlichen Gebote.

Zwei weitere Engel saßen bei ihnen, und sie vergossen bittere Tränen über die Nachkommen Joathams. Wieder frug ich den Engel, was dies bedeute, und er erklärte mir: Das sind die Engel Gottes, des Allmächtigen, und sie zeichnen alle jene Taten der Gottesfürchtigen auf und wachen dabei an den Toren des Paradieses.

Die Engel der Frommen und der Sünder

Ich nehme ihre Notizen dann an mich und trage sie zum höchsten Herrn, damit er die Namen derer im Buch des Lebens eintrage, die Gutes tun. Doch auch die Engel dessen, der die Anklage führen wird wider die Sünder, schreiben die Untaten der Menschen nieder. Auch sie haben ihren Platz an den Toren des Paradieses und bringen ihre Niederschrift dem Ankläger, und er hält alles fest in seinem Verzeichnis und wird es hervorholen, wenn die Sünder vor das Gericht kommen. Der Weg, den mich der Engel führte und auf dem ich meine Augen umherschicken sollte, führte weiter zu einer Ebene, die von Tausenden und Abertausenden durchquert wurde. Sie hatten Gesichter wie gefleckte Katzen, und aus ihren Mäulern standen die drohenden Hauer von Bestien.

Die Engel der Züchtigung

Die Haare standen wirr von ihren Köpfen, und sie hatten Hände wie flammensprühende Peitschen. Als ich dies sah, erzitterte ich vor Angst, und ich wollte von dem Engel, den Gott mir gesandt hatte, wissen, wer diese seien. Und der Engel erklärte mir: Sie sind die Helfer des Richters, und sie werden zu den Frevlern gesandt, um ihre Seelen hierherzubringen. Zweiundsiebzig Stunden tragen sie die Seelen durch die Lüfte, ehe sie sie packen und in den Ort der ewigen Pein werfen. Ich betete: Mein Herr und mein Gott! Gestatte diesen Wesen nicht, mich zu packen. Der Engel beruhigte mich: Sei ohne Angst. Ich beschütze dich vor ihnen. Gott, der Allmächtige, hat mich dir ja als Begleiter gegeben, denn du bist vor seinem Angesicht ohne Schuld.

Die Pforten des Paradieses

Der Engel, der mich begleitete, gab den furchterregenden Wesen ein Zeichen, und sie gingen hinweg, so rasch, als hätten sie Angst vor mir. Mich aber führte mein Begleiter weiter. Ich schaute umher und erblickte Tore. Als wir näher kamen, erkannte ich, daß es Portale aus Erz waren. Der Engel, der mich geleitete, legte seine Hände daran, und die Pforten öffneten sich von selbst. Er führte mich durch die Tore in eine andere Ebene, und ich sah eine Straße, lang und prächtig wie eine ganze Stadt. Ich wurde ein Stück weitergeführt und dort, wo wir stehenblieben, nahm der Engel, den der Herr mir gesandt hatte, eine andere Gestalt an. Ich schaute mich um und sah, daß die erzenen Portale Schlösser und Riegel hatten, die aus Eisen gegossen waren.

Der Ozean der Tiefe

Mir aber wurde geboten, nicht darüber zu reden. Ich schaute mich um und sah die erzenen Portale, aus ihnen schlugen Flammen, viele Kilometer weit. Ich eilte weg von den Flammen und blickte auf einen weiten Ozean. Zuerst dachte ich, das sei ein Ozean voller gewöhnlichen Wassers. Aber ich mußte feststellen, daß es ein Ozean voll glühenden Schlammes war. Funken wurden herausgeschleudert, Pech und Schwefel dampften aus den brodelnden Wellen. Der Schlamm brodelte immer näher zu mir. Da ergriff mich die Furcht, Gott, der allmächtige Richter, komme, um mich aus dem Leben zu holen. Als ich das spürte, warf ich mich nieder, um ihm zu huldigen. Ich zitterte vor Angst, und ich flehte ihn an, er möge mich aus diesem Elend erretten.

Der mächtige Racheengel

Ich betete: Allmächtiger, ewiger Gott und Vater, Herr Sabaoth. Ich flehe dich an, rette mich aus diesem Elend, das mir droht. Als ich meine Augen erhob, erblickte ich einen riesigen Engel, der eine Mähne hatte, löwengleich, und Zähne, stark wie eine Bestie. Sein Haar stand wirr um sein Haupt, sein Körper war schillernd und glatt wie der eines Reptils. Ich sank nieder auf die Erde, denn meine Knie versagten mir den Dienst.

Das Flehen des Sophonias

Da begann ich, Gott, den Schöpfer, anzuflehen. Du wirst mich nicht im Elend vergehen lassen, denn du hast Abrahams Stamm aus dem Pharaonenreich geführt. Du hast Susanna befreit von der lüsternen Gier der Ältesten. Du hast die drei Jünglinge aus der Glut des Feuers geholt, den Sedrach, den Misach, den Addenago. Darum flehe ich dich an, daß du dich auch meiner erbarmst. Dann hob ich mein Gesicht, stellte mich wieder auf die Füße und sah einen übermächtigen Engel vor mir stehen. Er strahlte in der Schönheit der Sonne, sein Antlitz war glänzend wie der volle Mond. Er trug einen goldenen Panzer über seinem Leib, und seine Füße strahlten hell wie Messing, das in der Glut schmilzt.

Der Platz der Verdammnis

Ihn anzusehen verursachte mir ein großes Glücksgefühl, denn ich glaubte, Gott, der Allmächtige, stünde vor mir. Ich sank auf die Erde und hob die Hände zum Gebet. Er redete mich an und sagte: Höre, nicht mich sollst du anbeten, denn ich bin nicht Gott, der Allmächtige. Ich bin Eremiel, der Engel, den der Herr als Wächter gestellt hat über den Höllenschlund und die dunklen Sphären, in denen die Seelen jener warten, die dahingeschieden sind, seit die Sintflut über die Erde kam. Ich wollte von ihm wissen, wie der Ort genannt würde, an dem ich stand. Er erklärte mir: Das ist die dunkle Sphäre. Weiter wollte ich wissen: Wer ist es, der dort steht, einem mächtigen Engel gleich? Und er erklärte mir: Das ist der, der vor dem Richter Anklage führt gegen die Sünder.

Die Aufzeichnungen meines Tuns

Ich schaute näher hin und erkannte eine voll beschriebene Rolle, die er in den Händen hielt. Dann begann er, sie zu entfalten. Als sie aufgefaltet war, konnte ich sie in der Schrift meines Volkes lesen, und ich sah, daß dort alle Schuld aufgeschrieben war, die ich auf mich geladen hatte im Verlauf meines ganzen Lebens. Alles stand in diesem Verzeichnis, und jede Eintragung war korrekt. Hatte ich versäumt, mich um einen Siechen oder um eine Frau zu kümmern, die ihren Ernährer verloren hatte – es war als schuldhaftes Tun aufgeschrieben in diesem Verzeichnis. Hatte ich versäumt, einem Waisenkind zu helfen – es war als schuldhaftes Tun aufgeschrieben in diesem Verzeichnis. Hatte ich gegen das Fastengebot verstoßen oder die Stunde des Gottesdienstes versäumt – es war aufgeschrieben als schuldhaftes Tun in diesem Verzeichnis. Und wenn ich es jemals versäumt hatte, dem auserwählten Volk zu predigen – es war aufgeschrieben als schuldhaftes Tun in diesem Verzeichnis. Da warf ich mich nieder auf die Erde und flehte zu Gott, dem Allmächtigen: Herr, erbarme dich meiner. Tilge das Verzeichnis meiner Schande. Die ganze Schöpfung ist erfüllt von deiner Gnade, das ganze All hüllt sie ein. Als ich wieder auf meine Beine kam und dastand, erblickte ich mir gegenüber einen mächtigen Engel, der mir sagte: Mach dich bereit zum Kampf und hab keine Furcht. Furchtlos kannst du gegen den bestehen, der die Anklage führt. Du kannst aus der dunklen Sphäre und dem Ort der Strafe aufsteigen und wirst an die Stelle des Übergangs kommen. Und ich sah eine neue Schriftenrolle, die voller Eintragungen war. Als der Engel sie auffaltete und ich hineinsehen konnte, erkannte ich, daß auch dies in der Schrift meines Volkes notiert war.

Der Richtspruch

(...)

Sie führten mich und brachten mich in ein Boot und erhoben ihre Stimmen zu Psalmen, die Hunderttausende und Abertausende von Engeln. Auch ich war in ein Gewand gekleidet, wie die Engel es trugen. Und als ich erkannte, daß alle diese Engel den Herrn lobten, fing auch ich an, ihn zu lobpreisen. Ich merkte, daß ich die geheimnisvollen Worte begriff, die sie zu mir sprachen. Merkt auf, meine Kinder, so ist das Gericht, in dem die guten Taten und die Schuld des Menschen gemessen werden. Da kam ein machtvoller Engel herangeschritten, er hielt eine leuchtende Posaune und er ließ deren Schall dreifach über mich klingen und sagte dabei: Trage nun den Sieg über dich davon, weil du siegreich warst im Leben. Zeig deine Kraft, weil du voller Kraft gewesen bist. Stärker bist du als der, der die Anklage führt und so brauchst du nicht in die dunklen Sphären und nicht an den Ort der Strafe zu gehen.

Der Besuch im Himmel

Du kommst jetzt an die Stelle des Überganges, dort wird dein Name notiert zusammen mit den Namen derer, die Gott lieb hat. Voller Dankbarkeit wollte ich mich ihm nahen, aber sein Glanz war so strahlend, daß ich zurückweichen mußte. Der Engel aber eilte zu denen, die Gott lieb hat: zu Abraham, Isaak, Jakob, Enoch, Elias und David, den Erzvätern. Er redete mit ihnen wie ein Bruder, der mit den Brüdern spricht. Zu mir aber kam jener mächtige Engel, der die leuchtende Posaune trug, ihren Schall nun sandte er zum Himmel hinauf. Der öffnete sich nun von Sonnenaufgang bis Sonnenuntergang, von Mitternacht bis Mittag.

Der Ort der Bestrafung

Noch einmal sah ich den Ozean, den ich bereits am Ort der Bestrafung gesehen hatte. Seine Wellen brandeten hinauf bis zu den Wolken des Himmels. Und ich mußte mitansehen, wie die Seelen der Sünder hineingeworfen wurden. Und ich mußte sehen, wie bei einigen die Arme im Nacken festgebunden waren, wie andere an Händen und Füßen gefesselt waren. Ich wollte von dem Engel wissen, wer diese seien. Er erklärte mir: Das sind jene, die mit Bestechung ihre Mitmenschen verführen, die die Kostbarkeiten der Welt zu hoch einschätzen. Dann waren da noch andere, um die brennende Matten gebunden waren. Und wieder wollte ich wissen, wer diese seien. Der Engel erklärte mir: Das sind die Wucherer, die Geld verborgen und zu den Zinsen noch Zinseszinsen verlangen. Außerdem gab es noch solche, die nicht sehen konnten und laut jammerten. Ich, dessen Augen all die Werke des Schöpfers erblickten, wollte wissen, wer diese seien. Der Engel erklärte mir: Das sind die Getauften, die die Botschaft Gottes vernahmen, aber nicht bereit waren, ihr Leben danach auszurichten. Ich frug: Haben sie denn nicht Buße getan? Das haben sie, erklärte der Engel. Ich frug weiter: Wie lange? Der Engel erklärte: So lange, bis sie vor dem Richter stehen.

Noch andere waren zu sehen, deren Körper behaart war wie der von Tieren. Und ich wollte wissen: Gibt es an diesem Ort der Seelen auch Leiber und Behaarung? Der Engel erklärte mir: Gott kann den Seelen Körper geben und sie behaaren, wie er mag. Unzählige konnte ich noch erblicken, die zu dem Ort gebracht wurden und die die Möglichkeiten der Züchtigungen mitansehen mußten. Sie brüllten voller Angst und flehten zu Gott. Und sie schrien:

Die Gerechten bitten

Laß uns Fürbitte leisten für alle, die diese Züchtigung erfahren. Erbarme dich ihrer.

Wieder wollte ich von dem Engel, der sich mit jenen unterhielt, wissen, wer diese seien. Er erklärte mir: Die den Allmächtigen preisen, sind deine Diener Abraham, Isaak und Jakob. Tag für Tag kommen sie für eine Weile an diesem Ort zusammen mit dem mächtigen Engel. Der läßt den Klang der Posaune über die Erde erschallen bis in den Himmel hinauf. Wenn die Gottesfürchtigen diesen Klang hören, eilen sie hierher und leisten für alle, die um der Bestrafung ihrer Schuld willen gepeinigt werden, Fürbitte vor Gott, dem Allmächtigen. Noch einmal kam der mächtige Engel, der die leuchtende Posaune hielt. Er ließ ihren Schall über die Erde dröhnen, daß man ihn vernahm vom Sonnenaufgang bis zum Sonnenuntergang, von Mitternacht bis Mittag.

Der Zorn des Schöpfers

Noch einmal hob der Engel die Posaune und man hörte ihren Schall bis zu den Wolken. Ich frug: Gottesbote, warum darf ich nicht zu diesen Frommen gehen? Er erklärte mir: Es ist mir nicht erlaubt, dich zu ihnen zu führen, bis der Tag kommt, an dem der Zorn des Schöpfers Himmel und Erde auslöscht. Alle werden dies erleben, sie werden unter Wehklagen niederfallen und sagen: Alles Leben, das du geschaffen hast, o Herr, soll an diesem Tag des Zorns zu dir zurückkehren. Denn niemand übersteht den Tag des göttlichen Zorns, wenn die Erde erbebt, wenn alles Grün verdorrt und die Wurzeln niederbrechen, wenn die Türme zusammenstürzen und die Vögel vom Himmel fallen.

Apokalypse des Elias

Die Vision des Elias

Die Ermahnung

Gott sprach zu mir: Erdensohn, frage dein Volk: Warum hört ihr nicht auf zu sündigen? Warum wendet ihr euch gegen den Allmächtigen, der euch das Leben gab? Ihr sollt euer Herz nicht an das Irdische hängen, noch an das, was auf Erden geschieht. Denn der irdische Glanz untersteht ebenso dem Satan wie dessen Zerstörung.

Vergeßt nie, daß der Allerhöchste, der Schöpfer, euch liebt und euch befreien will aus den Fesseln der Welt. Ginge es nach des Satans Sinn, würde die Erde das Licht der Sonne nicht mehr empfangen und keine Früchte mehr tragen. Ginge es nach des Satans Sinn, würde er die Geschöpfe Gottes vernichten wie ein verzehrendes Feuer, würde er sie verschlingen wie eine wilde, brüllende Bestie.

Der Sohn Gottes

Aber der Allerhöchste hatte Mitleid mit den Menschen und schickte seinen Sohn auf die Erde, damit er das Netz der Sünde zerreiße. Sein Kommen offenbarte er keinem Engel, keinem Erzengel und keinem himmlischen Geist. Er nahm die Gestalt der Menschen an, um sie zu erlösen.

So seid ihr zu Kindern Gottes geworden und Gott zu eurem Vater. Ihr müßt wissen, daß er in seinem Reich für euch schon Ehrensitze bereithält und goldene Kronen. Und er wird sagen: Ihr, die ihr mir dient, kommt auf eure Ehrenplätze und nehmt euren Lohn. Gott sagte mir: Ich habe denen, die mir gehorchen, mein Zeichen aufgeprägt und meinen Namen in ihre Hand geschrieben.

Das Schicksal der Gerechten und der Sünder

Die mir anhangen, werden weder Hunger noch Durst leiden. Der Verführer wird keine Macht über sie haben, noch werden sich ihnen himmlische Mächte entgegenstellen, sie werden mit den reinen Geistern in mein Reich einziehen. Die Bösen werden in die Tiefe stürzen, denn an meinen Wächtern führt kein Weg für sie vorbei. Im Gegenteil – die Wächter werden sie packen und festhalten, denn sie finden nicht Gnade vor der Engel Augen, weil sie nicht nach dem Himmelreich strebten.

Hütet euch also, ihr Gottesfürchtigen, vor den Ketzern, die überhandnehmen zur Endzeit. Sie verbreiten ihre, nicht Gottes Lehre und setzen die Gebote des Schöpfers außer Kraft.

Die Enthaltsamen

Jene, die die Nächte durchtoben und sagen: Die Enthaltsamkeit zählt nicht, denn der Schöpfer hat sie nicht geboten, verlassen die Gemeinschaft Gottes und wollen nichts wissen von der himmlischen Herrlichkeit, die ihnen verheißen war. Diese gilt auf ewig nur den Kindern Gottes. Laßt euch also nicht von den Ketzern verführen.

Vergeßt nie, daß Gott, der Schöpfer aller Herrlichkeit, die Enthaltsamkeit gebot zum Heil seiner Geschöpfe, weil sie ja bedrängt werden von Zuchtlosigkeit und maßlosen Wünschen. Laßt euch nicht vom Satan besiegen. Die Enthaltsamkeit habe ich eingerichtet zu eurem Heil, sagt der Allmächtige.

Das Wesen der Enthaltsamkeit

Wer enthaltsam lebt, bleibt frei von Schuld, er kennt weder Eifersucht noch Zank. Enthaltsam soll leben, wer Gott dienen will. Wer aber enthaltsam ist nicht um der Gottgefälligkeit willen, gibt Ärgernis vor dem Schöpfer und seinen Geistern, er schadet seiner Seele, weil er seine Verdammnis vorbereitet für den Tag, an dem die Verdammnis ausgesprochen wird. Enthaltsamkeit verlangt nach reinem Denken und reinem Tun. Nur so wirkt die Buße, heilt alle Übel, vertreibt die unreinen Dämonen und steigt als Wohlgeruch zu Gottes Thron. Schuld aber wird auch getilgt durch aufrichtiges Beten. Das braucht ihr so dringend, wie ihr Gerätschaften braucht, wenn ihr auf dem Acker gute Arbeit leisten wollt.

Wider den Zweifel

Wer würde in den Kampf ziehen, ohne seine Brust zu panzern? Würde der Feind ihn nicht sofort zermalmen, weil er seine Pflicht gegen seinen Herrn nicht erfüllt? So soll auch niemand in den Tempel gehen, wenn sein Sinn nicht bei Gott weilt. Wer betet, ohne zu glauben, schadet sich selbst, und er wird auch die Geister des Herrn nicht erfreuen. Wendet also euer Streben niemals von Gott und haltet seine Gebote.

Die Herrscher der Heiden, das Ende der Zeiten, Satan und seine Helfer werden nicht Macht haben über die, die mir treu sind, verspricht der Herr, und sie brauchen nicht ängstlich zu sein im Kampf.

Die zwei Gegner

Wenn aus dem Dunkel ein Herrscher aufsteht, nennt man ihn den Herrscher der Heiden und der Sünde. Viel Elend bringt er über das Reich des Pharao. Das Land wird voll Tränen sein, denn er wird eure Söhne entführen. Viele werden sich in jener Zeit danach sehnen zu sterben, doch der Tod wird nicht zu ihnen kommen. Dann wird im Land des Sonnenunterganges ein Mächtiger aufstehen, den man den Friedensfürsten nennt. Er wird über das Wasser kommen wie ein wütendes Tier und den Herrscher der Heiden besiegen. Und auch über das Reich des Pharao wird er strafend Kampf und Tod bringen.

Der Friedensfürst

Vom Land des Pharao aus wird er Frieden verkünden und Freude bringen. Die Gottesfürchtigen wird er segnen und den Namen des Herrn preisen, den Priestern gibt er ihre Macht zurück und baut die Tempel neu. Reichtum schenkt er den Tempeln des Herrn und zieht seine Hand von dem Reich des Pharao, so klug, daß keiner es erkennt. Er wird ihre Heiligtümer registrieren, das Gewicht der Götzenstatuen feststellen und ihre Reichtümer schätzen lassen und Diener für sie bereitstellen. Dann wird er die geistigen Führer und die Mächtigen des Landes zu sich holen und sie in eine große Stadt führen, die am Meer liegt.

(...)

Die Not im Land des Pharao

Die Ortschaften im Reich des Pharao werden dann jammern, der Lärm des Marktes verstummt, die Läden in den Städten stehen leer. Dann werden im Reich des Pharao die Augen voller Tränen sein, die Herzen voller Todessehnsucht, doch auch zu ihnen wird der Tod nicht kommen; dann steigen die Menschen auf die Berge, lassen sich in die Tiefe fallen und jammern: Stürzt doch über uns zusammen, aber sie bleiben am Leben. Ihre Not wird größer von Tag zu Tag bei ihnen und auf der ganzen Welt.

Der Herrscher läßt die stillenden Mütter festnehmen und sie in Fesseln geschlagen vor sich bringen und befiehlt, daß sie ihre Milch einem Untier geben.

Der Mord an den Kindern

Und wenn die Tiere den Müttern alle Nahrung aus der Brust gesogen haben, sollen sie ins Feuer geworfen werden. Und weil das Elend im Lande nicht nachläßt, so läßt er alle Kinder, die das erste Dutzend der Lebensjahre noch nicht erreicht haben, ebenfalls ins Feuer werfen. Jammer erfaßt das Land; die Mütter, die sie geboren, und die Hebammen heben die Augen empor und klagen: Warum lebe ich und habe Söhne geboren.

Die aber, die keine Kinder haben und die nicht vermählt sind, werden triumphieren und sagen: Nun können wir jubeln, daß wir kinderlos sind, denn unsere Erben sind bei den Göttern.

Drei Herrscher

Dann werden im Lande Persien sich drei Herrscher aufmachen und die Israeliten aus dem Pharaonenland mit sich nehmen, werden sie mitnehmen in die Stadt Davids und sich dort ansiedeln.

Wenn ihr hört, daß Streit herrscht in Jerusalem, dann, ihr Priester, reißt euch eure Gewänder vom Leib, denn dann erscheint der Sohn des Verderbens, und die Sünder dringen in diesen Zeiten in die Tempel ein. Die Könige aus Persien flüchten, während sie mit den heidnischen Herrschern aus Assur im Kampfe stehen. Vier Mächtige stehen dann dreien gegenüber, drei Jahre halten sie das Land besetzt, bis sie abziehen und die Schätze aus den heiligen Städten mit sich nehmen.

Der Fluch über Ägypten

Von der Küste bis ins heilige Memphis wird der Nil rot sein vom Blut, und Tag um Tag wird man sein Wasser nicht mehr genießen können.

Klage sei gesagt über das Pharaonenland und seine Bewohner. Ein Herrscher wird kommen in jener Zeit aus der Stadt, die Stadt der Sonne heißt. Schrecken wird über das Pharaonenreich kommen, und die Bewohner fliehen nach dem heiligen Memphis. Listenreich werden die persischen Könige den Herrn der Assyrer überwältigen in Memphis. Rache bringen die Perser über das Reich und übergeben die Gottlosen wie die Gesetzesbrecher dem Tod. Die heiligen Gebäude errichten sie wieder und machen sie reicher als je zuvor.

Der Verführer

Und sie werden bekennen: Geheiligt sei der Name des einzigen Gottes. Der Perser großes Reich wird ihn verehren. Und wer in den Kämpfen nicht umkam, wird sagen: Gott hat uns einen mächtigen König geschickt, damit er unser Land errette.

Drei Jahre lang nimmt der Herrscher keine Abgaben, und so kommen wieder Reichtum und Wohlstand in das Land. Da besuchen die Lebenden die Verblichenen an ihren Gräbern und laden sie ein: Erhebt euch und lebt wieder bei uns in Frieden.

Im vierten Jahr der Herrschaft dieses Mächtigen wird sich der Sohn der Finsternis zeigen und behaupten: „Ich bin der, der gesalbt ist.“ Aber er ist es nicht, also mißtraut ihm.

Der Gottesbote

Wenn der kommt, der gesalbt ist, so wird er erscheinen wie eine Taube, und ein Schwarm Tauben wird bei ihm sein. Er kommt auf Wolken vom Firmament, und das Zeichen des Kreuzes zieht vor ihm her. Der ganze Erdball wird ihn sehen können, so wie die Sonne, vom Osten bis zum Westen, so wird er erscheinen, und die Scharen seiner Engel werden bei ihm sein.

Der Sohn des Verderbens wird versuchen, seine Macht in den Tempeln festzuhalten. Er wird der Sonne befehlen: Stürze nieder. Und sie wird niederstürzen. Dann befiehlt er: Strahle – und sie wird strahlen. Er befiehlt: Verdunkle dich. Und sie wird sich verdunkeln. Er wird dem Mond befehlen: Tauch dich in Blut. Und der Mond wird gehorchen.

Die Wundertaten des Antichristen

Er wird über die Wasser des Meeres und der Ströme gehen, als seien sie trockenes Land. Er gibt den Gelähmten die Kraft ihrer Glieder zurück und den Stummen die Stimme und nimmt den Aussatz von den Siechen. Er gibt den Leidenden Gesundheit und vertreibt die Dämonen aus den Besessenen. Er wirkt Wunder und viele Zeichen vor aller Augen.

Er vollbringt, was der vollbrachte, der der Gesalbte ist. Aber die Dahingeschiedenen kann er nicht ins Leben zurückrufen. Daran, daß er den Seelen nicht befehlen kann, wird offenbar, daß er der Sohn des Verderbens ist.

Ihr sollt die Taten erfahren, die er vollbringt, damit ihr wißt, wer er ist. Er ist jung und alt zugleich, dürr an seinen Gliedern, weißes Haar ist über seiner Stirne, sein Schädel aber ist ohne Haare, die Brauen seiner Augen berühren die Ohren, und an seinen Fingern erkennt man den Ausschlag der Lepra.

Der Antichrist

Vor denen, die ihn sahen, wechselte er die Gestalt, war ein Greis und dann wieder ein Jüngling. Seine Wundertaten sind immer anders, aber das Zeichen auf seiner Stirne ist unwandelbar. Und ihr werdet wissen, daß er der Sohn des Verderbens ist. Eine Jungfrau, die Thabitha heißt, erfuhr, daß der Sohn der Bosheit in den Tempeln seine Taten vollbrachte. Da zog sie ihr Bußgewand an und verfolgte ihn durch ganz Judäa und schleuderte ihm bis Jerusalem ihre Empörung entgegen.

Anklage gegen den Antichrist

Du Schamloser, du Sohn des Verderbens, du bist der Feind Gottes geworden. Da wandte sich der Sohn des Verderbens wütend gegen die Jungfrau und ging ihr nach bis in den Sonnenuntergang. Er trank das Blut aus ihren Adern, und als die Nacht kam, ließ er es auf den Boden des Heiligtums fließen. Doch es wurde zum Segen für die Gottgefälligen.

Und mit der Morgensonne stand die Jungfrau lebendig wieder auf und schleuderte ihm entgegen: Du Schamloser wirst weder über meinen Geist noch über meinen Körper herrschen. Ich bin meinem Gott treu. Du hast mein Blut im Heiligtum verschüttet, aber es wurde zum Segen für die Gottgefälligen.

Wenn Henoch und Elias erfahren, daß der Sohn des Verderbens seine Werke im Heiligtum vollbringt, werden sie wiederkehren, bereit, mit ihm zu kämpfen, und sagen: Wie wagst du es, dich im Tempel zu zeigen, obwohl du dem Heiligen nicht verbunden bist. Du bist ein Feind des Himmels wie der Erde, ein Feind der Gottesgeister und der Engel. Nirgendwo hast du Heimat.

Du bist vom Firmament verschwunden, wie die Sterne, wenn das Licht des Tages kommt. Und wenn du deine Gestalt wechselst, wendet sich selbst die Materie gegen dich. Wie kannst du es wagen, ins Heiligtum zu kommen, wenn du doch des Satans bist. Als diese Beschimpfung die Ohren des Satans erreichte, packte ihn die Wut, und er stürzte sich ins Getümmel und kämpfte inmitten der Stadt mit den Propheten, eine ganze Woche lang. Drei Tage und einen halben lagen sie tot auf der Straße, und das Volk konnte sie sehen.

Dann aber, am vierten Tag, erhoben sie sich wieder und beschimpften ihn: Du Schamloser, du Sohn des Verderbens. Wie kannst du es wagen, Gottes Getreue zu verwirren, für die du kein Leid ertragen hast. Begreifst du denn nicht, daß wir aus der Kraft Gottes existieren, um gegen dich Zeugnis abzulegen, wenn du behauptest, du hättest uns besiegt. Wir bedürfen unserer Körper nicht, um dich zu besiegen, du aber wirst dich nicht verteidigen können am Tag des Gerichts. Wir haben unsere Kraft von Gott, du aber bist ihm Feind für ewig.

Der Schamlose wurde von Zorn gepackt bei diesen Worten und begann den Kampf von neuem, und die ganze Stadt wurde Zeuge. Dann kommt der Tag, an dem sie jubelnd ihre Stimme zu Gott erheben, sie werden strahlend sein, alle Menschen und die ganze Erde werden sie sehen. Und der Sohn des Verderbens kann sie nicht besiegen.

Die Prüfung der Gottesfürchtigen

Seine Wut wird sich gegen die Erde wenden, und er wird den Menschen Übles tun. Er wird die Frommen verfolgen und sie zusammen mit den Dienern Gottes als Gefangene forttreiben und ermorden. Mit eisernen Stäben wird man sie blenden, ihnen die Haut vom Kopf abziehen und die Nägel herausreißen. Säuren und ätzende Lösungen werden in ihre Nasen geschüttet. Wer diese Qualen nicht aushält, packt seine Schätze ein und flieht und fleht die Flüsse an: Bringt uns in die Wüste. Und sie werden sanft einschlafen.

Auferstehung der Gottgefälligen

Gott holt ihre Seelen zu sich und läßt ihre Körper zu Granit erstarren, so daß kein Tier sich daran vergreift bis zum Tag des Gerichts. Dann werden sie erwachen und ihren Platz finden, aber nicht dort, wo der Gesalbte herrscht. Dort sind die, die treu blieben. Von diesen sagt der Allmächtige: Sie werden ihren Platz haben zu meiner Rechten. Vor allen anderen werden sie Gnade erfahren.

Sie werden Sieger sein über den Sohn des Verderbens, sie werden Zeugen sein, wie Himmel und Erde vergehen, sie werden ihren Lohn empfangen in Herrlichkeit. Sechzig Fromme werden in diesen letzten Tagen antreten, gepanzert mit der Kraft des Allmächtigen. Sie werden nach Jerusalem gehen und gegen den Schamlosen kämpfen und ihm sagen: „Du kannst zwar Wunder tun wie einst die Propheten, aber du kannst die Verblichenen nicht wieder ins Leben zurückholen, denn du hast keine Gewalt über ihre Seelen. Darum wissen wir, daß du der Sohn des Verderbens bist."

Der Antichrist

Der Schamlose wird bei diesen Worten von Zorn ergriffen und den Auftrag geben, die Opfertische in Scheiterhaufen zu verwandeln, die Frommen in Fesseln zu schlagen und darin zu verbrennen. Dann werden sich viele von ihm abwenden, sie werden die Flucht ergreifen und bekennen: Er ist nicht der, der gesalbt ist, denn der, der gesalbt ist, trachtet nicht den Frommen nach dem Leben, und er wird nicht die Gerechten verfolgen. Wird er sie nicht viel eher durch Wunder und Zeichen zum Glauben führen?

Dann wird der, der gesalbt ist, denen, die sein Volk sind, sein Erbarmen zeigen und seine Heerscharen auf die Erde senden. Dies sind vierundsechzigtausend Engel, und ein jeder von ihnen hat sechs Flügel.

Die, die Erlösung finden

Wenn diese ihre Stimme erheben, um den Herrn zu preisen, werden Himmel und Erde wanken, aber sie werden alle, die das Zeichen dessen auf der Stirne tragen, der gesalbt ist, auf ihre Schwingen heben, kleine wie große, deren Hände das Siegel tragen, und werden sie hinwegführen, daß der Zorn des Bösen sie nicht erreicht. Gabriel und Uriel zeigen ihnen leuchtend den Weg in die himmlischen Gefilde, sie bieten ihnen Frucht vom Baum des Lebens und kleiden sie in strahlende Gewänder. Die Engel werden sie behüten, weder Durst noch Hunger werden sie quälen, noch wird der Sohn des Verderbens über sie bestimmen können.

Die Erde wird erschüttert werden und das Licht der Sonne erlöschen. Dann erst wird Frieden sein auf der Welt und in den Gedanken. Die Bäume werden entwurzelt stürzen, Raubtiere wie Hausvieh brechen verendend zusammen.

Der Antichrist

Vom Himmel fallen tote Vögel, die Erde verdorrt, die Meere werden trocken. Die Gottlosen werfen sich auf den Boden und jammern: Wie hast du uns verführt, du Sohn des Verderbens. Du hast uns gesagt, du seist der Gesalbte, aber du bist der Sohn des Verderbens. Jetzt kannst du dir nicht einmal selber helfen, wie dann wohl uns? Wundertaten hast du uns gezeigt, damit wir uns vom Herrn abwandten, unserem Schöpfer. Hätten wir dir nur nicht geglaubt.

Niemand wird jetzt unsere Sehnsucht stillen. Nirgendwo werden wir einen Gerechten finden, um ihn zu verehren. Niemand wird uns jetzt noch Lehrer sein, zu niemandem können wir flehen. Jetzt werden wir durch Gottes Zorn vernichtet, weil wir ihm nicht gehorchten.

Zu den tiefsten Tiefen des Ozeans sind wir hinabgestiegen, dort war kein Tropfen Wasser mehr. Wir haben die Täler der Flüsse aufgegraben, dort war kein Tropfen Wasser mehr. An diesem Tag brach der Schamlose in Tränen aus und klagte: O Jammer, meine Herrschaft geht zu Ende. Ich glaubte, meine Herrschaft würde ewig dauern. Aber nun schrumpfen die Jahre zu Monden, die Tage zu Sekunden. Mit euch bin ich dem Untergang geweiht. Laßt uns in die Wüste flüchten. Laßt uns die Räuber verfolgen und töten.

Laßt uns nach den Frommen suchen, denn die Ernte der Erde

reift für sie, für sie schickt die Sonne ihre Strahlen, für sie nährt der Tau den Boden, die Gottlosen brechen dann in Tränen aus und klagen: Du hast uns hinweggeführt vom Herrn. Wenn du kannst, dann steh auf und gehe ihnen nach.

Da breitet er seine Flammenschwingen aus und holt den Zug der Frommen ein. Wieder greift er sie an. Aber die Engel hören den Angriff. Sie fliegen herbei und richten ihre Waffen gegen ihn. Der Allmächtige hört den Kampflärm, sein Zorn lodert auf, und er läßt Feuer ausbrechen aus dem Firmament und aus der Erde. Viele Meter hoch schlagen die Flammen. Sie verschlingen die Sünder und den Sohn des Verderbens, als wären sie Stroh.

Das Gericht

Dann kommt der Tag des letzten Gerichtes, bei dem Berge und Ebenen ihre Anklagen erheben. Die Gottlosen fragen einander: Wer hat an diesem Tag einen Menschen erspäht, der dem Richtspruch des Gesalbten entkommt?

Jeder Ort, an dem gesündigt wurde, klagt den Sünder an, ob die Untat bei Tageslicht geschah oder im Dunkel der Nacht. Die Frommen aber sehen die Sünder leiden in ihrer Verdammnis und alle, von denen sie einst gequält oder getötet wurden. Und die Gottlosen können die Kinder Gottes sehen an dem Ort, der ihnen bereitet ist.

Der Untergang des Antichristen

Alle Bitten der Frommen werden in jenen Zeiten zur Erfüllung gelangen, und Gottes Gericht wird über Himmel und Erde kommen. Er hält Gericht über alle hier und dort, die je Schuld auf sich luden. Er hält Gericht über die, die zu Hirten bestellt waren über das Volk, und fragt nach jenen, die ihnen anvertraut waren. Und sie werden vor den Herrn gebracht ohne Zögern.

Dann werden Henoch und Elias erscheinen, die Propheten, und sie werden die irdische Hülle ablegen und das Gewand des Geistes anziehen. Dann suchen sie den Sohn des Verderbens und löschen ihn aus, noch ehe er zu Wort kommt.

Der neue Himmel und die neue Erde

Dann wird er vor ihren Augen vergehen, wie das Eis in den Flammen vergeht. Er wird verlöschen wie ein Untier, dem der Atem entflieht. Und es wird in seinen Ohren dröhnen: Deine Herrschaft ist zu Ende.

Du gehst zugrunde, und mit dir alle, die dir anhingen. Sie werden in die tiefsten Tiefen geworfen, und der Abgrund wird über ihnen aufgeschüttet.

Dann erscheint der, der gesalbt ist, der Herr des Himmels, mit all den Gerechten, und er versengt alles Geschaffene der Erde und bleibt auf ihr, tausend Jahre lang. Dort, wo er die einstige Heimat der Gottlosen vernichtete, baut er einen neuen Himmel und eine neue Erde, auf der es nichts Böses mehr gibt.

Die Herrschaft des Messias

Dann wird er mit seinen Heiligen die Herrschaft antreten, er steigt von der Erde zum Himmel, und mit ihm die Schar der Engel. Und die Herrschaft des Gesalbten währt ewig.

Apokalypse des Baruch (syrisch)

Verkündigung des bevorstehenden Untergangs Jerusalems

Im fünfundzwanzigsten Jahre Jechonjas, des Königs von Juda, kam das Wort des Herrn über Baruch, den Sohn des Nerja, folgendermaßen: „Du hast alles das gesehen, was dieses Volk mir antut: daß die Sünden, welche die zwei übriggebliebenen Stämme getan haben, zahlreicher sind als die der zehn Stämme, die schon in die Gefangenschaft weggeführt worden sind. Denn die früheren Stämme wurden von ihren Königen dazu gezwungen zu sündigen; diese zwei aber zwangen und nötigten ihre Könige zu sündigen. Darum bringe ich jetzt Unheil über diese Stadt und über ihre Bewohner, und sie soll eine Zeitlang von mir verstoßen werden. Und ich zerstreue dieses Volk unter die Völker, indem es den Völkern wohl ergehen, mein Volk aber gezüchtigt werden soll. Und es wird die Zeit kommen, wo sie die gedeihlichen Verhältnisse ihrer Heilszeiten herbeiwünschen werden.

Dies habe ich aber zu dir gesagt, damit du es Jeremia und allen denen, die euch gleichen, sagen sollst, daß ihr euch aus dieser Stadt entfernen sollt, weil eure Handlungen für diese Stadt wie eine feste Säule und eure Gebete wie eine starke Mauer sind."

Da sagte ich: „O Herr, mein Gott! Bin ich dazu in die Welt gekommen, um das Unheil meiner Mutter mit anzusehen? Nein, mein Herr! Wenn ich Erbarmen gefunden habe in deinen Augen, so nimm vorher meinen Geist von mir, damit ich hingehe zu meinen Vätern und nicht den Untergang meiner Mutter mit ansehen muß. Denn das beides bedrückt mich gar sehr: daß ich nämlich dir nicht entgegentreten kann, daß meine Seele aber auch das Unheil meiner Mutter nicht mit ansehen kann. Eins aber will ich vor dir aussprechen, o Herr: Was also soll hernach geschehen? Denn wenn du deine Stadt untergehen läßt und dein Land unseren Hassern preisgibst, wie kann da noch des Namens des Volkes Israel gedacht werden? Oder wie kann man reden von deinen Ruhmestaten? Oder wem kann es erläutert werden, was im Gesetze steht?

Oder soll etwa das Weltgebäude zu seiner ursprünglichen Natur zurückkehren? Und soll die Welt wiederum dem Schweigen, das anfänglich herrschte, verfallen? Und soll ausgerottet werden die große Menge der lebenden Wesen und von der Menschennatur nicht mehr die Rede sein? Und wo bleibt da alles, was du dem Mose über uns gesagt hast?"

Und es sagte zu mir der Herr: „Diese Stadt wird eine Zeitlang preisgegeben und das Volk zeitweilig gezüchtigt; aber die Welt vergeht nicht. Oder meinst du etwa, daß dies die Stadt ist, von der ich gesagt habe: Auf meine Handflächen habe ich dich hingezeichnet! Nicht diese Stadt, deren Gebäude jetzt vor euch dastehen, ist die künftige, die bei mir schon jetzt geoffenbart ist, die hier im voraus bereitet ist, seit der Zeit, wo ich den Entschluß gefaßt hatte, das Paradies zu schaffen. Und ich zeigte sie dem Adam, bevor er sündigte; und als er das Gebot übertreten hatte, ward sie ihm entzogen, ebenso wie auch das Paradies. Und danach zeigte ich sie meinem Knechte, dem Abraham, in der Nacht zwischen den Opferhälften. Und weiter zeigte ich sie auch Mose auf dem Berge Sinai, als ich ihm das Abbild des Zeltes und aller seiner Geräte zeigte. Und so ist sie schon jetzt bei mir bereitgehalten, ebenso wie auch das Paradies. Gehe nun fort und tue, wie ich dir gebiete!"

Und ich antwortete und sprach: „So werde ich also Zion gegenüber schuld daran sein, daß deine Hasser in dieses Land einziehen und dein Heiligtum verunreinigen und dein Eigentumsvolk gefangen wegführen und sich bemächtigen alles dessen, was du liebhast, und daß sie dann wieder heimziehen in das Land ihrer Götzen und vor ihnen prahlen? Und was willst du für deinen hehren Namen tun?" Und es sprach der Herr zu mir: „Mein Name und mein Ruhm dauern in alle Ewigkeit; mein Gericht aber wahrt sein Recht zu seiner Zeit. Und du sollst mit deinen eigenen Augen sehen, daß nicht die Feinde Zion zerstören und Jerusalem verbrennen, sondern daß sie nur dem Richter zeitweilig dienen. Du aber gehe fort und tue alles, was ich dir gesagt habe."

Und ich ging fort und nahm Jeremia und Iddo und Seraja und Jabes und Gedalja und alle Angesehenen im Volke mit mir; und ich brachte sie zum Bache Kidron hin und erzählte ihnen alles, was mir gesagt worden war. Da erhoben sie alle ihre Stimme und weinten; und wir saßen dort und fasteten bis zum Abend.

Das Erscheinen der Chaldäer vor Jerusalem und ihr Einzug in die Stadt

Und am folgenden Tage, siehe da umzingelte das Heer der Chaldäer die Stadt. Und zur Abendzeit verließ ich, Baruch, das Volk und ging hinaus und stellte mich an die Eiche hin. Und ich war in Kümmernis wegen Zion und seufzte wegen der Gefangenschaft, die über das Volk gekommen war. Und siehe, sogleich hob mich ein starker Wind empor und brachte mich oben auf die Mauer von Jerusalem hinauf. Da sah ich: Vier Engel standen auf den vier Ecken der Stadt, indem ein jeder von ihnen eine Feuerfackel in seinen Händen hielt. Und ein anderer Engel stieg vom Himmel herab und sagte zu ihnen: „Nehmt eure Fackeln und zündet sie nicht eher an, als bis ich's euch sagen werde! Denn ich bin gesandt, daß ich zuvor der Erde Mitteilung mache und bei ihr niederlege, was der erhabene Herr mir anbefohlen hat."

Und ich sah ihn, wie er zum Allerheiligsten hinabstieg und von dort weg den Vorhang an sich nahm und den heiligen Ephod und den Sühnungsdeckel der Lade und die zwei Tafeln und die heiligen Gewänder der Priester und den Räucheraltar und die achtundvierzig Edelsteine, die der Hohepriester an sich trug, und alle heiligen Gefäße des Zeltes. Und er sagte zur Erde mit lauter Stimme: „Erde! Erde! Erde! Höre das Wort des allmächtigen Gottes und nimm diese Dinge in Empfang, die ich dir anvertraue, und bewahre sie bei dir bis auf die letzten Zeiten, damit du sie, wenn es dir befohlen werden wird, hergebest, auf daß sich nicht die Fremden ihrer bemächtigen können. Denn herbeigekommen ist die Zeit, daß auch Jerusalem zeitweilig preisgegeben werden wird, bis dann gesagt werden wird, daß es wiederhergestellt werden soll, und zwar für immer!" Und es öffnete die Erde ihren Mund und verschlang sie.

Danach hörte ich, wie der Engel zu den Engeln, welche die Fakkeln hielten, sagte: „Fangt jetzt an und zerstört die Mauern der Stadt bis auf den Grund, damit die Feinde nicht prahlen können und sagen: ‚Wir haben die Mauern Zions zerstört und die Wohnstätte des allmächtigen Gottes verbrannt', während doch ihr die Stätte, wo ich ehedem weilte, besetzt habt."

Die Engel aber taten, wie er ihnen befohlen hatte. Und als sie die Ecken der Mauer gesprengt hatten, ward eine Stimme aus dem Innern des Tempels vernommen, nachdem die Mauer gefallen war, die da rief: „Dringt hinein, ihr Feinde, und kommt herzu, ihr Hasser! Denn der, der das Haus bewacht, hat es verlassen!“

Und ich, Baruch, ging fort. Danach zog das Heer der Chaldäer ein, und sie besetzten den Tempel und seine ganze Umgebung. Und sie führten das Volk gefangen fort, und manche töteten sie; dem Könige Zedekia aber legten sie Fesseln an und sandten ihn zum Könige von Babel.

Baruchs Trauer. Jeremia soll die Exilanten nach Babel begleiten

Und ich, Baruch, kam und Jeremia, dessen Herz als rein von Sünden erfunden worden war, der nicht bei der Einnahme der Stadt gefangengenommen worden war; und wir zerrissen unsere Kleider und weinten und trauerten und fasteten sieben Tage.

Und nach sieben Tagen kam das Wort Gottes über mich, und er sagte zu mir: „Sage Jeremia, daß er hingehe und für die Gefangenen des Volkes bis nach Babel hin sorge. Du aber verweile hier auf der Trümmerstätte von Zion, und ich tue dir kund nach diesen Tagen, was sich ereignen wird am Ende der Tage.“ Und ich sagte zu Jeremia, wie mir der Herr aufgetragen hatte. Er aber zog mit dem Volke fort, wogegen ich, Baruch, wieder hinkam. Und ich saß vor den Toren des Tempels und klagte folgende Wehklage über Zion und sprach:

„Heil dem, der gar nicht geboren ist,
oder dem, der geboren wurde und starb!
Uns aber, die wir jetzt leben – wehe uns,
daß wir die Trübsal Zions gesehen haben
und das, was sich mit Jerusalem ereignet hat.
Herbeirufen will ich die Sirenen aus dem Meer,
und ihr, ihr Nachtfrauen, kommt aus der Wüste herbei
und ihr Dämonen und Schakale aus den Wäldern.
Ermuntert euch und gürtet eure Lenden zur Wehklage
und stimmt mit mir die Trauergesänge an und wehklagt mit mir.
Ihr Ackerbauer, nicht sollt ihr mehr säen,
und du, o Erde, warum gibst du deine Erntefrüchte her?
Halte doch zurück in deinem Schoß den Wohlgeschmack deiner Nahrungsmittel!
Und du, o Weinstock, warum gibst du immer wieder deinen Wein her,

während doch nicht mehr davon in Zion dargebracht wird,
und auch die Erstlingsfrüchte nicht mehr dargebracht werden?
Und ihr, o Himmel, behaltet euren Tau bei euch
und öffnet nicht die Vorratskammern des Regens!
Und du, o Sonne, behalte das Licht deiner Strahlen bei dir,
und du, o Mond, lösch aus die Fülle deines Lichts!
Denn wozu soll noch weiter erstrahlen Licht,
dort, wo das Licht Zions dunkler geworden ist?
Und ihr, ihr Brautleute, geht nicht hinein ins Brautgemach,
und die Jungfrauen sollen nicht mit Kränzen sich schmücken.
Und ihr, ihr Frauen, betet nicht, daß ihr Kinder gebärt;
denn fröhlich sein müssen vielmehr die Unfruchtbaren.
Und freuen sollen sich die Frauen, die keine Kinder haben,
und die, die Kinder haben, müssen betrübt sein.
Denn wozu sollen sie mit Schmerzen gebären,
nur um mit Seufzern zu begraben?
Oder wozu sollen die Menschen noch Kinder haben,
oder warum soll vom Geschlechte der Menschennatur noch länger die Rede sein,
dort, wo diese Mutter verwüstet ist,
und ihre Kinder gefangen fortgeführt sind?
Von jetzt ab dürft ihr nicht mehr reden von der Schönheit
und nicht erzählen von der Anmut!

Ihr aber, ihr Priester, nehmt die Schlüssel des Heiligtums und werft sie hinan zur Höhe des Himmels und gebt sie dem Herrn hin und sagt: ‚Bewache du dein Haus; denn siehe, wir sind als trügerische Haushalter erfunden worden!‘ Und ihr, ihr Jungfrauen, die ihr Linnen- und Seidenfäden mit Ophirgolde durchwebt, nehmt eilends alles und werft es ins Feuer, damit dieses es dem wieder zuführe, der es hervorgebracht hat, und die Flamme es zu dem hinsende, der es geschaffen hat, damit sich nicht die Feinde dessen bemächtigen!

Ich sage aber dies, ich, Baruch, dir, ob Babel, gegenüber: Wenn du blühend daständest und Zion in seinem vollen Glanze bewohnt wäre, so würde es uns doch ein großer Schmerz sein, daß du Zion gleichständest. Gegenwärtig aber ist es uns fürwahr ein unermeßlicher Schmerz und ein maßloser Jammer, daß du wohl blühend dastehst, Zion aber verwüstet ist. Wer wird wohl über diese Dinge Richter sein wollen? Oder bei wem könnten wir uns über das, was uns betroffen hat, beklagen?

O Herr! Wie hast du dies dulden können? Unsere Väter haben sich schlafen gelegt ohne Schmerzen, und die Gerechten – siehe sie schlummern in der Erde in Frieden; denn nicht haben sie diese Trübsal erfahren und haben auch nicht von dem gehört, was uns betroffen hat. Möchtest doch du, o Erde, Ohren haben und du, o Staub, ein Herz; und möchtet ihr hingehen und es kundtun in der Unterwelt und den Toten sagen: ‚Glücklicher seid ihr als wir, die wir noch leben!'

Aber dies sage ich, wie ich es denke, und reden will ich nun dir gegenüber, o Erde, die du jetzt blühend dastehst: Nicht zu aller Zeit wärmt die Mittagsglut, und nicht unaufhörlich leuchten die Strahlen der Sonne. Nimm nicht an und wähne nicht, daß du immerfort blühend dastehen wirst und dich freuen kannst, und überhebe dich und prahle nicht gar zu sehr. Denn es wird sich wahrhaftig zu seiner Zeit der Zorn gegen dich regen, der jetzt durch die Langmut wie durch einen Zaun zurückgehalten wird!" Und als ich das gesagt hatte, fastete ich sieben Tage.

Auch über die jetzt glücklichen Heiden wird dereinst das Strafgericht kommen

Danach stand ich, Baruch, auf dem Berge Zion; und siehe, eine Stimme kam aus den Himmelshöhen und sagte zu mir: „Stelle dich auf deine Füße, Baruch, und höre das Wort des allmächtigen Gottes! Weil du dich gewundert hast über das, was Zion getroffen hat, darum sollst du bestimmt aufbewahrt werden bis zum Ende der Zeiten, damit du dann daseiest, um Zeugnis abzulegen. Wenn jemals die jetzt so blühenden Städte sagen werden: ‚Wozu hat der allmächtige Gott über uns diese Strafe gebracht?', so sollst du zu ihnen sagen, du samt denen, die dir ähnlich sind, die ihr dies Unheil miterlebt habt: ‚Das ist das Unheil und die Strafen, die über euch und über euer Volk kommen, weil ihr unser Volk gezüchtigt habt zu seiner Zeit, damit die Völker vollständig gezüchtigt werden und alsdann in diesem Zustande verbleiben sollten.' Und wenn sie sagen werden zu jener Zeit: ‚Wie lange wird dies währen?', so sollst du zu ihnen sagen: ‚Ihr, die ihr den klaren Wein getrunken habt, trinkt nun auch von seiner Hefe! Das Gericht des

Erhabenen ist unparteiisch. Darum hat er seine eigenen Kinder anfangs nicht geschont, sondern hat sie gepeinigt wie seine Hasser, weil sie gesündigt hatten. Damals also sind sie gezüchtigt worden, damit sie entsündigt werden könnten. Jetzt aber, ihr Völker und Nationen, seid ihr strafbar, weil ihr diese ganze Zeit hindurch die Erde zertreten und euch die Schöpfung zunutze gemacht habt, so wie es sich nicht gehörte. Denn allezeit habe ich euch Gutes erwiesen, ihr aber habt die Güte allezeit geleugnet!'"

Da antwortete ich und sprach: „Siehe, du hast mir kundgetan der Zeiten Lauf und das, was nach den gegenwärtigen Ereignissen geschehen wird. Und du sprachst zu mir: ‚Den Völkern ist die Strafe zuträglich, von der du gesprochen hast.' Und jetzt weiß ich, daß viele sind derer, die gesündigt und doch im Glücke gelebt haben und so aus der Welt gegangen sind. Wenige Völker aber sind übriggeblieben in diesen Zeiten, auf die sich die Worte beziehen, die du geredet hast.

Denn was für ein Nutzen liegt darin, oder was können wir Schlimmeres als das, was wir bereits gesehen haben, als es uns traf, zu sehen erwarten? Weiter aber will ich vor dir reden: Was hat es denen genützt, die einsichtig waren vor dir und nicht in Eitelkeit wandelten wie die übrigen Völker und nicht zu den Toten sagten: Gebt uns Leben!, sondern die sich allezeit vor dir fürchteten und deine Wege nicht aufgaben? Und siehe! Sie wurden doch dahingerafft, und du hast auch nicht um ihretwillen Erbarmen mit Zion gehabt. Und wenn andere frevelten, so hätte doch Zion um der Werke derer willen, die Gutes vollführten, vergeben werden müssen, und nicht hätte es um der Werke derer willen, die Missetat verübten, versinken müssen!

Aber wer, o Herr mein Gott, versteht dein Gericht, oder wer erforscht die Tiefe deines Wegs, oder wer denkt nach über die beschwerliche Last deines Pfades, oder wer vermag nachzudenken über deinen unerfaßbaren Ratschluß, oder wer hat jemals von den Staubgeborenen Anfang und Ende deiner Weisheit gefunden? Denn wir alle gleichen einem Hauche. Denn wie der Hauch ohne sein eigenes Zutun aufsteigt und wieder stirbt, so ist's auch mit der Natur der Menschenkinder; nicht mit ihrem Willen gehen sie dahin, und was ihnen am Ende zuteil wird, wissen sie nicht. Denn die Gerechten erwarten gern das Ende, und furchtlos gehen sie aus diesem Leben. Weil sie bei dir einen Schatz von Werken haben, der in den Vorratskammern aufbewahrt wird, darum verlassen sie auch furchtlos diese Welt, und voll freudiger Zuversicht harren sie darauf, daß sie die Welt empfangen, die du ihnen verheißen hast. Uns aber – wehe uns, die wir sowohl jetzt Schimpf erleiden als auch in jener Zeit Unheil zu erwarten haben.

Du aber, du weißt genau, was du aus deinen Knechten gemacht hast; denn wir sind nicht imstande, das, was gut ist, ebenso wie du, unser Schöpfer, einzusehen. Weiter aber will ich vor dir reden, Herr mein Gott: Da doch ehedem die Welt samt ihren Bewohnern nicht da war, so überlegtest du dir und sprachst ein Wort aus; und sogleich traten die Werke der Geschöpfe vor dich hin, und du sagtest, daß du für deine Welt den Menschen zum Statthalter für deine Werke machen wolltest, damit erkannt werde, daß nicht er um der Welt willen, sondern die Welt um seinetwillen gemacht worden ist. Und jetzt sehe ich nun, daß wohl die Welt, die um unsertwillen gemacht worden ist, bestehen bleibt, daß aber wir, um derentwillen sie entstand, dahingehen."

Da antwortete der Herr und sprach zu mir: „Mit Recht hast du dich über das Dahingehen der Menschen gewundert, aber nicht hast du richtig geurteilt über die Unglücksfälle, welche die betreffen, die sündigen, und sofern du gesagt hast: ‚Niemand hat dein Gericht erkannt.' Darum so höre, und ich will es dir sagen; und merke auf mich, und ich will dich meine Worte hören lassen!

Der Mensch würde mein Gericht nicht richtig erkennen, wenn er nicht das Gesetz empfangen hätte und wenn ich ihn nicht einsichtigerweise unterrichtet hätte! Jetzt aber, weil er es wissentlich übertreten hat, darum soll er auch wissentlich Pein erleiden. Und sofern du von den Gerechten gesagt hast, daß um ihretwillen diese Welt gekommen sei, so wird auch wiederum die zukünftige um ihretwillen kommen. Denn diese Welt ist für sie Mühe und Arbeit bei vieler Anstrengung, und so ist jene zukünftige eine Siegeskrone in großer Herrlichkeit."

Ankündigung einer Offenbarung über die Ordnung der Zeiten

Da antwortete ich und sprach: „O Herr, mein Gott! Siehe, die Jahre, die jetzt sind, sind wenig zahlreich und schlimm, und wer kann in dieser seiner geringen Zeit das erwerben, was unermeßlich ist?"

Da antwortete der Herr und sprach zu mir: „Bei dem Höchsten wird nicht viele Zeit berechnet, auch nicht wenige Jahre.

Denn was hat es Adam genützt, daß er neunhundertdreißig Jahre lebte, da er doch das übertrat, was ihm anbefohlen worden war? Nichts hat ihm also die lange Zeit genützt, die er lebte; vielmehr brachte er den Tod in die Welt und verkürzte die Jahre derer, die von ihm abstammen. Oder was schadete es Mose, daß er nur hundertzwanzig Jahre lebte; da er doch deshalb, weil er dem untertänig war, der ihn geschaffen hatte, das Gesetz den Nachkommen Jakobs brachte und eine Leuchte dem Geschlechte Israels anzündete."

Da antwortete ich und sprach: „Der, der da anzündete, nahm auch von dem Licht, und wenige sind, die ihn nachahmten. Die vielen aber, denen er anzündete, nahmen von der Finsternis Adams und ergötzten sich nicht an dem Lichte der Leuchte."

Da antwortete er und sprach zu mir: „Darum hat er ihnen zu jener Zeit den Bund aufgerichtet und hat gesagt: ‚Siehe, ich lege vor euch hin das Leben und den Tod', und rief den Himmel und die Erde zu Zeugen gegen sie auf. Denn er wußte, daß seine Zeit nur kurz war, Himmel und Erde aber allezeit vorhanden sind. Sie aber sündigten und vergingen sich nach seinem Tod, obwohl sie wußten, daß sie das Gesetz hatten, das sie zur Verantwortung ziehen würde, und das Licht, in dem nichts verborgen bleiben konnte, auch die Sphären, die Zeugnis ablegten, und mich. Und über alles, was da ist, richte ich.

Du aber denke nicht weiter in deiner Seele darüber nach und werde nicht peinlich berührt durch das, was geschehen ist. Denn jetzt muß das Ende eintreten für die Zeit oder für die Dinge oder für das Gedeihen oder für die Schande und nicht der Anfang davon. Denn wenn der Mensch in seiner ersten Zeit im Glücke lebt und in seinem Greisenalter in Schande gerät, so vergißt er die ganzen glücklichen Verhältnisse, in welchen er lebte. Und wiederum: Wenn der Mensch in seiner ersten Zeit in Schande lebt und in der Folgezeit in glückliche Verhältnisse kommt, so erinnert er sich nicht mehr seiner Schande. Und weiter höre! Wenn jedermann diese ganze Zeit hindurch – von dem Tage an, wo der Tod verhängt wurde über die, die in dieser Zeit sich vergehen würden – glücklich sein, schließlich aber doch zugrunde gehen würde, so würde alles Frühere wertlos sein.

Darum siehe, Tage kommen: da werden die Zeiten rascher eilen als die früheren und die Jahreszeiten rascher laufen als die, die vergangen sind, und die Jahre schneller vergehen als die bestehenden.

Darum habe ich jetzt Zion verstoßen, damit ich so eilig als möglich die Welt heimsuche zu ihrer Zeit.

Jetzt nun behalte in deinem Herzen alles, was ich dir anbefehle, und versiegle es in den Kammern deines Verstandes; und alsdann will ich dir mein gewaltiges Gericht kundtun und meine unerforschlichen Wege. Gehe also hin und heilige dich sieben Tage lang und iß nicht Brot und trinke nicht Wasser und sage es niemandem. Und nachher komm an diesen Ort hierher; und ich will mich dir offenbaren und Wahres mit dir reden und will dir Auftrag geben in betreff des Laufs der Zeiten. Denn sie kommen jetzt und verziehen nicht länger.“ ...

Die Offenbarung über die Ordnung der Zeiten

Und er antwortete und sprach zu mir: „In zwölf Abschnitte ist jene Zeit eingeteilt, und ein jeder von ihnen wird vorbehalten für das, was für ihn vorgesehen ist:

Im ersten Abschnitte wird der Anfang der Unruhen eintreten; und im zweiten Abschnitte die Hinmordung der Großen der Welt.

Und im dritten Abschnitte Hinsinken vieler in den Tod; und im vierten Abschnitt Aussendung des Schwerts.

Und im fünften Abschnitte Hunger und Regenmangel; und im sechsten Abschnitt Unruhen und Schrecknisse.

Und im siebenten Abschnitte ...; und im achten Abschnitte viele Erscheinungen und Dämonenbegegnungen.

Und im neunten Abschnitte Herabfallen von Feuer; und im zehnten Abschnitte viele Beraubung und Bedrückung.

Und im elften Abschnitte Missetat und Üppigkeit; und im zwölften Abschnitte Mischung und Durcheinandermengung alles des vorher Genannten.

Diese Abschnitte jener Zeit sind aber zunächst vorbehalten, und dann erst werden sie miteinander gemischt sein und einander aushelfen. Denn einige werden von dem Ihrigen übriglassen und dafür von anderen hernehmen, und andere werden das Ihrige und das anderer vervollständigen, so daß die, die in jenen Tagen auf der Erde sind, es nicht merken werden, daß es das Ende der Zeiten ist.

Die Drangsale werden über die ganze Erde kommen

Wohl aber wird jeder, der es merkt, alsdann weise werden. Was aber das Maß und die Zahl jener Zeit anbetrifft, so werden es zwei

Abschnitte sein, die aus Wochen von je sieben Wochen bestehen." Da antwortete ich und sprach: „Gut ist's, wenn jemand es erlebt und schaut; besser aber als dies ist es, wenn er's nicht erreicht, damit er nicht falle. Doch will ich auch dies sagen: Wird der Unvergängliche gering achten das, was vergänglich ist, und das, was sich ereignet mit dem, was vergänglich ist, dergestalt, daß er allein auf das, was unvergänglich ist, ausschaut? Wenn aber, mein Herr, wirklich das herbeikommen wird, was du mir vorhergesagt hast, so tue mir, falls ich Gnade gefunden habe in deinen Augen, auch dies kund: ob sich dies in einem Land oder in einem Erdteil ereignen wird, oder ob es die ganze Erde wahrnehmen wird?"

Offenbarung einer Zeit der Freude

Und er antwortete und sprach zu mir: „Die ganze Erde wird das treffen, was sich alsdann ereignet; darum werden es alle die wahrnehmen, die dann am Leben sind. Zu jener Zeit aber beschirme ich nur die, die sich in jenen Tagen in diesem Lande befinden. Und nachdem das, was sich in jenen Abschnitten ereignen wird, vollendet ist, alsdann wird der Messias anfangen, sich zu offenbaren. Und offenbaren wird sich der Behemoth aus seinem Land, und der Leviathan wird emporsteigen aus dem Meere; die beiden gewaltigen Seeungeheuer, die ich am fünften Tage des Schöpfungswerks geschaffen und bis auf jene Zeit aufbehalten habe, werden alsdann zur Speise für alle die sein, welche übrig sind.

Auch wird die Erde ihre Frucht zehntausendfältig geben; und an einem Weinstocke werden tausend Ranken sein, und eine Ranke wird tausend Trauben tragen, und eine Traube wird tausend Beeren tragen und eine Beere wird ein Kor Wein bringen. Und die, die gehungert haben, sollen reichlich genießen; weiter aber sollen sie auch an jedem Tage Wunder schauen. Denn Winde werden von mir ausgehen, um Morgen für Morgen den Duft der aromatischen Früchte mit sich zu führen, und am Ende des Tages Wolken, die heilungbringenden Tau herabträufeln. Und zu jener Zeit werden wieder die Mannavorräte von oben herabfallen; und sie werden davon in jenen Jahren essen, weil sie das Ende der Zeiten erlebt haben.

Und danach, wenn die Zeit der Ankunft des Messias sich vollendet, wird er in Herrlichkeit in den Himmel zurückkehren. Alsdann werden alle die, die in der Hoffnung auf ihn entschlafen sind, auferstehen. Und es wird zu jener Zeit geschehen: Auftun werden sich die Vorratskammern, in denen die bestimmte Zahl der Seelen der Gerechten aufbewahrt worden ist, und sie werden herausgehen; und die vielen Seelen werden alle auf einmal, als eine Schar eines Sinnes, zum Vorschein kommen. Und die ersten werden sich freuen und die letzten sich nicht betrüben. Denn es weiß ein jeder, daß die Zeit herbeigekommen ist, von der es heißt, daß es das Ende der Zeiten ist. Die Seelen der Gottlosen aber werden, wenn sie dies alles sehen, alsdann ganz vor Angst vergehen; denn sie wissen, daß ihre Peinigung sie nun erreicht hat und ihr Untergang herbeigekommen ist."

Auf die jetzige Zerstörung Jerusalems wird eine zweite folgen

Danach ging ich zu dem Volke hin und sprach zu ihnen: „Versammelt mir alle eure Ältesten, und ich will euch manches sagen!" Und sie alle versammelten sich nach dem Tale des Kidron; und ich hob an und sprach zu ihnen: „Höre, Israel, und ich will zu dir reden, und du, Nachkommenschaft Jakobs, merke auf, und ich will dich ermahnen. Vergeßt nicht Zion, sondern seid eingedenk der Trübsale Jerusalems! Denn siehe, Tage kommen: da wird alles, was geworden ist, der Vernichtung hingegeben werden, und es wird werden, wie wenn es nicht gewesen wäre.

Wenn ihr aber eure Herzen vorbereitet, indem ihr die Früchte des Gesetzes in sie hineinsät, so beschirmt es euch in jener Zeit, wo der Allmächtige die ganze Schöpfung erschüttern wird. Denn kurze Zeit später wird der Bau von Zion erschüttert werden, um wieder aufgebaut zu werden. Aber jener Bau wird nicht andauern, sondern wird nach einiger Zeit wieder zerstört werden und eine Zeitlang in Trümmern liegenbleiben. Und nachher muß er dann in Herrlichkeit erneuert werden, und für alle Zeit muß er vollständig aufgebaut werden.

Wir dürfen uns also nicht so sehr über das Unheil betrüben, das jetzt gekommen ist, als vielmehr über das, was geschehen wird. Größer aber als diese beiden Trübsale wird der Kampf sein, wenn der Allmächtige seine Schöpfung erneuern wird. Und jetzt sollt ihr während einiger weniger Tage euch mir nicht nähern und sollt euch nicht um mich kümmern, bis ich zu euch hinkomme."

Und als ich alle diese Worte zu ihnen gesagt hatte, da ging ich, Baruch, meines Wegs; und als das Volk sah, daß ich fortgehen wollte, erhoben sie ihre Stimme und wehklagten und sagten: „Wohin gehst du von uns weg, Baruch, und verläßt uns, wie ein Vater, der seine Kinder als Waisen zurückläßt und von ihnen weggeht?

Das sind die Aufträge, die dir dein Genosse, der Prophet Jeremia, aufgetragen hat, indem er zu dir sagte: ‚Sieh nach diesem Volke, so lange, bis ich hingegangen bin und unsere übrigen Brüder in Babel in Ordnung gebracht habe, über welche der Urteilsspruch ergangen war, daß sie gefangen weggeführt werden sollten.‘ Und wenn jetzt auch du uns verläßt, so wäre es für uns am besten, wir stürben alle vorher, und dann erst entferntest du dich von uns!“

Da antwortete ich und sprach zu dem Volke: „Das sei ferne von mir, daß ich euch verlassen oder mich euch entfernen sollte. Vielmehr will ich nur zum Allerheiligsten hingehen, um beim Allmächtigen für euch und für Zion Fürbitte einzulegen, ob ich vielleicht etwas mehr erleuchtet werden könnte, und danach werde ich zu euch zurückkehren.“

Die Vision von dem Walde, dem Weinstock, der Quelle und der Zeder

Da ging ich, Baruch, bis zur heiligen Stätte und setzte mich auf die Trümmer der Stadt; und ich weinte und sprach: „O daß doch meine Augen zu Quellen würden und die Wimpern meiner Augen zu einem Tränenborn! Denn wie kann ich genügsam seufzen über Zion und wie trauern über Jerusalem, da doch an dem Orte, wo ich mich jetzt zur Erde niedergeworfen habe, ehedem der Hohepriester heilige Opfergaben darbrachte und Weihrauch von lieblich duftenden Spezereien an ihm auflegte? Jetzt aber ist unser Stolz zu Staub verwandelt und unserer Seelen Sehnsucht zu Sand!“

Als ich dies gesagt hatte, schlief ich dort ein. Und ich sah bei der Nacht ein Gesicht. Und siehe, es war ein Wald von Bäumen, der in einer Ebene gepflanzt war; und es umgaben ihn hohe und wilde Felsenberge, und jener Wald nahm viel Raum ein. Und siehe, ihm gegenüber wuchs ein Weinstock empor, und unter ihm floß eine Quelle sanft hervor.

Es gelangte aber die Quelle bis zu dem Walde hin und ward zu gewaltigen Fluten, und diese Fluten überschwemmten jenen Wald. Und sogleich entwurzelten sie die vielen Bäume des Waldes und verwüsteten all die Berge um ihn her; und so fing der Wipfel des Waldes an niedriger zu werden, und der Gipfel der Berge fing an niedriger zu werden. Und jene Quelle wurde so überaus stark, daß sie nichts von den vielen Waldbäumen übrigließ, außer einer einzigen Zeder. Als sie nun auch diese niedergeworfen und so den ganzen großen Wald vernichtet und entwurzelt hatte, derart, daß nichts von ihm übriggeblieben und nicht einmal seine Stätte mehr zu erkennen war, da kam jener Weinstock samt der Quelle ganz ruhig und still herbei, und er kam bis zu einer Stätte, die nicht ferne von der Zeder war, und ihre Fluten brachten die Zeder, die hingestreckt am Boden lag, zu ihm hin. Und ich sah, wie der Weinstock seinen Mund öffnete und wie er mit der Zeder redete und sagte: „Bist du nicht die Zeder, die von dem Unglückswald übriggeblieben ist? Und durch deine Hand wurde das Böse stehend und wurde ausgeführt alle diese Jahre hindurch, das Gute aber niemals. Und du fühltest dich stark dem gegenüber, was dir nicht gehörte; auch hast du mit dem, was dir gehörte, niemals Mitleid gehabt. Und du dehntest deine Herrschaft aus über die, die fern von dir waren, und die, die dir nahe kamen, brachtest du durch die Netze deiner Bosheit in deine Gewalt, und so überhobst du dich allezeit, als ob du nicht entwurzelt werden könntest.

Jetzt aber ist deine Zeit herbeigeeilt und deine Stunde herbeigekommen. So gehe nun auch du, o Zeder, von dannen hinter dem Walde her, der vor dir her von dannen gegangen ist, und werde zugleich mit ihm zu Sand, und euer Staub mische sich zusammen. Und so schlaft denn jetzt in Trübsal und ruht aus in Qual, bis deine letzte Zeit kommt, in der du wiederkommen und noch mehr Pein erleiden sollst!"

Danach sah ich die Zeder, wie sie in Flammen stand, und den Weinstock, wie er emporwuchs; und rings um ihn herum war eine Ebene voll von Blumen, die nicht verdorrten. – Ich aber erwachte und stand auf.

Deutung der Vision auf die vier Weltreiche

Da betete ich und sprach: „Herr, mein Gott, du erleuchtest zu aller Zeit die, die sich verständig aufführen, und dein Gesetz ist Leben, und deine Weisheit ist Redlichkeit. Tue mir nun kund die Deutung dieses Gesichts. Denn du weißt, daß sich meine Seele allezeit mit deinem Gesetze beschäftigt und daß ich mich, solange ich lebe, nicht von deiner Weisheit losgesagt habe."

Da antwortete er und sprach zu mir: „Baruch! Dies ist die Deutung des Gesichts, das du gesehen hast. Daß du den großen Wald gesehen hast, den hohe und wilde Berge umgaben – damit hat es folgende Bewandtnis: Siehe, Tage kommen, da wird dieses Königreich, das einst Zion zerstört hat, zerstört und unterjocht werden von dem, das nach ihm kommt. Weiter aber wird auch dieses nach einiger Zeit zerstört werden, und es wird ein anderes, das dritte, aufkommen. Und auch dieses wird sich zu seiner Zeit der Herrschaft bemächtigen und dann wieder zerstört werden. Und danach wird das vierte Königreich aufkommen, dessen Herrschaft härter und schlimmer sein wird als die Herrschaft derer, die vor ihm waren; und es regiert viele Zeiten hindurch, wie der Wald der Ebene, und behält die Herrschaft lange Zeit, und es wird sich erheben höher als die Zedern des Libanon. Und die Wahrheit wird sich in ihm verstecken müssen, und es werden zu ihm hinfliehen alle, die mit Freveltat befleckt sind, gleichwie sich die wilden Tiere in den Wald flüchten und in ihn hineinschlüpfen.

Und wenn die Zeit seines Endes herbeigekommen ist, daß es zu Falle kommen wird, alsdann wird sich die Herrschaft meines Messias offenbaren, die der Quelle und dem Weinstocke gleicht; und wenn sie erschienen ist, so wird sie seine ganze große Schar ausrotten. Und dies, daß du die hohe Zeder gesehen hast, wie sie von jenem Wald übriggeblieben war, und betreffs dessen, daß der Weinstock mit ihr diese Worte geredet hat, die du gehört hast – damit hat es folgende Bewandtnis:

Der letzte Regent, der alsdann existiert, wird lebend übrigbleiben, wenn seine ganzen großen Scharen vernichtet werden, und wird gefesselt werden. Und sie werden ihn auf den Berg Zion hinaufschaffen, und mein Messias wird ihn zur Rede stellen wegen aller seiner Freveltaten, und er wird zusammenbringen und vor ihn hinlegen alle die Taten seiner Scharen.

Und nachher wird er ihn töten, und den Rest meines Volkes, der sich in dem Lande, das ich erwählt habe, vorfindet, wird er beschützen. Und seine Herrschaft wird beständig sein für immer, bis die dem Verderben geweihte Welt zu Ende kommt und bis die oben genannten Zeiten sich vollenden. Dies ist dein Gesicht und dies seine Deutung."

Auftrag an Baruch, das Volk zu ermahnen

Da antwortete ich und sprach: „Für wen und für wie viele wird dies geschehen? Oder wer ist wert, in jener Zeit zu leben? Ich will aber vor dir reden alles, was ich denke, und will dich um das fragen, was ich im Sinne habe. Denn siehe, ich sehe viele aus deinem Volke, die sich von deinen Bundesvorschriften losgesagt und das Joch deines Gesetzes von sich geworfen haben. Andere aber habe ich auch gesehen, die ihr eitles Wesen aufgegeben und sich unter deine Fittiche geflüchtet haben. Was wird nun jenen zuteil werden, oder wie wird sie die letzte Zeit aufnehmen? Oder wird die Zeit jener genau gewogen werden, und werden sie gerichtet werden, je nachdem das Gewicht wiegt?"

Und er antwortete und sprach zu mir: „Auch diese Dinge will ich dir kundtun! Wenn du gesagt hast: ‚Für wen und für wie viele wird dies geschehen?' – denen, die gläubig gewesen sind, wird das vorher erwähnte Gute zuteil, und denen, die es verschmähen, wird das Gegenteil davon zuteil. Und wenn du von denen gesprochen hast, die sich genähert haben, und von denen, die sich losgesagt haben, so hat es damit folgende Bewandtnis: Die, welche vorerst sich unterwarfen und nachher erst sich losgesagt und sich vermischt haben mit dem Samen der Völker, die schon ihrerseits gemischt waren, deren frühere Zeit gilt und wird für etwas Hohes angesehen. Und die, welche vorerst das Leben nicht erkannten und nachher erst es erkannten und sich vermischt haben mit dem Samen des Volkes, das sich abgesondert hat, deren spätere Zeit wird für etwas Hohes angesehen.

Und es beerben die einen Zeiten die anderen und die einen Perioden die anderen, und sie nehmen eine von der anderen an. Und alsdann, auf das Ende hin, wird alles ausgeglichen werden, entsprechend dem Maße der Zeiten und entsprechend den Stunden der Perioden. Denn es nimmt das Verderben die mit, welche sein sind, und das Leben die, welche ihm angehören; und angerufen wird der Staub und zu ihm gesagt: Gib zurück das, was nicht dein ist, und laß auferstehen alles, was du für seine Zeit aufbewahrt hast!

Du aber, Baruch, mache dein Herz geschickt für das, was dir gesagt worden ist, und verstehe das, was dir kundgetan worden ist, weil es für dich vielen Trost gibt, der für immer währt. Denn du gehst weg aus diesem Land und wanderst fort von den Stätten, die jetzt von dir geschaut werden. Und du vergißt das, was vergänglich ist, und gedenkst nicht mehr dessen, was sich zwischen den Sterblichen zuträgt. Geh also hin und kümmere dich um dein Volk und komm dann wieder an diesen Ort; und nachher faste sieben Tage, und alsdann will ich zu dir hinkommen und mit dir reden." ...

Neue Offenbarungen über die Drangsale der letzten Zeit

Als ich gefastet und gebetet hatte, war ich ganz erschöpft. Und er antwortete und sprach zu mir: „Du hast ehrlichen Sinnes gebetet, o Baruch, und alle deine Worte sind vernommen worden. Aber mein Gericht fordert das Seine, und mein Gesetz fordert sein Recht. Denn aufgrund deiner Worte gebe ich dir Antwort, und aufgrund deines Gebets will ich mit dir reden. Denn es handelt sich um folgendes: Nichtig war das, was vergänglich ist, und handelte doch gottlos, gleich als ob es etwas ausführen könnte; und es dachte nicht an deine Güte und machte sich nicht meine Langmut zunutze.

Deshalb wirst du sicherlich hinweggenommen, entsprechend dem, was ich dir vorher gesagt habe. Und herbeigekommen ist die Zeit, von der ich dir gesagt habe; und in die Erscheinung treten wird die Zeit, die Drangsal schafft, denn sie wird herbeikommen und vorüberziehen mit heftigem Ungestüm, und sie wird voller Unruhe sein, wenn sie kommt mit zornigem Dräuen.

Und in diesen Tagen werden alle Bewohner der Erde gegeneinander in Aufruhr sein, weil sie nicht wissen, daß mein Gericht nahe herbeigekommen ist. Denn nicht werden viele Weise in jener Zeit gefunden werden, und die Einsichtigen werden nur vereinzelt sein. Aber auch die, die es wissen, werden erst recht schweigen.

Und es werden viele Nachrichten und nicht wenige Gerüchte entstehen, und Phantasiegebilde werden verbreitet werden. Und es werden nicht wenige Verheißungen erzählt werden: Einige werden wertlos sein, und einige werden sich bewahrheiten. Und die Ehre wird sich wandeln zu Schande, und die Stärke wird erniedrigt werden zu verächtlicher Schwäche; und die gesunde Kraft wird schwinden, und die Schönheit wird zur Gemeinheit werden. Und viele werden zu vielen sagen in jener Zeit: Wo hat sich verborgen die viele Einsicht, und wohin ist entwichen die viele Weisheit?

Und wenn sie das bedenken, alsdann wird die Eifersucht aufsteigen in denen, die nichts von sich hielten, und die Leidenschaft wird packen den, der ruhig war, und viele werden in zornige Aufregung versetzt werden, so daß sie vielen Leuten Schaden zufügen werden. Und sie werden die Heere aufreizen, daß sie Blut vergießen, und mit ihnen werden sie schließlich allesamt untergehen.

Und zu jener Zeit wird für jedermann deutlich sichtbar werden der Wechsel der Zeiten, dafür daß sie sich in allen jenen Zeiten befleckten und Betrug übten und dahingingen ein jeder in seinen eigenen Taten und des Gesetzes des Allmächtigen nicht gedachten. Darum wird Feuer ihre Pläne fressen, und durch die Flamme sollen die Erwägungen ihrer Nieren geprüft werden – denn es wird kommen der Richter und nicht verziehen –, weil ein jeder von den Bewohnern der Erde es hätte wissen können, wenn er sündhaft handelte, und doch kannten sie wegen ihres Hochmuts mein Gesetz nicht. Viele aber werden alsdann wahrhaftig weinen, jedoch über die Lebenden mehr als über die Toten."

Da antwortete ich und sprach: „Oh! Was hast du, Adam, allen denen angetan, die von dir abstammen? Und was soll zu der ersten Eva gesagt werden, daß sie der Schlange gehorcht hat, so daß die ganze große Menge dem Verderben anheimfiel, und Unzählige sind derer, die das Feuer frißt!? Doch ich will vor dir noch folgendes sagen: Du, Herr mein Gott, weißt, was an deiner Schöpfung ist. Denn du hast ehedem dem Staube anbefohlen, daß er Adam hervorbringe; und du kennst die Zahl derer, die von ihm abstammen, und wie sehr vor dir die sündigen, die bisher waren, und daß sie dich nicht als ihren Schöpfer bekannten. Und ob alledem bezichtigt sie ihr Ende, und dein Gesetz, das sie übertreten haben, straft sie an deinem Tage.

Jetzt aber wollen wir die Gottlosen außer acht lassen und wollen für die Gerechten Fürbitte einlegen. Und ich will erzählen von ihrer Seligkeit und will nicht schweigen und nicht aufhören, ihre Herrlichkeit zu preisen, die für sie bereitgehalten ist. Denn wahrhaftig werdet ihr, wie ihr innerhalb dieser kurzen Spanne Zeit in dieser vergänglichen Welt, in der ihr lebt, viele Mühe erduldet habt, ebenso in jener endlosen Welt viel Licht empfangen.

Das Endschicksal der Seligen und der Verdammten

Aber auch noch weiter will ich dich anflehen, o Allmächtiger, und will um Gnade flehen zu dem, der alles geschaffen hat: In welcher Gestalt werden wohl die weiterleben, die an deinem Tag am Leben sind? Oder wie kann ihr nachheriger Glanz alsdann andauern? Werden sie etwa alsdann die jetzige Gestalt anziehen und bekleidet sein mit den durch die Bänder verbundenen Gliedern, die jetzt in Sünden sind und mit denen die Sünden vollführt werden? Oder verwandelst du etwa die, die in der Welt gewesen sind, ebenso wie auch die Welt selber?"

Da antwortete er und sprach zu mir: „Höre, Baruch, dieses Wort, und schreibe in das Gedächtnis deines Herzens alles, was du erfährst! Denn sicherlich gibt die Erde alsdann die Toten zurück, die sie jetzt empfängt, um sie aufzubewahren, indem sie nichts ändert an ihrem Aussehen; sondern wie sie sie empfangen hat, ebenso gibt sie sie zurück, und wie ich sie ihr überliefert habe, ebenso läßt sie sie auch auferstehen. Denn alsdann ist es nötig, denen, die leben, zu zeigen, daß die Toten wieder aufgelebt sind und daß wiedergekommen sind die, die fortgegangen waren. Und wenn die einander erkannt haben, die sich jetzt kennen, alsdann wird das Gericht mächtig sein, und herbeikommen wird das, was vorher erwähnt worden ist.

Und nachdem der festgesetzte Tag vorübergegangen ist, alsdann wird sich hernach das Aussehen derer, die sich verschulden, verwandeln und auch die herrliche Erscheinung derer, die recht handeln. Denn das Aussehen derer, die jetzt gottlos handeln, wird schlimmer gestaltet, als es ist, wie sie auch Pein erdulden müssen. Auch die herrliche Erscheinung derer, die jetzt aufgrund meines Gesetzes gerecht gehandelt haben, die Einsicht in ihrem Leben hatten und die die Wurzel der Weisheit in ihr Herz eingepflanzt hatten – deren Glanz wird alsdann in verschiedener Gestalt erstrahlen, und das Aussehen ihrer Angesichter wird sich verwandeln in ihre leuchtende Schönheit, so daß sie annehmen und empfangen können die unsterbliche Welt, die ihnen alsdann verheißen ist.

Denn ganz besonders darum werden die seufzen müssen, die alsdann herbeikommen, weil sie mein Gesetz gemißachtet und ihre Ohren verstopft haben, so daß sie nicht Weisheit hören und nicht Einsicht annehmen konnten. Wenn sie nun sehen werden, daß die, über welche sie sich jetzt erhaben dünkten, alsdann erhaben sind und verherrlicht werden mehr als sie, dann werden verwandelt werden diese und jene: diese zum Glanze der Engel, und jene werden noch mehr dahinschwinden, zu staunenerregenden Erscheinungen und zu wundersam anzusehenden Gestalten.

Denn zuerst sehen sie zu, und nachher gehen sie auch selbst dahin, um Pein zu erleiden. Die aber, die durch ihre Handlungen davor gerettet worden sind, und die, denen jetzt das Gesetz ihre Hoffnung und die Einsicht ihre Sehnsucht und der Glaube ihre Weisheit gewesen ist, denen werden wunderbare Dinge erscheinen, wenn dann die Zeit für diese da ist; denn sie sehen die Welt, die ihnen jetzt unsichtbar ist, und sie werden die Zeit sehen, die jetzt vor ihnen verborgen ist.

Und es wird sie auch nicht die Zeit altern lassen; denn in den Himmelshöhen jener Welt werden sie wohnen und den Engeln gleichen und den Sternen vergleichbar sein. Und sie werden verwandelt werden zu allen möglichen Gestalten, die sie sich nur wünschen: von der Schönheit bis zur Pracht und von dem Lichte bis zum Glanze der Herrlichkeit.

Denn es werden vor ihnen ausgebreitet werden die weiten Räume des Paradieses, und es wird ihnen gezeigt werden die hoheitsvolle Schönheit der lebenden Wesen, die zunächst des Thrones sind, und aller Heerscharen der Engel; denn sie halten jetzt an meinem Worte fest, um zunächst unsichtbar zu werden, und sie halten an den Verordnungen fest, um an ihren Örtern zu bleiben, bis die Zeit herbeikommt, so sie wieder herbeikommen. Die Herrlichkeit aber wird alsdann bei den Gerechten größer sein als bei den Engeln. Denn die ersten werden die letzten, die sie erwarteten, aufnehmen und die letzten die, von denen sie hörten, daß sie vorher weggegangen seien; denn sie wurden errettet aus dieser Welt der Drangsal und warfen von sich die drückende Last ihrer Trübsale.

Um was also haben die Menschen ihr Leben verloren, und was haben die, die auf der Erde waren, alsdann eingetauscht um ihre Seele, da sie sich doch nicht erwählt hatten diese aller Trübsal bare Zeit, die nicht vergehen kann, und hatten sich erwählt jene Zeit, deren Ende von Seufzern und Übeln voll ist, und hatten abgelehnt die Welt, die die, welche zu ihr kommen, nicht altern läßt, und hatten gemißachtet die Zeit der Herrlichkeit, so daß sie nicht zu der Ehre kommen können, von der ich dir vorher gesagt habe?"

Da antwortete ich und sprach: „Wie könnten wir die vergessen, denen alsdann Wehe zugedacht ist? Und warum also klagen wir wiederum über die, die tot sind? Oder warum weinen wir über die, die in die Unterwelt dahingehen? Möchten doch die Wehklagen aufbewahrt werden für den Anfang der zukünftigen Pein, und möchten die Tränen niedergelegt werden für das Herbeikommen des Untergangs, der alsdann eintritt.

Aber auch das Entgegengesetzte will ich sagen: Und die Gerechten – was sollen die jetzt tun? – Habt eure Lust an den Leiden, die ihr jetzt leidet! Denn warum schaut ihr danach aus, daß eure Hasser zu Falle kommen? Bereitet euch vor auf das, was euch zugedacht ist, und macht euch geschickt für den Lohn, der euch hingelegt ist!"

Die Vision von der aus dem Meer aufsteigenden Wolke, dem leuchtenden Blitz und den zwölf Strömen

Als ich dies gesagt hatte, schlief ich dort ein. Und ich sah ein Gesicht: Und siehe, eine Wolke stieg empor aus einem sehr großen Meer. Und ich sah auf sie hin, und siehe, sie war voll von weißem und schwarzem Wasser; und viele Farben waren an diesem Wasser zu bemerken. Und etwas einem großen Blitz Ähnliches war an ihrem oberen Rande zu sehen. Und ich sah die Wolke, wie sie stürmisch mit raschem Laufe vorüberzog und die ganze Erde bedeckte.

Und danach fing die Wolke an, über die Erde das Wasser herabregnen zu lassen, das in ihr war. Und ich sah, daß das Wasser, welches aus ihr herabströmte, nicht einerlei Aussehen hatte. Denn für den ersten Anfang war es schwarz und viel, und zwar eine Zeitlang; und nachher sah ich, daß das Wasser hell war, aber es war nicht viel. Und danach wieder sah ich schwarzes Wasser und danach wieder helles, und wieder schwarzes und wieder helles. Dies dauerte aber zwölf Zeiten hindurch; aber des schwarzen Wassers war immer mehr als des hellen. Und ehe die Wolke verschwand, siehe, da regnete sie schwarzes Wasser herab, und es war weit dunkler als alles frühere Wasser.

Und Feuer vermischte sich damit, und wo das Wasser herabströmte, brachte es Verderben und Vernichtung hervor. Und danach sah ich, wie der Blitz, den ich am oberen Rande der Wolke gesehen hatte, sie packte und bis zur Erde herabschleuderte. Um so heller aber leuchtete der Blitz, so daß er die ganze Erde erleuchtete; und er heilte die Länder, wo das letzte Wasser herabgeströmt war und Verwüstung angerichtet hatte.

Und er nahm die ganze Erde in Besitz und herrschte über sie. Und danach sah ich: Und siehe, zwölf Ströme fluteten aus dem

Meer empor und umringten jenen Blitz und wurden ihm untertan. – Und ich erwachte infolge dessen, daß ich mich fürchtete ...

Deutung der Vision von der Wolke und den schwarzen und hellen Wassern auf die Weltgeschichte

Weil du aber doch einmal den Höchsten gebeten hast, daß er dir die Deutung des Gesichts, das du gesehen hast, offenbare, so bin ich gesandt worden, es dir zu sagen. Und tatsächlich hat dir bereits der Allmächtige die Zeitläufte kundgetan, die vorübergegangen sind und die erst in Zukunft in seiner Welt vorübergehen werden: von Anfang seiner Schöpfung an bis zu ihrem Ende, die, die in trügerischer Weise verlaufen, und die, die in rechter Weise verlaufen.

Denn wenn du die große Wolke gesehen hast, die da aus dem Meer emporstieg und fortzog und die Erde bedeckte – so ist damit gemeint die weite Welt, die der Allmächtige schuf, als er gedachte, die Welt zu schaffen.

Und es geschah: Als das Wort von ihm ausgegangen war, da stand auch schon die Länge der Welt als etwas für ihn Kleines da, und sie war eingerichtet, entsprechend der großen Einsicht dessen, der sie von sich hatte ausgehen lassen. Und wenn du zuerst an dem oberen Rande der Wolke schwarzes Wasser gesehen hast, das zuerst auf die Erde herabströmte, so ist damit gemeint die Übertretung, die Adam, der erste Mensch, beging. Denn weil nach seiner Übertretung der vorzeitige Tod eintrat, so ward die Trauer dem Namen nach bekannt, und die Trübsal bereitete sich vor, und der Schmerz wurde geschaffen, und die Mühsal ward fertig gemacht, und die Prahlerei fing an sich einzustellen. Und da die Unterwelt verlangte, immer wieder mit Blut erneuert zu werden, so trat das Kinderbekommen ein, und die Brunst der Eltern ward geschaffen; und die Hoheit der Menschheit wurde erniedrigt, und die Güte verdorrte. Was kann nun schwärzer oder dunkler sein als alles dies? Das ist der Anfang des schwarzen Wassers, das du gesehen hast. Und von diesem schwarzen stammte wieder schwarzes ab, und so ward das dunkelste Dunkel hervorgebracht.

Denn jener war zunächst für sich selbst eine Gefahr; aber auch für die Engel war er eine Gefahr. Denn sie hatten auch zu der Zeit, wo er geschaffen wurde, Freiheit. Und einige von ihnen stiegen hinab und vermischten sich mit Weibern; und damals wurden die, die so gehandelt hatten, gefesselt der Peinigung überliefert. Und alle die vielen übrigen Engel, die unzählbar sind, hielten sich fern davon. Und die, die auf der Erde wohnten, gingen allesamt durch die Wasser der Sintflut zugrunde. Das ist das erste, schwarze Wasser.

Danach sahst du helles Wasser: Das ist das Hervorquellen Abrahams und seine Lebensgeschichte und die Ankunft seines Sohnes und seines Enkels und derer, die ihnen glichen. Denn zu jener Zeit war das Gesetz ungeschrieben bei ihnen allgemein bekannt, und die Werke der Gebote wurden damals vollbracht, und der Glaube an das zukünftige Gericht wurde damals geboren, und die Hoffnung, daß die Welt erneuert werden wird, wurde damals auferbaut, und die Verheißung des Lebens, das nachher kommt, wurde damals gepflanzt. Das ist das helle Wasser, das du gesehen hast.

Und das dritte, schwarze Wasser, das du gesehen hast – das ist die Zusammenmengung aller der Sünden, die die Völker später, nach dem Tode jener Gerechten, verübten, und die Freveltat des Landes der Ägypter, die freventlich handelten durch die Unterjochung, mit der sie die Kinder jener unterjochten. Aber auch sie gingen schließlich zugrunde.

Und das vierte, helle Wasser, das du gesehen hast – das ist das Kommen des Mose und des Aharon, und der Mirjam und des Josua, des Sohnes des Nun, und des Kaleb und aller derer, die ihnen ähnlich waren. Denn zu jener Zeit leuchtete die Lampe des Gesetzes, das für immer gilt, allen denen, die in der Dunkelheit saßen, daß es denen, die gläubig waren, die Verheißung ihres Lohnes kundtue und denen, die ungläubig waren, die Feuerpein, die für sie aufbewahrt ist.

Aber auch die Himmel wurden zu jener Zeit von ihrem Orte weggerückt, und die zunächst des Thrones des Allmächtigen Stehenden erzitterten, als er Mose zu sich nahm. Denn er kündete ihm viele Mahnungen zugleich mit den Verhaltungsmaßregeln des Gesetzes und das Ende der Zeiten, ebenso wie auch dir; weiter aber auch den Plan von Zion und seine Maße, da es nach dem Plane des jetzigen Heiligtums gemacht werden sollte.

Aber er zeigte ihm damals auch die Maße des Feuers, auch die Tiefen der Urflut und die Schwere der Winde und die Zahl der Regentropfen und das Zurückhalten des Zorns und das große Maß von Langmut und die Tatsache des Gerichts und die Wurzel der Weisheit und den Reichtum der Einsicht und den Quell der Erkenntnis und die Höhe der Luft und die Größe des Paradieses und das Ende der Welten und den Anfang des Gerichtstags und die Zahl der Opfergaben und die Erden, die noch nicht gekommen waren, und den Mund der Hölle und die Stelle der Vergeltung und das Land des Glaubens und den Ort der Hoffnung und das Abbild der zukünftigen Pein und die Menge von unzähligen Engeln und die flammenden Engelheere und das Leuchten der Blitze und den Hall der Donner und die Klassen der Erzengel und die Vorratskammern des Lichts und den Wechsel der Zeiten und die Forschungen im Gesetze. Das ist das vierte und helle Wasser, das du gesehen hast.

Und das fünfte, schwarze Wasser, das du gesehen hast, wie es herabregnete – das sind die Handlungen, die die Amoriter vollführten, und das Murmeln ihrer Zaubersprüche, die sie anwandten, und die Sündhaftigkeit ihrer Mysterien und die Vermengung ihrer Verunreinigungen. Aber auch Israel verunreinigte sich damals mit Sünden, in den Tagen der Richter, obwohl sie die vielen Wunderzeichen sahen, die durch den geschahen, der sie geschaffen hatte.

Und das sechste, helle Wasser, das du gesehen hast – das ist die Zeit, in welcher David und Salomo geboren wurden. Und es geschah zu jener Zeit der Bau Zions und die Einweihung des Heiligtums und das Vergießen vielen Blutes der Völker, die damals gesündigt hatten, und die vielen Opfergaben, die damals bei der Einweihung des Heiligtums dargebracht wurden. Und Wohlstand und Friede bestanden zu jener Zeit; und Weisheit ward in der Gemeindeversammlung vernommen, und der Reichtum an Einsicht ward bei den Versammelten sehr gefeiert.

Und die heiligen Feste wurden mit vieler Freude und Wonne festlich begangen. Und das Gericht der Regenten zeigte sich damals ohne Trug, und die Gerechtigkeit der Gebote des Allmächtigen ward wirklich ausgeführt, und das Land, das damals beliebt war, war auf diese Weise und weil seine Bewohner nicht sündigten, mehr als alle anderen Länder preisenswert, und die Stadt Zion hatte damals die Oberherrschaft über alle Länder und Stätten. Das ist das helle Wasser, das du gesehen hast.

Und das siebente, schwarze Wasser, das du gesehen hast – das ist die Verkehrtheit des Plans des Jerobeam, der da plante, zwei goldene Kälber zu machen, und alle die Freveltaten, welche die Könige, die nach ihm kamen, frevelten, und der Bannfluch über Isebel und die Verehrung der Götzen, die Israel zu jener Zeit verehrte, und die Zurückhaltung des Regens und die Hungersnöte, die eintraten, derart, daß die Weiber sogar ihre Leibesfrucht aßen, und die Zeit ihrer Wegführung, die über die neuneinhalb Stämme kam, weil sie in vielen Sünden lebten.

Und es kam Salmanassar, der König der Assyrier, und führte sie gefangen fort. Über die Heidenvölker aber wäre gar viel zu sagen: wie viele Missetaten und Freveltaten sie allezeit verübten und niemals recht handelten. Das ist das siebente, schwarze Wasser, das du gesehen hast.

Und das achte, helle Wasser, das du gesehen hast – das ist die Rechtlichkeit und Aufrichtigkeit des Hiskia, des Königs von Juda, und die Gnade Gottes, die über ihn kam. Denn als Sanherib in Aufregung war, daß er, Hiskia, zugrunde gehen möchte, und sein Zorn ihn dazu aufreizte, wie er wohl vernichtet werden könnte – er und auch die vielen Völker, die mit ihm zogen –; als nun aber der König Hiskia hörte, was der assyrische König plante: nicht bloß herbeizuziehen und ihn gefangenzunehmen und sein Volk, die zweieinhalb Stämme, die übriggeblieben waren, zu vernichten, sondern daß er auch Zion zu zerstören willens war – da vertraute Hiskia auf seine Handlungen und hoffte auf seine Gerechtigkeit.

Und er redete mit dem Allmächtigen und sprach: Siehe! Schon ist Sanherib zugegen, um uns zu vernichten; und er wird prahlen und sich überheben, wenn er Zion vernichtet haben wird. Und der Allmächtige erhörte ihn; denn Hiskia war weise und wartete auf die Wirkung seines Gebets, weil er gerecht war. Und der Allmächtige gab alsdann seinem Engel Ramael, der mit dir redet, Auftrag; und so zog ich aus und vernichtete ihre große Menge, deren Oberbefehlshaber allein eine Zahl von hundertfünfundachtzigtausend ausmachten, und ein jeder von ihnen hatte ebenso Leute in bestimmter Anzahl unter sich.

Und ich verbrannte zu jener Zeit ihre Leiber drinnen; die Waffen aber und die Rüstungen draußen erhielt ich unversehrt, damit nur um so mehr die Wunder des Allmächtigen zu sehen wären und damit man von seinem Namen auf der ganzen Erde reden sollte. Und es wurde Zion gerettet und Jerusalem befreit; auch wurde Israel freigemacht von seinen Drangsalen. Und es freuten sich alle, die im heiligen Lande waren, und der Name des Allmächtigen wurde gepriesen, so daß er in aller Munde war. Das ist das helle Wasser, das du gesehen hast.

Und das neunte, schwarze Wasser, das du gesehen hast – das ist alle die Ruchlosigkeit, die es in den Tagen des Manasse, des Sohnes des Hiskia, gab, weil er sehr ruchlos handelte und die Gerechten tötete und das Recht beugte und unschuldiges Blut vergoß und die verheirateten Frauen unter Anwendung von Gewalt schändete und die Altäre zerstörte und die Opfergaben abschaffte und die Priester vertrieb, daß sie nicht länger im Heiligtume Dienst tun konnten. Und er machte eine Statue mit fünf Gesichtern: Vier davon schauten nach den vier Windrichtungen, und das fünfte war auf dem Scheitel der Statue, wie um den Eifer des Allmächtigen zu reizen.

Damals erging Zorn von dem Allmächtigen aus, daß Zion von Grund aus zerstört werden sollte, wie es sich nun auch in euren Tagen ereignet hat. Aber auch über die zweieinhalb Stämme erging der Urteilsspruch: daß auch sie gefangen weggeführt werden sollten, wie du jetzt erlebt hast. Und so gar arg wurde die Ruchlosigkeit Manasses, daß sich die Herrlichkeit des Höchsten vom Heiligtum entfernte.

Darum wurde Manasse zu dieser Zeit berüchtigt als Ruchloser, und schließlich war im Feuer sein Aufenthalt. Denn als sein Gebet beim Höchsten Erhörung gefunden hatte, ward ihm schließlich, als er in das eherne Pferd hineinfiel und das eherne Pferd schmolz, zur Stunde ein Wunderzeichen zuteil. Denn er hatte kein vollkommenes Leben geführt und war des Zeichens auch nicht wert, sondern es ward ihm nur zuteil, damit er von hier an erkennen sollte, daß es ihm schließlich – und von wem aus – doch bestimmt war, Pein zu erleiden. Denn der, der wohltun kann, kann auch peinigen.

In dieser Weise aber handelte Manasse ruchlos und war dabei der Meinung, als ob der Allmächtige zu seiner Zeit nicht alles dies rächen werde. Das ist das schwarze Wasser, das neunte, das du gesehen hast.

Und das zehnte, helle Wasser, das du gesehen hast – das ist die Lauterkeit der Lebensgeschichte Josias, des Königs von Juda, der zu jener Zeit allein dem Allmächtigen von ganzem Herzen und von ganzer Seele untertänig war. Und er reinigte das Land von den Götzenbildern und heiligte alle die Geräte, die entweiht worden waren, und gab dem Altar die Opfergaben zurück. Und er erhob das Horn der Heiligen und erhöhte die Gerechten und ehrte alle die Weisen einsichtigerweise. Und er brachte die Priester wieder zu ihrem Dienst und beseitigte und vertrieb die Zauberer und die

Magier und die Totenbeschwörer aus dem Lande. Und er tötete nicht allein die Gottlosen, die damals lebten: Er ließ auch die Gebeine derer, die schon gestorben waren, aus den Gräbern herausholen und mit Feuer verbrennen. Und die Feste und Sabbate richtete er ein mit ihren heiligen Darbringungen; und die durch den Götzendienst Befleckten verbrannte er mit Feuer, und die Lügenpropheten, die das Volk verführten – auch sie verbrannte er mit Feuer. Und auch die Leute, die ihnen, solange sie lebten, gehorchten, warf er ins Tal des Kidron und häufte Steine auf sie.

Und er eiferte von ganzer Seele mit loderndem Eifer für den Allmächtigen; und er allein hielt zu jener Zeit am Gesetze fest, derart, daß er niemanden unbeschnitten ließ und nicht zuließ, daß jemand im ganzen Lande gottlos handelte, solange er am Leben war. Er aber wird ewig dauernden Gewinn empfangen, und er wird geehrt werden beim Allmächtigen mehr als viele andere in der letzten Zeit. Denn um seinetwillen und um derer willen, die ihm ähnlich sind, sind die gepriesenen Herrlichkeiten geschaffen und bereitet worden, von denen früher zu dir geredet worden ist. Das ist das helle Wasser, das du gesehen hast.

Und das elfte, schwarze Wasser, das du gesehen hast – das ist das Unheil, das Zion jetzt trifft. Oder meinst du etwa, daß sich die Engel vor dem Allmächtigen nicht betrüben, daß Zion so preisgegeben ist, und daß sich die Völker schon in ihren Herzen brüsten und die Heerscharen vor ihren Götzen und sagen: Niedergetreten ist sie, die so lange Zeit niedergetreten hatte, und unterjocht, die unterjochte? Meinst du, daß sich der Höchste darüber freut oder sein Name deshalb gepriesen wird? Doch was würde mit seinem gerechten Gerichte werden? – Aber danach werden auch die vom Drangsal ergriffen werden, die unter die Völker zerstreut sind und in Schande in jeglichem Lande wohnen. Denn je mehr Zion preisgegeben ist und Jerusalem wüste liegt, desto mehr stehen die Götzen in den Städten der Völker in Flor. Und der balsamische Weihrauchduft der aus dem Gesetze herstammenden Gerechtigkeit ist aus Zion verloschen, und im Lande Zions allerorten – siehe, der Rauch der Ruchlosigkeit ist darin! Aber aufstehen wird der König von Babel, der jetzt Zion zerstört hat, und wird sich brüsten gegenüber dem Volk und wird Prahlereien vor dem Höchsten in seinem Herzen reden; auch er wird aber schließlich fallen. Das ist das schwarze Wasser.

Deutung des zwölften, hellen Wassers auf die Freudenzeit für das Volk Israel

Und das zwölfte, helle Wasser, das du gesehen hast – damit hat es folgende Bewandtnis: Kommen wird nämlich danach die Zeit, und dein Volk wird in solche Drangsal fallen, daß sie Gefahr laufen werden, alle zusammen zugrunde zu gehen. Doch werden sie im Gegenteil gerettet werden, und ihre Feinde werden vor ihnen zu Fall kommen. Und es wird ihnen eine Zeitlang große Wonne zuteil werden. Und zu jener Zeit wird auch bald nachher Zion wieder aufgebaut werden, und seine Opfergaben werden wieder eingerichtet werden, und die Priester werden zu ihrem Dienst zurückkehren, und die Völker werden auch kommen, um es zu preisen: aber nicht vollzählig, wie ehedem, sondern es wird danach ein gewaltiger Sturz all der vielen Völker stattfinden. Das ist das helle Wasser, das du gesehen hast.

Deutung des letzten schwarzen Wassers auf die Zeit der höchsten Drangsal

Denn das letzte Wasser, von dem du gesehen hast, daß es schwärzer war als alles frühere, welches nach allen den zwölf Wassern, die alle zusammengebracht waren, kam, bezieht sich auf die ganze Welt. Denn der Höchste hatte sie ehedem geteilt, weil er allein weiß, was sich ereignen wird. Denn von den Sünden und Freveltaten, die vor seinen Augen geschehen sollten, sah er sechs Zeitläufte voraus; und von den guten Taten der Gerechten, die vor seinen Augen vollbracht werden sollten, sah er auch sechs Zeitläufte voraus, ausgenommen noch das, was er selbst am Ende der Welt ausführen wollte. Darum war es nicht schwarzes Wasser mit schwarzem und nicht helles mit hellem. Denn es ist das Ende.

Höre nun die Deutung des letzten schwarzen Wassers, das nach dem früheren schwarzen kommen wird! Damit hat es folgende Bewandtnis. Siehe, Tage kommen, da wird, wenn die Zeit der Welt reif sein und die Ernte der Aussaat der Bösen und der Guten kommen wird, der Allmächtige über die Erde und ihre Bewohner und über ihre Regenten Geistesverwirrung und herzlähmenden Schreck herbeiführen. Und sie werden einander hassen und sich gegeneinander zum Krieg anreizen; und es werden die Verachteten über die Angesehenen schalten, und die Geringen werden sich überheben über die Gepriesenen. Und die vielen werden den wenigen preisgegeben werden, und die, die nichts waren, werden sich der Herrschaft bemächtigen über die Mächtigen; und die Armen werden den Vorzug haben vor den Reichen, und die Frevler werden sich überheben über die Helden.

Und die Weisen werden schweigen, und die Toren werden reden. Und nicht wird sich alsdann, was die Menschen denken, verwirklichen, auch nicht, was die Mächtigen sinnen. Und nicht wird sich die Hoffnung derer, die da hoffen, verwirklichen. Wenn aber, wovon vorher die Rede war, eingetreten sein wird, dann wird eine Verwirrung über alle Menschen hereinbrechen. Und manche werden im Kriege fallen, und manche werden durch Trübsale zugrunde gerichtet werden, und manchen wird von ihren eigenen Angehörigen etwas in den Weg gelegt werden. Es wird aber der Höchste die Völker offenbaren, die er dazu vorbereitet hat, und sie werden herbeikommen und Krieg führen mit den Regenten, die alsdann übrig sein werden.

Und jeder, der sich aus dem Kriege rettet, soll durch ein Erdbeben sterben, und der, der sich aus dem Erdbeben rettet, wird im Feuer verbrennen, und der, der sich aus dem Feuer rettet, wird durch Hunger zugrunde gehen; und alle, die sich retten und allen den vorher erwähnten Gefahren entgehn – mögen sie nun gesiegt haben oder besiegt worden sein –, die werden den Händen meines Knechtes, des Messias, überantwortet werden. Denn die ganze Erde wird ihre Bewohner verschlingen.

Das heilige Land aber wird sich dessen erbarmen, was zu ihm gehört, und wird zu jener Zeit seine Bewohner beschirmen. Dies ist das Gesicht, das du gesehen hast, und dies ist seine Deutung. Ich bin aber gekommen, um dir das zu sagen, weil dein Gebet beim Höchsten erhört worden ist.

Deutung des leuchtenden Blitzes auf die Zeit des Messias und seine ewige segensreiche Herrschaft

Höre aber auch betreffs des hellen Blitzes, der am Ende nach dem schwarzen Wasser kommen soll. Damit hat es folgende Bewandtnis. Nachdem die Wunderzeichen, von denen früher zu dir geredet worden ist, gekommen sein werden – wenn die Völker in Verwirrung versetzt werden und die Zeit meines Messias kommen wird –, da wird er alle Völker berufen, und einige wird er am Leben erhalten und einige töten. Das Folgende also wird über die Völker, die leben werden, von ihm aus kommen: Jedes Volk, das Israel nicht kennt und nicht das Geschlecht Jakobs niedergetreten hat, dieses soll leben bleiben, und zwar deshalb, weil sie sich unter allen Völkern deinem Volk unterwerfen werden. Alle die aber, die sich der Herrschaft über euch bemächtigt oder die euch sonstwie gekannt haben, alle diese sollen dem Schwert überliefert werden.

Und nachdem er alles, was in der Welt ist, gedemütigt und sich in Frieden für immer auf den Thron seines Königreichs gesetzt haben wird, alsdann wird sich Wonne offenbaren, und Ruhe wird erscheinen. Und alsdann wird Gesundheit herabsteigen im Tau, und Krankheit wird sich entfernen. Und Sorge und Trübsal und Seufzer werden unter den Menschen vergehen, und Freude wird auf der ganzen Erde einherwandeln, und es wird auch niemand vorzeitig sterben, und nicht wird sich plötzlich etwas Widriges ereignen. Und Prozesse und Anklagen und Streitigkeiten und Rachetaten und Blutschuld und Begierden und Neid und Haß und alles dem Ähnliche wird der Verdammung anheimfallen, indem es ausgerottet werden soll.

Denn diese Laster sind es, die diese Welt mit den Übeln erfüllten, und um ihretwillen geriet das Leben der Menschen in arge Verwirrung. Und die wilden Tiere sollen aus dem Walde kommen und den Menschen zu Diensten sein; und die Nattern und Drachen werden aus ihren Löchern herauskriechen, um sich den kleinen Kindern zur Verfügung zu stellen. Und auch die Weiber werden alsdann keine Schmerzen mehr zu leiden haben, wenn sie gebären, und nicht werden sie sich quälen, wenn sie die Früchte ihres Mutterschoßes zur Welt bringen.

Und in jenen Tagen werden sich die Schnitter nicht abmühen und die, welche bauen, sich nicht abarbeiten. Denn von selbst werden die Arbeiten weiteren Fortgang haben, samt denen, die daran arbeiten in vieler Ruhe. Weil jene Zeit das Ende dessen ist, was vergänglich ist, und der Anfang dessen, was unvergänglich ist, darum wird das, wovon vorher die Rede gewesen ist, in ihr geschehen. Darum ist sie ferne von den Bösen und nahe denen, die nicht sterben. Das ist der helle Blitz, der nach dem letzten schwarzen Wasser gekommen ist.

Baruchs Dank an Gott für die erhaltenen Offenbarungen

Und ich antwortete und sprach: „Wer kann sich vergegenwärtigen, o Herr, deine Güte? Denn sie ist unerreichbar. Und wer kann erforschen deine Gnade, die doch schrankenlos ist? Oder wer kann erfassen deine Einsicht? Oder wer kann die Gedanken deines Verstandes erzählen? Oder wer von den Erdgeborenen kann hoffen, zu ihnen hinzukommen – ausgenommen der, dem du Gnade erweisest und dich gnädig zuneigst?

Denn wenn du nicht von dir aus den Menschen Gnade erweisest, so können auch die, die unter deiner Rechten sind, sie nicht erreichen – ausgenommen die, die, da sie bei den namhaft gemachten Zahlen einbegriffen sind, berufen werden können.

Wir aber, die wir jetzt existieren – wenn wir erkennen, wozu wir gekommen sind, und uns dem unterwerfen, der uns von Ägypten her ins Land gebracht hat, dann kommen wir wieder und gedenken dessen, was vergangen ist, und freuen uns über das, was geschehen ist. Wenn wir aber jetzt nicht erkennen, wozu wir gekommen sind, und nicht die Herrschaft dessen, der uns aus Ägypten heraufgeführt hat, anerkennen, so kommen wir wieder und fragen nach dem, was jetzt geschehen ist, und betrüben uns schmerzlich über das, was sich ereignet hat."

Da antwortete er und sprach zu mir: „Weil dir die Offenbarung dieses Gesichts gedeutet worden ist, wie du gebetet hattest, so höre das Wort des Höchsten, damit du erkennst, was dir danach begegnen wird. Denn du wirst allerdings von dieser Erde fortgehen, aber nicht zum Tode, sondern um aufbewahrt zu werden für das Ende der Zeiten.

So steige nun auf den Gipfel dieses Bergs hinauf, und alle Länder dieser Erde sollen vor dir vorüberziehen und die Gestalt des Erdkreises und die Gipfel der Berge und die Tiefen der Täler und die Tiefen des Meeres und die Zahl der Flüsse, damit du siehst, was du zurückläßt und wohin du gehst.

Dies aber ereignet sich vierzig Tage später. So gehe nun jetzt während dieser Tage hin und lehre das Volk, soviel du kannst, damit sie erfahren, daß sie in der letzten Zeit nicht sterben werden. Vielmehr sollen sie erfahren, daß sie in den letzten Zeiten leben werden."

Ermahnungsrede Baruchs an das Volk und Abfassung zweier Ermahnungsschreiben

Da ging ich, Baruch, von dort weg und kam zu dem Volke hin, und ich versammelte sie vom Größten bis zum Kleinsten. Und ich sprach zu ihnen: „Hört, ihr Kinder Israel! Seht, wie viele ihr seid, die ihr von den zwölf Stämmen Israels übriggeblieben seid! Euch aber und euren Vätern hat der Herr das Gesetz gegeben vor allen Völkern, und weil eure Brüder die Gebote des Höchsten übertreten haben, hat er über euch und über sie die Ahndung gebracht. Und er hat die Früheren nicht verschont, hat aber auch die Späteren der Wegführung überliefert und keinen Rest von ihnen übriggelassen. Und siehe, ihr seid seitdem mein Volk.

Wenn ihr nun gerade wandelt auf euren Wegen, so werdet ihr nicht auch so fortziehen müssen, wie eure Brüder fortgezogen sind, sondern sie werden zu euch kommen. Denn gnädig ist der, den ihr verehrt, und liebreich ist der, auf den ihr hofft, und treu ist er, wohlzutun und nicht wehe zu tun. Habt ihr denn nicht gesehen, was sich mit Zion ereignet hat? Oder habt ihr etwa gedacht, daß der Boden gesündigt hat und deshalb verwüstet worden ist? Oder daß das Erdreich etwas begangen hat und deshalb preisgegeben worden ist? Und wißt ihr nicht, daß um euretwillen, die ihr gesündigt hattet, verwüstet worden ist das, was nicht gesündigt hatte, und daß um derer willen, die sich vergangen haben, den Feinden überliefert worden ist das, was nicht gesündigt hatte?“

Da antwortete das ganze Volk und sprach zu mir: „Soviel wir uns nur der Wohltaten bewußt sein können, die uns der Allmächtige erwiesen hat, sind wir uns dessen bewußt; und das, dessen wir uns nicht bewußt sind, weiß er in seiner Gnade. Indessen, dies magst du für uns, dein Volk, tun: Schreibe auch an unsere Brüder nach Babel einen Brief der Belehrung und ein Schreiben der Verheißung, daß du auch sie stärkest, bevor du von uns fortgehst. Denn es sind ihnen abhanden gekommen die Hirten Israels, und verlöscht sind die Lampen, die einst leuchteten; und die Quellen haben ihr Strömen gehemmt, von wo wir einst tranken. Wir aber sind in der Dunkelheit und in dem dichten Wald und in der dürstenden Wüste gelassen worden.“

Da antwortete ich und sprach zu ihnen: „Die Hirten und die Lampen und die Quellen stammten aus dem Gesetz. Und wenn wir auch fortgehen, so bleibt doch das Gesetz bestehen. Wenn ihr also auf das Gesetz schaut und sorgfältig auf die Weisheit achtet, so fehlt es nicht an einer Lampe, und der Hirt geht nicht fort, und die Quelle trocknet nicht aus. Immerhin will ich, wie ihr zu mir gesagt habt, auch euren Brüdern in Babel schreiben und den Brief durch Menschen hinsenden. Und den neuneinhalb Stämmen will ich ebenso schreiben und den Brief durch einen Vogel hinsenden."

Und am einundzwanzigsten Tag im achten Monat kam ich, Baruch, hin und setzte mich unter die Eiche in den Schatten der Zweige, und niemand war bei mir, sondern ich war allein da. Und ich schrieb folgende zwei Briefe – den einen sandte ich durch einen Adler an die neuneinhalb Stämme und den anderen sandte ich durch drei Männer an die in Babel.

Und ich rief den Adler heran und sprach zu ihm die folgenden Worte: „Dich hat der Höchste so geschaffen, daß du erhaben sein solltest über alle Vögel. So gehe nun jetzt fort und laß dich nicht an irgendeinem Orte nieder und gehe nicht in ein Nest und setze dich nicht auf irgendeinen Baum, solange du nicht die Breite der gewaltigen Wasser des Flusses Euphrat überflogen hast und zu dem Volke hingekommen bist, das dort wohnt; und wirf ihnen dann diesen Brief hin. Denke aber daran, daß Noah zur Zeit der Sintflut von der Taube die Frucht des Ölbaums empfing, als er sie aus der Arche entsendet hatte. Aber auch die Raben dienten Elia, als sie ihm Nahrung brachten, wie es ihnen befohlen worden war. Auch Salomo beorderte zur Zeit seiner Regierung überallhin, wohin er schicken oder wo er nach etwas fragen wollte, einen Vogel, und der war ihm gehorsam, je nachdem er ihm Auftrag gab. Und nun laß dich's nicht verdrießen und biege nicht ab, weder nach rechts noch nach links, sondern fliege und gehe geradewegs dahin, um den Befehl des Allmächtigen, wie ich dir gesagt habe, zu beobachten."

Der Brief an die neuneinhalb Stämme. Verkündigung des zukünftigen Gerichtes über die jetzigen Bedränger

Das sind die Worte des Briefes, den Baruch, der Sohn Nerjas, an die neuneinhalb am jenseitigen Ufer des Flusses Euphrat wohnenden Stämme sandte, in welchem dies geschrieben stand:

So sagt Baruch, der Sohn Nerjas, den Brüdern, die gefangen weggeführt worden sind: „Gnade wie auch Friede sei mit euch! Ich bin eingedenk, meine Brüder, der Liebe dessen, der uns geschaffen hat, der uns von alters her geliebt und der uns niemals gehaßt hat. Aber nur um so mehr züchtigte er uns. Und in Wahrheit weiß ich, daß wir ja alle, die sämtlichen zwölf Stämme, in eine Gefangenschaft fortgeführt worden sind, dem entsprechend, daß wir ja von einem Vater abstammen. Darum bin ich um so eifriger darauf bedacht, euch die Worte dieses Briefes zu hinterlassen, bevor ich sterbe, damit ihr getröstet sein sollt über die Unglücksschläge, die euch getroffen haben, und damit ihr euch auch betrübt über das Unglück, das eure Brüder getroffen hat, daß ihr aber zugleich auch das Gericht dessen, der über euch den Urteilsspruch gefällt hat, daß ihr solltet gefangen weggeführt werden, als gerecht anerkennt – denn geringer ist das, was ihr leidet, als das, was ihr getan habt –, weil ihr in den letzten Zeiten wert sollt erfunden werden eurer Väter.

Darum, wenn ihr bedenkt, daß ihr jetzt zu eurem Heile leidet, damit ihr nicht am Ende gerichtet werden und Pein erleiden sollt, so werdet ihr alsdann Hoffnung für immer erlangen, wenn ihr vor allem den eitlen Irrglauben aus eurem Herzen herauswerft, um dessen willen ihr von hier habt fortziehen müssen. Denn wenn ihr das tut, so gedenkt ebenso der unablässig euer, der allezeit für uns denen, die besser waren als wir, versprochen hat, daß er nicht für immer unser Geschlecht vergessen oder im Stiche lassen, sondern in seiner großen Gnade die wieder zusammenbringen werde, die zerstreut worden sind.

Deshalb, meine Brüder, so wißt denn zuvörderst, was sich mit Zion ereignet hat: daß uns nämlich Nebukadnezar, der König von Babel, mit Krieg überzogen hat. Denn wir hatten gesündigt gegen den, der uns geschaffen hat, und hatten nicht die Gebote beobachtet, die er uns geboten hat. Aber er hat uns auch nicht so gezüchtigt, wie wir verdient gehabt hätten. Denn das, was euch getroffen hat, sollten erst recht auch wir erleiden: – Auch uns hat es nämlich in der Tat getroffen.

Und jetzt, meine Brüder, tue ich euch kund, daß, als die Feinde die Stadt umzingelt hatten, die Engel des Höchsten ausgesandt worden sind und die Befestigungen der starken Mauer zerstört und ihre festen Ecken von Eisen niedergerissen haben, die sonst nicht hätten zerstört werden können. Dagegen haben sie einige von den heiligen Gefäßen verborgen, damit sie nicht von den Feinden entweiht werden könnten. Und als sie das getan hatten, haben sie alsdann den Feinden die Mauer als zerstört überliefert und das Haus als ausgeraubt und den Tempel als niedergebrannt und das

Volk, das besiegt wurde, weil es preisgegeben worden war, damit die Feinde nicht prahlen könnten und sagen: So weit haben wir's gebracht, daß wir sogar das Haus des Höchsten im Kriege verwüsten konnten! Auch haben sie eure Brüder gefesselt und haben sie nach Babel hingeführt und dort angesiedelt; und wir sind hier in sehr geringer Zahl übriggeblieben. Das ist die Trübsal, über die ich euch schreiben wollte. Denn ich weiß in Wahrheit, daß euch trösten würde die Trübsal der Bewohner von Zion, da ihr doch einsehen würdet, daß sie mehr zu bedeuten hatte als die Trübsal, über die ihr betrübt wart, daß ihr euch nämlich von Zion entfernen mußtet.

Aber auch hinsichtlich des Trostes hört, was ich zu sagen habe. Denn ich trauerte um Zion und flehte um Gnade zum Höchsten und sprach: ‚Wie lange bleibt dies für uns bestehen, und kommen zu aller Zeit über uns diese Unglücksfälle?' Und der Allmächtige hat nach seiner großen Gnade gehandelt und der Höchste nach der Fülle seines Erbarmens. Und er hat mir ein Wort geoffenbart, daß ich mich trösten sollte, und hat mir Gesichte gezeigt, damit ich nicht länger traurig sein sollte; und er hat mir die Geheimnisse der Zeiten kundgetan, und das Herbeikommen der Perioden hat er mir gezeigt.

Darum, meine Brüder, wollte ich euch schreiben, damit ihr euch trösten solltet wegen eurer vielen Trübsal. Wissen sollt ihr aber, daß unser Schöpfer uns sicherlich rächt an allen unseren Feinden, entsprechend dem allem, was sie uns angetan haben, und auch dies, daß sehr nahe ist das Ende, das der Höchste herbeiführen wird, und seine Gnade, die herbeikommen soll, und daß nicht ferne ist das Ende seines Gerichts. Denn jetzt sehen wir ja die Fülle des Wohlstands der Völker, während sie gottlos handeln, und doch gleichen sie einem Hauche. Und wir schauen auf die Ausdehnung ihrer Herrschaft, während sie Frevel verüben, und doch werden sie einem Tropfen zu vergleichen sein. Und wir sehen die Festigkeit ihrer Macht, während sie Jahr für Jahr dem Allmächtigen entgegentreten, und doch werden sie dem Speichel gleich zu achten sein. Und wir denken nach über die Herrlichkeit ihrer Größe, während sie die Gebote des Höchsten nicht beobachten, und doch werden sie vergehen wie Rauch. Und wir sinnen nach über die Schönheit ihrer Pracht, während sie in Unsauberkeiten dahinleben, und doch werden sie wie Gras, das dürr wird, verdorren. Und wir denken nach über die Stärke ihrer grausamen Härte, während sie das Ende nicht bedenken, und doch werden sie wie die Welle, die vorüberfließt, zerstieben. Und wir beobachten ihre prahlerische Macht, während sie die Güte Gottes, der sie ihnen gegeben hat, verleugnen, und doch werden sie wie eine Wolke, die vorüberzieht, vergehen.

Denn der Höchste läßt sicherlich seine Zeiten eilends herbeikommen und führt sicherlich seine Perioden herbei; und sicherlich wird er die richten, die in seiner Welt sind, und wird wahrhaftig alles heimsuchen aufgrund aller ihrer Handlungen, die im geheimen geschehen. Und sicherlich wird er erforschen die verborgenen Gedanken und alles, was im Innersten aller Glieder der Menschen drinliegt; und er bringt es, öffentlich vor jedermann, mit scharfem Tadel an den Tag.

Deshalb soll nicht eins von diesen jetzt bestehenden Dingen euch beschäftigen, sondern wir wollen vielmehr ruhig harren, weil das, was uns verheißen ist, herbeikommt. Und wir wollen jetzt nicht schauen auf die Genüsse der Völker, sondern wir sollen an das denken, was uns für die Endzeit verheißen ist, weil ja die Endpunkte der Zeiten und der Perioden dahinschwinden und alles, was sich in ihnen vollzieht, zugleich damit. Das Ende der Welt wird aber alsdann die große Macht des Weltleiters kundtun, indem alles zum Gerichte kommen wird. So richtet ihr nun eure Herzen zurecht, auf das hin, was ihr schon früher geglaubt habt, damit ihr nicht von den beiden Welten ergriffen werdet, indem ihr hier gefangen weggeführt worden seid und dort Pein erleiden werdet. Denn was jetzt besteht oder vergangen ist oder herbeikommt, in alledem ist weder das Böse völlig böse, noch ist auch wiederum das Gute völlig gut.

Denn alle Gesundheit, die jetzt ist, verwandelt sich in Krankheiten, und alle Rüstigkeit, die jetzt ist, verwandelt sich in Schwäche.
Und alle Kraft, die jetzt ist, verwandelt sich in Hinfälligkeit, und alle Stärke der Jugendzeit verwandelt sich in Altersschwäche und Lebensende.
Und alle prächtige Schönheit, die jetzt ist, wird welk und häßlich, und alle großsprecherische Herrschaft, die jetzt ist, verwandelt sich in Niedrigkeit und Schande.
Und aller stolze Ruhm, der jetzt ist, verwandelt sich in Beschämung und Verstummen;

alle Ruhmredigkeit und Aufgeblasenheit, die jetzt sind, verwandeln sich in Sturz und in Schweigen.

Und alle Genüsse und Wonnen, die jetzt sind, verwandeln sich in Mottenfraß und Vernichtung,

und alles Geschrei der Prahlerei, das jetzt ist, verwandelt sich in Staub und in Schweigen.

Und alles Besitztum des Reichtums, das jetzt ist, fällt einzig und allein der Unterwelt anheim,

und alle Errungenschaften der Begierde, die jetzt sind, verwandeln sich in unfreiwilligen Tod,

Und alle Begierde der Leidenschaften, die jetzt ist, verwandelt sich in Gericht der Peinigung,

und alle ränkevolle List, die jetzt ist, verwandelt sich in ehrlichen Tadel.

Und aller süßer Duft der Salben, der jetzt ist, verwandelt sich in Gericht und Verdammung,

und alle falsche Freundschaft verwandelt sich in wahrheitsgemäße Schmähungen.

Indem nun alles dies jetzt geschehen ist, meinst du da etwa, daß es nicht gerächt werden wird? Das Ende von allem aber wird zur Tatsache werden.

Ich tue dies euch ja nun kund, da ich jetzt noch am Leben bin: und zwar sage ich es, damit ihr Besseres lernt. Denn der Allmächtige hat mir aufgetragen, euch zu mahnen. Und ich will euch wenigstens etwas von den Geboten seines Gerichts vorlegen, bevor ich sterbe. Erinnert euch, daß einst Mose den Himmel und die Erde zu Zeugen gegen euch aufgerufen und gesagt hat: ‚Wenn ihr das Gesetz übertreten werdet, so sollt ihr zerstreut werden; und wenn ihr es beobachtet, so sollt ihr eingepflanzt werden.' Und auch noch anderes sagte er euch, als ihr zwölf Stämme alle zusammen in der Wüste wart. Und nach seinem Tode habt ihr es von euch gestoßen; darum traf euch das, was vorher schon erwähnt worden ist. Und jetzt –

Mose sagte euch einst, daß es euch nicht treffen werde, und doch hat es euch getroffen; denn ihr hattet das Gesetz fahrenlassen. Auch ich, siehe, sage euch, nachdem ihr bereits gelitten habt: Wenn ihr dem willfahrt, was euch gesagt worden ist, so werdet ihr von dem Allmächtigen alles das empfangen, was für euch niedergelegt und aufbewahrt ist.

Es soll aber dieser Brief zwischen mir und euch zum Zeugnis sein, daß ihr eingedenk sein sollt der Gebote des Allmächtigen und damit es auch für mich zur Entschuldigung diene dem gegenüber, der mich gesandt hat. Und eingedenk sollt ihr sein des Gesetzes und Zions und des heiligen Landes und eurer Brüder und des Bundes ... eurer Väter, und die Feste und die Sabbate sollt ihr nicht vergessen. Und überliefert diesen Brief und die Überlieferungen des Gesetzes euren Kindern nach euch, gleichwie es auch euch eure Väter überliefert haben. Und allezeit bittet beständig und betet eifrig von ganzer Seele, daß der Allmächtige euch wieder gnädig gesinnt sein möge und eure vielen Sünden nicht anrechne, sondern der Rechtlichkeit eurer Väter gedenke. Denn wenn er uns nicht nach seiner großen Gnade richten würde – dann wehe uns, allen Erdgeborenen!

Weiter aber wißt, daß unsere Väter in den früheren Zeiten und in den ehemaligen Generationen die Gerechten und die heiligen Propheten zu Helfern hatten. Freilich waren wir damals auch in unserem Land, und jene halfen uns, wenn wir sündigten, und legten Fürbitte für uns ein bei dem, der uns erschaffen hat, weil sie auf ihre Handlungen vertrauen konnten; und der Allmächtige erhörte ihr Gebet und entsündigte uns. Jetzt aber sind die Gerechten zu ihren Vätern versammelt, und die Propheten haben sich schlafen gelegt, und auch wir sind aus unserem Lande ausgewandert, und Zion ist uns entrissen worden; und nichts haben wir jetzt außer den Allmächtigen und seinem Gesetz.

Wenn wir also unsere Herzen zurechtmachen und instand setzen, so werden wir alles, was wir verloren haben, und viel Besseres, als was wir verloren haben, vielfältig wiedererlangen. Denn was wir verloren haben, war vergänglich, und was wir dafür erlangen, unvergänglich. Aber ich habe auch unseren Brüdern nach Babel ebenso geschrieben, damit ich auch ihnen dasselbe bezeuge. Es soll euch aber dies alles, wovon schon vorher die Rede war, allezeit vor Augen sein, weil wir bis jetzt noch in dem Geist und der Herrschaft unserer Freiheit sind. Weiter aber ist der Höchste langmütig mit uns hier und hat uns kundgetan, was zukünftig ist, und hat uns nicht verborgen, was schließlich eintritt. Bevor nun das Gericht das Seine fordert und die Wahrheit das, was ihr zukommt, wollen wir uns vorbereiten, daß wir nehmen und nicht genommen werden und daß wir hoffen und nicht zuschanden werden und daß wir Wonne genießen mit unsern Vätern und nicht Pein erleiden mit unseren Hassern.

Denn die Jugendzeit der Welt ist vergangen, und die Vollkraft der Schöpfung ist schon längst zu Ende gekommen, und das Herbeikommen der Zeiten ist beinahe schon da und fast schon vorübergegangen. Denn nahe ist der Krug dem Brunnen und das Schiff dem Hafen und die Karawane der Stadt und das Leben dem Abschlusse. Ferner aber bereitet euch darauf vor, daß ihr, wenn ihr gefahren und aus dem Schiff ausgestiegen seid, euch ausruhen könnt und daß ihr nicht, wenn ihr fortgegangen seid, verdammt werdet.

Denn siehe, wenn der Höchste das alles herbeiführen wird, so ist dort nicht wieder eine Gelegenheit für die Buße und nicht ein Ende für die Zeiten und nicht eine bestimmte Dauer für die Perioden und nicht ein Wechsel für die Wege und nicht eine Gelegenheit fürs Gebet und nicht eine Entsendung von Bitten und nicht Erlangung von Erkenntnis und nicht Hingabe von Liebe und nicht Gelegenheit für die Reue der Seele und nicht Fürbitten für Vergebungen und nicht Gebet der Väter und nicht Flehen der Propheten und nicht Hilfe der Gerechten. Es ist dort aber der Urteilsspruch zum Verderben und der Weg zum Feuer und der Pfad, der zur Gehenna heranführt. Darum ist ein Gesetz durch den einen, eine Welt und – für die, die in ihr sind – ein Ende für alle. Alsdann wird er lebendig machen die, die er zu entsündigen vermag, und zugleich wird er vernichten die, die durch Sünden befleckt sind.

Wenn ihr nun diesen Brief erhaltet, so lest ihn in euren Versammlungen mit Sorgfalt und denkt darüber nach, ganz besonders aber in den Tagen eures Fastens, und denkt an mich beim Lesen dieses Briefs, gleichwie auch ich bei seiner Niederschrift und allezeit euer gedenke!"

Übersendung des Briefs

Und als ich alle Worte dieses Briefs vollendet und ihn sorgfältig bis zu Ende geschrieben hatte, da faltete ich ihn und versiegelte ihn behutsam und band ihn an den Hals des Adlers; und dann entließ ich ihn und schickte ihn damit fort.

Apokalypse des Esra

Esra fährt in den Himmel auf

An jenem Tag, dem zweiundzwanzigsten im dreißigsten Jahr, war ich daheim in meinem Haus und betete: Herr, erweise mir die Gnade und zeige mir das Verborgene. In dieser Nacht sprach der Erzengel Michael zu mir: Esra, Prophet Gottes, faste nun siebzig Wochen. Und ich war enthaltsam nach seinem Gebot. Dann erschien mir Raphael, der hohe Führer, und reichte mir eine spitze Waffe.

Wieder blieb ich enthaltsam, jetzt für zweimal sechzig Wochen. Nun wurden mir Gottes Geheimnisse gezeigt und die Schar der Engel. Ich wandte mich an sie und sagte: Ich will Rechenschaft von Gott, ob es seinen Geschöpfen nicht besser bekomme, gar nicht erst auf die Welt zu kommen, als geboren zu werden. Ich konnte in den Himmel aufsteigen und sah in den ersten Gefilden Scharen von Engeln, die mich dorthin brachten, wo Gericht gehalten wird. Und ich hörte eine Stimme, die mich anrief: Hab Mitleid mit uns, du Liebling des Herrn. Ich antwortete: Diese Gottlosen werden jammern, wenn sie den Allmächtigen erblicken über den Heerscharen der Engel, während sie selber in höllischen Flammen leiden. Esra sagte: Erweise deinen Geschöpfen Gnade, du Allerbarmer und Gnadenreicher. Sprich dein Gericht über mich, Allmächtiger, und nicht über die Verführten. Eine Seele büßen zu lassen ist doch sinnvoller, als das Verderben über die ganze Erde auszuschütten. Der Allmächtige sprach: Die Gerechten hole ich in den Frieden meines Himmels, und ihnen schenke ich alle Gnade. Esra fragte: Warum häufst du deine Gnade über die Frommen, Herr?

Er sagte: Der Gerechte bekommt seinen Lohn in meinem Himmel, wie ihn auf Erden der Arbeiter für sein Werk bekommt. Esra sagte: Erweise deine Barmherzigkeit doch denen, die gestrauchelt sind, sie vertrauen auf dein Erbarmen. Gott aber sagte: Ich habe keine Veranlassung, gegen sie Gnade walten zu lassen. Esra sprach: Sie werden deine Ungnade nicht ertragen. Gott aber sprach: So soll es ja sein. Siehe, du bist enthaltsam geblieben und hast dir deine Unberührtheit, die Zierde der Geschöpfe, bewahrt. Esra antwortete: Wäre der Mensch doch gar nicht geboren, würde er doch gar nicht leben müssen. Dem Tier, das keinen Verstand hat, ergeht es besser als dem Menschen, denn auf es wartet kein Gericht. Den Menschen aber rufst du ins Leben und überantwortest ihn dann dem Gericht. Klagen muß man über die Schuldigen in der Hölle, ihr Leid ist ewig, und das Feuer brennt ewiglich.

Noch während ich zu ihm sprach, erschienen Michael und Gabriel, die Erzengel, und sagten: Sei uns gegrüßt, treuer Diener des Herrn. Esra rief: Herr, nun stelle mich doch vor dein Gericht an ihrer statt. Der Herr antwortete: Einen Bund will ich schließen mit dir, und dein Volk soll ihn halten. Esra sagte weiter: Wie kann ich streiten wider dich?

Der Herr sprach: Dein Vater Abraham kann dir sagen, was geschieht, wenn der Sohn wider den Vater streitet. Wenn du es gehört hast, dann komm und streite wider mich. Esra sprach: So wahr du der einzige, lebendige Gott bist, ich werde weiter wider dich streiten um ihretwillen. Was ist aus deiner Barmherzigkeit geworden, aus deiner Geduld? Der Herr antwortete: Ich habe Himmel und Erde gemacht, Licht und Dunkelheit, Fromme und Gottlose. Aber meinem Willen gemäß ist es geboten, meine Gebote zu halten, wie die Frommen es tun.

Da wollte Esra wissen: Woher kam Adam, der erste Mensch? Und der Herr antwortete: Ich habe ihn geformt mit meinen Händen und ihm den Garten Eden gegeben, um den Baum des Lebens zu bewachen. Er aber mißachtete meine Gebote und verzehrte die verbotene Frucht. Da sagte Esra: Warum hast du nicht Engel als Wächter bestellt? Gott antwortete: Cherubim hüteten ihn, damit er lebe in Ewigkeit. Wie aber geschah es, daß der Böse ihn betrog, trotz der Wächterengel? Du hast doch alle dort versammelt.

Nun laß mich reden und höre zu: Hättest du ihm nicht Eva zugesellt, hätte der Satan ihn nicht verführen können. Du erbarmst dich also des einen und läßt den anderen fallen nach deinem Willen. Esra fuhr fort: Herr, so laß mich also weiter wider dich streiten. Der Allmächtige erwiderte: Feuer sende ich über Sodom und Gomorrha.

Esra fragte: Ist das deine Gerechtigkeit? Der Allmächtige erwiderte: Eure Sünden sind größer als meine Geduld. Esra sagte: Vergiß nicht, was geschrieben steht. Mein Schöpfer, du hast Jerusalem erstehen lassen und hast es wieder neu werden lassen. Sei also gnädig, Allmächtiger, mit den Verführten. Laß Milde walten über deine Geschöpfe. Verwirf nicht deiner Hände Werk. Da sann der Herr über seine Geschöpfe nach und sagte zu Esra: Warum sollte ich mich ihrer erbarmen? Sie gaben mir Essig und Galle zu trinken und schämten sich dessen nicht einmal.

Da erwiderte Esra: Laß deine Cherubim erscheinen. Dann wollen wir gemeinsam wider dich streiten. Offenbare mir doch, wie es sein wird, wenn du über deine Geschöpfe richtest. Der Schöpfer antwortete: Deiner Fragen sind viele, Esra. Wenn dieses Gericht kommt, wird es ein mildes Gericht sein. Es wird nicht wie ein Sturzregen herniederprasseln. Esra aber sprach weiter: Ich will nicht aufhören, wider dich zu streiten, ehe ich nicht den letzten Tag der Welt gesehen habe. Der Allmächtige erwiderte: Zähl zuerst die Sterne am Himmel und die Sandkörner an den Stränden. Wenn du dies kannst, sollst du wider mich streiten.

Die Schau des Jüngsten Gerichts

Da sprach Esra: Herr, du weißt doch, daß ich nur die Kraft des Geschöpfes habe. Wie also sollte ich die Sterne und die Sandkörner zählen können? Der Herr erwiderte: Du bist einer, den ich liebe. Kein Geschaffener hat Kenntnis von diesem Jüngsten Tag und davon, wie mein Gericht kommen wird. Nur weil ich dich erwählt habe, erfährst du von diesem Tag, aber die Stunde wirst auch du nicht kennen.

Esra drängte weiter: So nenne mir wenigstens die Frist. Der Herr erwiderte: Wenn ich erfahre, daß die Gerechtigkeit auf Erden zunimmt, werde ich Mitleid zeigen. Wenn aber die Bosheit weiter wächst, werde ich die Erde an allen vier Enden ergreifen. Im Tale Josaphat sollen dann die Menschen zusammenkommen, damit ich sie vernichte.

Da wollte Esra wissen: Und wer wird dich dann ob deiner Gerechtigkeit preisen? Der Allmächtige erwiderte: Mein Lob werden die Engel singen. Da sagte Esra: Wenn du das alles so vorgeplant hast, warum hast du dann den Menschen überhaupt erschaffen? Du hast doch Abraham, unserem Stammvater, versprochen: Dein Samen wird sich vermehren so zahlreich wie die Sterne am Firmament und wie der Sand am Ufer des Ozeans. Wo bleibt da das Wort deines Erbarmens? Und der Allmächtige antwortete:

Am Anfang wird die Erde beben, so daß alles Getier und alle Menschen vergehen. Wenn ihr erlebt, daß der Bruder seinen Bruder ins Verderben schickt, daß die Söhne gegen die Väter aufstehen und die Frau sich von ihrem Manne abwendet, wenn ein Stamm Krieg führt gegen den anderen, dann sollt ihr erkennen, daß die Tage der Schöpfung gezählt sind. Kein Bruder wird seinen Bruder schonen, kein Mann seine Frau, kein Freund den Freund und kein Sklave seinen Gebieter. Und dann steigt der Satan aus den Tiefen und tut seine Wunderwerke vor meinen Geschöpfen. Was, Esra, willst du noch wissen, ehe du aufhörst, wider mich zu streiten?

Esra sieht das Reich des Satans

Esra sprach: Nein, mein Schöpfer, ich werde weiter wider dich streiten. Der Allmächtige erwiderte: Dann zähle doch die Blüten an allen Bäumen der Erde. Wenn dir das gelingt, kannst du weiter gegen mich streiten.

Esra erwiderte: Dazu bin ich nicht fähig, ich habe nur die Kraft eines Geschöpfes, aber ich will doch nicht nachlassen, wider dich zu streiten. Denn ich will, daß du mir die Abgründe der Hölle zeigst. Der Allmächtige erwiderte: Dann geh dorthin und sieh es dir an.

Und er gab Michael und Gabriel und vierunddreißig anderen Engeln den Auftrag, mich zu begleiten. Ich ging eine Treppe hinunter, fünfundachtzig Stufen weit, aber die sagten, ich müsse noch fünfhundert Stufen weiter hinuntersteigen. Dort erblickte ich einen Thron aus Flammen, und darauf saß ein uralter Mann, über den härteste Strafe verhängt war.

Esra wandte sich an seine Begleiter: Wer ist dieser Greis, und welche Sünde hat er begangen? Und sie erklärten ihm: Er heißt Herodes, und es gab eine Zeit, da herrschte er als König. Und er ließ alle Knaben umbringen, die noch nicht zwei Jahre alt waren.

Da sagte Esra: Jammer über ihn. Die Engel geleiteten mich noch über weitere dreißig Stufen hinab. Dort erblickte ich ein Flammenmeer und in ihm eine Schar sündiger Seelen. Und ich hörte ihr Klagen, aber ich sah keine Körper. Dann geleiteten die Engel mich weiter hinab, so weit, daß ich die Zahl der Stufen nicht feststellen konnte.

Dort erblickte ich Greise, aus deren Ohren Flammen schlugen. Esra wollte wissen: Wer sind sie, was ist ihre Schuld? Und die Begleiter erklärten ihm: Sie haben die Gebote nicht beachtet.

Und wieder gingen sie mit Esra weiter in die Tiefe. Dort konnte Esra den Drachen sehen, dessen Augenlider sich niemals schließen, und ihn umgab das Höllenfeuer, in dem die Gottlosen büßen. Und die Engel geleiteten Esra in die tiefste Tiefe, wo die zwölf Türen der Hölle waren. Sie ließen Esra nach Süden schauen, und dort erblickte er einen, der an den Lidern seiner Augen gehenkt war und von den Geistern mit Ruten geschlagen wurde.

Esra wollte wissen, wer dies sei und was seine Schuld gewesen. Da sagte Michael, der erste der Begleiter: Dieser hat die geschändet, die ihn geboren, und für dieses Vergehen wurde er gehenkt.

Dann ließen sie ihn nach Norden schauen, wo ein Mann lag, in Eisenketten geschlagen. Esra wollte wissen, wer dies sei, und der Engel sagte: Das ist der, der von sich behauptet hat, er sei der Sohn des Allerhöchsten. Der zu Brot die Steine verwandelte, das Wasser zu Wein.

Da sprach Esra: Zeige mir, Allerhöchster, sein Gesicht, damit ich die Menschen vor ihm warnen kann, auf daß niemand ihm nachfolge. Der Allmächtige sagte: Er hat das Gesicht einer Bestie, das eine Auge funkelt wie ein Stern, das andere ist starr. Sein Maul ist eine Armeslänge weit, lang wie eine Hand sind seine Zähne. Seine Hände haben die Schärfe von Krallen, das Format von Riesen seine Füße. Und in seine Stirne gebrannt steht sein Name, der ist Antichrist. Er wurde zu höchsten Ehren gehoben und wird doch in die tiefsten Tiefen gestürzt. Wie ein unmündiges Kind wird er sein und wie ein Greis, ohne Vernunft.

Da fragte Esra: Warum, Allmächtiger, erlaubst du, daß deine Geschöpfe so getäuscht werden? Und der Herr antwortete: Merke auf, Esra. Er wird wie ein Säugling erscheinen oder wie ein uralter Mensch, keiner wird glauben, er sei mein Sohn, den ich liebe. Dann werden Posaunen dröhnen, und die Abgeschiedenen kommen aus ihren Gräbern hervor. Der Satan wird vor meiner Stimme erzittern und sich in den tiefsten Tiefen verbergen. Dann werden weder Himmel noch Erde sein noch das Meer. Flammen werden den Himmel verschlingen und zehnmal so viele die Erde.

Da wollte Esra wissen: Welche Schuld hat denn der Himmel auf sich geladen? Der Allmächtige erklärte ihm: Er büßt für das Böse, das unter ihm geschah. Da wollte Esra wissen: Welche Schuld hat denn die Erde auf sich geladen? Der Allmächtige erklärte ihm: Als der Antichrist meine Stimme hörte, hat er sich in den Tiefen der

Erde versteckt. Darum lasse ich die Erde in Flammen aufgehen und mit ihr den Verführer aller Kreatur.

Die Strafen der Hölle

Da bat Esra den Herrn um Gnade für die Christenheit. Und Esra erblickte eine Frau, die vier Bestien säugen mußte. Der Engel erklärte dem Propheten: Sie war so geizig, daß sie ihren Kindern die Nahrung nicht gönnte und ihre Kleinen lieber umbrachte.

Esra sah eine unvorstellbare Finsternis, wie eine Nacht, in der weder Mond noch Sterne leuchten. Keiner war da, weder Kind noch Greis, weder Freund noch Bruder, weder Mutter noch Kind, Frau noch Mann. Esra brach in Tränen aus und bat: Mein Gott, mein Herr, hab Mitleid mit denen, die schuldig geworden sind. Während ich den Herrn noch dies bat, kam eine Wolke hernieder, ich stieg auf sie und gelangte wieder in die himmlischen Sphären. Dort mußte ich viele Peinigungen mit ansehen. Tränen traten in meine Augen, und ich sagte: Warum mußte denn der Mensch geboren werden? Ist denn nicht gerade das sein Verderben? Die im Ort der Peinigung waren, heulten und riefen: Dein Kommen, Prophet, hat uns eine Pause in unserer Not gebracht. Esra antwortete: Glücklich sind die, die Tränen der Reue vergießen.

Der Allmächtige sprach: Merke, Esra, den ich erwählt habe. Wie der Bauer das Korn in seinen Acker sät, pflanzt der Mann seinen Samen in die Frau, die mütterliche. Im ersten Mond ist die Frucht noch eine winzige Zelle, im zweiten runden sich die Formen, im dritten Mond bekommt die Frucht Haare, im vierten die Nägel. Im fünften Mond nimmt sie die Milch der Mutter als Nahrung. Im sechsten ist der Körper ausgebildet und empfängt die Seele. Im siebten Mond vollendet sich das Wachstum, ehe sich im neunten Mond der verschlossene Mutterschoß auftut, um das Kind zu gebären.

Esra sagte wieder: Warum wird der Mensch zu seinem Elend geboren? Könntest du ihm denn das nicht ersparen? Gibst du ihm das Leben nur, um ihn zu richten? Mit drohender Stimme antwortete der Herr: Warum sollte ich den verschonen, der meine Gebote verachtet?

Esra sprach: Und wie, Allmächtiger, verträgt sich das mit deiner Gnade? Der Allmächtige antwortete: Den Menschen zuliebe gestaltete ich die ganze Schöpfung, aber die Menschen brachen den

Bund, den ich mit ihnen geschlossen habe. Der Prophet erwiderte: Allmächtiger, laß mich die Qualen der Hölle und die Freuden des Himmels sehen.

Da führten mich die Gottesgeister in die Richtung des Sonnenaufganges. Dort sah ich den Baum des Lebens, und ich erkannte die Propheten Henoch und Elias, Moses und die Evangelisten, die Getreuen Gottes und die Väter der Stämme ... Ich erkannte auch den Ort, wo die Luft bereitet wird, wo die Stürme wachsen und das Eis, ich sah die Qualen, die den Sündern bereitet sind auf ewig. Ich mußte mit ansehen, wie ein Mann an seinem Kopf aufgehängt wurde, und ich erfuhr, daß er die Grenzsteine verrückt habe. Ich mußte viele arge Plagen mit ansehen und fragte den Allmächtigen: O Gott, o Schöpfer. Es gibt doch keinen Menschen, der ganz ohne Schuld wäre?

Da geleiteten die Engel mich noch tiefer in die Tiefen, und ich erblickte die Sünder, die voller Trauer, voller Klagen und voller Jammer waren. Und mir selber stürzten die Tränen aus den Augen, als ich mit ansehen mußte, in welcher Pein die Menschen endeten.

Esras Tod

Der Allmächtige fragte Esra: Weißt du, wie die Engel heißen, die das Ende bewachen? Sie heißen Michael, Gabriel, Uriel, Raphael, Gabuthelan, Aker, Arphugiton, Bebur und Zebuleon.

Da wurde ich gerufen: Esra, den ich erwählt habe, dein Leben ist zu Ende, gib mir deine Seele zurück. Esra wollte wissen: Wie soll denn meine Seele den Körper verlassen? Die Engel erklärten: Sie kann durch das Gehege deiner Zähne hinaustreten.

Da fragte Esra: Wie soll die Seele durch den Mund entfliehen? Ich habe doch durch diesen Mund mit dem Allmächtigen geredet. Da erklärten die Engel: Deine Seele kann auch durch die Nase den Körper verlassen. Esra erwiderte: Meine Nase durfte den Duft des Schöpfers einatmen. Da erklärten die Engel: Dann wird sie deinen Körper durch die Augenhöhlen verlassen. Und Esra erwiderte: Meine Augen haben den Schatten des Herrn gesehen. Die Engel erklärten: Dann wird sie durch die Nähte des Schädeldaches austreten. Esra erwiderte: Das geht nicht, weil ich mit Moses auf dem Berge stand. Die Engel erklärten: Dann wird sie durch die Zehen austreten. Esra aber erwiderte: Mit meinen Füßen bin ich um den Opfertisch des Herrn gewandelt.

Da wandten sich die Engel von Esra ab, ohne ihren Auftrag erfüllt zu haben, und berichteten dem Allmächtigen: Gebieter, es gelingt uns nicht, seine Seele aus dem Körper zu holen.

Da sprach der Herr zu seinem Sohn, dem Gezeugten: Mein Eingeborener, ziehe du mit den Heerscharen hinab und hole die Seele meines geliebten Propheten. Da nahm der Gottessohn die Heerscharen mit sich und sprach zu Esra: Gib deine Seele zurück, die du empfangen hast als Pfand der Liebe Gottes. Die Krone des Lebens erwartet dich.

Da klagte Esra: Wie soll ich weiter für die Menschen eintreten, mein Gott, wenn du meine Seele nimmst und ich nicht weiterlebe? Der Herr erwiderte: Sterblicher, du bist aus Erde geschaffen, also streite nicht wider mich. Esra sprach: Ich kann doch nicht aufhören zu streiten wider dich.

Der Herr erwiderte: Gib jetzt deine Seele zurück und empfange die Krone. Nimm den Tod an, damit du lebst. Esra weinte und klagte: O mein Gott, was hilft es, wenn ich wider dich streite. Mein Leben wird ausgelöscht. Die Maden werden meinen Leib zerstören. Klagt über mein Schicksal, ihr Freunde Gottes und ihr Gottesfürchtigen. Der mit Gott gerungen hat, soll nun ausgelöscht werden. Laßt eure Tränen über mich fließen, ihr Freunde Gottes und ihr Gottesfürchtigen, der ich in die Tiefen hinabsteigen muß für immer.

Esras letztes Gebet

Der Allmächtige sagte zum Propheten: Esra, mein geliebter Prophet, merke auf. Ich bin ohne Anfang und ohne Ende. Dennoch trug ich das Kreuz, trank Essig und Galle und ließ mich in das Dunkel des Grabes versenken. (Auferstehung schenke ich denen, die ich auserwählt habe. Adam holte ich zurück aus den Tiefen, damit meine Geschöpfe die Angst vor dem Sterben verlieren.)

Was göttlichen Ursprungs ist, die Seele, wird in mein Paradies aufgenommen. Nur das, was von der Erde kommt, der Leib, wird der Erde zurückgegeben. Da klagte Esra: O mein Gott, wie soll ich nur handeln, ich bin ratlos.

Und Esra, der Liebling Gottes, betete:
Allmächtiger, Erschaffer aller Geschöpfe,
du hast das Firmament ausgemessen und die Erde mit deinen Händen.

Cherubim sind dein Thron
und Elias, den Propheten,
hast du mit feurigen Pferden in den Himmel auffahren lassen.
Jedes Lebewesen nährst du nach seinem Bedürfnis,
furchtvoll erschauert alles Geschaffene vor dir
und deiner Allmacht.
Erbarme dich meiner,
der ich wider dich gestritten.
Schenke jedem deinen gnädigen Segen,
der diese meine Worte abschreibt
oder in seinem Sinn bewahrt
oder meinen Namen vor dem Vergessen bewahrt und tut,
was ich geraten.
Erweise einem jeden von ihnen deine Gnade,
wie du sie dem Joseph erwiesen hast.
Vergiß seine Schuld,
wenn du ihn richtest.
Wer aber nicht an meine Worte glaubt,
der soll in Flammen aufgehen
wie Sodom und Gomorrha.

Da hörte der Prophet diese Worte: Esra, mein geliebter Prophet, was du erfleht, wird so geschehen. Da gab Esra seine Seele in die Hände des Herrn an einem Tag im Herbstmond. Und er wurde zu Grabe getragen in großer Feierlichkeit. An seinem Grabe aber empfangen alle, die sich ihm in Verehrung nahen, Heil für Leib und Seele.

(Lob und Ehre, Anbetung und Hingabe dem Vater, dem Sohne und dem Heiligen Geist zu geben, das ist geboten an allen Tagen der Erde. Amen.)

Apokalypse des Moses

Das Leben von Adam und Eva

Das ist der Bericht über das Leben Adams und Evas, der Stammeltern des Menschengeschlechtes. Gott tat dies dem Moses kund, als er ihm auf dem Sinai die Gesetze gab. Durch Michael, den ersten der Engel, wurde Moses diese Kunde überbracht.

Das ist der Bericht über das Leben Adams und Evas. Nachdem die Stammeltern aus dem Paradies vertrieben wurden, wandten sich Adam und Eva in Richtung des Sonnenaufganges. Dort blieben sie für fast zwei Jahrzehnte. Eva wurde schwanger und schenkte zwei Söhnen das Leben, dem Kain und dem Abel ...

Eines Nachts, als Adam und Eva erwachten, erzählte Eva ihrem Mann: Adam, ich sah heute nacht im Traum, wie unser Sohn Kain das Blut seines Bruders Abel trank, ohne daß er mit Abel Erbarmen gehabt hätte, obwohl dieser den Bruder anflehte, ihm wenigstens einen Rest zu belassen. Kain aber saugte weiter den Lebenssaft des Abel. Aber er konnte das Blut seines Bruders nicht bei sich behalten, es lief wieder aus seinem Mund.

Da forderte Adam Eva auf: Komm, laß uns nachsehen, was geschehen ist. Vielleicht streitet der Feind gegen sie.

Adam und Eva gingen und mußten sehen, daß Kain seinen Bruder mit eigener Hand getötet hatte.

Da schickte der Herr den Engel Michael und befahl ihm: Sage dem Adam, er solle seinem Sohn Kain nicht das Geheimnis verraten, das nur er kennt. Dieser Sohn ist aus der Wut geboren.

Adam soll darüber nicht in Trauer verfallen. Eva wird noch einen Sohn gebären. Dieser wird dann Adam leiten nach meinem Willen. Aber auch ihm soll das Geheimnis nicht offenbar werden.

Dies befahl Michael dem Stammvater. Adam beugte sich dem Wort des Herrn und mit ihm Eva, seine Frau, voller Trauer um Abel, den toten Sohn.

Adam umfing Eva wiederum in Liebe. Sie empfing und kam nieder mit einem Sohn, den sie Seth nannten. Da sagte Adam zu seiner Frau: Wir haben nun wieder einen Sohn, der uns Abel ersetzt, den von Kain erschlagenen. Wir wollen den Herrn preisen und ihm opfern. Adam und Eva hatten noch dreißig Söhne und dreißig Töchter, und Adam wurde neunhundertdreißig Jahre alt.

Dann fühlte er sich schwach und ließ alle seine Söhne kommen, damit sie von ihm Abschied nähmen, bevor er stürbe. Alle kamen herbei von allen Teilen der Erde, die sie bewohnten. Sie fanden sich an der Türe des Heiligtums ein, zu dem Abel kam, um dem Herrn zu opfern.

Seth fragte seinen Vater: Welche Krankheit hat dich ereilt, mein Vater? Dieser antwortete: Meine Kinder, ich leide große Not. Sie wollten wissen: Von welcher Not und welchem Leiden sprichst du?

Seth sagte: Vater, erinnerst du dich an die Frucht, von der du im Paradies gegessen hast? Ist das das Leiden, von dem du sprichst? Wenn es so ist, so erzähle mir davon. Dann will ich zum Paradies gehen und dir von der Frucht bringen. Ich will mir Asche aufs Haupt streuen, will Buße tun und in Tränen ausbrechen, damit Gott sich erbarmt und seinen Boten schickt. Ich hole die Frucht, damit sie dein Leiden heile.

Adam sprach zu ihm: Nein, mein Sohn Seth. Ich muß meine Not und meine Leiden ertragen. Seth fragte: Warum quälen sie dich?

Da erzählte ihm Adam: Als der Herr uns bildete, deine Mutter Eva – die den Tod über uns brachte – und mich, da gab er alle Bäume seines Gottesgartens in unsere Obhut. Aber er verbot uns, von einem einzigen die Frucht zu genießen, denn diese Frucht würde uns den Tod bringen. In jener Stunde, da der Hüter deiner Mutter, ein Engel, hinaufstieg, um den Schöpfer zu preisen, traf der Satan Eva alleine an und reichte ihr die verbotene Frucht. Er wußte genau, daß weder der Hüterengel noch ich in der Nähe waren. Und als ich zurückkehrte, reichte Eva auch mir von der Frucht.

Der Schöpfer empörte sich über uns. Er kam in den Garten und nahm auf seinem Throne Platz. Mit einer Stimme, die uns erzittern ließ, rief er: Adam, wo bist du? Warum versteckst du dich? Kann ein Gebäude sich verstecken vor dem, der es errichtet hat? Dann sagte er: Weil du mein Gebot übertreten hast, werden zweiundsiebzig Krankheiten deinen Körper heimsuchen. Die erste Krankheit befällt deine Augen, die zweite deine Ohren. Und der Reihe nach sollen all die anderen Leiden deinen Körper befallen.

Adam erzählte dies seinen Söhnen unter Seufzen und klagte: Was soll ich bloß tun? Ich bin so sehr in Not.

Da weinte Eva und seufzte: Adam, mein Geliebter! Teile deine Not mit mir. Ich will sie mittragen, denn es ist meine Schuld, daß sie dich heimsucht. In dieser Not und in diesem Elend bist du durch mein Vergehen. Da sagte Adam zu Eva: Dann geh du zum Paradies, gemeinsam mit unserem Sohn Seth. Streut Asche auf euer Haar, fleht Gott unter Tränen um Erbarmen an. Er möge einen Engel in den Gottesgarten schicken und mir von dem Öl geben, das aus einem Baum fließt. Das sollt ihr mir bringen, damit es mein Leiden lindert. Dann werde ich erzählen, wie der Satan uns täuschte. Eva und ihr Sohn Seth gingen dorthin, wo der Paradiesgarten war.

Als sie noch unterwegs waren, mußte Eva mit ansehen, wie eine Bestie ihren Sohn Seth anfiel. Da weinte sie und jammerte. Wehe mir. Wenn ich am Jüngsten Tage vor den Thron des Richters komme, werden alle Sünder auf mich zeigen und mich anklagen, weil ich das Gebot des Schöpfers mißachtet habe. Da drehte sich Eva zu der Bestie um und brüllte sie an: Du wilde Kreatur! Wie kannst du es wagen, Gottes Ebenbild anzugreifen? Warum reißt du dein Maul auf und richtest deine Zähne gegen ihn? Weißt du nicht, daß du den Menschen untertan bist? Da erwiderte das Untier: Eva, dein Klagen und dein Weinen gehen mich nichts an, sondern nur dich alleine.

Erst nach deinem Vergehen haben wir Tiere Macht erlangt. Warum hast du von der Frucht des verbotenen Baumes gegessen? Hatte der Schöpfer dir dies nicht mit allem Nachdruck verboten? Durch deine Schuld hat sich auch unser Wesen verkehrt. Gegen meine Anklage kannst du dich nicht verteidigen. Da fuhr Seth das Untier an: Du sei still. Vergreife dich nicht mehr an Gottes Ebenbild, bis er kommen und richten wird. Das Untier erwiderte: So will ich es halten. Dann lief das Tier weg und verbarg sich in seiner Höhle. Seth blieb verletzt zurück. Er ging aber mit Eva weiter zum Paradiesgarten. Dort standen sie von Tränen überströmt und wandten sich an Gott mit der Bitte, er möge einen Engel schicken, der das Öl der Heilung bringt.

Gott schickte Michael, den Erzengel, und der sagte zu Seth: Geschöpf Gottes! Es nützt dir nichts, um das Öl zu bitten, das deines Vaters Leiden lindert. Das kannst du jetzt nicht bekommen, es wird dir erst am Ende der Zeiten zuteil. Dann wird Adam auferstehen und mit ihm alle, die zum auserwählten Volk gehören.

Alle Freuden des Paradieses werden sie genießen, und sie werden Gott nahe sein. Es wird keine Schuld mehr geben. Alles Böse wird verschwinden, und die Herzen der Menschen werden gottesfürchtig sein und den Herrn lieben.

Geh zurück zu Adam, deinem Vater. Drei Tage wird sein Leben noch währen. Dann wirst du sehen, wie seine Seele auffährt. Und der Engel verließ sie. Seth und Eva kehrten zurück zu dem Haus, in dem Adam wartete. Da klagte Adam seine Frau an: Warum hast du uns das angetan? So kam der Zorn des Herrn über uns, der Tod, der das Geschlecht der Menschen vertilgt.

Er befahl ihr: Hole alle unsere Kinder und Enkel. Dann sag ihnen, welche Schuld wir auf uns luden. Und Eva sagte: Merkt auf, meine Kinder und meine Enkel. Ich will euch bekennen, wie der Gottesfeind uns überlistete.

Als wir die Verantwortung hatten über den Garten Gottes, hütete jeder von uns den Teil, den der Herr ihm aufgetragen. Ich hütete die Plätze gegen Mittag und gegen Sonnenuntergang. Da kam der Versucher in jenen Abschnitt, den Adam hütete. Dort lebten auch die männlichen Tiere. Der Schöpfer hatte auch die Tiere voneinander getrennt, die einen gab er in Adams Obhut, die weiblichen in die meine. Und jeder von uns versorgte seinen Bereich.

Da wandte sich der Verführer an die Schlange: Komm, geh mit mir. Dann sollst du etwas erfahren, was dir sehr nützen kann. Die Schlange folgte diesem Anruf, und da flüsterte der Verführer ihr ein: Ich weiß, du hast mehr Verstand als die übrigen Tiere. Darum will ich dich sehen, denn du stehst höher als die anderen Lebewesen, die ich kenne. Warum also umgibst du dich mit diesen Minderwertigen? Warum ernährst du dich von den mageren Kräutern im Garten des Adam und der Eva und genießt nicht die Frucht des Baumes im Paradies? Komm, wir wollen dafür sorgen, daß dieser Mensch durch die Schuld seiner Gefährtin den Garten Gottes verlassen muß, so wie wir gehen mußten um ihretwillen.

Die Schlange erwiderte: Ich habe Angst, der Schöpfer könnte wütend werden, wenn ich dies tue. Da sagte der Versucher: Sei ohne Angst. Lasse dich von mir lenken. Ich werde mich deiner Zunge bedienen, dann kannst du sie verleiten, nach unserem Willen zu handeln. Da kroch die Schlange auf die Mauer des Gottesgartens. Und zu dem Zeitpunkt, an dem die Engel weggingen, um dem Allmächtigen zu huldigen, schlüpfte der Versucher in die Gestalt eines Engels und stimmte in ihren Lobgesang ein.

Ich, Eva, schaute über die Mauer und erblickte ihn in Engelsgestalt. Er redete mich an: Bist du es, Eva? Und ich antwortete ihm. Er fragte weiter, was ich im Garten Gottes zu suchen hätte. Und ich erklärte ihm: Gottes Auftrag ist es, daß wir den Garten hüten und uns von seinen Früchten nähren.

Da sagte der Versucher mit der Schlange Zunge: Das ist eine gute Aufgabe. Doch ihr genießt nicht aller Bäume Frucht. Ich erwiderte: Wir genießen die Früchte aller Bäume. Nur von dem einen essen wir nicht, der in der Mitte des Gartens steht. Das hat uns der Schöpfer geboten, denn sonst müßten wir sterben. Da sagte die Schlange zu mir: Beim Leben des Allmächtigen! Es schmerzt mich, daß ihr nicht klüger seid als das Getier. Ihr dürft nicht unwissend bleiben. Merkt auf, hört mir zu und eßt auch von der Frucht dieses Baumes. Dann werdet ihr seine Bedeutung erkennen. Ich sagte: Ich habe Angst, daß der Herr in Zorn gerät, wie er uns angedroht.

Die Schlange aber sagte: Habt keine Angst! Denn wenn du die Frucht kostest, werden sich eure Augen öffnen. Ihr werdet das Gute vom Bösen unterscheiden können, wie Gott es tut. Weil der Allmächtige weiß, daß ihr ihm gleich sein werdet, hat er euch voller Neid verboten, die Frucht zu genießen. Seht euch den Baum doch genau an! Er ist von unsagbarer Schönheit umgeben.

Ich, Eva, erwiderte: Ja, er ist herrlich. Aber ich habe Angst, seine Frucht zu pflücken. Da sagte die Schlange: Komm, ich werde sie dir reichen.

Ich öffnete das Tor, die Schlange kam in den Garten Gottes und ging vor mir her. Nach wenigen Schritten drehte sie sich zu mir um und sagte: Es tut mir leid, ich sollte dir die Frucht doch lieber nicht geben. Damit wollte sie nur meine Begierde anreizen und mich völlig verwirren. Sie sagte: Du mußt mir versprechen, sie mit Adam zu teilen. Ich antwortete: Mit welchem Schwur soll ich dir das versprechen? Ich kann nur sagen, was ich weiß: beim Thron des Allmächtigen, bei den Engeln und beim Baum des Gottesgartens. Ja, ich will die Frucht mit Adam teilen.

Als ich der Schlange dieses Versprechen gegeben hatte, ging sie weiter und kroch den Baum hinauf. Und sie spritzte in die Frucht das Gift der Begierde und des Ungehorsams, ehe sie sie mir zum Essen reichte. Gier ist ja die Wurzel alles Bösen.

Ich hielt den Zweig, ergriff die Frucht und biß hinein. Und in demselben Augenblick verstand ich: Ich habe das Kleid der Gerechtigkeit verloren. Da brach ich in Tränen aus und sagte zu der Schlange: Was hast du mir angetan? Nun habe ich das Gewand der Herrlichkeit verloren, das ich tragen durfte. Und ich schämte mich auch des Versprechens, das ich gegeben hatte. Da kroch sie herab von dem Stamm des Baumes, und ich sah sie nicht mehr.

Um meine Schande zu verdecken, wollte ich mir von den Bäumen des Gartens Blätter pflücken, aber ich konnte keine entdekken. Denn in dem Augenblick, als ich die Frucht anbiß, verdorrten an allen Bäumen in meinem Teil des Gottesgartens die Blätter und fielen ab. Nur der Feigenbaum war noch grün, denn von diesem Baum hatte ich gegessen. Ich band einige seiner Blätter zusammen und hüllte mich darein. Dann rief ich: Adam, wo bist du? Komm her zu mir. Dann will ich dir ein Geheimnis offenbaren.

Da kam Adam, euer Vater, in meinen Teil des Gartens, und ich verführte ihn mit den sündhaften Worten, die uns der Herrlichkeit Gottes entfremdeten. Ich öffnete zwar meinen Mund, aber nicht ich sprach, sondern der Verführer bediente sich meiner Stimme. Ich ermunterte ihn: Komm Adam, mein Geliebter. Merke auf und folge mir. Genieße die Frucht jenes Baumes, die Gott uns vorenthalten hat. Dann wirst du dem Schöpfer gleich sein. Adam, euer Vater, erwiderte: Ich habe Angst, daß Gott über mich wütend sein wird. Da sagte ich: Du brauchst keine Angst zu haben. Denn wenn du die Frucht ißt, kannst du das Böse vom Guten unterscheiden. Es dauerte nicht lange, da tat er, was ich wollte, und er aß die Frucht.

Da gingen auch ihm die Augen auf, und er erkannte, daß er kein Gewand mehr trug. Da sagte er zu mir: Du Verführerin! Warum hast du uns das angetan? Jetzt haben wir die Herrlichkeit unseres Schöpfers verloren. Noch in der gleichen Stunde dröhnte die Posaune in unsere Ohren, die Michael, der Erzengel, blies, und wir hörten die Stimmen der Engel, die riefen:

So spricht der Allmächtige: Kommt zu mir in meinen Gottesgarten und vernehmt den Richterspruch, der Adam treffen wird. Als wir den Klang der Posaune hörten, da wußten wir, daß der Allmächtige in seinen Gottesgarten kommen würde, um uns vor sein Gericht zu stellen. Wir bekamen Angst und versuchten, uns zu verbergen. Der Allmächtige kam in seinen Gottesgarten auf den Flügeln der Cherubim, begleitet vom Lobpreis der Engelschöre.

Als der Allmächtige seinen Fuß in den Garten setzte, grünten die Bäume wieder, die, die in dem Bezirk des Adam standen, genauso wie die, die in meinem Bezirk waren. Und der Thron des Allmächtigen stand unter dem Baum des Lebens. Und der Herr rief: Adam, wo hast du dich verborgen? Meinst du denn, ich würde dich nicht finden? Kann ein Haus sich verbergen vor dem, der es errichtet hat?

Da erwiderte Adam: Allmächtiger, wir haben uns nicht verborgen, weil wir meinten, wir könnten uns unsichtbar machen vor dir. Wir fürchten uns, weil wir ohne das Kleid der Herrlichkeit sind. Wir fürchten deine Allmacht, du Allmächtiger. Da sagte der Herr: Und woher weißt du, daß du unbekleidet bist? Du mußt das Gebot gebrochen haben, das ich dir aufgetragen habe.

Da redete sich Adam darauf hinaus, daß ich ihn mit scheinheiligen Worten verführt hätte, und sagte: Ich will Gerechtigkeit haben vor dem Herrn. Da schaute der Allmächtige zu mir und sagte: Warum hast du diese Schuld auf dich geladen? Ich zeigte auf die Schlange und erwiderte: Diese war es, die mich schuldig werden ließ.

Der Herr sagte zu Adam: Du hast mein Gebot übertreten und bist dem Wort deiner Frau gefolgt. Darum soll ein Fluch über die Erde kommen und über deine Arbeit. Pflügst du den Boden, so wird er dir doch keine Frucht schenken. Nur Dorngestrüpp und Distelsamen wirst du ernten. Nur im Schweiß deines Angesichts wirst du Brot essen können. Mühselig werden deine Tage sein, Erschöpfung sollst du spüren, und dennoch wird der Schlaf dich meiden. Wenn dich Bitternis quält, werden deine Lippen von keiner Süßigkeit getröstet. Hitze und Frost werden dich plagen. Voller Mühe sollst du leben und kannst doch keine Güter anhäuen. Und bist du voller Kraft, so wird dein Leben doch zu Ende gehen.

Alles Getier, über das du geherrscht hast, wird sich gegen dich erheben, weil du mein Gebot übertreten hast. Dann wandte der Allmächtige sich an mich und sagte: Du hast den Rat der Schlange befolgt und mein Gebot übertreten. Darum wird die Geburt deiner Kinder für dich voller Schmerzen sein, und du wirst viele andere Qualen ertragen müssen. Gebäre deine Nachkommen unter allen Qualen, die möglich sind.

Wenn du niederkommst, wird dein Leben in Gefahr sein. Dann wirst du voller Reue sein und beten: Herr, mein Gott, erbarme dich meiner. Nie mehr will ich sündigen in meinem Fleische. Mein Gericht trifft dich, weil du dich von meinem Feind zur Feindschaft wider mich verleiten ließest. Geh wieder zu deinem Mann, er ist dein Herr.

Nachdem der Herr so zu mir gesprochen hatte, wandte er sich an die Schlange und sagte voller Zorn: Sei verflucht unter allen Geschöpfen, denn du hast dem Verführer als Werkzeug gedient und diese ahnungslosen Menschen verführt.

Was du bisher gefressen, sollst du künftig nicht mehr haben. Staub soll deine Nahrung sein, solange du lebst. Hände und Füße sollst du nicht mehr haben, sondern auf dem Bauche kriechen, deine Ohren werde ich dir nehmen und auch deine Flügel und alle Glieder, die du je hattest. Das alles hast du ja in Bosheit benutzt, um sie zu verführen. Um deinetwillen werden sie aus dem Gottesgarten vertrieben. Feindschaft wird sein zwischen dir und den Nachkommen dieser Menschen. Bis zum Tage des Gerichts wirst du versuchen, in ihre Ferse zu stechen, und sie werden versuchen, deinen Schädel zu zertreten.

Und nachdem Gott geendet hatte, trug er seinen Engeln auf, uns aus dem Gottesgarten zu jagen. Unter Weinen und Klagen wurden wir hinausgetrieben.

Da bat Adam, euer Vater, die Engel: Gebt mir eine kleine Frist, damit ich den Allmächtigen um Gnade und Erbarmen bitten kann. Ich allein hatte ja die Schuld auf mich geladen. Die Engel hörten auf, ihn zu verjagen, und euer Vater jammerte und klagte: Herr, vergib mir doch meine Verfehlung. Da wandte der Allmächtige sich an die Engel und fragte: Warum jagt ihr den Adam nicht aus meinem Gottesgarten? War mein Richtspruch über ihn denn nicht gerecht? Da fielen die Engel nieder auf ihr Angesicht und priesen den Herrn und sagten: Allmächtiger, du bist die Gerechtigkeit, und gerecht sind deine Urteile.

Da sagte der Allmächtige zu eurem Vater: Von diesem Augenblick an hast du in meinem Paradies nichts mehr zu suchen. Adam bat: Laß mich noch einmal von der Frucht des Lebensbaumes kosten, ehe du mich verjagst.

Aber der Allmächtige sagte: Nichts sollst du davon haben in dieser Zeit. Die Cherubim und der Engel mit dem Flammenschwert haben den Auftrag, den Baum vor dir abzuschirmen, damit du nicht an die Frucht gelangst und von ihr die Unsterblichkeit bekommst. Trage jetzt die Folgen der Tat, die der Verführer dir eingab. Wenn du aus dem Paradies gehst, dich allzeit an meine Gebote hältst und den Tod annimmst, wirst du auferstehen am Ende der Zeiten. Dann wirst du auch die Frucht des Lebensbaumes kosten und die Unsterblichkeit erlangen für immer. Nach diesen Worten wies uns der Allmächtige aus seinem Garten.

Adam, euer Vater, brach in Tränen aus, als er vor der Paradiesestür den Engeln gegenüberstand. Die Engel hatten Mitleid und fragten ihn: Wie können wir dir helfen? Da bat Adam sie: Ich weiß, ihr müßt mich verjagen. Aber ich flehe euch an: Erlaubt mir wenigstens, Weihrauch mitzunehmen, damit ich nach meiner Vertreibung dem Herrn Rauchopfer darbringen kann, damit er sich meiner erbarme. Die Engel fielen nieder vor dem Allmächtigen und baten: Herr, Herrscher der Ewigkeit! Erlaube, daß wir dem Adam edlen Weihrauch mitgeben. Der Herr erlaubte Adam die Rückkehr, damit er aus dem Garten Gottes den duftenden Weihrauch sammle, aber auch Samen, aus denen er Pflanzen für seine Nahrung ziehen konnte. Da zeigten ihm die Engel, was er sammeln sollte: Safranblüte, die ölige Wurzel des Nardegrases, Kalmus, die Rinde des Zimtbaumes sowie die Samen nützlicher Pflanzen. Mit diesen Sämereien und Pflanzen verließen wir den Garten Gottes. Wir gelangten zur Erde. So, meine Kinder, nun habt ihr erfahren, wie wir dem Verführer folgten.

Ihr aber achtet darauf, daß ihr die Gebote Gottes beachtet. So sprach Eva vor der ganzen Schar ihrer Söhne. Adam aber lag im Schlaf. Am vorletzten Tag, der seinem Leben bestimmt war, sagte Eva zum Stammvater: Warum soll ich denn am Leben bleiben, wenn du von uns gehst? Wie lange soll ich nach deinem Ende noch auf dieser Erde bleiben? Nenne mir die Frist.

Adam antwortete Eva: Das soll dich nicht bekümmern. Denn du wirst mich nicht lange überleben. Der Tod ist uns beiden gewiß, und wir werden unser Grab beieinander finden. Mich laßt dort liegen, wo ich sterbe. Keiner soll meinen Leichnam anrühren, bevor Gottes Engel kommen. Der Herr wird sich meiner erinnern, das ist gewiß. Er hat mich mit eigener Hand gebildet als Hülle seiner Gedanken, und er wird diese Hülle zurückholen.

Du Eva, erhebe dich und gib dem Herrn die Ehre, bis ich meine Seele in seine Hand zurückgegeben habe, so wie er sie mir geliehen hat. Kein Mensch hat noch erfahren, wie es ist, vor ihm zu stehen, ob er uns seinen Zorn entgegenschleudert oder uns Gnade gewährt. Eva erhob sich, trat ins Freie, warf sich auf die Erde nieder und bekannte: Schuldig bin ich geworden, vor dir, Allmächtiger, schuldig vor dir, Schöpfergott, schuldig vor deinen Engeln, schuldig vor den Cherubim und Seraphim, schuldig vor deinem ewigen Thron. Gar große Schuld habe ich auf mich geladen, alle Schuld kam über deine Schöpfung allein durch mich.

Eva lag noch betend auf der Erde, da kamen die Engel Gottes, die Hüter der Menschen, und hoben Eva auf. Sie sagten: Komm, Eva, beende dein Gebet. Adam, dein Mann, ist gestorben. Sieh, seine Seele steigt jetzt empor zum Allmächtigen und steht vor seinem Thron. Eva stand auf und bedeckte ihre Augen mit den Händen. Da sagte der Engel: Löse deinen Blick von der Erde. Und als Eva zum Himmel schaute, sah sie ein leuchtendes Gefährt, das von vier strahlenden Adlern gezogen wurde. Kein auf Erden geborener Mensch kann ihre Schönheit in Worte fassen, noch kann er seine Augen auf ihren Glanz heften. Vor dem Gefährt schwebten Engel einher, und sie hielten an der Stelle an, an der der Leichnam eures Vaters Adam lag. Da stand dann auch das Gefährt, umgeben von sechsflügeligen Engeln.

Sie hielten goldglänzende Rauchfässer und Schalen, sie brachten duftenden Weihrauch, die Opferschalen und die Rauchfässer und versammelten sich um den Opfertisch. So stark war ihr Atmen, daß der duftende Weihrauch den Tisch ganz einhüllte.

Die Engel warfen sich nieder, priesen den Schöpfer und riefen: Ewiger, allmächtiger Gott. Sei gnädig gegen ihn. Du hast ihn mit deiner Hand geschaffen nach deinem Gleichnis. Ich, Eva, sah dann weiter zwei geheimnisvolle, dunkelhäutige Wesen vor dem Thron des Schöpfers stehen. Da ergriff mich große Angst, und ich rief: Seth, mein Sohn, erhebe dich von der Leiche Adams. Komm und schau, was noch kein Mensch geschaut hat.

Seth erhob sich, ging zu seiner Mutter und sagte: Warum bist du in Tränen, was hast du? Eva sagte: Schau doch selbst, dann erkennst du, daß die Fenster des Himmels offenstehen, und du siehst den Leichnam Adams ausgestreckt vor dem Herrn und die Engel, die mit ihm beten und bitten: Allmächtiger, sei doch deinem Geschöpf gnädig. Seth, mein Sohn, was kann das bedeuten? Wann wird seine Seele, die unsichtbare, dem Vater übergeben, dem Herrn, den noch keiner gesehen, unser aller Schöpfer? Was sind denn diese dunkelhäutigen Gestalten, die für deinen Vater Fürbitte leisten?

Seth erklärte seiner Mutter Eva: Das sind Sonne und Mond, die sich niederwerfen vor dem Allmächtigen und Fürbitte leisten für Adam, meinen Vater. Da fragte Eva: Wo ist ihr Licht? Warum haben sie eine so dunkle Gestalt? Seth erklärte ihr: Vor dem Leuchten des Allmächtigen ist alles Licht der Schöpfung ohne Leuchten. Deshalb ist ihr Leuchten erloschen.

Als Seth das seiner Mutter erklärt hatte, erscholl eine Posaune, und alle Engel, die sich auf die Erde geworfen hatten, standen auf und riefen mit lauter Stimme: Gelobt sei, was der Herr der Herrlichkeit an seinem Geschöpf getan hat. Er hat Gnade walten lassen über Adam, sein Ebenbild und sein Geschöpf. Nach diesem Lobpreis kam einer der Seraphim, hob Adam auf und trug ihn hinab zum Gewässer der Unterwelt. Dreimal wusch der Engel den Adam darin, dann brachte er ihn wieder vor Gottes Thron. Dort lag er drei Stunden, dann hob der Allmächtige, der auf seinem Thron saß, die Hände, nahm des Adams Seele, legte sie in des Erzengels Michael Hände und sagte: Bringe ihn bis zum dritten Himmel des Paradieses. Dort soll er bleiben bis zu dem Tage, da das schreckliche Endgericht über die Erde kommen wird.

Der Erzengel brachte Adam dorthin, wo der Herr es befohlen hatte. Dann bat Michael, den Leichnam Adams der Erde übergeben zu dürfen. Da rief der Herr alle Engel vor seinen Thron, und sie kamen, wie es nach der Ordnung der Geister sein sollte, die einen mit Rauchfässern, die anderen mit Posaunen. Der Allmächtige bestieg das Gefährt, das die Winde zogen und das die Cherubim lenkten, und die Scharen der Engel schwebten vor ihm her.

Sie gelangten an die Stelle, wo des Adam Leiche lag, und sie führten sie mit sich weg. Sie zogen alle in den Garten Gottes, wo alle Bäume in Blüte standen und ihren Duft verströmten, und alle Söhne des Adam fielen in tiefen Schlaf, nur Seth nicht. Ihm nämlich wollte Gott die Wunder offenbaren, die er zu wirken gewillt war.

Der Herr redete Adam an: Warum warst du ungehorsam? Hättest du mein Gebot nicht übertreten, so hätte der sich nicht gefreut, dessentwegen du auf die Erde mußtest. Doch wisse: Aus ihrer Freude soll Trauer werden, aus deiner Trauer Freude, und du sollst noch einmal Macht bekommen, denn ich setze dich auf den Thron Satans. Und dieser wird kommen und sehen, wie du hocherhoben über ihn auf seinem Thron sitzt.

Er wird verstoßen auf ewig, samt all seinen Getreuen, voller Elend wird er sein, wenn er dich so hocherhoben sieht. Dann sagte der Herr zu Michael, den Erzengel: Eile in den dritten Himmel des Paradieses, bring drei linnene Tücher und drei aus Seide. Dann befahl der Herr dem Michael, dem Gabriel, dem Uriel und dem Raphael: In diese Tücher sollt ihr des Adam Leiche hüllen. Dann sollt ihr wohlriechende Öle holen und sie über ihn gießen. Die Engel taten mit der Leiche, wie der Herr ihnen aufgetragen.

Dann befahl der Allmächtige: Bringt auch die Leiche des Abel. Sie hüllten sie in ein anderes Linnen. Abel war nicht begraben worden, seit Kain ihn getötet hatte. Auf vielfältige Weise hatte Kain versucht, den toten Bruder zu verbergen, aber es war ihm nicht gelungen. Die Erde wollte den Leichnam nicht bedecken. Sie sagte: Ehe nicht der in mich zurückgelegt wird, der als erster aus mir geformt wurde, nehme ich keinen anderen Körper in mich auf.

So legten die Engel Abels Körper auf einen Stein bis zu Adams Tod. So wurden nun beide auf Gottes Geheiß im Paradies begraben, an jener Stelle, an der der Herr den Adam aus Lehm geformt hatte. Und der Herr schickte sieben Engel ins Paradies, sie sollten Duftstoffe auf dem Boden ausbreiten. Dann bestatteten sie die beiden Toten an der Stelle, die sie dafür gegraben und vorbereitet hatten.

Der Herr rief: Adam! Und der Leichnam Adams antwortete aus dem Grab: Hier bin ich, mein Gott. Da sagte der Allmächtige zu ihm: Du bist aus der Erde genommen, und darum wirst du wieder zu Erde. Aber ich verspreche dir, daß du wieder aufstehen wirst von den Toten. Am Jüngsten Tage will ich dich auferwecken und mit dir alle, die aus deinem Samen kommen.

Dann siegelte der Herr drei Seiten des Grabes und verschloß es, damit keiner es öffne in den sechs Tagen, bis die zu Adam käme, die aus seiner Seite genommen wurde. Dann ging der gnadenreiche Schöpfer mit seinen Heerscharen zurück in sein Reich.

Nach sechs Tagen schied auch Eva aus dem Leben. Sie hatte in den letzten Tagen ihres Lebens noch bittere Tränen vergossen nach dem Tode Adams, denn sie wußte nicht, wo seine Leiche geblieben war. Als Adam in der Gegenwart des Schöpfers im Gottesgarten ins Grab gelegt wurde, waren Eva und ihre Söhne, mit Ausnahme des Seth, in tiefen Schlaf versenkt worden.

Vor ihrem Tod bat Eva, sie bei ihrem Mann Adam zu bestatten. Sie richtete ihre Worte an den Schöpfer: Mein Herr und mein Gott! Beherrscher aller Mächte! Laß deine Dienerin bei ihres Mannes Leichnam liegen. Du hast mich ja aus seiner Seite geformt. Erlaube mir, die ich voller Schuld und deiner Gnade nicht würdig bin, mit ihm im Grabe zu ruhen. Untrennbar verbunden war ich mit ihm in deinem Paradiese, untrennbar, nachdem wir gesündigt hatten. Niemand hat uns je getrennt.

Als sie ihr Gebet beendet hatte, richtete Eva ihre Augen zum Himmel, schlug sich reuig an die Brust und seufzte: Nimm meine Seele zu dir, Allmächtiger. Und sie gab ihre Seele dem Schöpfer zurück.

Als sie starb, war Michael, der Erzengel, bei ihr, und dann kamen drei Engel, trugen ihren Leib empor und bestatteten ihn neben ihrem Mann Adam und ihrem Sohn Abel. Dann belehrte der Erzengel Michael den Seth: So sollen alle Toten begraben werden, bis zum Tag des Weltenendes. Und weiter befahl er: Sechs Tage sollt ihr trauern, aber nicht länger. Am siebten Tag sollt ihr euch freuen und feiern. Denn auch Gott freut sich zusammen mit seinen Engeln über die Seele, die von der Welt geschieden ist und zu ihm zurückkehrt.

Das verkündete Michael, der Erzengel. Dann wandte er sich ab und kehrte in die himmlischen Sphären heim, um den Herrn zu preisen und anzubeten.

Apokalypse des Sedrach

Des heiligen Sedrach Botschaft über die Gottesliebe und die reumütige Gesinnung frommer Christen sowie über die Wiederkunft des Herrn. Segne, Herr, meine Rede.

Der Preis der Liebe

Brüder und Schwestern! Nichts geht über die aufrichtige Liebe. Wir sündigen zu jeglicher Zeit, des Tags wie des Nachts. Darum seht zu, daß in eurem Herzen die Liebe wachse. Denn sie bedeckt unsere Schuld.

Brüder und Schwestern, nichts würde es uns nützen, alles zu besitzen, fehlte es uns an der Liebe. Die Liebe ist die höchste, die wichtigste aller Tugenden. Gepriesen sei der Mensch, der den ungeteilten Glauben und die aufrichtige Liebe in seinem Herzen trägt. Gott hat uns gesagt, größere Liebe hat keiner als der, der sein Leben hingibt für die Seinen.

Sedrach fährt in den Himmel

Sedrach hört die Stimme eines Unsichtbaren: Sedrach, du hast verlangt, mit dem Allerhöchsten zu sprechen. Und willst von ihm verlangen, er solle deine Fragen beantworten. Sedrach fragte: Was geschieht mir?

Die Stimme des Unsichtbaren antwortete: Mein Auftrag ist es, dich in das Reich Gottes zu geleiten. Sedrach sagte: Ja, ich wollte mit dem Herrn reden. Aber wie sollte es mir möglich sein, in sein Reich zu kommen? Der Unsichtbare entfaltete seine Schwingen, hob Sedrach hoch zu sich und flog mit ihm in das Reich Gottes. Er trug ihn in die dritte Sphäre, wo Gottes Feuerschein alles erhellte.

Der Schöpfer und sein Geschöpf

Gott redete den Menschen an: Sedrach, mein geliebtes Geschöpf! Nun, da du vor mir stehst, sage mir, was du von deinem Schöpfer wissen willst. Du hast gesagt: Ich will mit dem Herrn reden.

Sedrach antwortete: Herr, darf ich mit dir reden, wie ein Kind mit seinem Vater redet? Warum, mein Gott, hast du diese unsere Erde geschaffen? Da sagte ihm der Allmächtige: Ich tat es um des Menschen willen.

Sedrach wollte wissen: Warum, mein Gott, hast du das Meer geschaffen? Warum hast du die Erde mit Wohltaten überhäuft? Da sagte ihm der Allmächtige: Ich tat es um des Menschen willen.

Sedrach wollte wissen: Warum hast du ihn dann dem Verderben überantwortet? Da sagte ihm der Allmächtige: Der Mensch ist mein Geschöpf und das Werk meiner Hände. Ich leite und lenke ihn nach meinem Willen.

Die Not der Geschöpfe

Sedrach sagte zum Allmächtigen: In Höllenfeuer und vielerlei Not wird diese deine Leitung deutlich, Allmächtiger. Wie hart ist doch deine Züchtigung! Wäre es nicht besser für den Menschen, er würde nicht existieren? War es nicht unbedacht, ihn ins Leben zu rufen? Warum hast du deine Schöpferkraft auf die Erschaffung des Menschen verwendet, wenn du ihm nicht dein Erbarmen zuwendest?

Da sagte ihm der Allmächtige: Ich habe zuerst den Adam geschaffen und habe ihm das Paradies gegeben mit dem Baum des Lebens im Zentrum, und ich gebot ihm: Alle Früchte sollen dir zur Nahrung dienen, nur nicht die vom Baum des Lebens. Denn wenn du diese genießt, bist du des Todes. Adam aber übertrat mein Gebot, er ließ sich vom Satan verführen und aß die Frucht dieses Baumes.

Der Satan

Sedrach hielt dagegen: Allmächtiger! Aber er erlag doch nur der Verführung, als er dein Gebot übertrat. Du hast deinen Engeln geboten, Adam zu dienen. Der oberste Engel aber mißachtete deinen Auftrag und diente ihm nicht. Du hast ihn verstoßen von deinem Angesicht. Wenn du deinen Geschöpfen wirklich gnädig bist, warum hast du dann diesem Satan, dem Urheber allen Unheils, nicht das Leben genommen?

Wie kann denn ein Mensch diesen Geist der Bosheit besiegen? Wie ein Nebel umhüllt er die Sinne deiner Geschöpfe und flüstert ihnen allen Ungehorsam ein. Er streitet ja selbst wider dich, den Ewigen und Allmächtigen. Wie kann denn da dein schwaches Geschöpf etwas gegen ihn ausrichten? Hab Erbarmen, Herr, und verzichte auf deine Rache. Oder, wenn du das nicht kannst, dann zähle auch mich zu den Schuldigen. Läßt du nicht Milde walten gegen die Schuldigen, wo bleibt dann deine Gnade? Hab Erbarmen, Allmächtiger!

Der Allmächtige sagte dem Sedrach: Ich will es dir erklären. Ich habe dem Adam nur geboten, was unschwer gehalten werden konnte. Ich habe ihm Verstand gegeben. Ich habe Himmel und Erde für ihn geschaffen und ihn zum Herrn darüber gesetzt. Jedes Tier war ihm untertan und scheute ängstlich seine Macht. Aber er nahm auch noch das, was für mich reserviert war. Dadurch hat sein Sinn sich von mir abgewandt, es ist, als hätte er die Ehe gebrochen und Schande getan vor den Menschen. Überlege doch: Ist es recht, wenn ein Sohn, dem der Vater sein Erbteil ausgezahlt hat, seinen Anteil nimmt, fortgeht, den Vater verachtet, ihm fremd wird und sich lieber Fremden anschließt? Wenn der Vater sieht, wie sein Sohn sich von ihm abwendet, sollte er denn da nicht zornig werden? Der Vater wird sich aufmachen, das Erbteil zurückfordern und den Sohn wegjagen aus seinem Besitz. Der hat sich ja selbst vom Vaterhaus abgewendet. Sollte ich da anders handeln? Ich, der allmächtige und ewige Gott.

Alles habe ich für ihn geschaffen, alles hat er in seinen Besitz genommen und doch gehandelt wie ein Frevler und ein Ehebrecher.

Sedrach streitet wider den Herrn

Sedrach sagte zum Allmächtigen: Herr, du hast den Menschen erschaffen, du kennst die Kraft seines Willens und die Grenzen seiner Erkenntnis. So mag es recht sein, wenn du dein Geschöpf bestrafst. Doch wenn du ihn wegschickst, dann wäre ich alleine es, der um die verlorene Herrlichkeit jammert. Willst du, Allmächtiger, das nicht, so erbarme dich deines Geschöpfes, obwohl es gegen deinen Willen handelte und schuldig wurde, als Mensch in seiner Unvollkommenheit.

Der Allmächtige erwiderte: Warum wendest du so viele Worte auf, Sedrach? Ich habe den Adam geschaffen und Eva, seine Gefährtin, sowie den Sonnenball, und ich sagte ihnen: Schaut einander an, was ist diesem Lichte gleich? Eva, des Adam Gefährtin, mit der er sein Leben teilte, war schöner als die Scheibe des Mondes.

Da erwiderte Sedrach: Was ist all diese Schönheit wert, wenn sie auf die Erde verbannt ist? War nicht das dein Gebot, Herr: Du sollst Böses nicht mit Bösem vergelten. Wie verhält sich das nun? Dein göttliches Wort kann doch nicht auf zweierlei Weise ausgedeutet werden. Weshalb also strafst du dann den Menschen? Ich habe erfahren, daß das Maultier unter allem Vieh ein so dickköpfiges und bösartiges Wesen ist, wie es kein zweites gibt. Und dennoch folgt es uns, wenn wir es am Zügel führen. Schicke du doch einen deiner Engel, wenn der Mensch in Gefahr ist zu sündigen. Er soll ihn dann packen und festhalten, damit er nicht weitergehen und sündigen kann.

Der Allmächtige erklärte dem Sedrach: Hielte ich den Menschen fest, würde er sagen: Nichts erlaubst du mir zu tun nach meinem Vergnügen. Darum lasse ich ihn tun, was er will, denn ich bin ihm ja wohlgesonnen. Ich schickte ihm ja auch meine Engel, die Tag und Nacht ihn hüten sollten. Sedrach erwiderte: Ja, Herr, das ist wahr. Von allem, was du geschaffen hast, liebst du den Menschen am meisten, so wie das Lamm unter dem Getier, unter den Bäumen den Ölbaum, den Weinstock unter den Pflanzen, die Biene unter den geflügelten Wesen, unter den Flüssen den Jordan und unter allen Städten das heilige Jerusalem. Auch dem Menschen, Allmächtiger, gefällt all dies.

Der Allmächtige sprach: Etwas will ich dich fragen, Sedrach, und wenn du mir Antwort geben kannst, so soll es mir recht sein, wenn du deinen Schöpfer prüfst.

Sedrach erwiderte: Frage, Herr.

Und der Allmächtige frug den Sedrach: Wie viele Menschen leben, seit ich die Welt begründet habe? Wie viele kamen zu Tode? Wie viele ersehnen ihr Ende? Wie viele Haare wachsen auf ihren Köpfen? Und weiter frug der Allmächtige: Wie viele Bäume grünten auf der Erde, seit die Welt und der Himmel erschaffen sind? Wie viele verdorrten, wie viele waren dem Verdorren nahe? Wie viele wollten aufkeimen, wie viele Blätter grünten an ihnen? Und weiter will ich von dir wissen, Sedrach: Wie viele Wellen schlugen an die Ufer, seit das Meer in seinem Bette liegt? Wie viele Täler bildeten die Wellen? Wie viele werden noch kommen? Wie viele Stürme fegten über das Meer? Und dann, Sedrach, beantworte die Frage: Wie viele Wassertropfen netzten den Erdboden, seit ich es eingerichtet habe, daß die Wolken der Erde den Regen spenden!

Da antwortete Sedrach: Allmächtiger! Nur du weißt das alles. Nur du allein kannst diese Fragen beantworten. Ich kann dich nur bitten: Verschone deine Geschöpfe vor deinem Zorn. Ich kann von meinem Geschlecht nicht lassen.

Sedrach erfährt von seinem Tod

Der Allmächtige rief seinen Sohn: Geh, hole die Seele meines treuen Dieners Sedrach und führe sie in mein Reich.

Der Gottessohn ging zu Sedrach und sagte: Du sollst das Pfand zurückgeben, das du seit deiner Geburt im Zelt deines Leibes trägst, weil Gott, unser Vater, es dir schon im Mutterleib einpflanzte.

Sedrach erwiderte: Ich will mich noch nicht von meiner Seele trennen.

Da mahnte ihn der Gottessohn: Ich bin gekommen, weil mich der Vater gesandt hat, sie zu holen. Willst du sie mir verweigern? Ausdrücklich hat mir der Vater befohlen, deine Seele nicht mit Gewalt zu holen. Darum sage ich dir: Gib mir das edle Pfand zurück nach seinem Willen.

Sedrach erbittet einen Aufschub

Da wandte sich Sedrach an den Schöpfer: Wie soll ich dir denn meine Seele zurückgeben? Durch welchen Teil meines Körpers soll sie entfliehen?

Da erklärte ihm der Schöpfer: Du mußt wissen, daß deine Seele in der Lunge ebenso gegenwärtig ist wie in deinem Herzen. Alle deine Glieder beherrscht sie. Durch deine Atemwege, deine Kehle und deinen Mund wird sie dich verlassen. In deiner Todesstunde wird sie von den Nägeln kommend und durch alle deine Glieder ausströmen. Und es wird ein schmerzvoller Augenblick sein, wenn sie deinen Leib und dein Herz verlassen muß.

Sedrach nahm die Worte des Schöpfers auf, er überlegte und vergaß dabei die Angst vor dem Sterben. Und er flehte zum Allmächtigen: Mein Gott, schenke mir noch eine Frist, damit Tränen meinen Augen entströmen können. Tränen, das weiß ich, sind segensreich vor dir, und sie bringen dem geplagten Geschöpf Erleichterung.

Sedrach verabschiedet sich von seinem Körper

Sedrach fing an zu jammern und Tränen zu vergießen: Du, mein geliebtes Haupt, du bist mein mächtiger Beherrscher, du leuchtendstes Wesen am Firmament und auf Erden. Dem Adlerflaum ähnelt dein Haar, den Früchten des Weinstocks das Auge. Deine Stimme ist einer Posaune gleich. Einer ganzen Welt ist dein Gehirn nachgebildet, denn du, mein geliebtes Haupt, beherrschst meinen ganzen Leib. Du bewundernswertes, du herrliches, du meistgeliebtes. Wenn du zu leben beginnst, gehst du eigene Wege.

Ihr meine Hände, ihr gutgebildeten, ihr seid geschickt und unermüdlich tätig, um zu schaffen, was der Körper benötigt. Ihr meine Hände, ihr könnt auflesen, was notwendig ist und könnt Gebäude errichten.

Ihr meine Finger, die ihr geziert seid durch Ringe aus Gold und Silber, so Herrliches könnt ihr gestalten. Drei Gelenke habt ihr, euch frei zu bewegen und schöne Dinge zu fertigen. Und doch endet die Zeit eures Daseins auf Erden.

Ihr meine Füße, die ihr euch so kraftvoll und von selber bewegt, rasch und ohne Ermüden.

Ihr Knie, ihr gelenkigen, ohne die ich keinen Schritt tun könnte.

Unermüdlich wie Sonne und Mond sind meine Füße unterwegs des Tags und des Nachts, damit alles herbeigeschafft würde an Speise und Trank, was zur Ernährung notwendig ist. Ihr flinken Füße, ihr herrlich beweglichen. Unermüdlich schreitet ihr über die Erde, um alle zu versorgen, die zu mir gehören. Ihr meine Füße, ihr tragt meinen Körper. Ihr tragt mich in den Tempel, beugt euch büßend und betend. Und steht still nach meinem Willen.

Du mein Haupt, ihr meine Hände, ihr meine Füße. Noch sind wir beisammen.

Du meine Seele, wie bist du in meinen armseligen und beklagenswerten Körper gekommen? Und wenn du dich jetzt von ihm trennst, kommst du hierher zum Herrn. Der arme Leib aber muß vor seinen Richterstuhl.

Du mein geliebter, schön gezierter Leib, ihr meine herrlichen Haare! Du mein bekränztes Haupt, mein Gebieter.

Du mein wohlgepflegtes Gesicht, ihr meine strahlenden Augen! Du meine Stimme, posaunengleiche. Du Zunge, die gute Worte spricht, du mein wohlgeformtes Kinn. Ihr herrlichen Haare. Du mein Haupt, das sich Gott nahen darf, du herrlicher Körper, du schöner, lieblicher, wohlvertrauter.

Kaum hast du das Leben begonnen, mußt du schon aus der Welt scheiden, und deine Schönheit vergeht.

Die Frist des Lebens

Da unterbrach ihn der Gottessohn: Sedrach, ende dein Klagen. Wie lange willst du noch jammern und heulen? Die Pforten des Gottesgartens stehen weit offen, und du wirst leben, sobald du gestorben bist.

Sedrach wandte sich an den Herrn: Laß mich auch weiter zu dir sprechen. Wie lange ist noch meines Lebens Frist, ehe der Tod kommt? Gib mir Antwort, Herr.

Der Herr antwortete: Sag, Sedrach, was du sagen willst. Und Sedrach sagte: Wenn des Menschen Lebensfrist achtzig, neunzig oder hundert Jahre währt und er lebt diese Frist als Sünder, erkennt aber seine Schuld und bereut sie in seinem Herzen – für welche Frist erläßt du ihm dann die Sündenstrafe?

Da sprach der Herr: Sündigt einer hundert oder achtzig Jahre, tut dann drei Jahre lang Buße und lebt gerecht nach meinem Gebot, dann habe ich seine Schuld vergessen in der Stunde seines Todes.

Die Reue vor dem Sterben

Da bat Sedrach: Herr, drei Jahre sind eine gute Frist. Gewähre sie deinem Geschöpf, damit es seine Schuld tilge vor dir. Der Herr sprach zu Sedrach: Wenn ein Mensch während seines hundertjährigen Lebens des Todes eingedenk bleibt und seine Sünden den Mitmenschen bekennt und sein Herz ist voller Reue, so ist seine Schuld schon vergeben.

Sedrach aber fuhr fort: Noch einmal flehe ich um Gnade für deine Geschöpfe. Laß ihnen eine gute Frist. Gib nicht zu, daß der Tod den Menschen überraschend trifft. Der Herr sagte: Sedrach, es ist, wie ich dir sagte. Tut ein Sünder Buße nur vierzig Tage lang, auch dann habe ich ihm alle Schuld vergeben, die er auf sich geladen.

Vom Wesen der Umkehr

Da wandte Sedrach sich an den Erzengel Michael: Erbarme du dich, Fürst der Heerscharen. Höre mich und bitte den Herrn, daß er sich seiner Geschöpfe annehme. Da sanken sie nieder auf ihr Angesicht, erhoben ihre Stimme zum Herrn und beteten: Himmlischer Vater, zeige uns, wie wir handeln sollen. Wie kann ein Sünder durch seine Buße Rettung finden, was sonst kann er tun zu seinem Heil?

Der Herr antwortete: Bereuen soll er seine Taten, beten, Opfer darbringen, unter Tränen und Seufzen über seine Schuld nachdenken. Habt ihr nicht gehört, daß auch Daniel, den ich berufen hatte, Tränen vergoß vor mir? Habt ihr nicht gehört, wie viele in einer einzigen Sekunde Erbarmen fanden? Du hast doch erfahren, Sedrach, daß ich die, die meinen Willen nicht kennen, Heiden nenne und daß es unter ihnen welche gibt, die meinen Willen tun.

Auch wenn diese nicht getauft sind, erbarme ich mich ihrer und taufe sie mit meinem Geist und zähle sie mit den Gottesfürchtigen zu Abrahams Stamm. Denn auch unter denen, die getauft sind und zum auserwählten Volk zählen, gibt es welche, die nicht auf Gnade hoffen und keine Buße tun. Meine Geduld ist groß auch für sie, und ich halte die Hand der Gnade offen, ob sie nicht Reue zeigen. Sie aber mißachten mein göttliches Gebot und merken nicht auf, wenn meine Diener flehen: So könnt ihr kein Erbarmen finden.

Sedrach, hast du denn nie gehört, daß ich gesagt habe: Wer seine Schuld bereut, wird Vergebung finden. Aber es gibt auch solche, die nicht auf meine Diener hören, nicht auf die Botschaft meiner Worte und die meine reinen Geister traurig machen. Bei den Opfermählern und den heiligen Diensten achten sie nicht auf meine Engel. Und sie kommen nicht in meinen Tempel. Sie stehen abseits, beten mich nicht an in Ehrfurcht und Frömmigkeit. Sie führen große Worte in ihrem Mund, die weder mir noch meinen Engeln gefallen.

Vom Sinn der Buße

Da sagte Sedrach zum Herrn: Nur du bist frei von aller Schuld, Allmächtiger, und du bist voll Erbarmen. Du wendest dich den Schuldigen zu in Gnade und hast Mitleid mit ihnen. Du, Herr, hast ja gesagt: Ich bin nicht gekommen, mich der Gottesfürchtigen zu erbarmen, sondern der Sünder, die Buße tun.

Da sagte der Herr: Sedrach, hast du nicht gehört, daß ich dem Räuber vergab in dem Moment, da er bereute? Hast du nicht gehört, daß mein Jünger und Verkünder ohne Zögern Gnade fand? Die Gottlosen aber werden kein Erbarmen spüren, ihre Herzen sind wie Moder. Sie gehen auf dem Weg des Bösen und folgen dem Antichristen ins Verderben.

Sedrach erwiderte: Mein Herr und mein Gott! Du hast mir erklärt, dein Geist ströme auch in jene, die deine Gebote nicht kennen und sie trotzdem beachten. So sind der Räuber und der Jünger in dein Paradies gekommen wie alle anderen. Gib diese Gnade auch jenen, die sich in ihrer letzten Lebensfrist nicht an deine Gebote halten. Ihr Leben ist schwer und nimmt ihnen die Kraft zur Reue.

Flehen um Milde

Gott erklärte dem Sedrach: Ich habe dem Menschen drei Lebensphasen gegeben. In seiner Jugend messe ich seine Vergehen nicht. Ist er erwachsen, so empfängt er Vernunft. Im Alter erweise ich ihm die Gnade der Reue.

Sedrach erwiderte: Du bist allwissend, Herr, und du lenkst die Welt nach deinem Willen. Erbarme dich der Sünder.

Da versprach ihm der Allmächtige: Sedrach, mein geliebter Diener, ich sage es dir zu. Auch bei weniger als vierzig Tagen der Reue, auch bei zwanzig schon will ich Gnade walten lassen. Und wer mich anruft, wird nicht verstoßen werden. Er wird gemeinsam mit den Gottesfürchtigen an einen Ort kommen, wo er sich wohl fühlt und ausruhen kann. Und wer diese gnadenreiche Botschaft weitergibt, dessen Schuld ist vergeben für alle Zeiten.

Da erwiderte Sedrach, der Diener Gottes: Herr, es ist also so, daß du dich deines Dieners erbarmst und ihm Gnade erweist, wenn er nur dein Wort hört. Dann, Allmächtiger, nimm meine Seele zurück.

Und der Allmächtige nahm die Seele Sedrachs und gab ihr ihren Platz in seinem Paradies, wo alle Gottgefälligen sind. Der Herr sei gelobt und gepriesen bis ans Ende der Zeiten.

Ja, so sei es.

Das vierte Buch Esra

Erstes Gesicht

Im dreißigsten Jahre nach dem Untergange der Stadt verweilte ich, Salatiel, der auch Esra heißt, in Babel, und als ich einmal auf meinem Bette lag, geriet ich in Bestürzung, und meine Gedanken gingen mir zu Herzen, weil ich Zion verwüstet, Babels Bewohner aber im Überfluß sah. Da ward mein Gemüt heftig erregt, und in meiner Angst begann ich zum Höchsten zu reden.

Woher kommt die Sünde und das Elend dieser Welt?

Ich sprach: Herr Gott, bist du es nicht, der im Anfang, als du die Erde bildetest, gesprochen, du ganz allein, und dem Staube befohlen hast, daß er dir Adam hervorbrachte als leblosen Körper; aber auch der war ein Gebilde deiner Hände. Du hauchtest ihm den Odem des Lebens ein, daß er vor dir lebendig ward. Dann führtest du ihn ins Paradies, das deine Rechte gepflanzt hatte, ehe die Erde ward, und legtest ihm ein einziges Gebot von dir auf; er aber übertrat es. Danach verordnetest du über ihn den Tod, wie über seine Nachkommen.

Aus ihm wurden geboren Völker und Stämme, Nationen und Geschlechter ohne Zahl. Aber jedes Geschlecht wandelte nach seinem eigenen Willen; sie handelten gottlos vor dir und fielen ab: Du aber hast sie nicht gehindert! Wiederum aber, als die Zeit gekommen, brachtest du die Sintflut über die Erde und die Bewohner der Welt und vertilgtest sie; über sie alle kam der Untergang mit einem Male. Wie über Adam der Tod, so kam über sie die Flut.

Einen aber von ihnen hast du verschont, Noah samt seinem Hause, alle Frommen, die von ihm stammten. Als nun die Erdenbewohner sich zu mehren begannen und viele Kinder, ja Völker und zahlreiche Geschlechter erzeugten, da begannen sie wiederum gottlos zu handeln, mehr als die Geschlechter vor ihnen. Als sie nun so böse vor dir lebten, erwähltest du dir einen von ihnen; der hieß Abraham. Den hattest du lieb und offenbartest ihm allein das Ende der Zeiten, im geheimen bei Nacht; du schlossest mit ihm einen ewigen Bund und versprachst ihm, seinen Samen niemals zu verlassen. Du schenktest ihm Isaak, Isaak aber schenktest du Jakob und Esau. Und du erkorst dir Isaak, Esau aber verschmähtest du. Und Jakob wurde zu einem großen Heer.

Als du aber seinen Samen aus Ägypten führtest und sie an den Berg Sinai brachtest, da neigtest du die Himmel, bewegtest die Erde und erschüttertest den Weltkreis, daß die Tiefen erbebten und die Äonen erschraken. Dann ging deine Herrlichkeit durch die vier Tore, des Feuers, Erdbebens, Sturms und Hagels, um dem Samen Jakobs Gesetz zu geben und dem Geschlechte Israels Gebot. Aber du nahmst das böse Herz nicht von ihnen, daß dein Gesetz in ihnen Frucht trüge. Denn um seines bösen Herzens willen geriet der erste Adam in Sünde und Schuld, und ebenso alle, die von ihm geboren sind. So ward die Krankheit dauernd: Das Gesetz war zwar im Herzen des Volkes, aber zusammen mit dem schlimmen Keime. So schwand, was gut ist; aber das Böse blieb.

Als aber die Zeiten um waren und die Jahre zu Ende, da erwecktest du dir einen Knecht Namens David. Du befahlst ihm, die Stadt, die nach dir heißt, zu bauen und dir darinnen von deinem Eigentum Opfer zu bringen; und so geschah es lange Jahre.

Die Bürger der Stadt aber sündigten und handelten in allem wie Adam und alle seine Nachkommen, denn sie hatten ja selber das böse Herz. Da gabst du deine Stadt deinen Feinden preis. Damals aber sprach ich bei mir: Handeln etwa Babels Bewohner besser? Hat er deshalb Zion verworfen?

Als ich dann hierherkam und die Gottlosigkeiten ohne Zahl sah und meine Seele viele sündigen sah, nun schon dreißig Jahre, da entsetzte sich mein Herz, denn ich sah, wie du sie, die Sünder, trägst und die Gottlosen verschonst, wie du dein Volk vernichtet und deine Feinde erhalten hast und niemandem offenbart hast, wie dieser dein Weg geändert werden soll. Hat Babel besser gehandelt als Zion? Hat dich ein anderes Volk erkannt außer Israel? Oder welche Stämme haben so deinen Bündnissen geglaubt wie die Jakobs? Deren Lohn nicht erschienen, deren Mühsal keine Frucht getragen! Denn ich habe die Völker hin und her durchwandert und sie im Glück gesehen, obwohl sie deine Gebote vergessen hatten.

Nun aber wäge unsere Sünden und die der Weltbewohner auf der Waage, daß sich zeige, wohin der Ausschlag des Balkens sich neigt. Oder wann hätten die Bewohner der Welt vor dir nicht gesündigt? Oder welches Geschlecht hätte so deine Gebote erfüllt? Einzelne zwar, mit Namen zu nennen, wirst du wohl finden, die deine Gebote gehalten, Völker aber findest du nicht!

Gottes Wege sind unerkennbar. Der menschliche Geist vermag nur weniges zu erfassen

Da antwortete mir der Engel, der zu mir gesandt war, mit Namen Uriel und sprach zu mir: Dein Herz entsetzt sich über diese Welt, und du wünschtest, die Wege des Höchsten zu begreifen? Ich sprach: Ja, Herr!

Er antwortete mir und sprach: Drei Wege bin ich gesandt dir zu weisen und drei Gleichnisse dir vorzulegen; kannst du mir eins davon kundtun, so will auch ich dir die Wege, die du zu schauen begehrst, zeigen und dich belehren, woher das böse Herz kommt. Ich sprach: Rede, Herr!

Er sprach zu mir: Nun, so wäge mir das Gewicht des Feuers oder miß mir das Maß des Windes oder ruf mir den gestrigen Tag zurück. Ich erwiderte und sprach: Welchem Weibgeborenen wäre das möglich, daß du mich nach solchen Dingen fragst?

Er sprach zu mir: Hätte ich dich gefragt, wieviel Wohnungen im Herzen des Meeres seien, wieviel Quellen am Grunde der Tiefe oder wieviel Wege über der Feste, wo die Tore des Hades seien oder wo der Weg gehe ins Paradies, so hättest du mir vielleicht geantwortet: In die Tiefe bin ich nicht hinabgestiegen, noch in den Hades bisher gedrungen, noch bin ich je in den Himmel hinaufgekommen, noch habe ich das Paradies gesehen. Nun habe ich dich nur über das Feuer, den Wind und den gestrigen Tag gefragt, alles Dinge, ohne die du nicht sein kannst; und du hast mir darüber keine Antwort gegeben!

Und er sprach weiter zu mir: Du kannst, was dein ist, was mit dir verwachsen ist, nicht erkennen, wie wirst du dann das Gefäß sein können, das des Höchsten Walten faßt? Denn des Höchsten Wege sind als ewige erschaffen; du aber, ein sterblicher Mensch, der im vergänglichen Äon lebt, wie kannst du das Ewige begreifen?

Töricht ist es, Widernatürliches zu begehren

Als ich das gehört hatte, fiel ich auf mein Antlitz und sprach zu ihm: Besser wäre es, wir wären nie auf die Welt gekommen, als nun in Sünden zu leben und zu leiden und nicht zu wissen, weshalb!

Er antwortete mir und sprach: Einst gingen die Wälder der Bäume des Feldes hin und hielten Rat: Wohlan, wir wollen hin und gegen das Meer Krieg führen, daß es vor- und zurücktrete und wir uns einen neuen Wald schaffen! Ebenso hielten die Wogen des Meeres Rat: Wohlan, wir wollen hinauf und den Wald des Feldes bekriegen, damit wir uns auch dort ein neues Gebiet erobern! Aber des Waldes Plan ward vereitelt, denn das Feuer kam und verzehrte ihn; ebenso auch der Plan der Wogen des Meeres, denn der Sand trat hin und hielt sie zurück. Wenn du nun ihr Richter wärest, wem würdest du recht geben und wem unrecht? Ich antwortete und sprach: Beide haben eitlen Rat gehalten; denn das Land ist dem Walde gegeben, der Raum des Meeres aber ist bestimmt, seine Wogen zu tragen. Er antwortete mir und sprach: Du hast richtig geurteilt; warum aber hast du dir nicht selbst das Urteil gesprochen? Denn wie das Land dem Walde gegeben ist und das Meer seinen Wogen, ebenso können die Erdenbewohner nur das Irdische erkennen und nur die Himmlischen das, was in Himmelshöhen ist.

Aber schmerzlich ist es, das Notwendigste nicht zu wissen

Ich antwortete und sprach: Herr, ich flehe dich an, weshalb ist mir dann überhaupt das Licht der Vernunft gegeben? Denn ich wollte dich nicht über Dinge fragen, die uns zu hoch sind, sondern über solche, die uns selber betreffen, jeden Tag aufs neue: Weshalb ist Israel den Heiden hingegeben zur Schmach, dein geliebtes Volk den gottlosen Stämmen? Das Gesetz unserer Väter ist vernichtet, die geschriebenen Satzungen sind nicht mehr; wir schwinden aus der Welt wie Heuschrecken, unser Leben ist ein Rauch. Wir freilich sind nicht einmal wert, Erbarmung zu erfahren; aber was wird er für seinen Namen tun, der über uns ausgesprochen ist? Das war's, wonach ich fragte.

Der kommende Äon gibt die Lösung

Er antwortete mir und sprach: Wenn du bleiben wirst, wirst du's schauen; und wenn du lange leben wirst, wirst du erstaunen. Denn der Äon eilt mit Macht zu Ende.

Warum dieser Äon vorher zugrunde gehen muß

Er vermag es ja nicht, die Verheißungen, die den Frommen für die Zukunft gemacht sind, zu ertragen; denn dieser Äon ist voll von Trauer und Ungemach. Denn gesät ist das Böse, wonach du mich fragst, und noch ist seine Ernte nicht erschienen. Ehe das Gesäte also noch nicht geerntet und die Stätte der bösen Saat nicht verschwunden ist, kann der Acker, da das Gute gesät ist, nicht erscheinen. Denn ein Körnchen bösen Samens war im Anfang in Adams Herzen gesät, aber welche Frucht der Sünde hat das bis jetzt getragen und wird weiter tragen, bis daß die Tenne erscheint. Ermiß also selber: Wenn schon ein Körnchen bösen Samens solche Frucht der Sünde getragen hat, wenn einst Ähren des Guten gesät werden ohne Zahl, welche große Ernte werden die geben!

Wann soll das geschehen?

Ich antwortete und sprach: Wie lange noch, wann soll das geschehen? Unser Leben ist ja so kurz und elend. Er aber antwortete und sprach: Du willst doch nicht mehr eilen als der Höchste? Denn du willst Eile um deiner selbst willen, der Höchste aber für viele.

Das Ende kommt, wann die Zahl der Gerechten voll ist

Diese deine Frage haben schon die Seelen der Gerechten in ihren Kammern getan; die sprachen: Wie lange sollen wir noch hierbleiben? Wann erscheint endlich die Frucht auf der Tenne unseres Lohns? Aber ihnen hat der Erzengel Jeremiel geantwortet und gesprochen: Wenn die Zahl von euresgleichen voll ist! Denn er hat auf der Waage den Äon gewogen, er hat die Stunden mit dem Maße gemessen und nach der Zahl die Zeiten gezählt. Er stört sie nicht und weckt sie nicht auf, bis das angesagte Maß erfüllt ist.

Ich antwortete und sprach: Herr, mein Gebieter, aber auch wir sind voller Sünden. Wird nicht vielleicht unseretwegen die Tenne der Gerechten aufgehalten, um der Sünden der Erdenbewohner willen? Er antwortete mir und sprach: Geh hin, frage die Schwangere, ob ihr Schoß, wenn ihre neun Monate um sind, noch das Kind bei sich behalten kann. Ich sprach: Gewiß nicht, Herr. Er sprach zu mir: Die Wohnungen der Seelen im Hades sind dem Mutterschoße gleich; denn wie ein gebärendes Weib der Schmerzen der Geburt möglichst bald sich zu entledigen strebt, so streben auch sie danach, möglichst bald das zurückzugeben, was ihnen im Anfang vertraut ist. Dann wird man dir zeigen, was du zu schauen begehrst.

Das Ende kommt bald

Ich antwortete und sprach: Wenn ich Gnade vor deinen Augen gefunden habe, wenn es möglich ist und wenn ich dazu fähig bin, so zeige mir auch dies: Ob noch längere Zeit, als schon vergangen ist, uns bevorsteht oder ob wir bereits das meiste hinter uns haben? Denn wieviel vergangen ist, weiß ich wohl; aber die Zukunft kenne ich nicht.

Er sprach zu mir: Tritt nach rechts, so will ich dir den Sinn eines Gleichnisses erklären. Als ich nun hintrat, da sah ich, wie ein glühender Ofen an mir vorüberfuhr; und als das Feuer vorüber war, sah ich, wie noch Rauch zurückblieb. Danach zog eine Wolke voll Wassers an mir vorüber; die ließ einen mächtigen Regenguß herab. Als aber der Regenguß vorüber war, blieben noch einzelne Tropfen darin zurück.

Da sprach er zu mir: Nun überlege selbst: Wie des Regens mehr ist als der Tropfen und des Feuers mehr ist als des Rauchs, so ist das Maß der Vergangenheit bei weitem größer gewesen; zurück aber sind nur noch Tropfen und Rauch geblieben.

Dem Ende gehen folgende Zeichen voraus

Ich flehte und sprach: Glaubst du, daß ich leben werde bis zu jenen Tagen? Was wird in jenen Tagen geschehen?

Er antwortete mir und sprach: Die Zeichen, nach denen du fragst, kann ich dir zum Teil sagen; über dein Leben aber dir etwas zu sagen, bin ich nicht gesandt und weiß es selber nicht. Die Zeichen aber sind: Siehe, Tage kommen, da werden die Erdenbewohner von gewaltigen Schrecken erfaßt, das Gebiet der Wahrheit wird verborgen sein und das Land des Glaubens ohne Frucht. Da wird der Ungerechtigkeit viel sein, mehr noch, als du jetzt selber siehst und als du von früher gehört hast. Das Land aber, das du jetzt herrschen siehst, wird wegelose Wüste sein; man wird es verlassen sehen: Fristet dir der Höchste das Leben, so wirst du es nach dreien Zeiten in Verwirrung sehen.

Da wird plötzlich die Sonne bei Nacht scheinen und der Mond am Tage. Von Bäumen wird Blut träufeln; Steine werden schreien. Die Völker kommen in Aufruhr, die Ausgänge in Verwirrung; und zur Herrschaft kommt, den die Erdenbewohner nicht erwarten. Die Vögel wandern aus; das Meer von Sodom bringt Fische hervor und brüllt des Nachts mit einer Stimme, die viele nicht verstehen, aber alle vernehmen.

An vielen Orten tut sich der Abgrund auf, und lange Zeit bricht das Feuer hervor. Da verlassen die wilden Tiere ihr Revier. Weiber gebären Mißgeburten. Im süßen Wasser findet sich salziges. Freunde bekämpfen einander plötzlich. Da verbirgt sich die Vernunft, und die Weisheit flieht in ihre Kammer; viele suchen sie und finden sie nicht. Der Ungerechtigkeit aber und Zuchtlosigkeit wird viel sein auf Erden. Dann fragt ein Land das andere und spricht: Ist etwa die Gerechtigkeit, die das Rechte tut, durch dich gekommen? Und es wird antworten: Nein! In jener Zeit werden die Menschen hoffen und nicht erlangen, sich abmühen und nicht zum Ziele kommen.

Diese Zeichen dir zu sagen, ist mir erlaubt worden; wenn du aber nochmals betest und wie heute weinst und sieben Tage lang fastest, wirst du aufs neue Dinge erfahren, die größer sind als diese.

Schluß

Da erwachte ich: Mein Leib schauderte gewaltig, und meine Seele ward ohnmächtig vor Ermattung. Aber der Engel, der mir erschienen war, der mit mir sprach, hielt mich fest, stützte mich und stellte mich auf die Füße. In der folgenden Nacht aber kam der Fürst des Volkes, Phaltiel, zu mir und sprach zu mir: Wo warst du? Weshalb ist dein Antlitz so verstört? Oder weißt du nicht, daß Israel im Lande seiner Verbannung dir anvertraut ist? Steh also auf, iß einen Bissen Brot und laß uns nicht im Stich, dem Hirten gleich, der seine Herde den bösen Wölfen preisgibt. Ich sprach zu ihm:

Verlaß mich und komm vor sieben Tagen nicht wieder; wenn du dann zurückkehrst, will ich dir Aufschluß geben. Als er dies hörte, verließ er mich.

Zweites Gesicht

So fastete ich sieben Tage unter vielen Klagen und Tränen, wie mir der Engel Uriel geboten hatte. Als aber die sieben Tage um waren, begannen die Gedanken meines Herzens mich mächtig zu bedrängen. Da bekam meine Seele den Geist der Einsicht, und ich begann nochmals vor dem Höchsten Worte zu sprechen:

Warum hat Gott sein einziges, auserwähltes Volk den Heiden preisgegeben?

Ich sprach: Ach, Herr, Gott, aus allem Walde der Erde und all seinen Bäumen hast du dir den einen Weinstock erwählt, aus allen Ländern der Welt die eine Pflanzgrube ausgesucht, aus allen Blumen des Erdkreises die eine Lilie erkoren, vor allen Tiefen des Meeres hast du Wachstum gegeben dem einen Bach, aus allen Städten, die je gebaut sind, nur Zion dir selber geheiligt, aus allen Vögeln, die du geschaffen, die eine Taube dir berufen, aus allen Tieren, die du gebildet, das eine Schaf ersehen, aus allen Völkern, deren so viel ist, das eine Volk dir erworben, und das Gesetz, das du unter allen ausgesucht, hast du dem Volke, das du begehrt hast, verliehen.

Jetzt aber, Herr, weshalb hast du das eine den vielen preisgegeben, hast den einen Sproß vor den anderen in Schmach gebracht und dein einziges Eigentum unter die vielen zerstreut? Weshalb haben, die deinen Verheißungen widersprochen haben, die niedertreten dürfen, die deinen Bündnissen geglaubt haben? Ja, wenn du deinem Volk auch gram geworden wärest, so hättest du es doch züchtigen müssen mit eigener Hand!

Dennoch liebt Gott Israel noch immer

Als ich diese Worte gesprochen hatte, ward der Engel zu mir gesandt, der schon in verflossener Nacht zu mir gekommen war. Er sprach zu mir: Höre mir zu, so will ich dich lehren; merk auf mein Wort, so will ich weiter zu dir sprechen. Ich sprach: Rede, Herr! Er sprach zu mir: Die Sinne vergehen dir über Israels Geschick? Hast du es denn mehr lieb als sein Schöpfer?

Dies Problem ist für Menschen unlösbar

Ich sprach: Nein, Herr; aber vor Schmerzen habe ich reden müssen; denn jede Stunde aufs neue blutet mir das Herz, wenn ich die Wege des Höchsten erfassen möchte und seines Gerichtes Spruch erspähen! Er sprach zu mir: Das kannst du nicht. Ich sprach: Warum, Herr? Weshalb ward ich dann geboren? Warum ist meiner Mutter Schoß nicht mein Grab geworden, daß ich Jakobs Elend nicht brauchte zu sehen und die Not des Geschlechtes Israel?

Er sprach zu mir: So nenne mir die Zahl der Zukünftigen, sammle mir zerstreute Tropfen des Regens wieder ein, mach vertrocknete Blumen wieder grün, öffne mir die verschlossenen Kammern und laß die Winde, die sie enthalten, heraus, sage mir, wie Gesichter aussehen, die du nie gesehen hast, oder zeige mir die Gestalt des Tons; so will ich dir das Rätsel lösen, das du zu schauen begehrst.

Ich sprach: Herr, mein Gebieter, wer könnte sich auf dergleichen verstehen, außer denen, die nicht unter Menschen wohnen? Ich aber habe nicht Wissen noch Macht; wie könnte ich solche Fragen beantworten? Er sprach zu mir: Sowenig du von alledem, was ich nannte, auch nur eines zu tun vermagst, sowenig vermagst du mein Gericht zu erfassen oder das Ziel der Liebe, die ich meinem Volke zugesagt.

Über die Stellung der verschiedenen Generationen im göttlichen Weltplan

Gilt Gottes Verheißung nur dem letzten Geschlecht?

Ich sprach: Ach, aber Herr, dein Segen gilt nur denen, die das Ziel erleben; was sollen aber unsere Vorfahren, wir selbst und unsere Nachkommen tun? Er sprach zu mir: Einem Reigen soll mein Gericht gleich werden; darin sind die letzten nicht zurück und die ersten nicht voran.

Verschiedene, aufeinanderfolgende Generationen sind in dieser Welt notwendig

Ich antwortete und sprach: Konntest du nicht alle Geschlechter der Vergangenheit, Gegenwart und Zukunft auf einmal schaffen, damit dein Gericht um so schneller erscheine? Er antwortete mir und sprach: Die Schöpfung darf dem Schöpfer nicht vorgreifen; auch könnte die Welt alle Geschaffenen auf einmal nicht ertragen. Ich sprach: Wie aber stimmt das zu dem Worte, das du eben zu deinem Knechte gesagt hast, daß du einst die ganze Schöpfung auf einmal zum Leben erwecken würdest? Wenn sie einst alle auf einmal leben werden und die Schöpfung das ertragen kann, wäre sie doch auch jetzt schon imstande, alle auf einmal zu tragen.

Er sprach zu mir: Frage den Mutterschoß und sprich zu ihm: Wenn du zehn Kinder bekommst, warum bekommst du sie jedes zu seiner Zeit? Fordere ihn auf, zehn auf einmal zu zeugen. Ich sprach: Unmöglich kann er das, sondern nur jedes zu seiner Zeit. Er sprach zu mir: So habe auch ich die Erde zum Mutterschoße gemacht für die, die jedes zu seiner Zeit von ihr empfangen werden. Denn wie das Kind nicht gebiert noch die Greisin mehr, so habe ich auch in der Welt, die ich geschaffen, ein bestimmtes Nacheinander festgesetzt.

Die Welt ist alt geworden

Ich fragte ihn und sprach: Da du mir nun die Wege gewiesen, so laß mich weiter vor dir sprechen. Ist unsere Mutter, von der du gesprochen, noch jung oder schon dem Alter nahe? Er antwortete mir und sprach: Frage die Gebärerin, die kann dir's sagen; sprich zu ihr: Weshalb sind deine jüngsten Kinder ihren älteren Geschwistern nicht gleich, sondern weniger kräftig?, so wird sie selber dir antworten: Anders sind die, die in der Blüte der Kraft erzeugt sind, anders die Kinder des Alters, als der Schoß die Kraft verloren hatte. Nun ermiß du selber, daß ihr weniger kräftig seid als eure Vorfahren; so auch eure Nachkommen weniger kräftig als ihr. Denn die Schöpfung wird schon alt und ist über die Jugendkraft schon hinaus.

Der Jüngste Tag kommt durch Gott allein

Ich sprach: Ach Herr, wenn ich Gnade vor deinen Augen gefunden habe, so zeige deinem Knecht, durch wen du deine Schöpfung heimsuchen wirst.

Er sprach zu mir: Im Anfange der Welt, ehe des Himmels Pforten standen, ehe der Winde Stöße bliesen, ehe der Donner Schall ertönte, ehe der Blitze Leuchten strahlte, ehe die Grundlagen des Paradieses gelegt, ehe die Schönheit seiner Blumen zu schauen war, ehe die Mächte der Bewegung bestellt, ehe die zahllosen Heere der Engel gesammelt, ehe die Höhen der Lüfte sich erhoben, ehe die Räume des Himmels Namen trugen, ehe Zions Schemel bestimmt war, ehe die Jahre der Gegenwart berechnet, ehe die Anschläge der Sünder verworfen, aber die, die Schätze des Glaubens sammeln, versiegelt: damals habe ich dies alles vorbedacht, und durch mich und niemand weiter ward es erschaffen; so auch das Ende durch mich und niemand weiter!

Die Scheidung der Zeiten

Ich antwortete und sprach: Wie wird die Scheidung der Zeiten geschehen? Wann wird das Ende des ersten Äons sein und der Anfang des zweiten? Er sprach zu mir: von Abraham bis Abraham. Denn von ihm stammen Jakob und Esau; die Hand Jakobs aber hielt im Anfang die Ferse Esaus. Die Ferse des ersten Äons ist Esau; die Hand des zweiten ist Jakob. Der Anfang des Menschen ist die Hand, sein Ende die Ferse. Zwischen Ferse und Hand nichts weiter! Das überlege, Esra!

Die Zeichen der letzten Zeit und das Ende

Ich antwortete und sprach: Herr, mein Gebieter, wenn ich Gnade vor deinen Augen gefunden habe, so zeige deinem Knecht die letzten deiner Zeichen, von denen du mir in vergangener Nacht einen Teil gezeigt hast.

Er antwortete und sprach zu mir: Stelle dich fest auf deine Füße, so wirst du eine gewaltig laute Stimme vernehmen; und wenn der Ort, da du stehst, beim Erschallen dieser Stimme mächtig schwankt, so ängstige dich nicht: denn die Stimme redet vom Ende; die Tiefen der Erde aber werden es verstehen, daß von ihnen selber die Rede ist. Sie werden zittern und schwanken, denn sie wissen, daß an ihnen beim Ende eine Verwandlung geschehen soll. Als ich das vernommen hatte, trat ich fest auf meine Füße und horchte auf: Da ertönte eine Stimme, die scholl wie der Schall großer Wasser. Die sprach: Siehe, Tage werden sein, wann ich komme, zu nahen, um heimzusuchen die Erdenbewohner, wann ich komme zu rächen den Frevel der bösen Frevler, wann Zions Erniedrigung voll ist und der Äon, der dahingeht, versiegelt, da will ich folgende Zeichen geben: Bücher werden aufgetan im Angesichte der Feste, die werden alle auf einmal sehen. Jährige Kinder werden ihre Stimme erheben und reden; Schwangere gebären Frühgeburten im dritten und vierten Monat; die aber bleiben am Leben und laufen umher. Plötzlich werden besäte Felder ohne Frucht erscheinen, und volle Scheunen werden plötzlich leer erfunden. Die Trompete wird laut erschallen; alle Menschen vernehmen sie plötzlich und erbeben.

In jener Zeit werden Freunde einander als Feinde bekämpfen, daß die Erde samt ihren Bewohnern sich davor entsetzt. Wasserquellen stehen still und laufen nicht drei Stunden lang.

Wer aber übrigbleibt aus alledem, was ich dir vorausgesagt, der wird gerettet werden und mein Heil und das Ende meiner Welt schauen. Da erscheinen die Männer, die einst emporgerafft worden sind, die den Tod nicht geschmeckt haben seit ihrer Geburt. Dann wird das Herz der Erdenbewohner verändert und zu neuem Geiste verwandelt. Dann ist das Böse vertilgt und der Trug vernichtet, der Glaube in Blüte, das Verderbnis überwunden; und die Wahrheit wird offenbar, die so lange Zeit ohne Frucht geblieben ist.

Schluß

Während er so zu mir sprach, erbebte die Stätte, wo ich stand, mehr und mehr. Er aber sprach zu mir: Dies sollte ich dir zeigen, und noch in der nächsten Nacht; wenn du nun weiter flehst und weiter fastest, sieben Tage lang, will ich dir Weiteres, das größer ist als dieses, bei Tage offenbaren.

Denn dein Gebet ist beim Höchsten erhört; der Allmächtige hat deine Gerechtigkeit gesehen und die Frömmigkeit, die du von Jugend auf geübt hast, erkannt. Deshalb hat er mich gesandt, um dir dies alles zu offenbaren und dir zu sagen: Fasse Mut, verzage nicht; hege nicht allzu ängstlich eitle Gedanken über diese Zeit, daß du nicht Angst erdulden müßtest in der letzten Zeit.

Drittes Gesicht

Danach weinte ich aufs neue und fastete wie früher, sieben Tage lang, daß die drei Wochen, die mir befohlen waren, voll würden. In der achten Nacht aber ward mein Herz aufs neue in mir bewegt, und ich hob an, vor dem Höchsten zu reden; denn mein Geist geriet gewaltig in Erregung und meine Seele in Angst.

Warum besitzt Israel nicht jetzt schon die Welt, die ihm gehört?

Ich sprach: Herr, du hast im Anfange der Schöpfung am ersten Tage gesprochen: Es werde Himmel und Erde! Und dein Wort hat das Werk vollbracht. Damals war nur schwebender Geist, Finsternis ringsumher und Schweigen; noch war der Klang der Menschenstimme vor dir nicht erschollen. Denn befahlst du, einen Strahl des Lichtes aus deinen Kammern zu holen, daß deine Werke sichtbar würden.

Am zweiten Tage wiederum schufst du den Geist der Feste und befahlst ihm, zu scheiden und Scheidung zu machen zwischen Wassern und Wassern, daß ein Teil davon nach oben ginge, ein Teil unten verbliebe.

Am dritten Tage gabst du den Wassern Befehl, sich am siebenten Teile der Erde zu sammeln; sechs Siebentel aber legtest du trocken und bestimmtest sie, daß ein Teil davon vor dir bebaut werden sollte, der von Gott selbst besät und bepflanzt war. Kaum war aber dein Wort ergangen, so geschah das Werk sogleich: Da entsproßten plötzlich Früchte in unendlicher Menge, tausendfach verschieden an süßem Geschmack, Blumen in mannigfaltigen Farben, Bäume von verschiedenartigstem Wuchs und Würzkräuter mit wunderbarem Duft. Dies geschah am dritten Tage.

Am vierten Tage aber befahlst du, daß der Glanz der Sonne werde, das Licht des Mondes und die Ordnung der Sterne, und trugst ihnen auf, dem Menschen, den du bilden wolltest, zu dienen.

Am fünften Tage gebotest du dem siebenten Teil, da das Wasser sich gesammelt hatte, lebendige Wesen hervorzubringen, Vögel und Fische. So geschah es, daß das sprachlose und unbeseelte Wasser nach deinem Befehl beseelte Wesen hervorbrachte, damit die Völker so deine Wunderwerke preisen sollten. Damals hast du dir zwei der Wesen, die du geschaffen, vorbehalten; das eine nanntest du Behemoth, das andere Leviathan. Du trenntest sie aber voneinander, denn der siebente Teil, wo das Wasser sich gesammelt hatte, konnte sie nicht fassen. Du gabst Behemoth zur Wohnung einen der Teile, der am dritten Tage trocken geworden war, dort, wo die tausend Berge sind; dem Leviathan aber gabst du das feuchte Siebentel. Du behieltest sie dir vor, daß sie verzehrt werden sollten, von wem und wann du willst.

Am sechsten Tage aber befahlst du der Erde, vor dir Vieh, Wild und Gewürm hervorzubringen; dazu noch den Adam, den du zum Herrn machtest über alle Geschöpfe, die du vor ihm geschaffen. Von dem stammen wir alle ab, die du zu deinem Volk erwählt hast. Dies alles habe ich vor dir, Herr, gesprochen, weil du gesagt hast, daß du um unsertwillen diese erste Welt geschaffen habest, die übrigen Völker aber, die von Adam abstammen, hast du für nichts erklärt: sie seien dem Speichel gleich; mit dem Tropfen am Eimer hast du ihren Überschwang verglichen. Nun aber, Herr: eben jene Völker, die für nichts geachtet sind, überwältigen und zertreten uns; wir aber, dein Volk, das du deinen Erstgeborenen, deinen einzigen Sohn, deinen Anhänger und Freund genannt hast, wir sind in ihre Hand gegeben! Wenn aber die Welt unsertwegen geschaffen ist, warum haben wir nicht diese unsere Welt in Besitz? Wie lange soll es so bleiben?

Die arge Welt ist der notwendige Durchgang für die kommende gute

Als ich diese Worte beendet, kam der Engel zu mir, der schon in den früheren Nächten zu mir gesandt war. Der sprach zu mir: Stehe auf, Esra, und höre die Worte, da ich gekommen bin, mit dir zu reden. Ich sprach: Rede, Herr! Er sprach zu mir: Es gibt ein Meer, das liegt in der Weite, so daß es sich rings in die Breite erstreckt; der Eingang aber dazu liegt in der Enge, so daß er wie ein Fluß aussieht. Wenn nun jemand in das Meer kommen will, es zu besehen oder zu befahren, wie wird der die Weite erreichen, wenn er nicht vorher die Enge durchschifft hat?

Oder ein anderes Gleichnis: Es gibt eine erbaute Stadt, die ist in einer Ebene gelegen und ist alles Guten voll; der Eingang aber dazu ist eng und führt an Abgründen hin, wo rechts Feuer, links tiefes Wasser droht; und nur einen einzigen Pfad gibt es zwischen beiden, zwischen Feuer und Wasser, und dieser Pfad ist so schmal, daß er nur eines Menschen Fußspur fassen kann. Wenn nun jene Stadt jemandem zum Erbteil gegeben wird, wie wird der Erbe sein Erbteil in Besitz nehmen können, wenn er nicht vorher den gefährlichen Weg dahin durchschritten hat?

Ich sprach: Gewiß, Herr! Er sprach zu mir: So ist auch Israels Teil: Ihnen habe ich zwar den Äon geschaffen; als aber Adam meine Gebote übertrat, ward die Schöpfung gerichtet: Da sind die Wege in diesem Äon schmal und traurig und mühselig geworden, elend und schlimm, voll von Gefahren und nahe an großen Nöten; die Wege des großen Äons aber sind breit und sicher und tragen die Früchte des Lebens. Wenn die Lebenden also in diese Engen und Eitelkeiten nicht eingegangen sind, können sie nicht erlangen, was ihnen aufbewahrt ist. Warum betrübst du dich also, daß du vergänglich bist? Warum erregst du dich, daß du sterblich bist? Warum nimmst du dir nicht die Zukunft zu Herzen, sondern nur die Gegenwart?

Das Schicksal der Sünder

Ich antwortete und sprach: Herr Gott, du hast ja in deinem Gesetze bestimmt, nur die Gerechten würden dies Erbteil bekommen, aber die Gottlosen sollten ins Verderben gehen. So können die Gerechten die Enge wohl ertragen, da sie die Weite hoffen; die Gottlosen aber haben die Enge erduldet und werden die Weite nicht sehen! Er sprach zu mir: Du bist doch kein Richter über Gott und kein Weiser über den Höchsten? Mögen lieber die meisten der Lebenden ins Verderben gehen, als daß Gottes Gebot und Vorschrift verachtet werde!

Denn Gott hat den Lebenden, sobald sie zum Leben kamen, feierlich erklärt, was sie tun sollten, um das Leben zu erwerben, und was sie halten sollten, um nicht der Strafe zu verfallen. Sie aber waren ungehorsam und widersprachen ihm; sie erdachten sich eitle Gedanken und ersannen sich ruchlose Lügen; dazu behaupteten sie, daß der Höchste nicht sei, und kümmerten sich um seine Wege nicht; sein Gesetz verachteten sie, seine Bündnisse leugneten sie; seinen Geboten glaubten sie nicht, seine Werke vollbrachten sie nicht. Darum, o Esra, Eitles den Eitlen, Fülle den Vollkommenen!

Das Weltgericht

Denn siehe, Tage kommen, wann die Zeichen, die ich dir früher gesagt, eintreffen, da wird die unsichtbare Stadt erscheinen und das verborgene Land sich zeigen; und jeder, der aus den Plagen, die ich dir vorausgesagt, gerettet ist, der wird meine Wunder schauen. Denn mein Sohn, der Christus, wird sich offenbaren samt allen bei ihm und wird den Übriggebliebenen Freude geben, vierhundert Jahre lang. Nach diesen Jahren wird mein Sohn, der Christus, sterben und alle, die Menschenodem haben. Dann wird sich die Welt zum Schweigen der Urzeit wandeln, sieben Tage lang, wie im Uranfang, so daß niemand überbleibt. Nach sieben Tagen aber wird der Äon, der jetzt schläft, erwachen und die Vergänglichkeit selber vergehen. Die Erde gibt wieder, die darinnen ruhen, der Staub läßt los, die darinnen schlafen, die Kammern erstatten die Seelen zurück, die ihnen anvertraut sind.

Der Höchste erscheint auf dem Richterthron: dann kommt das Ende, und das Erbarmen vergeht, das Mitleid ist fern, die Langmut verschwunden; mein Gericht allein wird bleiben, die Wahrheit bestehen, der Glaube triumphieren; der Lohn folgt nach, die Vergeltung erscheint; die guten Taten erwachen, die bösen schlafen nicht mehr.

Dann erscheint die Grube der Pein und gegenüber der Ort der Erquickung; der Ofen der Gehenna wird offenbar und gegenüber das Paradies der Seligkeit. Da wird der Höchste sprechen zu den Völkern, die erweckt sind: Nun schaut und erkennet den, den ihr geleugnet, dem ihr nicht gedient, dessen Gebote ihr verachtet! Schaut nun hinüber und herüber: hier Seligkeit und Erquickung, dort Feuer und Pein! Diese Worte wird er zu ihnen am Tage des Gerichts sprechen.

Jener Tag ist so, daß er Sonne nicht hat, nicht Mond, nicht Sterne, nicht Wolken, nicht Donnern, nicht Blitz, nicht Wind, nicht Regen, nicht Nebel, nicht Dunkel, nicht Abend, nicht Morgen, nicht Sommer, nicht Frühling, nicht Hitze, nicht Winter, nicht Eis, nicht Frost, nicht Hagel, nicht Wetter, nicht Tau, nicht Mittag, nicht Nacht, nicht Dämmerung, nicht Glanz, nicht Helle, nicht Leuchten, sondern ganz allein den Glanz der Herrlichkeit des

Höchsten, wobei alle das schauen können, was ihnen bestimmt ist. Jener Tag dauert eine Jahrwoche. So ist mein Gericht und seine Ordnung; dir allein habe ich dies kundgetan.

Traurig ist, daß der Geretteten so wenig sind; aber diese wenigen sind um so kostbarer

Ich antwortete und sprach: Schon einmal, Herr, habe ich gesagt und sage nochmals: Selig sind, die in die Welt kommen und deine Gebote halten! Aber worüber ich schon damals flehte: Wer ist unter den Lebenden, der nicht gesündigt? Wer unter den Weibgeborenen, der nicht deinen Bund gebrochen? Jetzt erkenne ich, daß die zukünftige Welt wenigen Erquickung bringen wird, vielen aber Pein.

Denn erwachsen ist in uns das böse Herz; das hat uns diesem entfremdet und der Vernichtung nahegebracht; es hat uns des Todes Wege gewiesen und des Verderbens Pfade gezeigt und uns vom Leben fernegeführt; und dies nicht etwa wenige, nein, fast alle, die geschaffen sind!

Er antwortete mir und sprach: Höre mir zu, so will ich dich belehren und dich nochmals zurechtweisen. Eben deshalb hat der Höchste nicht einen Äon geschaffen, sondern zwei.

Nun hast du geklagt, der Gerechten seien nicht viele, sondern wenige; der Gottlosen aber seien viele. So höre dagegen: Nimm an, du besäßest ganz wenige kostbare Steine, würdest du sie dir mit Blei und Ton zusammenlegen? Des Bleis aber und Tones ist viel. Ich sprach: Herr, wie ginge das? Er sprach zu mir: Und weiter, frage auch die Erde, die kann dir's sagen; gib ihr gute Worte, sie wird es dir künden. Sprich zu ihr: Du bringst Gold und Silber und Erz hervor, aber auch Eisen, Blei und Ton; Silber aber gibt es mehr als Gold, Erz mehr als Silber, Eisen mehr als Erz, Blei mehr als Eisen, Ton mehr als Blei. So erwäge nun du selber, was kostbar und wertvoll sei: wovon es viel gibt, oder was selten vorkommt?

Ich sprach: Herr, mein Gebieter, das Häufige ist weniger wert, das Seltene ist kostbarer. Er antwortete mir und sprach: Nun schließe aber weiter aus deinen eigenen Gedanken: Wer das Seltene besitzt, hat größere Freude als der, der die Fülle hat. So wird es auch in dem Gericht sein, das ich verheißen: Ich will an den wenigen, die gerettet werden, meine Freude haben, sie sind es ja, die auch schon jetzt meinen Ruhm befestigen, durch die auch schon jetzt mein Name mit Preis genannt wird, und will keine Trauer hegen über die Menge derer, die verlorengehn, sie sind es ja, die auch schon jetzt dem Dampfe vergleichbar sind, dem Feuer ähnlich, wie Rauch geachtet: sie haben gebrannt, geglüht, sind erloschen!

Qual und Verantwortlichkeit der Vernunft

Ich antwortete und sprach: O Erde, was hast du gezeugt, wenn die Vernunft aus dem Staub entstanden ist, wie jede andere Kreatur! Besser wäre es gewesen, der Staub selber wäre niemals entstanden, daß die Vernunft nicht daraus gekommen wäre. Nun aber wächst die Vernunft mit uns auf, und dadurch leiden wir Pein, daß wir mit Bewußtsein ins Verderben gehen.

So traure der Menschen Geschlecht, die Tiere des Feldes mögen sich freuen! Mögen alle Weibgeborenen jammern, das Vieh aber und Wild soll frohlocken! Ihnen ergeht's ja viel besser als uns; denn sie haben kein Gericht zu erwarten, sie wissen nichts von einer Pein noch von einer Seligkeit, die ihnen nach dem Tode verheißen wäre. Wir aber, was nützt es uns, daß wir einst zur Seligkeit kommen könnten, aber in Wirklichkeit in Martern fallen? Denn alle, die geboren sind, sind von Gottlosigkeiten entstellt, voll von Sünden mit Schuld beladen. Und viel besser wäre es für uns, wenn wir nach dem Tode nicht ins Gericht müßten!

Er antwortete mir und sprach: Ehe der Höchste die Welt erschuf, Adam und alle seine Nachkommen, hat er vorher das Gericht und was zum Gerichte gehört bereitet. Nun aber lerne aus deinen eigenen Worten. Du sagtest ja: die Vernunft wachse mit euch auf. Eben deshalb verfallen, die auf Erden weilen, der Pein, weil sie trotz der Vernunft, die sie doch besaßen, gottlos gehandelt, weil sie die Gebote, die sie doch erhalten, nicht beobachtet und das Gesetz, das ihnen auch gegeben, trotzdem sie es empfangen, gebrochen haben.

Was werden sie beim Gericht zu sagen vermögen? Was werden sie am Jüngsten Tag erwidern können? Lange genug hat doch der Höchste Langmut gehabt mit den Bewohnern der Welt, freilich nicht um ihretwillen, sondern der Zeiten wegen, die er festgesetzt hatte!

Über die siebenfältige Pein und die siebenfältige Freude des Zwischenzustands

Ich antwortete und sprach: Wenn ich Gnade vor dir, Herr, gefunden, so zeige deinem Knecht auch dies: Ob wir nach unserem Tode, wenn wir unsere Seele zurückgeben müssen, einstweilen in Frieden bewahrt werden, bis jene Zeiten kommen, in denen du die Schöpfung erneuern wirst, oder ob wir sofort der Pein verfallen? Er antwortete mir und sprach: Ich will dir auch dies offenbaren. Du aber vermenge dich nicht selbst mit den Verächtern, noch rechne dich zu denen, die gepeinigt werden. Denn du hast einen Schatz guter Werke, der dir beim Höchsten aufbewahrt bleibt; der soll dir freilich erst am Jüngsten Tag offenbar werden. Über den Tod aber habe ich dir zu sagen: Wenn der entscheidende Spruch von dem Höchsten ergeht, daß der Mensch sterben soll, wo sich der Geist vom Körper trennt und zu dem zurückkehrt, der ihn gegeben hat, um zunächst vor der Herrlichkeit des Höchsten anzubeten: hat er nun zu den Verächtern gehört, die die Wege des Höchsten nicht bewahrt, die sein Gesetz verschmäht und die Gottesfürchtigen gehaßt, solche Seelen gehen nicht in die Ruhekammern ein, sondern müssen sogleich qualvoll umherschweifen, unter ständigem Seufzen und Trauern, in siebenfältiger Pein. Die erste Pein ist, daß sie des Höchsten Gesetz verachtet; die zweite, daß sie die wahre Buße zum Leben nicht mehr tun können; die dritte, daß sie den Lohn sehen, der denen aufbewahrt ist, die des Höchsten Zeugnissen geglaubt haben; die vierte, daß sie die Pein schauen, die ihnen selbst für die letzte Zeit bevorsteht; die fünfte, daß sie sehen, wie Engel die Wohnungen der anderen Seelen in tiefem Frieden bewachen; die sechste, daß sie sehen, daß sie schon jetzt in die Pein hinüber müssen; die siebente, schlimmer als alle genannten Martern, daß sie vor Scham vergehen, vor Angst sich verzehren und vor Furcht erschlaffen, daß sie die Herrlichkeit des Höchsten schauen müssen, vor dem sie im Leben gesündigt und von dem sie am Jüngsten Tage gerichtet werden sollen! Denen aber, die des Höchsten Wege bewahrt haben, gilt diese Ordnung, wenn sie sich trennen dürfen von diesem sterblichen Gefäß. Damals, als sie noch darinnen lebten, haben sie dem Höchsten unter Mühsalen gedient und haben stündlich Gefahren erduldet, um das Gesetz dessen, der es gegeben, vollkommen zu halten. Deshalb gilt ihnen diese Verheißung: Zuerst schauen sie mit lautem Frohlocken die Herrlichkeit dessen, der sie zu sich nimmt; dann gehen sie in die Ruhe ein zu siebenfacher Freude.

Die erste Freude ist, daß sie in schwerem Streite gekämpft haben, den ihnen anerschaffenen bösen Sinn zu besiegen, daß er sie nicht vom Leben zum Tode verführe; die zweite, daß sie die wirren Wege schauen, auf denen die Seelen der Gottlosen umherirren müssen, und die Strafe, die jener harrt.

Die dritte, daß sie das Zeugnis sehen, das ihr Schöpfer ihnen bezeugt hat, daß sie im Leben das Gesetz, das ihnen anvertraut war, gehütet haben; die vierte, daß sie die Ruhe kennen, die sie schon jetzt, in ihren Kammern versammelt, unter dem Schutze von Engeln in tiefem Frieden genießen dürfen, und die Herrlichkeit, die ihrer zuletzt noch wartet.

Die fünfte, daß sie frohlocken, jetzt der Vergänglichkeit entflohen zu sein und die Zukunft zu ererben; ferner, daß sie auf die Enge und die vielen Mühsale hinblicken, wovon sie erlöst sind, und auf die Weite, die sie ererben sollen in seliger Unsterblichkeit.

Die sechste, daß ihnen gezeigt wird, wie ihr Antlitz einst wie die Sonne leuchten soll und wie sie dem Sternenlichte gleichen sollen, von nun an wie diese nicht mehr vergänglich.

Die siebente Freude, höher als alle genannten, ist die, daß sie zuversichtlich frohlocken, sicher vertrauen und furchtlos sich freuen; denn sie eilen herzu, das Antlitz besser zu schauen, dem sie im Leben gedient und von dem sie Lob und Lohn empfangen sollen.

Das sind die Freuden der Seelen der Gerechten, die ihnen schon für jetzt verheißen sind; die Martern aber, von denen ich sprach, sind es, denen die Sünder schon jetzt verfallen. Ich antwortete und sprach: Es wird also den Seelen, nachdem sie sich von ihren Leibern getrennt haben, eine Frist verstattet, das zu schauen, was du mir geschildert hast? Er sprach zu mir: Sieben Tage haben sie Freiheit, um sich in diesen sieben Tagen das, wovon ich gesprochen, zu betrachten; danach werden sie in ihre Kammern versammelt.

Gibt es Fürbitte beim Jüngsten Gericht?

Ich antwortete und sprach: Wenn ich Gnade vor deinen Augen gefunden habe, so zeige mir, deinem Knechte, noch dies: Ob die Gerechten am Tage des Gerichts für die Gottlosen eintreten und den Höchsten für sie bitten dürfen: Väter für Söhne, Söhne für die Eltern, Brüder für Brüder, Verwandte für ihre Vettern, Freunde für ihre Genossen? Er antwortete mir und sprach: Weil du Gnade vor meinen Augen gefunden hast, so will ich dir auch dies zeigen. Der Tag der Entscheidung ist wie der Gerichtsbote und zeigt allen das Siegel der Wahrheit. Wie schon jetzt kein Vater den Sohn, kein Sohn den Vater, kein Herr den Knecht, kein Freund den Genossen senden kann, daß er für ihn krank sei, schlafe, esse oder sich heilen lasse, so wird auch dann keineswegs jemand für irgendwen bitten noch jemanden anklagen dürfen; dann trägt ein jeder ganz allein seine Ungerechtigkeit oder Gerechtigkeit.

Ich antwortete und sprach: Wie finden wir aber jetzt geschrieben, daß schon Abraham für die Leute von Sodom gebetet hat, Mose für unsere Väter, als sie in der Wüste sündigten, Josua nach ihm für Israel in den Tagen Achans, Samuel in den Tagen Sauls, David wegen der Plage, Salomo für die, die am Heiligtume beten, Elias für die, die den Regen empfingen, und für den Toten, daß er lebe, Hiskia für das Volk in den Tagen Sanheribs und viele andere für viele? Wenn also jetzt, da die Verderbnis gewachsen und der Ungerechtigkeit viel geworden ist, Gerechte für Sünder gebetet haben, warum kann das nicht auch dann geschehen?

Er antwortete mir und sprach: Die gegenwärtige Welt ist nicht das Ende, ihre Herrlichkeit bleibt nicht beständig; deshalb haben Starke und Schwache beten dürfen. Der Tag des Gerichts aber ist das Ende dieser Welt und der Anfang der kommenden ewigen Welt; darinnen ist die Verderbnis vorüber, die Zuchtlosigkeit ausgetrieben, der Unglaube vertilgt; die Gerechtigkeit aber erwachsen und die Wahrheit entsprossen. Dann also wird sich niemand dessen erbarmen dürfen, der im Gericht unterlegen ist, noch den stürzen können, der dann gesiegt hat.

Was nützt den Sündern die Verheißung?
Aber sie haben ihr Geschick verdient

Ich antwortete und sprach: Dies bleibt mein erstes und letztes Wort: Besser wäre es, die Erde hätte Adam nie hervorgebracht, oder sie hätte ihn wenigstens von der Sünde ferngehalten. Denn was hilft es uns allen, daß wir jetzt in Trübsal leben müssen und nach dem Tode noch auf Strafe zu warten haben? Ach Adam, was hast du getan! Als du sündigtest, kam dein Fall nicht nur auf dich, sondern auch auf uns, deine Nachkommen!

Denn was hilft es uns, daß uns die Ewigkeit versprochen ist, wenn wir Werke des Todes getan haben; daß uns eine unvergängliche Hoffnung verheißen ist, wenn wir so traurig der Eitelkeit verfallen sind; daß uns Stätten voll Genesung und Frieden bereitet sind, wenn wir im Elend dahingegangen sind; daß einst des Höchsten Herrlichkeit die beschirmen soll, die sich rein erhalten haben, wenn wir auf schändlichen Wegen gewandelt haben; daß das Paradies erscheinen soll, dessen Früchte ewig bleiben, die Sättigung und Heilung verleihen, wenn wir doch niemals hineinkommen, weil wir an scheußlichen Orten verweilt haben; daß das Antlitz der Reinen heller als Sonnenglanz erstrahlen wird, wenn unser eigenes Antlitz finsterer sein wird als die Nacht?

Denn ach, wir haben im Leben, da wir Sünde taten, der Leiden nicht gedacht, die uns nach dem Tode bevorstehen! Er antwortete und sprach: Das ist der Sinn des Kampfes, den jeder kämpfen muß, der auf Erden als Mensch geboren ist, daß er, wenn besiegt, zu leiden hat, wovon du gesprochen; siegt er aber, so empfängt er, was ich dir verkündet. Denn das ist der Weg, von dem schon Mose, als er noch lebte, zum Volke gesagt hat: Wähle dir das Leben, daß du Leben habest! Sie glaubten ihm aber nicht, noch den Propheten nach ihm, noch auch mir selber, der ich zu ihnen gesprochen. Deshalb wird keine Trauer sein über ihren Untergang, so wie Freude herrschen wird über das Heil der Gläubigen.

Wie verträgt sich die Verdammnis so vieler Menschen mit Gottes Erbarmen?

Ich antwortete und sprach: Herr, ich weiß doch, daß der Höchste gegenwärtig der Barmherzige heißt, weil er sich derer erbarmt, die noch nicht in die Welt gekommen sind; der Gütige, weil er gegen die, die nach seinem Gesetze wandeln, gütig ist; der Langmütige, weil er den Sündern als seinen Geschöpfen Langmut erweist; der Mildtätige, weil er lieber schenken als fordern will; der Gnadenreiche, weil er gegen Lebende, Vergangene und Zukünftige an Gnaden so reich ist; und wäre er es nicht, so käme die Welt samt ihren Bewohnern niemals zum Leben; der Freundliche, denn wenn er nicht freundlich verstattete, daß die Sünder ihrer Sünden los und ledig würden, so könnte nicht der zehntausendste Teil der Menschen zum Leben gelangen; und der Verzeihende, denn wenn er nicht den Geschöpfen seines Wortes verziehe und die Fülle ihrer Übertretungen tilgte, so würden vielleicht aus der unzählbaren Menge überbleiben nur ganz wenige!

Er antwortete mir und sprach: Diese Welt hat der Höchste um vieler willen geschaffen, aber die zukünftige nur für wenige. Ich will dir ein Gleichnis sagen, Esra. Wenn du die Erde fragst, so wird sie dir sagen, daß sie viel mehr Ton hervorbringt, woraus man Geschirr macht, aber ganz wenig Staub, woraus Gold wird. So ist auch diese Welt geordnet: Viele sind geschaffen, wenige aber sind gerettet!

Wie kann Gott sein so mühsam gebildetes Geschöpf dem Verderben preisgeben?

Ich antwortete und sprach: Meine Seele schlürfe Vernunft, mein Herz schlinge Verstand! Du bist ungefragt gekommen und mußt wider Willen scheiden, denn Freiheit ist dir nur gegeben eine kurze Lebenszeit.

Ach Herr, der über uns waltet, gestatte deinem Knechte, vor dir zu beten; gib Samen in unser Herz und unserer Vernunft Pflege, daß Frucht erwachse, damit zum Leben gelangen alle Sterblichen, die Menschenbild getragen. Denn du bist der einzige, und wir sind das einzige Gebilde, das Werk deiner Hände, wie du selbst gesagt hast. Jetzt gibst du ja unserem Leibe, den du im Mutterleibe bildest, das Leben und verleihst ihm seine Glieder: in Feuer und Wasser wird ein Geschöpf erhalten; neun Monate trägt dein Gebilde das Geschöpf, das du darinnen geschaffen hast. Das Verwahrende selbst aber und das Verwahrte, beide werden durch deine Verwahrung verwahrt. Und wenn die Mutter zurückgibt, was darinnen erschaffen ist, so hast du ihren eigenen Gliedern, das heißt den Brüsten, befohlen, Milch, das Erzeugnis der Brüste, darzubieten, damit dein Geschöpf gewisse Zeit lang genährt werde.

Dann hast du ihm Leitung gegeben in deiner Barmherzigkeit und Nahrung in deiner Gerechtigkeit; Unterricht durch dein Gesetz und Belehrung in deiner Weisheit. Du magst es töten, es ist ja dein Geschöpf, oder es am Leben erhalten, es ist ja dein Werk! Wenn du aber, was unter so vielen Mühen gebildet ist, durch deinen Befehl mit einem raschen Worte zunichte machst, wozu ist es dann überhaupt entstanden? Doch ich will zugeben: Was die Menschen alle betrifft, magst du es besser wissen; aber was angeht dein Volk, das mir leid tut, dein Erbe, um das ich klage, Israel, für das ich traure, den Samen Jakobs, um den ich sorge! Darum will ich anheben, vor dir für mich und sie zu beten; denn ich sehe uns alle, die wir auf Erden leben, tief in Sünden und habe jetzt von dem Ernste des kommenden Gerichts gehört. Deshalb höre meine Stimme, merke auf meine Worte und laß mich vor dir reden!

Das Gebet Esras um Erbarmen und die göttliche Antwort

Herr, der du im Himmel wohnst, dessen Augen hoch oben, dessen Gemach in den Lüften; dessen Thron unbeschreibbar, dessen Herrlichkeit unfaßbar, vor dem der Engel Heer mit Zittern steht, deren Chor sich wandelt in Sturm und Feuer; dessen Wort fest bleibt, dessen Befehle gütig, dessen Gebot gewaltig, dessen Geheiß gefürchtet, dessen Blick die Tiefen vertrocknet, dessen Dräuen die Berge zerschmilzt, dessen Wahrheit ewig bleibt, erhöre deines Knechtes Gebet, vernimm mit den Ohren das Flehen deines Gebildes und merke auf meine Worte! Denn solange ich lebe, muß ich reden, solang ich denken kann, erwidern.

Schau nicht auf deines Volkes Sünden, sondern auf die, die dir wahrhaft gedient; blicke nicht auf die Taten der Frevler, sondern auf die, die deine Bündnisse in Leiden bewahrt; gedenke nicht derer, die vor dir mit Trug gewandelt, sondern halt im Gedächtnis, die sich um deinen Dienst von Herzen gekümmert; richte die nicht zugrunde, die wie das Vieh dahingelebt, sondern nimm dich derer an, die dein Gesetz lauter gelehrt; zürne nicht denen, die schlimmer als Tiere erachtet sind, sondern beweise denen deine Liebe, die allezeit deiner Herrlichkeit vertraut.

Denn wir und unsere Väter haben in Werken des Todes dahingelebt, du aber bist gerade, weil wir Sünder sind, der Barmherzige genannt. Denn gerade weil wir nicht Werke der Gerechtigkeit haben, wirst du, wenn du einwilligst, uns zu begnadigen, der Gnädige heißen. Denn die Gerechten, denen viele Werke bei dir bewahrt sind, werden aus eigenen Werken den Lohn empfangen. Was ist aber der Mensch, daß du ihm zürnen solltest, was das sterbliche Geschlecht, daß du ihm so grollen könntest? Denn in Wahrheit niemand ist unter den Weibgeborenen, der nicht gesündigt, niemand der Lebenden, der nicht gefehlt. Denn dadurch wird deine Gerechtigkeit und Güte, Herr, offenbar, daß du dich derer erbarmst, die keinen Schatz von guten Werken haben. Er antwortete mir und sprach: Manches hast du richtig gesagt, und es soll geschehen, wie du gesprochen. Denn wirklich will ich mich nicht kümmern um das, was die Sünder sich bereitet haben, um Tod, Gericht und Verderben, sondern vielmehr will ich mich an dem erfreuen, was die Gerechten sich erworben, an Heimkehr, Erlösung und Lohnempfang. Also wie du gesprochen hast, so ist es.

Der Mensch gleicht dem Samen des Landmanns

Denn wie der Landmann vielen Samen auf die Erde sät und eine Menge Pflanzen pflanzt, aber nicht alles Gesäte zur Zeit bewahrt bleibt und nicht alles Gepflanzte Wurzel schlägt, so werden auch die, die in der Welt gesät sind, nicht alle bewahrt bleiben. Ich antwortete und sprach: Wenn ich Gnade vor dir gefunden, so laß mich reden! Der Same des Landmanns, wenn er deinen Regen nicht zur rechten Zeit bekommen hat und dann nicht aufgegangen ist oder wenn er durch zuviel Regen verdorben ist, geht freilich so zugrunde; aber das Menschenkind, das durch deine Hände gebildet, das dein Ebenbild genannt ist, weil es dir gleich geschaffen ist, um dessentwillen du alles geschaffen hast, das hast du dem Samen des Landmanns gleichgestellt?

Nein Herr, unser Gott, schone dein Volk, erbarme dich deines Erbes, du hast ja Mitleid mit deinem Geschöpf!

Achte auf deine Seligkeit, nicht auf die Sünder zu deiner Seite

Er antwortete und sprach: Heute den Heutigen, Einst den Einstigen! Denn viel fehlt dir, daß du meine Schöpfung mehr lieben könntest als ich!

Du aber hast dich oft den Sündern gleichgestellt; nimmermehr! Vielmehr wirst du auch darum vor dem Höchsten Ruhm empfangen, weil du dich, wie dir zukommt, erniedrigt und dich nicht zu den Gerechten gezählt hast; dann wirst du um so größere Ehre haben. Denn durch viele schlimme Demütigungen müssen in der letzten Zeit die Erdenbewohner gedemütigt werden, weil sie in schlimmem Übermute gewandelt sind.

Du aber denke lieber an dein eigenes Los und forsche nach der Herrlichkeit, die deine Brüder ererben sollen. Denn für euch ist das Paradies eröffnet, der Lebensbaum gepflanzt, der zukünftige Äon zugerüstet, die Seligkeit vorherbestimmt, die Stadt erbaut, die Heimat auserwählt, die guten Werke geschaffen, die Weisheit bereitet, der Keim vor euch versiegelt, die Krankheit vor euch getilgt, der Tod verborgen, der Hades entflohen, die Vergänglichkeit vergessen, die Schmerzen vorüber, aber des Lebens Schätze sind euch am Ende offenbar.

So forsche nicht weiter nach der großen Zahl derer, die ins Verderben gehen; denn sie haben aus eigenem freiem Entschluß den Höchsten verachtet, sein Gesetz verworfen, seine Wege verlassen, dazu seine Frommen zertreten, und haben in ihren Herzen gesprochen, es sei kein Gott; und alles dies, obwohl sie sehr wohl wußten, daß sie sterben müßten. Deshalb, wie euer die Verheißungen warten, so ihrer Durst und Pein, die ihnen bereitet sind. Denn nicht der Höchste hat gewollt, daß Menschen verlorengehen; vielmehr die Geschöpfe selber haben den Namen dessen, der sie doch geschaffen, verunehrt und Undankbarkeit bewiesen gegen den, der ihnen doch das Leben bereitet hat. Deshalb naht mein Gericht jetzt bald heran.

Dies habe ich nicht vielen kundgetan, sondern nur dir und wenigen dir Gleichen.

Die Endvollendung und ihre Zeichen

Ich antwortete und sprach: Du hast mir, Herr, eine Fülle von Zeichen bereits offenbart, die du in der letzten Zeit tun willst, hast mir aber nicht offenbart, zu welcher Zeit. Er antwortete mir und sprach: Das ermesse bei dir selber; und wenn du siehst, daß ein Teil der angekündigten Zeichen vorüber ist, dann wirst du erkennen, daß nun die Zeit gekommen ist, da der Höchste die Welt, die er geschaffen hat, heimsuchen will.

Wenn in der Welt erscheinen werden Empörung in den Ländern, Verwirrung in den Völkern, Anschläge unter den Nationen, Unruhen unter den Fürsten, Gärung unter den Herrschern, dann wirst du erkennen, daß dies die Dinge sind, über die der Höchste seit den Tagen geredet hat, die im Anfange zuvor gewesen sind. Denn wie alles, was in der Welt geschehen ist, einen verborgenen Anfang hat im Wort, aber ein offenkundiges Ende, so sind auch des Höchsten Zeiten: ihr Anfang in Wort und Vorzeichen, ihr Ende aber in Taten und Wundern. Alle aber, die dann gerettet sind, und die dann entrinnen konnten, um ihrer Werke willen oder des Glaubens wegen, den sie bewahrt haben, die sind es, die aus allen Gefahren, die ich dir verkündet, überbleiben: Die werden mein

Heil schauen in meinem Land und auf meinem Gebiet, das ich mir seit Ewigkeit her geheiligt. Dann lernen Ehrfurcht, die jetzt meine Wege mißachtet; dann weilen sie selber in den Martern, die sie verachtet und verspottet haben. Denn alle, die mich im Leben nicht erkannt, als sie noch Wohltaten von mir empfingen, die mein Gesetz verschmäht, als sie noch die Freiheit hatten, die die Tür der Buße, die ihnen damals noch offenstand, nicht bedacht, sondern verschmäht haben, die sollen nach dem Tode zur Erkenntnis kommen. Du also frage nicht weiter, wie die Gottlosen gemartert, sondern forsche darüber, wie die Gerechten erlöst werden sollen, wem der Äon gehöre, um wessentwillen er sei und zu welcher Zeit.

Nochmals das traurige, aber wohlverdiente Los der Sünder

Ich antwortete und sprach: Einst habe ich gesagt und sage jetzt und werde es immer wieder sagen: Mehr sind der Verlorenen als der Erlösten, wie die Flut mehr ist als ein Tropfen! Er antwortete mir und sprach: Wie der Boden, so die Saat, wie die Blumen, so die Farbe; wie die Arbeit, so das Werk; wie der Landmann, so die Ernte. Denn es gab eine Zeit im Äon – da bereitete ich dem gegenwärtigen Geschlecht, das damals noch nicht da war, die Welt zur Wohnung; und damals widersprach mir niemand, denn niemand war vorhanden. Nun aber sind sie, die ich gesetzt hatte in diese Welt, die ich bereitet hatte, an einen ewigen Tisch, auf eine geheimnisvolle Weide, nun sind diese in all' ihrem Tun entartet. Da schaute ich meine Welt an: siehe, sie war verderbt; und meine Erde: siehe, sie war in Gefahr der Anschläge derer wegen, die darein gekommen waren. Das sah ich und verschonte davon mit Müh' und Not und rettete eine Beere aus der ganzen Traube und einen Sproß aus dem großen Walde. So gehe nun dahin die Menge, die für nichts geboren ist; gerettet aber bleibe meine Beere, mein Sproß, die ich mit vieler Mühsal bereitet!

Schluß

Wenn du aber noch sieben Tage weiter wartest, faste aber an ihnen nicht, sondern geh auf ein Gefilde voller Kräuter, wo noch kein Haus erbaut ist, und genieße dort allein Pflanzen des Feldes; koste kein Fleisch, trinke keinen Wein, sondern iß allein Pflanzen und bete ohne Unterlaß zum Höchsten, so will ich zu dir kommen und mit dir reden.

Viertes Gesicht

Zions Trauer und Herrlichkeit

So ging ich, wie er mir befohlen hatte, auf das Gefilde Ardaf und setzte mich dorthin unter die Kräuter; von den Pflanzen des Feldes aß ich und wurde satt von dieser Nahrung. Als ich aber nach sieben Tagen einmal im Grase lag, ward mein Herz bewegt wie zuvor. Da tat sich mein Mund auf, und ich begann, vor dem Höchsten zu reden.

Wo bleibt Israels Herrlichkeit?

Ich sprach: Herr, du hast unter uns deine Offenbarung gestiftet, an unsere Väter in der Wüste, als sie aus Ägypten kamen und durch die ungangbare und unfruchtbare Wüste zogen; damals hast du gesprochen: Du Israel, höre auf mich; Same Jakobs, merkt auf meine Worte: Heute säe ich mein Gesetz in euer Herz, das wird in euch Frucht bringen, und ihr sollt dadurch ewige Herrlichkeit erwerben. So empfingen unsere Väter das Gesetz, aber sie bewahrten es nicht; die Satzungen, aber hielten sie nicht. So ging zwar des Gesetzes Frucht nicht verloren, gewiß, denn es stammt ja von dir; sie aber, die es empfangen, gingen verloren, weil sie nicht bewahrt hatten, was in sie gesät war.

Nun aber ist doch die Regel: Wenn die Erde Samen aufnimmt oder das Meer ein Schiff oder ein Gefäß Speise und Trank und dann das Gesäte oder Hineingelassene oder Hineingetane zugrunde geht, so bleibt doch auch dann die Stätte, dahinein es getan ist, erhalten. Bei uns aber ist es ganz anders geschehen: Wir, die das Gesetz empfangen, müssen wegen unserer Sünden verlorengehen samt unserem Herzen, in das es getan ist; das Gesetz aber geht nicht verloren, sondern bleibt in seiner Herrlichkeit.

Das Gesicht: Zions Klage

Als ich dies im Herzen sprach, schaute ich mit den Augen hinter mich und erblickte zur Rechten ein Weib, die klagte und jammerte mit lauter Stimme und war tief bekümmert. Ihre Kleider waren zerrissen, und Staub lag auf ihrem Haupt.

Da ließ ich die Gedanken fahren, denen ich bisher nachgehangen hatte, wandte mich nach ihr um und sprach zu ihr: Was weinst du? Warum bist du so tief betrübt? Sie sprach zu mir: Ach Herr, laß mich mein Leid beweinen und weiter klagen, denn ich bin in bitterer Not und tiefem Leid. Ich sprach zu ihr: Was ist dir geschehen? Sage es mir! Sie sprach zu mir: Deine Magd war unfruchtbar und hatte nicht geboren, obwohl sie dreißig Jahre verheiratet war.

In diesen dreißig Jahren habe ich stündlich und täglich zum Höchsten gebetet, bei Nacht und Tag. Endlich, nach dreißig Jahren, erhörte Gott deine Magd und sah meine Schmach an; er achtete auf meine Not und schenkte mir einen Sohn. Da freute ich mich sehr über ihn samt meinem Mann und allen Bürgern der Stadt, und wir gaben dem Allmächtigen die Ehre.

Dann zog ich ihn mit vieler Mühe auf. Als er nun herangewachsen, schickte ich mich an, ihm ein Weib zu nehmen, und richtete ihm die Hochzeit aus. Als aber mein Sohn die Kammer betrat, fiel er nieder und war tot.

Da stießen wir alle die Lichter um. Alle Nachbarn aber standen auf, mich zu trösten; ich aber sagte kein Wort bis zur zweiten Nacht. Als sie sich nun alle zur Ruhe begeben und abgelassen, mir zuzureden, im Glauben, ich sei beruhigt, da erhob ich mich bei Nacht, floh und kam, wie du siehst, auf dieses Feld. Und nun denke ich, nicht mehr in die Stadt zurückzukehren, sondern hierzubleiben und nicht zu essen noch zu trinken, sondern ohne Unterlaß zu klagen und zu fasten, bis ich sterbe.

Da ließ ich die Reden, die mich bisher beschäftigt hatten, antwortete ihr im Zorn und sprach: Du Törichte vor allen Weibern, siehst du nicht unsere Trauer und unser Unglück? Ist doch Zion, unser aller Mutter, selber in tiefer Trauer, in schwerem Leid, in bitterer Klage. Jetzt ist es wohl Zeit, zu klagen, wir sind ja alle im Elend, und betrübt zu sein, wir sind ja alle in Trübsal; du aber klagst allein um deinen Sohn! Frage aber die Erde, sie wird es dir sagen, daß sie es ist, die über so viele klagen müßte, die auf ihr entsprossen sind. Aus ihr haben wir alle den Anfang genommen, andere werden aus ihr kommen: Fast alle aber gehen ins Verderben; ihre Menge wird vernichtet. Wer sollte also mehr klagen: nicht sie, die solche Menge verloren hat, etwa du, die du nur um den einen Leid trägst?

Oder wirst du erwidern: Mein Jammer ist dem der Erde nicht gleich; ich habe meines Leibes Frucht verloren, die ich in Mühen gekreißt und mit Schmerzen geboren.

Der Erde aber ergeht es nur nach ihrer Natur: Die Menge, die auf ihr lebte, ist dahingegangen, wie sie gekommen ist. Aber ich entgegne dir: Wie du mit Schmerzen gekreißt hast, ebenso hat auch die Erde im Anfang ihrem Schöpfer ihre Frucht, den Menschen, hervorgebracht. So halte deinen Schmerz zurück und ertrage standhaft dein Unglück. Denn wenn du Gottes Beschlüssen recht gibst, wirst du deinen Sohn zur rechten Zeit wiederbekommen und Ehre haben unter den Weibern. Geh also in die Stadt zu deinem Manne zurück. Sie sprach zu mir: Das tue ich nicht; in die Stadt gehe ich nicht, sondern hier will ich sterben. Da fuhr ich noch mal fort, zu ihr zu reden, und sprach: Nein, Weib! Nein, Weib! So darfst du nicht tun; sondern laß dich willig bereden um Zions Unglück, laß dich trösten durch Jerusalems Schmerz.

Du siehst doch, wie unser Heiligtum verwüstet ist, unser Altar niedergerissen; unser Tempel zerstört, unser Gottesdienst aufgehoben, unsere Harfe in den Staub geworfen, unser Jubellied verstummt, unser Stolz gebeugt, unseres Leuchters Licht erloschen, unseres Bundes Lade geraubt, unsere Heiligtümer verunehrt, der Name, nach dem wir heißen, geschändet, unsere Edlen mit Schmach bedeckt, unsere Priester verbrannt, unsere Leviten gefangen, unsere Jungfrauen befleckt, unsere Weiber vergewaltigt, unsere Greise verunehrt, unsere Gerechten fortgeführt, unsere Kinder geraubt, unsere Jünglinge zu Sklaven geworden und unsere Helden schwach. Und schlimmer als alles dieses: Dem Siegel Zions ist jetzt seine Ehre versiegelt und ist unseren Hassern in die Hand gegeben. So schüttle deine tiefe Traurigkeit ab, laß die Fülle der Schmerzen fahren, daß der Allmächtige sich dir versöhne und der Höchste dir Ruhe schenke, Trost von deinem Gram!

Zions Herrlichkeit

Als ich noch so zu ihr sprach, siehe da erglänzte ihr Angesicht plötzlich, und ihr Aussehen ward wie Blitzes Schein, so daß ich vor großer Furcht nicht wagte, ihr nahe zu kommen, und sich mein Herz gewaltig entsetzte.

Während ich noch überlegte, was dies zu bedeuten habe, schrie sie plötzlich mit lauter, furchtbarer Stimme, daß die Erde vor diesem Schrei erbebte. Und als ich hinblickte, da war das Weib nicht mehr zu sehen, sondern eine erbaute Stadt, und ein Platz zeigte sich mir auf gewaltigen Fundamenten. Da erschrak ich und schrie mit lauter Stimme und sprach: Wo ist der Engel Uriel, der im Anfange zu mir gekommen war? Er selber hat mich ja in die Fülle dieser Schrecknisse gesandt; nun ist meine Absicht vereitelt, meine Bitte abgeschlagen!

Die Deutung

Als ich noch so sprach, siehe, da kam der Engel zu mir, der schon im Anfange zu mir gekommen war; und als er mich sah wie einen Toten daliegen mit entschwundenen Sinnen, da faßte er mich an der Rechten, stärkte mich und stellte mich auf die Füße. Und er sprach zu mir:

Was fehlt dir? Was entsetzt dich so? Warum ist dein Gemüt so bestürzt und deines Herzens Sinn?

Ich sprach: Weil du mich im Stiche gelassen! Ich habe nach deinen Worten gehandelt und bin aufs Feld gegangen, und ach, hier sah ich und sehe, was ich nicht erklären kann. Er sprach zu mir: Tritt hin wie ein Mann, so will ich dich belehren. Ich sprach: Rede, Herr; nur verlaß mich nicht, daß ich nicht schuldlos sterbe. Denn ich habe gesehen, was ich nicht verstand, und gehört, was ich nicht begreife. Oder täuschen sich meine Sinne? Und träumt meine Seele? Nun flehe ich dich an: Erkläre deinem Knechte dies Schrecknis! Er antwortete mir und sprach: Höre mir zu, so will ich dich belehren und dir kundtun, wovor du erschrickst; denn der Höchste hat dir große Geheimnisse offenbart. Denn er hat deinen treuen Sinn erkannt, wie du ohne Unterlaß um dein Volk getrauert und tiefes Leid um Zion getragen hast.

Dies ist der Sinn des Gesichts: Das Weib, das dir vor kurzem erschienen ist, das du trauern gesehen und zu trösten begonnen hast, das dir jetzt aber nicht mehr in Weibesgestalt erscheint, sondern als eine erbaute Stadt, und das dir vom Unfall ihres Sohnes erzählt hat, davon lautet die Deutung: Dies Weib, das du gesehen hast, ist Zion, das du jetzt als erbaute Stadt schaust.

Wenn sie dir gesagt, sie sei dreißig Jahre unfruchtbar gewesen: weil in der Welt drei Jahre vergangen sind, ehe Opfer darinnen geopfert worden sind; erst nach drei Jahren hat Salomo die Stadt gebaut und Opfer geopfert: Damals gebar die Unfruchtbare einen Sohn.

Wenn sie dir erzählt hat, sie habe ihn mit Mühe aufgezogen: das war die Zeit, da Jerusalem bewohnt war.

Und wenn sie dir erzählt hat, ihr Sohn sei, als er die Brautkammer betreten, gestorben: dieser Unfall, der sich ihr ereignet hat, ist die Zerstörung Jerusalems, die du erlebt hast.

Nun hast du sie im Bilde gesehen, wie sie um ihren Sohn trauert, und du selber hast schon begonnen, sie in ihrem Unglück zu trösten. Nun hat der Höchste gesehen, daß du im Innern betrübt bist und aus ganzem Herzen um sie trauerst; darum hat er dir ihren strahlenden Glanz gezeigt und ihre wundervolle Herrlichkeit. Eben deshalb hatte ich dir befohlen, auf dem Gefilde zu bleiben, wo noch kein Haus gebaut ist; denn ich wußte wohl, der Höchste werde dir dies alles offenbaren. Darum befahl ich dir, auf das Feld zu gehen, wo noch kein Grund zu einem Bau gelegt ist; denn es darf kein menschliches Bauwerk da bestehen, wo die Stadt des Höchsten sich offenbaren soll.

Du also fürchte dich nicht, dein Herz erschrecke nicht; sondern geh hinein und besieh dir die Pracht und Herrlichkeit des Baus, soviel nur deine Augen fassen und schauen können! Danach wirst du hören, soviel deine Ohren fassen und hören können.

Denn du bist selig vor vielen und hast vor dem Höchsten einen Namen wie wenige!

Bleibe aber noch morgen nacht hier; so wird dir der Höchste in Traumgesichten zeigen, was der Höchste in den letzten Tagen den Erdenbewohnern tun will.

Fünftes Gesicht

Der Adler aus dem Meere

So schlief ich jene Nacht und auch noch die folgende, so wie er mir geboten. In der zweiten Nacht sah ich einen Traum: Da stieg ein Adler aus dem Meer empor; der hatte zwölf befiederte Flügel und drei Häupter. Und ich schaute, wie er seine Flügel über die ganze Erde ausbreitet, und wie alle Winde des Himmels auf ihn einbliesen und die Wolken sich um ihn sammelten. Danach schaute ich, wie aus seinen Flügeln Gegenflügel entstanden, die wurden kleine und geringe Flüglein. Die Häupter aber schliefen; das mittlere Haupt war größer als die beiden anderen, aber schlief ebenso wie sie. Dann schaute ich, wie der Adler mit seinen Flügeln dahinflog, um über die Erde und ihre Bewohner die Herrschaft zu gewinnen. Und ich schaute, wie alles unter dem Himmel ihm unterworfen ward und niemand ihm widerstand, keines von allen Geschöpfen der Erde. Dann schaute ich, wie sich der Adler auf seinen Krallen aufrichtete und zu seinen Flügeln also sprach: Wachet ihr nicht alle mit einem Male, sondern schlafet jeder an seiner Stätte und wacht zu eurer Zeit; die Häupter aber sollen bis zuletzt warten. Und ich schaute, daß diese Stimme nicht aus seinen Häuptern, sondern mitten aus seinem Leibe hervorging. Ich zählte die Gegenflügel: Sieh, es waren ihrer acht.

Dann schaute ich, wie der erste Flügel auf der rechten Seite erwachte und über die ganze Erde regierte. Als er aber regiert hatte, ging es mit ihm zu Ende: Da war er verschwunden, so daß auch seine Stätte nicht zu sehen war.

Da erwachte der zweite und regierte, und dieser hielt lange Zeit inne. Als er regiert hatte, ging es mit ihm zu Ende, so daß er nicht mehr zu sehen war, wie der vorige. Und sieh, es erscholl eine Stimme, die zu ihm sprach: Höre du, der du diese ganze Zeit hindurch die Erde behauptet hast; dies verkünde ich dir, bevor du nicht mehr sein wirst: Nach dir wird niemand so lange herrschen wie du, ja nicht einmal halb so lange!

Dann richtete sich der dritte empor und führte das Regiment wie seine Vorgänger; dann verschwand auch er. Und so erging es auch den übrigen Flügeln allen, der Reihe nach das Regiment zu haben und dann zu verschwinden.

Dann schaute ich, sieh, da erhoben sich zu ihrer Zeit auch die folgenden Flügel auf der rechten Seite, um das Regiment zu führen; unter ihnen waren einige, die es führten, aber sofort wieder verschwanden. Andere aber von ihnen erhoben sich, aber behaupteten nicht das Regiment.

Danach schaute ich, da waren die zwölf Flügel verschwunden und zwei der Flüglein; und am ganzen Leibe des Adlers war nichts mehr übrig als nur noch die ruhenden Häupter und sechs Flüglein.

Dann schaute ich, wie sich von den sechs Flüglein zwei trennten und sich unter das rechte Haupt begaben; die übrigen vier beharrten an ihrem Ort. Dann schaute ich, wie diese vier Gegenflügel planten, sich aufzurichten und das Regiment zu führen. Ich schaute, siehe da, der erste von ihnen richtete sich auf, aber verschwand sofort wieder; so auch der zweite: Der verschwand noch rascher als der erste. Dann schaute ich, wie auch die beiden übrigen planten, zur Herrschaft zu kommen.

Während sie aber dies noch planten, da wachte das erste der ruhenden Häupter auf; es war das mittlere, das größer als die beiden anderen Häupter war. Dann schaute ich, wie es die beiden Häupter mit sich verband, und siehe da, das Haupt mit seinen Verbündeten wandte sich und fraß die beiden Gegenflügel, die geplant hatten zu herrschen. Dies Haupt hielt die ganze Erde im Zaum und drangsalierte ihre Bewohner mit großer Bedrängnis und führte die Herrschaft über den Erdkreis gewaltiger als alle Flügel vor ihm. Danach schaute ich, und siehe, das mittlere Haupt war plötzlich verschwunden, ebenso wie vorher die Flügel. So blieben nur noch die beiden Häupter übrig; die herrschten nun selber über die Erde und ihre Bewohner.

Danach schaute ich, und siehe, das rechte Haupt verschlang das linke. Da hörte ich eine Stimme, die zu mir sprach: Blicke geradeaus und betrachte genau, was du schaust. Da schaute ich, siehe da, es kam ein Löwe, der aus dem Walde mit Gebrüll hervorstürzt; ich hörte, wie er Menschenstimme gegen den Adler von sich ließ. Er sprach aber also: Höre, du Adler, so will ich zu dir reden. Der Höchste spricht zu dir: Du bist ja das letzte der vier Tiere, die ich bestimmt hatte, daß sie in meiner Welt herrschen sollten und daß durch sie das Ende meiner Zeiten kommen sollte. Du aber, das vierte, das gekommen ist, hast alle früheren Tiere überwunden, du hast die Welt mit großem Schrecken, du hast die ganze Erde mit schwerer Drangsal beherrscht; du hast den Erdkreis so lange Zeit mit Trug bewohnt und die Erde nicht mit Wahrheit gerichtet: Denn du hast die Sanftmütigen bedrückt und die Friedfertigen vergewaltigt; du hast die Wahrhaftigen gehaßt und die Lügner geliebt; du hast den Fruchtbringenden die Burgen zerstört und denen, die dir nichts Böses getan, die Mauern eingerissen.

Aber dein Frevel ist vor den Höchsten, deine Hoffart vor den Allmächtigen gekommen. Da sah der Höchste seine Zeiten an: Siehe, sie waren zu Ende, und seine Äonen: Sie waren voll. Darum wirst du, Adler, verschwinden samt deinen schrecklichen Flügeln, deinen bösartigen Flüglein, deinen ruchlosen Häuptern, deinen grausamen Klauen und deinem ganzen frevlerischen Leib!

So wird die ganze Welt, von deiner Gewalt befreit, erleichtert aufatmen, um dann des Gerichtes und der Gnade ihres Schöpfers zu harren.

Während der Löwe diese Worte zum Adler sprach, schaute ich, wie auch das letzte Haupt verschwand. Da richteten sich die beiden Flügel auf, die sich zu ihm begeben hatten, und erhoben sich, um zu herrschen; aber ihre Herrschaft war schwach und stürmisch. Dann schaute ich, wie auch diese verschwanden und der ganze Leib des Adlers in Flammen aufging: Da staunte die Erde gewaltig.

Die Deutung

Da erwachte ich vor mächtigem Schrecken und großer Furcht, und ich sprach zu meinem Geiste: Du hast mir dies eingebracht, weil du nach des Höchsten Wegen grübelst. Nun aber ist meine Seele matt und mein Geist ganz geschwächt, und keine Kraft ist mir geblieben wegen der großen Furcht, die diese Nacht über mich gekommen ist. Darum will ich jetzt zum Höchsten beten, daß er mich kräftige bis zum Ende. So sprach ich: Herr Gott, wenn ich Gnade vor deinen Augen gefunden habe, wenn ich bei dir vor vielen gerechtfertigt bin, wenn mein Gebet wirklich vor dein Angesicht gekommen ist, so kräftige mich und zeige deinem Knechte die Deutung und Erklärung dieses schrecklichen Gesichts und tröste meine Seele ganz! Du hast mich ja für würdig erachtet, mir das Ende der Zeiten und den Schluß der Stunden zu zeigen. Da sprach er zu mir: Dies ist die Deutung des Gesichts, das du gesehen hast. Der Adler, den du vom Meer hast aufsteigen sehen, das ist das vierte Weltreich, das deinem Bruder Daniel im Gesicht erschienen ist; ihm freilich ist es nicht so gedeutet, wie ich dir jetzt deuten will oder schon gedeutet habe.

Darin werden zwölf Könige herrschen, einer nach dem anderen; der zweite, der herrschen soll, der ist die längste Zeit unter den zwölfen gewesen. Das ist die Deutung der zwölf Flügel, die du gesehen hast.

Und wenn du die Stimme, die gesprochen hat, nicht aus seinen Häuptern, sondern mitten aus seinem Leibe hervorgehen hörtest, so ist dies die Deutung: Mitten während der Zeit dieses Reichs werden gewaltige Streitigkeiten entstehen, und es wird in Gefahr kommen zu fallen; aber zu jener Zeit wird es noch nicht fallen, sondern wieder zu seiner ursprünglichen Macht gelangen.

Und wenn du acht Gegenflügel gesehen hast, die neben den Hauptflügeln entstanden waren, so ist dies die Deutung: Es werden sich darin acht Könige erheben, deren Zeiten flüchtig, deren Jahre schnell vorübergehen; zwei davon gehen schon zugrunde, wann die Mitte des Reiches naht; vier werden für jene Zeit aufgespart, wann seine Stunde, da es endigt, herannaht, zwei aber werden fürs Ende selber aufgespart.

Wenn du drei Häupter hast ruhen sehen, so bedeutet das: Um sein Ende wird der Höchste drei Könige erwecken, die werden darinnen vieles erneuern und über die Erde und über ihre Bewohner zu großem Unheil herrschen, mehr als alle, die vor ihnen gewesen sind. Deshalb heißen sie Häupter des Adlers, weil sie es sein werden, die seine Frevel auf den Hauptpunkt bringen und sein Äußerstes vollführen. Wenn du das große Haupt hast verschwinden sehen: Der erste von ihnen wird auf seinem Bett sterben, aber doch unter Qualen. Die beiden übrigen aber wird das Schwert fressen. Denn des ersten Schwert wird den andern fressen; doch wird auch dieser in der letzten Zeit durchs Schwert fallen.

Wenn du zwei Gegenflügel zu dem rechten Haupt hast hinübergehen sehen, so bedeutet das: Das sind die, die der Höchste für sein Ende vorbehalten: Ihre Herrschaft wird schwach und stürmisch sein, wie du gesehen hast. Der Löwe aber, der vor deinen Augen mit Gebrüll aus dem Walde hervorgestürzt ist, der zum Adler gesprochen und ihm seine Sünden vorgehalten hat, mit allen den Worten, die du gehört hast: das ist der Christus, den der Höchste bewahrt für das Ende der Tage, der aus dem Samen Davids erstehen und auftreten wird, um zu ihnen zu reden; er wird ihnen die Gottlosigkeiten vorhalten, die Ungerechtigkeiten strafen, die Frevel vor Augen führen. Denn er wird sie zunächst lebendig vor Gericht stellen; dann aber, nachdem er sie überwiesen, wird er sie vernichten. Den Rest meines Volkes aber, die, die in meinem Lande übriggeblieben sind, wird er gnädig erlösen und ihnen Freude verleihen, bis das Ende, der Tag des Gerichtes, kommt, über den ich zu dir am Anfang gesprochen habe.

Dies ist der Traum, den du gesehen, und dies ist seine Deutung. Du allein bist würdig gewesen, dies Geheimnis des Höchsten zu erfahren. So schreibe dies alles, was du gesehen hast, in ein Buch und bewahre es an verborgenem Ort; und lehre es die Weisen deines Volkes, von denen du sicher bist, daß ihre Herzen diese Geheimnisse fassen und bewahren können. Du selber harre hier noch sieben Tage aus, daß du die Offenbarung empfangest, die der Höchste dir noch zu offenbaren geruhen mag. So ging er von mir.

Schluß

Als nun das Volk gehört hatte, daß die sieben Tage vorüber, aber ich noch immer nicht wieder in der Stadt sei, da kam alles Volk, klein und groß, zusammen und ging zu mir heraus; sie sprachen zu mir also: Was haben wir gegen dich begangen, was haben wir dir Übles getan, daß du uns so ganz verlassen und dich an diesem Orte niedergelassen hast! Du bist uns ja von allen Propheten allein übergeblieben wie eine Traube aus der ganzen Lese, wie eine Leuchte an dunklem Ort, wie ein Rettungshafen für das Schiff im Sturm. Oder ist der Leiden noch nicht genug, die uns betroffen haben? Willst du uns noch verlassen, so wäre uns viel besser, wir wären im Brande Zions mit verbrannt! Wir sind ja nicht besser als jene, die dabei umgekommen sind. Und sie weinten laut.

Da antwortete ich ihnen und sprach: Fasse Mut, Israel; sei nicht traurig, Jakobs Haus! Denn vor dem Höchsten wird euer gedacht, der Allmächtige hat euch nicht für immer vergessen. Ich aber habe euch nicht verlassen, noch will ich von euch scheiden, sondern ich bin hierhergegangen, um für Zions Verwüstung zu beten und um Erbarmen zu flehen für unseres Heiligtums Schmach. Nun aber geht alle in eure Häuser zurück, so will ich nach jenen Tagen zu euch kommen. Da ging das Volk in die Stadt, wie ich ihnen geboten hatte. Ich aber blieb sieben Tage lang im Gefilde, nach seinem Befehl. Ich aß aber ganz allein von den Kräutern des Feldes; meine Speise waren Pflanzen in jenen Tagen.

Sechstes Gesicht

Der Mensch, der Welterlöser

Nach den sieben Tagen geschah es, da träumte ich des Nachts einen Traum: Siehe, da stieg ein gewaltiger Sturm vom Meere auf und erregte alle seine Wogen. Ich schaute, siehe da führte jener Sturm aus dem Herzen des Meeres etwas wie einen Menschen hervor; ich schaute, siehe dieser Mensch flog mit den Wolken des Himmels. Und wohin er sein Antlitz wandte und hinblickte, da erbebte alles, was er anschaute; und wohin die Stimme seines Mundes erging, da zerschmolzen alle, die seine Stimme vernahmen, wie Wachs zerfließt, wenn es Feuer spürt.

Danach schaute ich, siehe, es kam von den vier Winden des Himmels her ein unzählbares Heer von Menschen zusammen, um den Menschen, der aus dem Meer emporgestiegen war, zu bekämpfen. Da schaute ich, wie er sich einen großen Berg losschlug und auf ihn flog. Ich aber bestrebte mich, Gegend oder Ort zu erkennen, woraus der Berg losgeschlagen war; aber ich vermochte es nicht. Danach schaute ich, siehe, alle, die sich gegen ihn zum Kriege versammelt hatten, gerieten in große Furcht, wagten aber doch den Kampf. Als er aber den Ansturm des Heeres, das auf ihn loskam, sah, da erhob er keine Hand, noch führte er ein Schwert oder eine andere Waffe, sondern ich sah nur, wie er von seinem Munde etwas wie einen feurigen Strom ausstieß, von seinen Lippen einen flammenden Hauch, und von seiner Zunge ließ er hervorgehen stürmende Funken: Alle diese aber vermischten sich ineinander: der feurige Strom, der flammende Hauch und der gewaltige Strom. Das fiel über das anstürmende Heer, das zum Kampfe bereit war, und entzündete sie alle, so daß im selben Augenblick von dem unzählbaren Heer nichts anderes zu sehen war außer dem Staube der Asche und dem Dunste des Rauchs. Als ich das sah, entsetzte ich mich.

Danach schaute ich, wie jener Mensch vom Berge herabstieg und ein anderes friedliches Heer zu sich rief. Da nahten sich ihm Gestalten von vielen Menschen, die einen frohlockend, die anderen traurig; einige waren in Banden, einige führten andere als Opfergaben mit sich.

Ist es besser, die Endzeit zu erleben oder nicht zu erleben?

Da erwachte ich vor gewaltigem Schrecken. Dann flehte ich zum Höchsten und sprach: Du hast von Anfang an deinem Knechte solche Wunder offenbart und mich würdig erachtet, mein Flehen anzunehmen. So offenbare mir nun noch die Deutung dieses Traums.

Denn wie ich denke in meinem Sinn: Wehe denen, die überbleiben in jener Zeit! Aber noch viel mehr: wehe denen, die nicht überbleiben! Denn die nicht überbleiben, müssen traurig sein; denn sie kennen zwar die Freuden, die für die letzte Zeit bereitstehen, werden aber selbst nicht dazu gelangen. Aber wehe auch denen, die überbleiben; deshalb, weil sie große Drangsale und viele Nöte schauen müssen, wie diese Träume zeigen.

Und doch ist es besser, dies, wenn auch durch Gefahren, zu erlangen, als wie eine Wolke aus der Welt zu schwinden und die Dinge der Endzeit nicht zu sehen. Er antwortete mir und sprach: Ich will dir die Deutung des Gesichtes zeigen und will dir auch über deine Erwägungen Aufschluß geben.

Wenn du über die Überbleibenden und Nichtüberbleibenden gesprochen, davon ist dies die Lösung: Derselbe, der in jener Zeit die Drangsal bringt, der wird auch die in Drangsal Gefallenen bewahren, wenn sie Werke haben und Glauben an den Allerhöchsten und Allmächtigen. So wisse also, daß die Überbleibenden bei weitem seliger sind als die Gestorbenen.

Die Deutung

Die Deutungen des Gesichtes sind diese: Wenn du einen Mann aus dem Herzen des Meeres hast emporsteigen sehen: das ist derjenige, den der Höchste lange Zeiten hindurch aufspart, durch den er die Schöpfung erlösen will; der wird selber unter den Übergebliebenen die neue Ordnung schaffen. Wenn du gesehen hast, wie aus seinem Munde Sturm und Feuer und Wetter hervorging, wie er kein Schwert noch eine Waffe führte und doch den Ansturm jenes Heers, das wider ihn zu Felde zog, vernichtete, das bedeutet: Siehe, Tage kommen, da der Höchste die Erdenbewohner erlösen wird. Da wird gewaltige Erregung über die Erdenbewohner fallen, daß sie Kriege widereinander planen, Stadt gegen Stadt, Ort gegen Ort, Volk gegen Volk, Reich gegen Reich.

Dann, wenn dies geschieht und wenn die Zeichen eintreffen, die ich dir vorausgesagt, dann wird mein Sohn erscheinen, den du als Mann, der emporsteigt, gesehen hast. Dann, wenn alle Völker seine Stimme vernehmen, werden sie alle ihre Länder und wechselseitigen Kriege lassen; so wird sich ein unzählbares Heer an einem Punkte sammeln, wie du gesehen hast, daß sie von sich aus herankamen und ihn angriffen. Er selbst aber wird auf den Gipfel des Zionberges treten; Zion aber wird erscheinen und allen offenbar werden, vollkommen erbaut, wie du gesehen hast, daß ein Berg ohne Menschenhände losgelöst ward. Er aber, mein Sohn, wird den Völkern, die wider ihn gezogen sind, ihre Sünden strafen, die sind dem Wetter gleich; er wird ihnen ihre bösen Anschläge und ihre künftigen Qualen vorhalten, die sind wie das Feuer, dann wird er sie mühelos vernichten durch sein Geheiß, das einer Flamme gleicht.

Wenn du ihn aber ein anderes, friedliches Heer zu sich hast rufen und sammeln sehen, das sind die zehn Stämme, die aus ihrem Lande fortgeführt sind in den Tagen König Josias, die Salmanassar, König der Assyrier, gefangengenommen hat; er brachte sie über den Fluß, so wurden sie in ein anderes Land verpflanzt. Da faßten sie selber den Plan, die Menge der Heiden zu verlassen und in ein Land noch weiter in der Ferne zu ziehen, wo noch nie das menschliche Geschlecht gewohnt hatte, damit sie dort wenigstens ihre Satzungen bewahrten, die sie im eigenen Lande nicht gehalten. So zogen sie durch schmale Furten des Euphratflusses ein. Denn der Höchste tat Wunder an ihnen und hielt die Quellen des Flusses an, bis sie hinüber waren.

Zu jenem Lande aber war der Weg anderthalb Jahre weit; das Land aber heißt Arzaret. Daselbst haben sie dann gewohnt bis in die letzte Zeit; jetzt aber, da sie abermals kommen sollen, wird der Höchste abermals die Quellen des Flusses anhalten, damit sie herüberkönnen. Deshalb hast du ein Heer, friedlich gesammelt, gesehen.

Zugleich aber sind es auch diejenigen, die übergeblieben sind aus deinem Volke, die sich auf meinem heiligen Gebiete finden. Dann also, wann er das Heer der versammelten Heiden vernichten wird, wird er das Volk (Israel), soviel davon übrig ist, beschirmen. Dann wird er ihnen noch viele große Wunder zeigen.

Da sprach ich: Herr Gott, zeige mir, weshalb ich den Mann aus dem Herzen des Meeres habe aufsteigen sehen. Er sprach zu mir: Wie niemand erforschen noch erfahren kann, was in des Meeres Tiefen ist, so kann niemand der Erdenbewohner meinen Sohn schauen noch seine Gefährten, es sei denn zur Stunde seines Tages. Dies ist die Deutung des Traums, den du gesehen hast. Deshalb aber ist dir, dir ganz allein, dies offenbart, weil du das Eigene verlassen, dich dem Meinigen gewidmet und nach meinem Gesetze geforscht hast; du verwandtest dein Leben auf Weisheit und nanntest Vernunft deine Mutter. Deshalb habe ich dir dies gezeigt, denn es gibt einen Lohn bei dem Höchsten.

Nach drei Tagen aber will ich weiter mit dir sprechen und dir schwierige und wunderbare Dinge erklären.

Schluß

So ging ich von dannen und wandelte durch die Felder, voll Lob und Preis gegen den Höchsten, auch um der Wunder willen, die er zu seiner Zeit wirkt: er regiert ja die Stunden und was in den Stunden geschieht. So blieb ich dort noch drei Tage.

Siebentes Gesicht

Die Wiederherstellung der heiligen Schriften

Am dritten Tage, als ich unter einer Eiche saß, siehe, da kam eine Stimme aus einem Dornbusch mir gegenüber hervor; die sprach: Esra, Esra! Ich sprach: Hier bin ich, Herr! Und ich erhob mich und trat auf meine Füße. Da sprach er zu mir: Ich habe mich schon einmal am Dornbusch offenbart und habe zu Moses geredet, als mein Volk in Ägypten dienstbar war. Damals habe ich ihn ausgesandt, habe mein Volk aus Ägypten geführt und es dann an den Berg Sinai gebracht. Daselbst behielt ich ihn viele Tage bei mir; ich teilte ihm viel Wunderbares mit, zeigte ihm die Geheimnisse der Zeiten und wies ihm das Ende der Stunden. Dann habe ich ihm also befohlen: Diese Worte sollst du veröffentlichen, jene geheimhalten. Nun aber sage ich dir: Die Zeichen, die ich dir offenbart, die Träume, die du gesehen, und die Deutungen, die du gehört, die bewahre in deinem Herzen!

Ankündigung der Entrückung

Du aber sollst aus den Menschen entrückt werden und wirst bei meinem Sohn und bei deinen Genossen verweilen, bis die Zeiten um sind. Denn die Welt hat ihre Jugend verloren, die Zeiten nähern sich dem Alter. Denn in zwölf Teile ist die Weltgeschichte geteilt; gekommen ist sie bereits zum zehnten, zur Hälfte des zehnten, überbleiben aber zwei nach der Hälfte des zehnten.

Nun also bestelle dein Haus, ermahne dein Volk; tröste seine Geringen, lehre seine Weisen. Du selber entsage dem vergänglichen Leben, laß fahren die sterblichen Sorgen; wirf ab die Bürde der Menschlichkeit, zieh aus die schwache Natur, laß die quälenden Fragen beiseite und eile, hinüberzuwandern aus dieser Zeitlichkeit! Denn viel schlimmere Leiden, als die du selber erlebt hast, sollen noch geschehen. Denn je schwächer die Welt vor Alter wird, um so mehr wird der Leiden, die über ihre Bewohner ergehen. Die Wahrheit muß sich noch mehr entfernen und die Lüge sich nähern. Denn schon eilt der Adler heran, den du im Gesichte gesehen hast.

Gebet um Wiederherstellung der heiligen Schriften

Ich antwortete und sprach: Laß mich, Herr, vor dir sprechen! Ich scheide jetzt, wie du mir befohlen, und will das Volk, das jetzt lebt, noch einmal unterweisen. Aber die später Geborenen, wer wird die lehren? Denn die Welt liegt in Finsternis, ihre Bewohner sind ohne Licht. Denn dein Gesetz ist verbrannt; so kennt niemand deine Taten, die du getan hast und die du noch tun willst.

Wenn ich also Gnade vor dir gefunden habe, so verleihe mir den heiligen Geist, daß ich alles, was seit Anfang in der Welt geschehen ist, niederschreibe, wie es in deinem Gesetz geschrieben stand, damit die Menschen deinen Pfad finden und damit, die das ewige Leben begehren, es gewinnen können. Er antwortete mir und sprach: Wohlan, so versammle das Volk und sage zu ihnen, sie sollten dich vierzig Tage lang nicht suchen. Du aber mache dir viele Schreibtafeln fertig; nimm zu dir Saraja, Dabria, Selemia, Ethan und Asiel, diese fünf Männer, denn sie verstehen, schnell zu schreiben, und dann komm hierher. So will ich in deinem Herzen die Leuchte der Weisheit entzünden, die nicht erlöschen wird, bis zu Ende ist, was du schreiben sollst. Wenn du aber damit fertig bist, so sollst du das eine veröffentlichen, das andere aber den Weisen im geheimen übergeben. Morgen um diese Zeit sollst du mit Schreiben beginnen.

Esras letzte Worte

So ging ich hin, wie er mir befohlen, versammelte alles Volk und sprach: Höre, Israel, diese Worte: Unsere Väter sind am Anfang Fremdlinge in Ägypten gewesen und von dort erlöst. Da empfingen sie das Gesetz des Lebens, aber hielten es nicht; und auch ihr nach ihnen habt es übertreten. Dann ward euch das Land zum Erbe gegeben im Gebiete von Zion; aber ihr und eure Väter tatet Sünde und bliebt nicht auf den Wegen, die euch der Höchste befohlen. Weil er aber ein gerechter Richter ist, nahm er euch zu seiner Zeit wieder, was er geschenkt.

Und nun seid ihr an diesem Ort, und eure Brüder sind noch tiefer im Lande drinnen. Wenn ihr also euren Trieben Befehl gebt und eure Herzen in Zucht nehmt, so werdet ihr zu Lebzeiten bewahrt bleiben und nach dem Tode Gnade erlangen. Denn es gibt ein Gericht nach dem Tode, wann wir zu neuem Leben gelangen; da wird der Name der Gerechten kund, der Frevler Taten werden offenbar.

Zu mir aber komme niemand; man soll mich vierzig Tage lang nicht suchen.

Die Wiederherstellung der heiligen Schriften

So nahm ich die fünf Männer mit mir, wie er mir befohlen; wir gingen aufs Feld und blieben daselbst. Am folgenden Tag aber, horch, da rief mir eine Stimme zu also: Esra, tu den Mund auf und trinke, womit ich dich tränke!

Da tat ich den Mund auf, und sieh, ein voller Kelch ward mir gereicht; der war gefüllt wie von Wasser, dessen Farbe aber dem Feuer gleich war. Den nahm ich und trank; und als ich getrunken, entströmte meinem Herzen Einsicht, meine Brust schwoll von Weisheit, meine Seele bewahrte die Erinnerung. Da tat sich mir der Mund auf und schloß sich nicht wieder zu. Der Höchste aber gab den fünf Männern Einsicht; so schrieben sie der Reihe nach das Diktierte in Zeichen auf, die sie nicht verstanden. So saßen sie vierzig Tage: Sie schrieben am Tage und aßen des Nachts ihr Brot; ich aber redete am Tage und verstummte nicht des Nachts.

So wurden in den vierzig Tagen niedergeschrieben vierundneunzig Bücher. Als aber die vierzig Tage voll waren, da sprach der Höchste zu mir also: Die vierundzwanzig Bücher, die du zuerst geschrieben, sollst du veröffentlichen, den Würdigen und Unwürdigen zum Lesen; die letzten siebzig aber sollst du zurückhalten und nur den Weisen deines Volkes übergeben. Denn in ihnen fließt der Born der Einsicht, der Quell der Weisheit, der Strom der Wissenschaft.

So tat ich, im siebenten Jahr der sechsten Woche, fünftausend Jahre drei Monate zwölf Tage nach der Schöpfung der Welt.

Schluß des Buches

Damals ist Esra entrückt und an die Stätte seiner Genossen aufgenommen worden, nachdem er dies alles geschrieben. Er heißt der Schreiber der Wissenschaft des Höchsten in Ewigkeit.

Das Buch Henoch

Einleitungsrede zum ganzen Buch

Bilderrede vom künftigen Weltgericht

Die Segensrede Henochs, mit der er die auserwählten Gerechten segnete, die am Tage der Trübsal vorhanden sein werden, wenn man alle gottlosen Sünder beseitigt. Da hob Henoch, ein gerechter Mann, seine Bilderrede an und sprach. Ein Gesicht war ihm von Gott enthüllt, und er schaute ein heiliges und himmlisches Gesicht, das mir die heiligen Engel zeigten. Von ihnen hörte und erfuhr ich alles, was ich sah. Nicht für das gegenwärtige Geschlecht dachte ich nach, sondern für das künftige.

Ich spreche nun über die Auserwählten und habe meine Bilderrede über sie angehoben: Der große Heilige wird von seinem Wohnort ausziehen, und der Gott der Welt wird von da auf den Berg Sinai treten, mit seinen Heerscharen sichtbar werden und in der Stärke seiner Macht vom Himmel der Himmel her erscheinen. Da werden alle Menschen sich fürchten, die Wächter werden erbeben, und große Furcht und Angst wird sie bis an die Enden der Erde erfassen. Die hohen Berge werden erschüttert werden, fallen und zergehen, die ragenden Hügel sich senken und in der Flamme wie Wachs vor dem Feuer schmelzen. Die Erde wird gänzlich zerschellen und alles auf ihr Befindliche umkommen, und ein Gericht wird über alle stattfinden.

Mit den Gerechten aber wird er Frieden schließen und die Auserwählten behüten. Gnade wird über ihnen walten, und sie werden alle Gott angehören.

Sie werden sein Wohlgefallen haben und gesegnet sein, und das Licht Gottes wird ihnen scheinen. Und siehe, er kommt mit Myriaden Heiliger, um über alle Gericht zu halten, und er wird alle Gottlosen vernichten und alles Fleisch zurechtweisen wegen all der heftigen Reden, die sie gesprochen, und wegen all dessen, was sie über ihn Übles geredet haben.

Beobachtet, wie alle Werke am Himmel ihre Bahnen nicht ändern und wie die Lichter am Himmel alle auf- und untergehen, ein jedes nach bestimmter Ordnung zu ihrer festgesetzten Zeit, und an ihren Festtagen erscheinen und ihre besondere Ordnung nicht übertreten! Betrachtet die Erde und beachtet die Werke, die von Anfang bis Ende auf ihr geschehen, wie sich keins von ihnen auf Erden verändert, sondern alle Werke Gottes zum Vorschein kommen. Betrachtet den Sommer und den Winter, wie im Winter die ganze Erde voll Wasser ist und Wolken, Tau und Regen sich über ihr lagern. Beobachtet und seht, wie im Winter alle Bäume aussehen, als ob sie verdorrt wären, und wie alle ihre Blätter abgefallen sind, außer bei vierzehn Bäumen, die ihr Laub nicht abwerfen, sondern das alte zwei bis drei Jahre lang behalten, bis das neue kommt. Beobachtet alsdann, wie in der Sommerszeit die Sonne über der Erde ihr gegenübersteht! Ihr sucht dann kühle Plätze und Schatten gegen die Sonnenhitze auf, und auch die Erde ist infolge der sengenden Glut brennend heiß, so daß ihr weder auf den Erdboden noch auf einen Stein wegen seiner Hitze treten könnt. Beobachtet, wie sich die Bäume mit Blättergrün bedecken und jede Frucht von ihnen zu Ehr und Ruhm Gottes dient. Achtet und merkt auf alle seine Werke, so werdet ihr erkennen, daß der lebendige Gott sie so gemacht hat und bis in alle Ewigkeit lebt. Alle seine Werke, die er gemacht hat, geschehen von Jahr zu Jahr immerdar so, und alle Werke, die ihm den Dienst verrichten, ändern sich auch nicht in ihrem Tun, sondern so, wie Gott befiehlt, geschieht alles. Seht, wie das Meer und die Flüsse in gleicher Weise den Dienst verrichten und ihr Tun seine Worte nicht ändert. Ihr aber habt nicht ausgeharrt und das Gesetz des Herrn nicht erfüllt, sondern ihr seid abgefallen und habt durch hochmütige und trotzige Worte aus eurem unreinen Mund seine Majestät geschmäht!

Weil ihr mit euren Lügenreden gelästert habt, so werdet ihr Hartherzigen keinen Frieden haben! Darum werdet ihr eure Tage verfluchen und eurer Lebensjahre verlustig gehen, und die Jahre eurer Verdammnis sollen durch einen ewigen Fluch vermehrt werden, und ihr werdet keine Gnade finden! In jenen Tagen werdet ihr euren Namen zur Nennung bei einem ewigen Fluch für alle Gerechten hergeben; sie, die Gerechten, werden bei euch, all ihr Verfluchten, fluchen und bei euch, all ihr Sünder und Gottlosen, schwören. Den Auserwählten aber wird Licht, Freude und Friede zuteil werden, und sie werden das Land erben! Euch aber, ihr Gottlosen, wird Fluch treffen. Danach wird den Auserwählten

Weisheit verliehen werden; alle diese werden leben und nicht mehr sündigen, weder aus Versehen noch aus Übermut, und in dem erleuchteten Menschen wird Licht und in dem verständigen Verstand sein. Sie werden sich nicht verschulden noch sich versündigen alle ihre Lebenstage und auch nicht durch die Zornglut Gottes sterben, sondern sie werden die Zahl ihrer Lebenstage vollenden. Ihr Leben wird in Frieden gedeihen, und die Jahre ihrer Wonne werden in ewigem Jubel und Frieden während all ihrer Lebenstage viele sein ...

Die Bilderreden

Das Gesicht, das schaute, das zweite Gesicht der Weisheit, das schaute Henoch, der Sohn Jareds, des Sohnes Mahalalels, des Sohnes Kainans, des Sohnes Enos, des Sohnes Seths, des Sohnes Adams. Dies aber ist der Anfang der Weisheitsreden, die ich, die Stimme erhebend, den Bewohnern des Festlandes mitteilen und erzählen will.

Hört, ihr Urväter, und vernehmt, ihr Nachkommen, die heiligen Reden, die ich vor dem Herrn der Geister vortragen werde. Es wäre besser, sie nur den Urvätern zu erzählen; aber auch den Nachkommen wollen wir die wahre Weisheit nicht vorenthalten. Bis jetzt ist niemals von dem Herrn der Geister solche Weisheit einem Menschen verliehen worden, wie ich sie nach meiner Einsicht und nach dem Wohlgefallen des Herrn der Geister empfangen habe, von dem mir das Los des ewigen Lebens beschieden worden ist. Drei Bilderreden wurden mir zuteil, und ich habe meine Stimme erhoben, sie den Bewohnern des Festlandes zu erzählen.

Die erste Bilderrede

Das zukünftige Gottesreich
Die Wohnstätten der seligen Gerechten
Tätigkeiten und Seligkeiten der Engelwelt

Wenn die Gemeinde der Gerechten sichtbar werden wird und die Sünder für ihre Sünden bestraft und von der Oberfläche des Festlandes vertrieben werden und wenn der Gerechte von den auserwählten Gerechten erscheinen wird, deren Werke von dem Herrn der Geister aufbewahrt sind, und das Licht den auf dem Festland wohnenden auserwählten Gerechten leuchten wird – wo wird dann die Wohnung der Sünder und wo die Ruhestätte derer sein, die den Herrn der Geister verleugnet haben? Es wäre ihnen besser, sie wären nie geboren worden! Wenn die Geheimnisse der Gerechten offenbar werden, dann werden die Sünder gestraft und die Bösen vor den auserwählten Gerechten hinweggetrieben werden. Von nun an werden die, welche die Erde besitzen, nicht mehr mächtig noch erhaben sein, und sie werden das Antlitz der Heiligen nicht anzuschauen vermögen, weil der Herr der Geister sein Licht auf das Angesicht der Heiligen und auserwählten Gerechten strahlen läßt.

Die Könige und Machthaber werden in jener Zeit vernichtet und in die Hand der Gerechten und Heiligen übergeben werden. Von da an wird keiner von den Bösen bei dem Herrn der Geister um Gnade bitten können, weil ihr Leben zu Ende ist. In diesen Tagen werden etliche von den auserwählten und heiligen Kindern der hohen Himmel herabsteigen, und ihr Same wird sich mit den Menschenkindern vereinigen. In jenen Tagen empfing Henoch Schriften des Eifers und Zorns und Schriften der Unruhe und Bestürzung. Barmherzigkeit wird ihnen nicht zuteil werden, sprach der Herr der Geister.

In jener Zeit rafften mich eine Wolke und ein Wirbelwind von der Erde hinweg und setzten mich an dem Ende der Himmel nieder. Hier schaute ich ein anderes Gesicht: die Wohnungen der Gerechten und die Lagerstätten der Heiligen. Hier schauten meine Augen ihre Wohnungen bei den Engeln und ihre Lagerstätten bei den Heiligen; sie baten, legten Fürsprache ein und beteten für die Menschenkinder. Gerechtigkeit floß wie Wasser vor ihnen und Barmherzigkeit wie Tau auf der Erde: Also ist es unter ihnen von Ewigkeit zu Ewigkeit.

An jenem Orte schauten meine Augen den Auserwählten der Gerechtigkeit und der Treue; Gerechtigkeit wird in seinen Tagen walten, und unzählige auserwählte Gerechte werden für immer vor ihm sein. Ich sah seine Wohnung unter den Fittichen des Herrn der Geister. Alle Gerechten und Auserwählten vor ihm glänzen wie Feuerschein; ihr Mund ist voll von Segensworten, ihre Lippen preisen den Namen des Herrn der Geister, und Gerechtigkeit hört nimmer vor ihm auf. Hier wünschte ich zu wohnen, und meine Seele hatte Verlangen nach jener Wohnung. Hier ist mein Erbteil schon früher gewesen, denn also ist es vor dem Herrn der Geister über mich beschlossen worden. In jenen Tagen lobte und erhob ich den Namen des Herrn der Geister mit Segensworten und Lobliedern, weil er das Segnen und Rühmen nach dem Wohlgefallen des Herrn der Geister für mich bestimmt hat.

Geraume Zeit betrachteten meine Augen jenen Ort, und ich segnete und erhob ihn, indem ich sagte: Gesegnet und gepriesen sei er von Anfang und bis in Ewigkeit! Vor ihm gibt es kein Aufhören. Er weiß, was die Welt ist, bevor sie geschaffen wurde, und was sein wird von Geschlecht zu Geschlecht. Dich preisen die nie Schlafenden; sie stehen vor deiner Herrlichkeit, preisen, rühmen und erheben dich, indem sie sprechen: Heilig, heilig, heilig ist der Herr der Geister; er erfüllt die Erde mit Geistern. Hier sahen meine Augen, wie alle die nie Schlafenden vor ihm stehen, preisen und sprechen: Gepriesen seist du, und gesegnet sei der Name des Herrn bis in alle Ewigkeit! Da verwandelte sich mein Angesicht, bis ich nicht mehr zu sehen vermochte.

Die vier Angesichtsengel

Danach sah ich tausendmal Tausende und zehntausendmal Zehntausende, eine unzählige und unberechenbare Menge, vor dem Herrn der Geister stehen. Ich sah und erblickte zu den vier Seiten des Herrn der Geister vier Gesichter, die von den nie Schlafenden verschieden sind. Ich erfuhr ihre Namen; denn der Engel, der mit mir ging, teilte mir ihre Namen mit und zeigte mir alle verborgenen Dinge. Ich hörte die Stimme jener vier Angesichtsengel, wie sie vor dem Herrn der Herrlichkeit lobsangen. Die erste Stimme preist den Herrn der Geister immerdar.

Die zweite Stimme hörte ich preisen den Auserwählten und die Auserwählten, die bei dem Herrn der Geister aufbewahrt sind. Die dritte Stimme hörte ich bitten und beten für die Bewohner des Festlandes und Fürbitte einlegen im Namen des Herrn der Geister. Die vierte Stimme hörte ich, wie sie die Satane abwehrte und ihnen nicht gestattete, vor den Herrn der Geister zu treten, um die Bewohner des Festlandes anzuklagen. Darauf fragte ich den Engel des Friedens, der mit mir ging und mir alles Verborgene zeigte, und ich sagte zu ihm: Wer sind diese vier Gesichter, die ich gesehen, deren Worte ich gehört und aufgeschrieben habe? Da sagte er zu mir: Der erste da ist der barmherzige und langmütige Michael; der zweite, der über alle Krankheiten und über alle Wunden der Menschenkinder gesetzt ist, ist Raphael; der dritte, der allen Kräften vorsteht, ist Gabriel; und der vierte, der über die Buße und die Hoffnung derer gesetzt ist, die das ewige Leben ererben, heißt Phanuel.

Dies sind die vier Engel des Herrn der Geister, und die vier Stimmen habe ich in jenen Tagen gehört. Danach sah ich alle Geheimnisse der Himmel, wie das zukünftige Reich verteilt wird und wie die Handlungen der Menschen auf der Waage gewogen werden. Dort sah ich die Wohnungen der zukünftigen Auserwählten und die Wohnungen der Heiligen. Dort schauten meine Augen, wie alle Sünder von dort vertrieben werden, die den Namen des Herrn verleugneten, und wie man sie wegschleppt. Sie können dort infolge der Strafe nicht bleiben, die von dem Herrn der Geister ausgeht ...

Die zweite Bilderrede

Das messianische Gericht und seine Folgen für Gerechte und Ungerechte
Der messianische Richter

Dies ist die zweite Bilderrede über die, welche den Namen der Wohnung der Heiligen und den Namen des Herrn der Geister leugnen. Sie werden in den Himmel nicht hinaufsteigen und auf die Erde nicht gelangen. So beschaffen wird das Schicksal der Sünder sein, die den Namen des Herrn der Geister leugnen, die darum für den Tag des Leidens und der Trübsal aufbewahrt werden. An jenem Tage wird mein Auserwählter auf dem Throne der Herrlichkeit sitzen und unter ihren, der Menschen, Taten eine Auslese treffen, und ihre Wohnungen werden zahllos sein. Ihr Geist wird in ihrem Inneren erstarken, wenn sie meinen Auserwählten und die sehen, die meinen herrlichen Namen angefleht haben.

An jenem Tage werde ich in ihrer Mitte meinen Auserwählten wohnen lassen, und ich werde den Himmel verwandeln und ihn zu einem ewigen Segen und Licht machen. Ich werde die Erde verwandeln, sie zu einem Segen machen und meine Auserwählten auf ihr wohnen lassen; aber die, welche Sünde und Missetat begehen, sollen sie nicht betreten. Denn ich habe meine Gerechten gesehen und sie mit Heil gesättigt und sie vor mich gestellt; aber für die Sünder steht bei mir das Gericht bevor, um sie von der Oberfläche der Erde zu vertilgen. Ich sah dort den, der ein betagtes Haupt hat, und sein Haupt war weiß wie Wolle; bei ihm war ein anderer, dessen Antlitz wie das Aussehen eines Menschen war, und sein Antlitz war voll Anmut gleichwie eines von den heiligen Engeln. Ich fragte den Engel, der mit mir ging und mir alle Geheimnisse zeigte, über jenen Menschensohn, wer er sei, woher er stamme und weshalb er mit dem betagten Haupte gehe. Er antwortete mir und sagte zu mir: Dies ist der Menschensohn, der die Gerechtigkeit hat, bei dem die Gerechtigkeit wohnt und der alle Schätze dessen, was verborgen ist, offenbart; denn der Herr der Geister hat ihn auserwählt, und sein Los hat vor dem Herrn der Geister alles durch Rechtschaffenheit in Ewigkeit übertroffen.

Dieser Menschensohn, den du gesehen hast, wird die Könige und die Mächtigen von ihren Lagern und die Starken von ihren Thronen sich erheben machen; er wird die Zügel der Starken lösen und die Zähne der Sünder zermalmen. Er wird die Könige von ihren Thronen und aus ihren Königreichen verstoßen, weil sie ihn nicht erheben noch preisen oder dankbar anerkennen, woher ihnen das Königtum verliehen worden ist.

Er wird das Angesicht der Starken verstoßen, und Schamröte wird sie erfüllen. Finsternis wird ihre Wohnung und Gewürm ihre Lagerstätte sein; sie dürfen nicht hoffen, daß sie sich von ihren Lagerstätten erheben werden, weil sie den Namen des Herrn der Geister nicht erheben. Dies sind jene, die die Sterne des Himmels richten und ihre Hände gegen den Höchsten erheben, die Erde niedertreten und auf ihr wohnen, alle, deren Taten Ungerechtigkeit offenbaren, und alle, deren Taten Ungerechtigkeit ist, deren Macht sich auf ihren Reichtum stützt und deren Glaube sich Göttern zuwendet, die sie mit ihren Händen verfertigt haben, während sie den Namen des Herrn der Geister verleugnet haben. Sie werden aus den Häusern seiner Versammlungen und der Gläubigen vertrieben werden, die da aufbewahrt sind bei dem Namen des Herrn der Geister. In jenen Tagen wird das Gebet der Gerechten und das Blut des Gerechten vor den Herrn der Geister aufsteigen. In diesen Tagen werden die Heiligen, die oben in den Himmeln wohnen, einstimmig fürbitten, beten, loben, danken und preisen den

Namen des Herrn der Geister wegen des Bluts der Gerechten und wegen des Gebets der Gerechten, daß es vor dem Herrn der Geister nicht vergeblich sein möge, daß das Gericht für sie vollzogen und der Verzug desselben für sie nicht ewig dauere.

In jenen Tagen sah ich, wie sich der Betagte auf den Thron seiner Herrlichkeit setzte und die Bücher der Lebendigen vor ihm aufgeschlagen wurden und sein ganzes Heer, das oben in den Himmeln und um ihn herum ist, vor ihm stand. Die Herzen der Heiligen waren von Freude erfüllt, weil die Zahl der Gerechtigkeit nahe, das Gebet der Gerechten erhört und das Blut des Gerechten vor dem Herrn der Geister gerächt war. An jenem Orte sah ich einen Brunnen der Gerechtigkeit, der unerschöpflich war. Rings umgaben ihn viele Brunnen der Weisheit; alle Durstigen tranken daraus und wurden voll von Weisheit, und sie hatten ihre Wohnungen bei den Gerechten, Heiligen und Auserwählten. Zu jener Stunde wurde jener Menschensohn bei dem Herrn der Geister und sein Name vor dem Betagten genannt.

Bevor die Sonne und die Tierkreiszeichen geschaffen und bevor die Sterne des Himmels gemacht wurden, wurde sein Name vor dem Herrn der Geister genannt. Er wird ein Stab für die Gerechten und Heiligen sein, damit sie sich auf ihn stützen und nicht fallen; er wird das Licht der Völker und die Hoffnung derer sein, die in ihrem Herzen betrübt sind. Alle, die auf dem Festlande wohnen, werden vor ihm niederfallen und anbeten und preisen, loben und lobsingen dem Namen des Herrn der Geister. Zu diesem Zwecke war er auserwählt und verborgen vor ihm Gott, bevor die Welt geschaffen wurde, und er wird bis in Ewigkeit vor ihm sein.

Die Weisheit des Herrn der Geister hat ihn den Heiligen und Gerechten geoffenbart; denn er bewahrt das Los der Gerechten, weil sie diese Welt der Ungerechtigkeit gehaßt und verachtet und alle ihre Taten und Wege im Namen des Herrn der Geister gehaßt haben; denn in seinem Namen werden sie gerettet, und er ist der Rächer ihres Lebens.

In jenen Tagen werden die Könige der Erde und die Starken, die das Festland besitzen, wegen der Taten ihrer Hände niedergeschlagenen Antlitzes sein; denn am Tage ihrer Angst und Not werden sie ihre Seele nicht retten. Ich werde sie in die Hände meiner Auserwählten übergeben; wie Stroh im Feuer und wie Blei im Wasser, so werden sie vor dem Angesichte der Gerechten brennen und vor dem Angesichte der Heiligen untersinken, so daß keine Spur von ihnen gefunden werden wird. Am Tage ihrer Not wird Ruhe auf Erden werden; sie werden vor ihm niederfallen und nicht mehr aufstehen. Niemand wird dasein, der sie in seine Hände nähme und aufrichtete, weil sie den Herrn der Geister und seinen Gesalbten verleugnet haben. Der Name des Herrn der Geister sei gepriesen! Denn Weisheit ist wie Wasser ausgegossen, und Herrlichkeit hört nimmer vor ihm auf von Ewigkeit zu Ewigkeit. Denn er ist mächtig über alle Geheimnisse der Gerechtigkeit, und Ungerechtigkeit wird wie ein Schatten vergehen und keine Dauer haben. Denn der Auserwählte steht vor dem Herrn der Geister, und seine Herrlichkeit ist von Ewigkeit zu Ewigkeit und seine Macht von Geschlecht zu Geschlecht.

In ihm wohnt der Geist der Weisheit und der Geist dessen, der Einsicht gibt, und der Geist der Lehre und Kraft und der Geist derer, die in Gerechtigkeit entschlafen sind. Er wird die verborgenen Dinge richten, und niemand wird eine nichtige Rede vor ihm führen können; denn auserwählt ist er vor dem Herrn der Geister nach seinem Wohlgefallen. In jenen Tagen wird eine Umwandlung für die Heiligen und Auserwählten stattfinden; das Tageslicht wird über ihnen wohnen, und Herrlichkeit und Ehre werden sich den Heiligen zukehren. Am Tage der Not wird sich das Unheil über den Sündern versammeln, und die Gerechten werden siegreich sein im Namen des Herrn der Geister, und er wird es die anderen sehen lassen, damit sie Buße tun und von dem Tun ihrer Hände ablassen.

Sie werden keine Ehre vor dem Herrn der Geister erlangen, jedoch durch seinen Namen gerettet werden. Und der Herr der Geister wird sich ihrer erbarmen, denn seine Barmherzigkeit ist groß. Er ist gerecht in seinem Gericht, und vor seiner Herrlichkeit und in seinem Gerichte wird keine Ungerechtigkeit Bestand haben: Wer aber keine Buße vor ihm tut, der wird untergehen. Von nun an aber will ich mich ihrer nicht mehr erbarmen, spricht der Herr der Geister.

Die Totenauferstehung

In jenen Tagen wird die Erde die, welche in ihr angesammelt sind, zurückgeben, und auch die Scheol wird wiedergeben, was sie empfangen hat, und die Hölle wird, was sie schuldet, herausgeben. Er wird die Gerechten und Heiligen unter ihnen auswählen, denn der

Tag ihrer Erlösung ist nahe. Der Auserwählte wird in jenen Tagen auf meinem Throne sitzen, und alle Geheimnisse der Weisheit werden aus den Gedanken seines Mundes hervorkommen, denn der Herr der Geister hat es ihm verliehen und hat ihn verherrlicht.

In jenen Tagen werden die Berge wie Widder springen und die Hügel wie Lämmer hüpfen, die mit Milch gesättigt sind. Alle werden Engel im Himmel werden. Ihr Antlitz wird vor Freude leuchten, weil in jenen Tagen der Auserwählte sich erhoben hat, die Erde wird sich freuen, die Gerechten werden auf ihr wohnen, und die Auserwählten werden auf ihr gehen und wandeln.

Nach jenen Tagen, an jenem Orte, wo ich alle Gesichte über das Verborgene gesehen hatte – ich war nämlich durch einen Wirbelwind entrückt und nach Westen geführt worden –, dort sahen meine Augen alle die verborgenen Dinge des Himmels, die da geschehen sollen auf der Erde; einen eisernen Berg, einen von Kupfer, einen von Silber, einen von Gold, einen von weichem Metall und einen von Blei. Da fragte ich den Engel, der mit mir ging, indem ich sagte: Was sind das für Dinge, die ich im Verborgenen gesehen habe? Er sprach zu mir: Alles dies, was du gesehen hast, dient dem Erweis der Herrschaft seines Gesalbten, damit er mächtig und stark auf Erden sei. Jener Engel des Friedens antwortete mir, indem er sprach: Warte ein wenig, und alles Verborgene, was der Herr der Geister gepflanzt hat, wird dir geoffenbart werden. Jene Berge, die deine Augen gesehen haben: der Berg von Eisen, der von Kupfer, der von Silber, der von Gold, der von weichem Metall und der von Blei, sie alle werden vor dem Auserwählten wie Wachs vor dem Feuer sein und wie Wasser, das von oben her über jene Berge herabfließt; sie werden schwach vor seinen Füßen sein.

In jenen Tagen wird keiner sich retten, weder mit Gold noch mit Silber, noch wird einer entfliehen können. Es wird kein Eisen für den Krieg geben noch einen Kleiderstoff zur Anfertigung für einen Brustpanzer. Erz wird nichts nütze sein, noch Zinn etwas frommen oder geschätzt sein, und Blei wird nicht begehrt werden. Alle diese Dinge werden vernichtet und von der Oberfläche der Erde vertilgt werden, wenn der Auserwählte vor dem Angesichte des Herrn der Geister erscheint.

Dort schauten meine Augen ein tiefes Tal mit offenem Schlund, und alle, welche auf dem Festlande, dem Meer und den Inseln wohnen, werden ihm Gaben, Geschenke und Huldigungszeichen herbeibringen, aber jenes Tal wird davon nicht voll werden. Sie begehen Verbrechen mit ihren Händen, und allen Erwerb der Gerechten verschlingen die Sünder verbrecherischerweise, und so werden die Sünder vor dem Angesichte des Herrn der Geister umkommen und von der Oberfläche seiner Erde beständig in alle Ewigkeit fortgejagt werden. Denn ich habe gesehen, wie die Plagengel sich dort aufhielten und allerlei Marterwerkzeuge dem Satan zurechtmachten.

Da fragte ich den Engel des Friedens, der mit mir ging: Für wen bereiten sie jene Marterwerkzeuge? Er sagte zu mir: Jene sind für die Könige und die Mächtigen der Erde, daß sie damit vernichtet werden. Danach wird der Gerechte und Auserwählte das Haus seiner Versammlung erscheinen lassen; von nun an wird sie nicht mehr gehindert werden im Namen des Herrn der Geister. Diese Berge aber werden nicht so fest stehen wie die Erde vor seiner Gerechtigkeit, und die Hügel werden eine Wasserquelle sein, und die Gerechten werden vor der Bedrückung der Sünder Ruhe haben.

Ich blickte auf und wandte mich einem anderen Teil der Erde zu; dort sah ich ein tiefes Tal mit loderndem Feuer. Sie brachten die Könige und Mächtigen und warfen sie in dieses tiefe Tal. Dort sahen meine Augen, wie sie als Marterwerkzeuge für sie eiserne Ketten von unermeßlichem Gewichte machten. Ich fragte den Engel des Friedens, der mit mir ging, indem ich sagte: Für wen werden diese Marterwerkzeuge bereitet? Er sagte zu mir: Diese werden für die Scharen des Asasel zubereitet, um sie zu ergreifen und in den Abgrund der vollkommenen Verdammnis zu werfen; mit rauhen Steinen werden sie ihre Kinnbacken bedecken, so wie der Herr der Geister befohlen hat. Michael, Gabriel, Raphael und Phanuel werden sie an jenem großen Tage packen und an jenem Tag in den brennenden Feuerofen werfen, damit der Herr der Geister Rache nehme für ihre Ungerechtigkeit, dafür, daß sie dem Satan untertan wurden und die Erdenbewohner verführten.

Die Sintflut

In jenen Tagen wird das Strafgericht des Herrn der Geister anheben, und alle Behälter der Wasser, welche oberhalb des Himmels sind, außerdem die Brunnen, die sich unterhalb der Himmel und unterhalb der Erde befinden, werden geöffnet werden. Alle Wasser werden sich mit den Wassern oberhalb der Himmel mischen; das Wasser oberhalb der Himmel aber ist das männliche, und das unterirdische Wasser ist das weibliche. Alle Bewohner des Festlandes und unter den Enden des Himmels werden vernichtet werden. Dadurch werden sie ihr Unrecht erkennen, das sie auf Erden verübt haben, und durch dasselbe zugrunde gehen. Danach empfand der Betagte Reue und sagte: Vergeblich habe ich alle Bewohner des Festlandes verdorben. Da schwor er bei seinem großen Namen: Von nun an will ich nicht mehr also allen Bewohnern des Festlandes tun, und ich will ein Zeichen an die Himmel setzen; es soll zwischen mir und ihnen ein Unterpfand der Treue bis in Ewigkeit sein, so lange als der Himmel über der Erde ruht. Dann geschieht es auf meinen Befehl, wenn ich wünsche, daß sie durch die Hand der Engel gepackt werden am Tage der Trübsal und des Leidens, infolge dieses meines Zorns und Strafgerichts, so wird mein Zorn und Strafgericht über ihnen bleiben, spricht Gott, der Herr der Geister. Ihr Könige und Mächtigen, die ihr auf dem Festlande wohnen werdet, ihr sollt meinen Auserwählten sehen, wenn er auf dem Throne meiner Herrlichkeit sitzen und den Asasel, seine ganze Genossenschaft und alle seine Scharen im Namen des Herrn der Geister richten wird.

Der letzte Ansturm der Heiden gegen Jerusalem

Ich sah dort Scharen von Strafengeln einhergehen und Peitschen und Ketten von Eisen und Erz halten. Ich fragte den Engel des Friedens, der mit mir ging, indem ich sagte: Zu wem gehen diese, die da Peitschen tragen? Er sagte zu mir: Ein jeder geht zu seinen Auserwählten und Geliebten, damit sie in den tiefsten Abgrund des Tals geworfen werden. Dann wird sich jenes Tal von ihren Auserwählten und Geliebten füllen; der Tag ihres Lebens wird vollendet sein, und der Tag ihrer Verführung von nun an nicht mehr gezählt werden. In jenen Tagen werden die Engel sich versammeln und sich nach Osten hin zu den Parthern und Medern wenden, um ihre Könige anzureizen, daß ein Geist der Unruhe über sie kommt, und sie von ihren Thronen aufjagen, daß sie wie Löwen von ihren Lagern und wie hungrige Wölfe unter ihre Herde hervorbrechen.

Sie werden heraufziehen und das Land seiner Auserwählten betreten, und das Land seiner Auserwählten wird vor ihnen wie eine Dreschtenne und ein festgetretener Pfad sein. Aber die Stadt meiner Gerechten wird ein Hindernis für ihre Rosse sein; sie werden untereinander das Morden beginnen, und ihre Rechte wird gegen sie selbst erstarken. Ein Mann wird nicht seinen Bruder noch der Sohn seinen Vater oder seine Mutter kennen, bis ihre Leichen durch ihr Morden unzählbar geworden sind, und ihr Strafgericht wird nicht vergeblich sein.

In jenen Tagen wird die Scheol ihren Rachen aufsperren; die Scheol wird die Sünder vor dem Angesichte der Auserwählten verschlingen.

Die Heimkehr der jüdischen Diaspora

Danach sah ich wiederum eine Schar von Wagen, in denen Menschen fuhren, und sie kamen auf Windesflügeln von Osten und Westen zum Süden. Man hörte den Lärm ihrer Wagen, und als dieses Getümmel entstand, da bemerkten es die Heiligen vom Himmel her, und die Grundpfeiler der Erde wurden von ihrem Platze bewegt, und man hörte das Gelärm von einem Ende des Himmels zu dem anderen einen ganzen Tag hindurch. Sie werden alle niederfallen und den Herrn der Geister anbeten. Dies ist das Ende der zweiten Bilderrede.

Die dritte Bilderrede

Das Endgericht des Menschensohns

Da fing ich an, die dritte Bilderrede über die auserwählten Gerechten zu reden. Selig seid ihr Gerechten und Auserwählten, denn herrlich wird euer Los sein! Die Gerechten werden im Lichte der Sonne und die Auserwählten im Lichte des ewigen Lebens sein; ihre Lebenstage haben kein Ende, und die Tage der Heiligen sind unzählig. Sie werden das Licht suchen und Gerechtigkeit bei dem Herrn der Geister finden; die Gerechten werden im Namen des Herrn der Welt Frieden haben. Danach wird zu den Heiligen gesagt werden, daß sie im Himmel die Geheimnisse der Gerechtigkeit, das Los des Glaubens, suchen sollen; denn es ist wie Sonnenschein auf dem Festlande hell geworden, und die Finsternis ist gewichen. Unaufhörlich wird das Licht sein, und unzählbar werden die Tage sein, in die sie kommen, denn die frühere Finsternis wird vernichtet, und das Licht wird vor dem Herrn der Geister kräftig sein, und das Licht der Rechtschaffenheit wird für immer vor dem Herrn der Geister kräftig leuchten ...

Das Sintflutgericht

Im Jahre 500, im siebten Monat, im vierzehnten des Monats im Leben Noahs. In jener Bilderrede sah ich, wie der Himmel der Himmel gewaltig erbebte und das Heer des Höchsten, die Engel, tausendmal Tausende und zehntausendmal Zehntausende in große Aufregung kamen. Der Betagte saß auf dem Throne seiner Herrlichkeit, während die Engel und Gerechten um ihn herumstanden. Da erfaßte mich ein gewaltiges Zittern. Furcht ergriff mich; meine Hüfte krümmte und löste sich, mein ganzes Ich schmolz dahin, und ich fiel auf mein Angesicht.

Da sandte Michael einen anderen Engel von den Heiligen, und er richtete mich auf. Als er mich aufgerichtet hatte, kehrte mein Geist zurück; denn ich war nicht imstande gewesen, den Anblick jenes Engelheeres, die Erschütterung und das Erbeben des Himmels auszuhalten. Da sagte Michael zu mir: Was für ein Anblick hat dich so verwirrt? Bis heute dauerte der Tag seiner Barmherzigkeit und war er barmherzig und langmütig gegen die Bewohner des Festlandes. Aber wenn der Tag der Gewalt, der Strafe und des Gerichts kommt, den der Herr der Geister denen bereitet hat, die das Gesetz der Gerechtigkeit beugen, das gerechte Gericht leugnen und seinen Namen mißbrauchen, so ist jener Tag zubereitet für die Auserwählten ..., aber für die Sünder als ein Tag der Heimsuchung.

An jenem Tage werden zwei Ungeheuer verteilt werden: ein weibliches namens Leviathan, um in der Tiefe des Meeres über den Quellen der Wasser zu wohnen; das männliche aber heißt Behemoth, das mit seiner Brust eine unübersehbare Wüste namens Dendain einnimmt, im Osten des Gartens, wo die Auserwählten und Gerechten wohnen, wohin mein Großvater aufgenommen wurde, der siebente von Adam her, dem ersten Menschen, den der Herr der Geister geschaffen hatte. Ich bat jenen anderen Engel, mir die Macht jener Ungeheuer zu zeigen, wie sie an einem Tage geschieden, das eine in die Tiefe des Meeres und das andere auf das öde Festland versetzt wurden.

Er sprach zu mir: Du Menschensohn willst hier wissen, was verborgen ist. Da sprach zu mir der andere Engel, der mit mir ging und mir zeigte, was verborgen ist, das Erste und das Letzte, im Himmel, in der Höhe, unter der Erde, in der Tiefe, an den Enden des Himmels, auf dem Grunde des Himmels und in den Behältern der Winde; und wie Geister verteilt sind, wie man wägt und berechnet die Quellen und die Winde, ein jedes nach der Kraft des Geistes, die Kraft des Mondlichts, und wie es eine Kraft der Gerechtigkeit ist, und die Abteilungen der Sterne nach ihren Namen und alle Abteilungen, die gemacht werden, und die Donnerschläge nach ihren Orten, wohin sie fallen, und alle Abteilungen, die unter den Blitzen gemacht werden, damit es blitze, und ihre Scharen, damit sie sogleich gehorchen.

Denn der Donner hat feste Regeln für die Dauer des Schalls, die ihm bestimmt ist. Donner und Blitz sind niemals getrennt; durch den Geist getrieben fahren beide hin und trennen sich nicht. Denn wenn der Blitz blitzt, läßt der Donner seine Stimme erschallen; während des Schlags macht der Geist seine Anordnungen und teilt die Zeit in gleiche Teile unter ihnen. Denn der Vorrat ihrer Schläge ist so zahlreich wie der Sand, und ein jeder von ihnen wird bei seinem Schlage mit einem Zügel gehalten, und sie werden durch die Kraft des Geistes umgewendet und ebenso fortgestoßen, je nach der Menge der Erdgebiete.

Der Geist des Meeres ist männlich und stark; gemäß der Macht seiner Stärke zieht er es mit einem Zaum zurück, und ebenso wird es fortgestoßen und unter alle Berge der Erde zerstreut. Der Geist des Reifs ist ein besonderer Engel, und der Geist des Hagels ist ein guter Engel. Den Geist des Schnees hat er wegen seiner Stärke entlassen, und der Schnee besitzt einen besonderen Geist; was daraus hervorgeht, ist wie Rauch und heißt Frost. Der Geist des Nebels ist nicht mit ihnen, Schnee, Reif und Frost, in ihren Behältern vereint, sondern hat einen besonderen Behälter. Denn er tritt auf am frühen Morgen, bei Licht und Finsternis, im Winter und Sommer; sein Behälter ist das Licht, und der Geist ist sein Engel.

Der Geist des Taus hat an den Enden des Himmels seine Wohnung, die mit den Behältern des Regens zusammenhängt. Er tritt im Winter und Sommer auf, und seine Wolken und die des Nebels stehen im Zusammenhang; einer gibt dem anderen Kraft. Wenn sich der Geist des Regens aus seinem Behälter herausbewegt, kommen die Engel und öffnen den Behälter und lassen ihn heraus, ebenso wenn er über das Festland hin zerstreut wird und sooft er sich mit dem Wasser auf der Erde verbindet. Denn die Wasser sind für die Erdenbewohner da; denn der Höchste, der im Himmel ist, hat sie zur Ernährung für das Festland bestimmt. Deshalb ist für den Regen ein Maß vorhanden, und die Engel nehmen es in Empfang.

Alle diese Dinge sah ich bis zu dem Garten der Gerechten. Da sprach der Engel des Friedens, der bei mir war, zu mir: Diese zwei Ungeheuer sind gemäß der Größe Gottes dazu da, verspeist zu werden ... damit das Strafgericht Gottes nicht umsonst sei, und Söhne werden mit ihren Müttern und Kinder mit ihren Vätern getötet werden. Wenn das Strafgericht des Herrn der Geister über ihnen ruhen wird, wird es ruhen, damit das Strafgericht des Herrn der Geister nicht vergeblich über jene komme.

Danach wird das Gericht nach seiner Barmherzigkeit und Geduld stattfinden. Ich sah, wie in jenen Tagen jenen Engeln lange Schnüre gegeben wurden, und sie nahmen sich Flügel, flogen und wandten sich nach Norden zu. Ich fragte den Engel, indem ich sagte: Warum haben jene lange Schnüre genommen und sind weggegangen? Er sprach zu mir: Sie sind weggegangen, um zu messen.

Der Engel, der mit mir ging, sagte zu mir: Diese bringen für die Gerechten die Maße der Gerechten und die Schnüre der Gerechten, damit sie sich für immer und ewig auf den Namen des Herrn der Geister stützen. Die Auserwählten werden anfangen, bei den Auserwählten zu wohnen, und dies sind die Maße, die dem Glauben gegeben werden und das Wort der Gerechtigkeit festigen. Diese Maße werden alle Geheimnisse in der Tiefe der Erde offenbaren und die, welche in der Wüste umgekommen sind, oder von den Fischen des Meeres und von den Tieren verschlungen wurden, damit sie wiederkehren und sich auf den Tag des Auserwählten stützen; denn keiner wird vor dem Herrn der Geister umkommen und keiner wird umkommen können.

Alle oben im Himmel befindlichen Kräfte erhielten einen Befehl und eine Stimme und ein Licht, dem Feuer gleich. Sie priesen jenen den Messias einstimmig, erhoben und lobten ihn mit Weisheit und zeigten sich selbst weise in der Rede und im Geiste des Lebens. Der Herr der Geister setzte den Auserwählten auf den Thron seiner Herrlichkeit, und er wird alle Werke der Heiligen oben in den Himmeln richten und mit der Waage ihre Taten wägen. Wenn er sein Angesicht erheben wird, um ihre verborgenen Wege nach dem Worte des Namens des Herrn der Geister und ihren Pfad nach dem Wege des gerechten Gerichts des Herrn der

Geister zu richten, dann werden alle mit einer Stimme reden, preisen, erheben und loben den Namen des Herrn der Geister. Er wird rufen das ganze Heer der Himmel, alle Heiligen in der Höhe, das Heer Gottes, die Cherubim, Seraphim und Ophanim, alle Engel der Gewalt, alle Engel der Herrschaften, die Auserwählten und die anderen Mächte, die auf dem Festlande und über dem Wasser sind.

Und sie werden an jenem Tage mit einer Stimme anheben, preisen, rühmen, loben und erheben im Geiste des Glaubens, der Weisheit, der Geduld, der Barmherzigkeit, des Rechts, des Friedens und der Güte, und alle werden mit einer Stimme sprechen: Preis ihm, und der Name des Herrn der Geister werde bis in alle Ewigkeit gepriesen! Alle, die oben im Himmel nicht schlafen, werden ihn preisen, alle Heiligen, die im Himmel sind, werden ihn preisen, ebenso alle Auserwählten, die in dem Garten des Lebens wohnen, jeder Geist des Lichts, der imstande ist, zu preisen, zu rühmen, zu erheben und zu heiligen deinen gepriesenen Namen, und alles Fleisch, das über die Maßen deinen Namen preisen und rühmen wird in Ewigkeit. Denn groß ist die Barmherzigkeit des Herrn der Geister, und er ist langmütig; alle seine Werke und allen Umfang seiner Werke hat er den Gerechten und Auserwählten geoffenbart im Namen des Herrn der Geister.

Also befahl der Herr den Königen, den Mächtigen, den Hohen und denen, die die Erde bewohnen, und sprach: Öffnet eure Augen und erhebt eure Hörner, wenn ihr imstande seid, den Auserwählten zu erkennen. Der Herr der Geister setzte ihn auf den Thron seiner Herrlichkeit. Der Geist der Gerechtigkeit war über ihn ausgegossen; die Rede seines Mundes tötete alle Sünder, und alle Ungerechten wurden vor seinem Angesichte vernichtet. Alle Könige, Mächtigen, Hohen und die, welche das Festland besitzen, werden sich an jenem Tage erheben, ihn sehen und erkennen, wie er auf dem Throne seiner Herrlichkeit sitzt, und gerecht wird vor ihm gerichtet und kein Lügenwort vor ihm gesprochen. Auch da wird Schmerz über sie kommen, wie über ein Weib, das in Wehen ist und dem das Gebären schwer wird, wenn sein Sohn in den Muttermund tritt, und das Schmerzen beim Gebären hat.

Ein Teil von ihnen wird den anderen anflehen; sie werden erschrecken, ihren Blick senken, und Schmerz wird sie ergreifen, wenn sie jenen Mannessohn auf dem Throne seiner Herrlichkeit sitzen sehen werden. Die Könige und die Mächtigen und alle, die

die Erde besitzen, werden rühmen, preisen und erheben den, der über alles herrscht, der verborgen war. Denn der Menschensohn war vorher verborgen, und der Höchste hat ihn vor seiner Macht aufbewahrt und ihn den Auserwählten geoffenbart.

Die Gemeinde der Heiligen und Auserwählten wird gesät werden, und alle Auserwählten werden an jenem Tage vor ihm stehen. Alle Könige und Mächtigen, Hohen und die, welche das Festland beherrschen, werden vor ihm auf ihr Angesicht fallen und anbeten, ihre Hoffnung auf jenen Menschensohn setzen, ihn anflehen und Barmherzigkeit von ihm erbitten.

Jener Herr der Geister wird sie nun drängen, daß sie sich schleunigst aus seinem Angesicht entfernen; ihre Angesichter werden von Scham erfüllt werden, und Finsternis wird man auf ihr Angesicht häufen. Die Strafengel werden sie in Empfang nehmen, um an ihnen Rache dafür zu nehmen, daß sie seine Kinder und Auserwählten mißhandelt haben.

Sie werden für die Gerechten und seine Auserwählten ein Schauspiel abgeben; sie werden sich über sie freuen, weil der Zorn des Herrn der Geister auf ihnen ruht und sein Schwert sich an ihrem Blute berauscht hat. Die Gerechten und Auserwählten werden an jenem Tage gerettet werden und von nun an das Angesicht der Sünder und Ungerechten nicht mehr sehen.

Der Herr der Geister wird über ihnen wohnen, und sie werden mit jenem Menschensohn essen, sich niederlegen und erheben bis in alle Ewigkeit. Die Gerechten und Auserwählten werden sich von der Erde erheben und aufhören, ihren Blick zu senken, und werden mit dem Kleide der Herrlichkeit angetan sein. Und dies soll euer Kleid sein, ein Kleid des Lebens bei dem Herrn der Geister: Eure Kleider werden nicht veralten, und eure Herrlichkeit wird nicht vergehen vor dem Herrn der Geister. In jenen Tagen werden die Mächtigen und die Könige, die das Festland besitzen, seine Strafengel, denen sie überliefert sind, anflehen, daß man ihnen ein wenig Ruhe gewähre, damit sie niederfallen und anbeten vor dem Herrn der Geister und ihre Sünden vor ihm bekennen. Sie werden preisen und loben den Herrn der Geister und sprechen: Gepriesen sei er, der Herr der Geister, der Herr der Könige, der Herr der Mächtigen, der Herr der Herrscher, der Herr der Herrlichkeit und der Herr der Weisheit, vor dem jedes Geheimnis offenbar ist. Deine Macht ist von Geschlecht zu Geschlecht und deine Herrlichkeit von Ewigkeit zu Ewigkeit; tief und unzählig sind alle deine Geheimnisse, und deine Gerechtigkeit ist unberechenbar. Nun haben wir eingesehen, daß wir den Herrn der Könige und den Herrscher über alle Könige rühmen und preisen sollen. Auch werden sie sagen: Wer gönnt uns Ruhe, daß wir rühmen, danken und preisen und unseren Glauben vor seiner Herrlichkeit bekennen? Jetzt wünschen wir uns ein wenig Ruhe, aber erlangen sie nicht; wir werden vertrieben und erreichen sie nicht; das Licht ist vor uns verschwunden und Finsternis unsere Wohnstätte immerdar. Denn wir haben unseren Glauben vor ihm nicht bekannt, den Namen des Herrn der Geister nicht gerühmt und den Herrn wegen all seines Tuns nicht gepriesen.

Unser Vertrauen ruhte auf dem Zepter unseres Reichs und auf unserem Ruhm. Am Tage unserer Not und Trübsal rettet er uns nicht, und wir finden keinen Aufschub, daß wir unseren Glauben bekennen, daß unser Herz in allem seinem Tun, Richten und Rechten wahrhaftig ist und seine Gerichte die Person nicht ansehen. Wir werden um unserer Werke willen vor seinem Angesichte vergehen, und alle unsere Sünden sind genau gezählt. Jetzt werden sie zu ihnen sagen: Unsere Seele ist von ungerechtem Mammon gesättigt, aber das hindert nicht, daß wir hinabfahren in die Flamme der höllischen Pein.

Danach wird sich ihr Angesicht mit Finsternis und Scham vor jenem Menschensohn erfüllen; sie werden aus seinem Angesichte hinweggetrieben werden, und das Schwert wird unter ihnen vor seinem Angesichte hausen. Also sprach der Herr der Geister: Dies ist das von dem Herrn der Geister festgesetzte Gericht über die Mächtigen, die Könige, die Hohen und die, welche das Festland besitzen. Auch sah ich noch andere Gestalten an jenem Platz, im Verborgenen. Ich hörte die Stimme des Engels, indem er sprach: Das sind die Engel, die vom Himmel auf die Erde herabgestiegen sind, das Verborgene den Menschenkindern offenbart und sie verführt haben, Sünde zu begehen.

Das Flutgericht und die Errettung Noahs

In jenen Tagen sah Noah, wie sich die Erde senkte und ihr Verderben nahe war. Da hob er seine Füße auf von dort, wanderte bis zu den Enden der Erde und schrie zu seinem Großvater Henoch. Dreimal sprach Noah mit trauriger Stimme: Höre mich, höre mich, höre mich! Er sagte zu ihm: Sage mir, was ist denn auf der

Erde los, daß sie so müde und erschüttert ist? Daß ich nur nicht selbst mit ihr untergehe! Allsogleich fand ein großes Erdbeben statt; eine Stimme ließ sich vom Himmel her hören, und ich fiel auf mein Angesicht.

Da kam mein Großvater Henoch, trat neben mich und sagte zu mir: Warum hast du so traurig und mit weinender Stimme zu mir geschrien? Ein Befehl ist von dem Angesichte des Herrn über die ausgegangen, die das Festland bewohnen, daß dies ihr Ende sein soll, weil sie alle Geheimnisse der Engel und jede Gewalttat der Satane kennen sowie alle verborgenen Kräfte und alle Kräfte derer, die für die ganze Erde Gußbilder gießen; endlich auch, wie das Silber aus dem Erdstaube gewonnen wird und wie das weiche Metall auf der Erde entsteht. Denn Blei und Zinn wird nicht aus der Erde gewonnen wie das erste; eine Quelle ist es, die sie erzeugt, und ein Engel steht in ihr, und jener Engel ist vorzüglich. Darauf faßte mich mein Großvater Henoch mit seiner Hand, richtete mich auf und sagte zu mir: Geh, denn ich habe den Herrn der Geister wegen dieses Erdbebens befragt. Er sagte zu mir: Wegen ihrer Ungerechtigkeit ist das Gericht über sie, die Sünder, endgültig beschlossen, und ich zähle nicht mehr die Monate, die sie erforscht und wodurch sie erfahren haben, daß die Erde mit ihren Bewohnern untergehen werde. Für diese ist keine Umkehr in Ewigkeit möglich, weil sie, die Engel, ihnen das Verborgene offenbarten, sondern sie werden gerichtet.

Aber was dich anbetrifft, mein Sohn, so weiß der Herr der Geister, daß du rein und erhaben über diesen Vorwurf in bezug auf die verratenen Geheimnisse bist. Er hat deinen Namen unter den Heiligen ewige Dauer verliehen; er wird dich unter den Bewohnern des Festlandes bewahren; er hat deine Nachkommen in Gerechtigkeit zu Herrschern und zu großen Herrlichkeiten bestimmt, und aus deinem Samen wird eine Quelle von zahllosen Gerechten und Heiligen immerdar hervorbrechen. Danach zeigte er, Henoch, mir die Strafengel, die bereit sind, zu kommen und alle Kräfte des unterirdischen Wassers loszulassen, um Gericht und Verderben über alle zu bringen, die auf dem Festlande weilen und wohnen. Der Herr der Geister gab den Engeln, die nun ausgingen, Befehl, ihre Hände nicht zu erheben, sondern abzuwarten: denn jene Engel waren über die Kräfte der Wasser gesetzt. Da ging ich weg aus dem Angesicht Henochs.

In jenen Tagen erging das Wort Gottes an mich, und er sprach zu mir: Noah, siehe dein Verhalten ist vor mich gekommen, ein tadelloses Verhalten, ein Verhalten der Liebe und Rechtschaffenheit. Und nun werden die Engel ein hölzernes Gebäude zurechtmachen, und wenn sie mit der Arbeit fertig sind, werde ich meine Hand darauflegen und es bewahren. Ein Same des Lebens wird daraus hervorgehen; die Erde wird sich verwandeln, damit sie nicht menschenleer bleibe. Ich werde deinen Nachkommen von mir ewige Dauer geben, und ich habe nicht im Sinn, die bei dir Wohnenden über die Oberfläche der Erde zu zerstreuen; sondern deine Nachkommenschaft wird gesegnet sein und sich mehren über die Erde hin im Namen des Herrn ...

Das Geschichtsbuch

Die Entwicklung der Weltgeschichte
Das kommende Sintflutgericht

Und nun, mein Sohn Methusalah, will ich dir all meine Gesichte zeigen, die ich geschaut habe, indem ich sie vor dir erzähle. Zwei Gesichte schaute ich, bevor ich ein Weib nahm. Das eine davon war dem anderen unähnlich. Zum ersten Male, als ich die Schrift lernte, und zum anderen Male, bevor ich deine Mutter nahm, sah ich ein schreckliches Gesicht, und um ihretwillen flehte ich zum Herrn. Als ich mich im Hause meines Großvaters Mahalalel niedergelegt hatte, schaute ich im Gesichte, wie der Himmel zusammenbrach, schwand und zur Erde niederfiel. Als er aber zur Erde niederstürzte, sah ich, wie die Erde in einem großen Abgrunde verschlungen wurde, Berge auf Berge niederragten, Hügel auf Hügel sich niedersenkten, hohe Bäume von ihren Stammwurzeln sich losrissen, hinabwirbelten und in der Tiefe versanken.

Darauf drang eine Rede in meinen Mund, und ich erhob meine Stimme, indem ich schrie und sagte: Untergegangen ist die Erde! Da weckte mich mein Großvater Mahalalel auf, da ich bei ihm lag, und sagte: Warum schreist du so, mein Sohn, und warum jammerst du so? Da erzählte ich ihm das ganze Gesicht, das ich geschaut hatte, und er sagte zu mir: Was du gesehen hast, mein Sohn, ist schrecklich, und dein Traumgesicht ist von hoher Bedeutung für die Geheimnisse aller Sünden der Erde: Sie muß in den Abgrund hinuntersinken und einen großen Untergang erleiden. Und nun, mein Sohn, erhebe dich und flehe zu dem Herrn der Herrlichkeit – da du gläubig bist –, daß ein Rest auf Erden übrigbleibe und er nicht die ganze Erde vertilge. Alles dies, mein Sohn, wird vom Himmel her über die Erde kommen, und eine große Zerstörung wird auf Erden stattfinden.

Darauf erhob ich mich, betete und flehte und schrieb mein Gebet für die Geschlechter der Erde nieder, und ich will dir alles, mein Sohn Methusalah, zeigen. Als ich unten ins Freie getreten war und den Himmel sah und die Sonne im Osten aufgehen und den Mond im Westen untergehen und einige Sterne und die ganze Erde und alles, wie er es von Anfang an bestimmt hat, da pries ich den Herrn des Gerichts und erhob ihn, weil er die Sonne aus den Fenstern des Ostens aufgehen ließ, daß sie an der Außenseite des Himmels aufsteigt, aufgeht, aufbricht und den Pfad zieht, der ihr gezeigt ist. Ich erhob meine Hände in Gerechtigkeit und pries den großen Heiligen und redete mit dem Odem meines Mundes und mit der Fleischeszunge, die Gott den Kindern des Menschenfleisches gemacht hat, daß sie damit untereinander reden, und er gab ihnen den Odem, die Zunge und den Mund, daß sie damit untereinander reden. Gepriesen bist du, o Herr, König, groß und mächtig in deiner Größe, Herr der ganzen Schöpfung des Himmels, König der Könige und Gott der ganzen Welt! Deine Macht, Königsherrschaft und Größe bleibt in alle Ewigkeit, und deine Herrschaft durch alle Geschlechter: Alle Himmel sind dein Thron in Ewigkeit und die ganze Erde der Schemel deiner Füße immerdar. Denn du hast alles geschaffen und regierst es; nichts ist dir zu schwer. Keinerlei Weisheit entgeht dir, noch wendet sie sich weg von deinem Thron oder von deinem Angesicht; du weißt, siehst und hörst alles, und da ist nichts, das vor dir verborgen wäre, denn du siehst alles. Und nun sündigen die Engel deiner Himmel, und über dem Menschenfleisch ruht dein Zorn bis zu dem Tage des großen Gerichts. Und nun, o Gott, Herr und großer König, flehe und bitte ich, daß du mir meine Bitte erfüllst, mir eine Nachkommenschaft auf Erden übrigzulassen und nicht alles Fleisch der Menschen zu vertilgen und die Erde nicht menschenleer zu machen, so daß ein ewiges Verderben entstünde. Und nun, mein Herr, vertilge von der Erde das Fleisch, das dich erzürnt hat; aber das Fleisch der Gerechtigkeit und Rechtschaffenheit richte auf als eine ewige Samenpflanze, und verbirg nicht dein Angesicht vor der Bitte deines Knechtes, o Herr!

Das zweite Traumgesicht

Abriß der Weltgeschichte von Anfang bis zur Aufrichtung des messianischen Reichs

Danach sah ich einen anderen Traum, und ich will dir den ganzen Traum erklären, mein Sohn. Da begann Henoch und sagte zu seinem Sohne Methusalah: Zu dir, mein Sohn, will ich sprechen; höre meine Rede und neige dein Ohr zu dem Traumgesichte deines Vaters.

Bevor ich deine Mutter Edna nahm, sah ich ein Gesicht auf meinem Lager, und siehe, ein Farre kam aus der Erde hervor, und jener Farre war weiß, und nach ihm kam ein weibliches Rind hervor, und zugleich mit diesem kamen zwei Rinder hervor; eines davon war schwarz und das andere rot. Jenes schwarze Rind stieß das rote und verfolgte es auf der Erde, und allsogleich vermochte ich jenes rote Rind nicht mehr zu sehen. Jenes schwarze Rind wuchs heran, und ein weibliches Rind kam zu ihm, und ich sah, wie viele Farren von ihm hervorgingen, die ihm glichen und folgten. Jene erste Kuh aber entfernte sich aus dem Gesichtskreise jenes ersten Farren, um jenes rote Rind zu suchen, und als sie es nicht fand, erhob sie sogleich ein großes Wehgeschrei und suchte es.

Ich blickte hin, bis jener erste Farre zu ihr kam und sie beschwichtigte, und von jener Stunde an schrie sie nicht mehr. Darauf gebar sie einen anderen weißen Farren, und nach ihm gebar sie noch viele schwarze Farren und Kühe. Ich sah in meinem Schlafe, wie jener weiße Stier gleichfalls heranwuchs und ein großer weißer Stier wurde, und von ihm gingen viele weiße Farren hervor, die ihm glichen. Sie fingen an, viele weiße Farren zu erzeugen, die ihnen glichen, einer dem anderen folgend. Weiter sah ich mit meinen Augen, während ich schlief, und ich sah den Himmel oben, und siehe, ein Stern fiel vom Himmel herab, und als er sich von seinem Fall erhoben hatte, fraß und weidete er zwischen jenen Farren. Danach sah ich, wie die großen und schwarzen Farren alle ihre Ställe, Weideplätze und Rinder wechselten und miteinander zu leben begannen.

Weiter sah ich im Gesicht und zum Himmel blickend sehr viele Sterne herabfallen und sich vom Himmel zu jenem ersten Sterne herabstürzen, und sie wurden zu Farren unter jenen Rindern und weideten bei ihnen in ihrer Mitte.

Als ich sie erblickte, sah ich, wie sie alle ihre Schamglieder wie die Rosse herausstreckten und auf die Kühe der Farren hinaufstiegen, und sie wurden alle trächtig und warfen Elefanten, Kamele und Esel. Alle Farren aber fürchteten sich und erschraken vor ihnen, und sie begannen, mit ihren Zähnen zu beißen und zu verschlingen und mit ihren Hörnern zu stoßen. Dann begannen sie jene Farren aufzufressen, und siehe alle Kinder der Erde fingen an, vor ihnen zu zittern, zu beben und zu fliehen. Weiter sah ich, wie sie anfingen, einander zu stoßen und zu verschlingen, und die Erde begann zu schreien.

Da erhob ich abermals meine Augen zum Himmel und sah im Gesichte, wie aus dem Himmel Wesen, die weißen Menschen glichen, hervorkamen; einer von ihnen kam aus jenem Ort hervor und drei mit ihm. Jene drei, die zuletzt hervorgekommen waren, ergriffen mich bei der Hand, nahmen mich von dem Geschlechte der Erde hinweg und brachten mich hinauf an einen hohen Ort und zeigten mir einen Turm hoch über der Erde, und alle Hügel waren niedriger. Sie sagten zu mir: Bleibe hier, bis du alles siehst, was über jene Elefanten, Kamele und Esel, über die Sterne und über alle Farren kommt. Ich sah, wie einer von jenen vier, die vorhin herausgekommen waren, jenen Stern, der zuerst vom Himmel gefallen war, an Händen und Füßen fesselte und in einen Abgrund warf; jener Abgrund aber war eng und tief, grausig und finster. Einer von ihnen zog sein Schwert und gab es jenen Elefanten, Kamelen und Eseln; da fingen sie an, einander zu schlagen, so daß die ganze Erde ihrethalben zitterte.

Als ich im Gesichte weiter sah, siehe, da warf einer von jenen vier, die hervorgekommen waren, ... vom Himmel, und man sammelte und nahm alle jene großen Sterne, deren Schamglieder wie die Schamglieder der Rosse waren, fesselte alle an Händen und Füßen und warf sie in einen Abgrund der Erde. Einer von jenen vier ging hin zu jenem weißen Farren und lehrte ihn ein Geheimnis, während er, der Farre, zitterte. Er war als Farre geboren worden und wurde nun ein Mensch, zimmerte sich ein großes Fahrzeug und ließ sich darin nieder, und drei Farren ließen sich mit ihm in jenem Fahrzeuge nieder, und es wurde über ihnen zugedeckt. Da hob ich abermals meine Augen zum Himmel auf und sah ein hohes Dach mit sieben Schleusen daran, und jene Schleusen ließen in einen Hof viel Wasser strömen.

Als ich weiter sah, siehe da öffneten sich Quellen über der Erde in jenem großen Hof, und jenes Wasser fing an, aufzuwallen und sich über die Erde zu erheben, und es ließ jenen Hof verschwinden, bis der ganze Boden von ihm mit Wasser bedeckt war. Und das Wasser, die Finsternis und der Nebel nahmen über ihm zu. Als ich die Höhe jenes Wassers betrachtete, erhob es sich über die Höhe jenes Hofs und strömte über den Hof und blieb auf der Erde stehen. Alle Farren jenes Hofs waren dicht zusammengedrängt, so daß ich sah, wie sie untersanken und verschlungen wurden und in jenem Wasser umkamen.

Jenes Fahrzeug aber schwamm auf dem Wasser, während alle Farren, Elefanten, Kamele und Esel samt allem Vieh zu Boden sanken, so daß ich sie nicht mehr sehen konnte. Sie waren nicht imstande herauszukommen, sondern kamen um und versanken in die Tiefe.

Weiter sah ich im Gesichte, bis jene Schleusen von jenem hohen Dach entfernt, die Klüfte der Erde ausgeglichen wurden und andere Abgründe sich auftaten. Das Wasser aber fing an, in sie hineinzulaufen, bis die Erde zum Vorschein kam.

Jenes Fahrzeug aber setzte sich auf der Erde fest, die Finsternis wich zurück, und Licht erschien. Jener weiße Farre aber, der ein Mann geworden war, ging mit den drei Farren aus jenem Fahrzeuge heraus. Einer von den drei Farren war weiß, ähnlich jenem Farren, einer von ihnen war rot wie Blut und einer schwarz; jener weiße Farre entfernte sich von ihnen. Da fingen sie an, wilde Tiere und Vögel zu erzeugen, so daß sich aus ihnen allen ein Haufe von Arten entwickelte: Löwen, Tiger, Hunde, Wölfe, Hyänen, Wildschweine, Füchse, Kaninchen, Schweine, Falken, Geier, Weihen, Adler und Raben; und unter ihnen wurde ein weißer Farre geboren.

Alsdann fingen sie an, sich untereinander eins mit dem andern zu beißen. Jener weiße Farre aber, der unter ihnen geboren worden war, zeugte einen Wildesel und außer ihm einen weißen Farren; der Wildesel aber mehrte sich. Jener Farre aber, der von ihm gezeugt worden war, zeugte ein schwarzes Wildschwein und ein weißes Schaf, und jenes Wildschwein zeugte viele Schweine, jenes Schaf aber zeugte zwölf Schafe.

Als jene Schafe herangewachsen waren, übergaben sie eins von ihnen den Eseln, und diese Esel wiederum übergaben jenes Schaf den Wölfen, und so wuchs jenes Schaf unter den Wölfen auf. Da brachte der Herr die zwölf Schafe, daß sie bei ihm wohnten und bei ihm mitten unter den Wölfen weideten, und sie mehrten sich und wurden zu vielen Schafherden. Da begannen sich die Wölfe vor ihnen zu fürchten und bedrückten sie, bis sie ihre, der Schafe, Jungen umbrachten. Und sie warfen ihre Jungen in einen wasserreichen Fluß; jene Schafe aber begannen wegen ihrer Jungen zu schreien und zu ihrem Herrn zu klagen. Ein Schaf, das vor den Wölfen gerettet worden war, entfloh und entkam zu den Wildeseln; und ich sah, wie die Schafe wehklagten, schrien und ihren Herrn aus allen Kräften baten, bis jener Herr der Schafe auf das Geschrei der Schafe aus einem hohen Gemach herabstieg, zu ihnen kam und sie weidete.

Da rief er jenem Schafe, das den Wölfen entronnen war, und sprach mit ihm in betreff der Wölfe, daß er sie ermahnen solle, die Schafe nicht anzurühren. Das Schaf aber ging auf Befehl des Herrn zu den Wölfen, und ein anderes Schaf traf mit jenem Schaf zusammen, ging mit ihm, und sie beide traten zusammen in die Versammlung jener Wölfe, sprachen mit ihnen und ermahnten sie, fortan die Schafe nicht anzurühren. Darauf sah ich, wie die Wölfe die Schafe noch mehr mit aller Gewalt unterdrückten, und die Schafe schrien.

Da kam ihr Herr zu den Schafen und fing an, jene Wölfe zu schlagen. Da begannen die Wölfe zu wehklagen; die Schafe aber wurden ruhig und schrien allsogleich nicht mehr. Ich sah, bis daß die Schafe von den Wölfen auszogen; die Augen der Wölfe aber wurden von Finsternis gehalten, so daß sich jene Wölfe mit aller ihrer Macht zur Verfolgung der Schafe aufmachten. Der Herr der Schafe zog als ihr Führer mit ihnen, und alle seine Schafe folgten ihm; sein Antlitz war glänzend und herrlich und furchtbar anzuschauen.

Die Wölfe aber fingen an, jene Schafe zu verfolgen, bis sie sie bei einem Wassersee trafen. Jener Wassersee teilte sich, und das Wasser stand vor ihnen zu beiden Seiten; ihr Herr aber, der sie führte, trat zwischen sie und die Wölfe. Da jene Wölfe die Schafe noch nicht sahen, zogen sie in die Mitte jenes Wassersees hinein, und die Wölfe folgten den Schafen, und jene Wölfe liefen in dem Wassersee hinter ihnen her. Als sie aber den Herrn der Schafe sahen, machten sie kehrt, um vor seinem Angesichte zu fliehen. Aber jener Wassersee zog sich zusammen und nahm plötzlich seine ursprüngliche Gestalt wieder an; das Wasser schwoll und hob sich, bis es jene Wölfe bedeckte. Ich sah, daß alle Wölfe, die jene Schafe verfolgten, umkamen und versanken. Die Schafe aber entrannen jenem Wasser und gelangten in eine wasser- und graslose Wüste.

Da fingen sie an, ihre Augen aufzumachen, und ich sah, wie der Herr der Schafe sie weidete und ihnen Wasser und Gras gab und wie jenes Schaf ging und sie führte. Jenes Schaf bestieg den Gipfel jenes hohen Bergs, und der Herr der Schafe schickte es darauf wieder zu ihnen. Danach sah ich den Herrn der Schafe vor ihnen stehen, und sein Aussehen war furchtbar und hehr; als alle Schafe ihn sahen, erschraken sie vor seinem Angesicht. Sie fürchteten sich alle und zitterten vor ihm und schrien zu jenem Schafe, das bei ihnen war, das unter ihnen war: Wir können vor unserem Herrn nicht standhalten und ihn nicht ansehen!

Da bestieg jenes Schaf, das sie führte, abermals den Gipfel jenes Felsens. Die Schafe aber begannen, blind zu werden und von dem Weg abzuirren, den es ihnen gezeigt hatte; jenes Schaf aber wußte nichts davon. Da wurde der Herr der Schafe sehr zornig über sie, und als jenes Schaf es erfuhr, stieg es vom Gipfel des Felsens herab, kam zu den Schafen und fand den größten Teil von ihnen verblendet und abgefallen. Als sie es sahen, fürchteten sie sich, zitterten vor ihm und verlangten, nach ihrer Herde zurückzukehren.

Jenes Schaf aber nahm andere Schafe zu sich und kam zu jenen abgefallenen Schafen; darauf fing es an, sie zu töten; da fürchteten sich die Schafe vor ihm, und jenes Schaf brachte jene abgefallenen Schafe zurück, und sie kehrten zu ihren Herden zurück. Ich sah in diesem Gesicht, daß jenes Schaf ein Mann wurde und dem Herrn der Schafe ein Haus baute und alle jene Schafe in jenes Haus eintreten ließ. Ich sah, daß jenes Schaf, das mit jenem die Schafe führenden Schafe zusammengetroffen war, entschlief. Ich sah, daß alle großen Schafe umkamen und kleinere an ihrer Stelle sich erhoben; sie kamen zu einem Weideplatz und näherten sich einem Wasserflusse.

Da trennte sich jenes führende Schaf, das ein Mann geworden war, von ihnen und entschlief; alle jene Schafe suchten es und erhoben seinetwegen ein großes Geschrei. Ich sah, daß sie von dem Geschrei um jenes Schaf abließen, und sie überschritten jenen Wasserfluß, und es traten immer andere Schafe, die sie führten, an die Stelle der Entschlafenen und führten sie.

Ich sah, daß die Schafe an einen Ort ins liebliche und herrliche Westjordanland kamen, und ich sah, daß jene Schafe satt wurden, und jenes Haus stand unter ihnen in dem lieblichen Lande.

Manchmal waren ihre Augen offen, manchmal blind, bis sich ein anderes Schaf erhob, sie führte und sie alle zurückbrachte und ihre Augen geöffnet wurden. Die Hunde, Füchse und Wildschweine fingen an, jene Schafe zu fressen, bis der Herr der Schafe ein anderes Schaf, einen Widder, aus ihrer Mitte erweckte, der sie führte.

Jener Widder fing an, nach beiden Seiten hin jene Hunde, Füchse und Wildschweine zu stoßen, bis er viele umgebracht hatte. Da wurden die Augen jenes Schafs geöffnet, und es sah, wie jener Widder, der unter den Schafen war, seine Würde verleugnete und jene Schafe zu stoßen anfing, sie trat und ohne Anstand wandelte. Da sandte der Herr der Schafe das Schaf zu einem anderen Schaf und stellte es als Widder und Führer anstelle jenes Widders auf, der seine Würde vergessen hatte. Es ging zu ihm und sprach mit ihm allein und erhob es zum Widder und machte es zum Fürsten und Führer der Schafe; aber während alledem bedrängten jene Hunde die Schafe.

Der erste Widder verfolgte jenen zweiten Widder; jener zweite Widder erhob sich und flüchtete vor ihm, und ich sah, daß jene Hunde den ersten Widder zu Falle brachten. Jener zweite Widder aber erhob sich und führte die Schafe, und jener Widder zeugte viele Schafe und entschlief; ein kleines Schaf aber wurde Widder an seiner Statt und Fürst und Führer jener Schafe.

Jene Schafe wuchsen und mehrten sich; alle Hunde, Füchse und Wildschweine fürchteten sich und flohen vor ihm. Jener Widder aber stieß und tötete alle Raubtiere, und jene Raubtiere verübten keine Gewalt mehr unter den Schafen und raubten ihnen nichts weiter. Jenes Haus aber wurde groß und breit, und ein hoher und großer Turm wurde für jene Schafe gebaut; er wurde auf das Haus für den Herrn der Schafe gebaut.

Jenes Haus war niedrig, aber der Turm war ragend und hoch, und der Herr der Schafe stand auf jenem Turm, und man setzte ihm einen vollen Tisch vor. Ich sah weiter, wie jene Schafe wiederum abfielen, auf vielerlei Wegen wandelten und jenes ihr Haus verließen. Der Herr der Schafe aber rief einige von den Schafen und schickte sie zu den Schafen, und die Schafe fingen an, sie zu töten. Eins von ihnen rettete sich und wurde nicht getötet, entsprang und schrie über die Schafe, und sie wollten es töten; aber der Herr der Schafe rettete es aus der Gewalt der Schafe, brachte es zu mir herauf und ließ es da wohnen. Auch schickte er viele andere Schafe zu jenen Schafen, um sie zu ermahnen und über sie zu klagen.

Danach sah ich, daß sie alle, als sie das Haus des Herrn der Schafe und seinen Turm verlassen hatten, abfielen und blind wurden; ich sah, wie der Herr der Schafe viel Blutvergießen unter ihnen in ihren einzelnen Herden anrichtete, daß jene Schafe solches Blutvergießen noch herausforderten und seinen Ort verließen. Da gab er sie preis den Löwen, Tigern, Wölfen, Hyänen, Füchsen und allen Raubtieren; jene Raubtiere aber fingen an, jene Schafe zu zerreißen. Ich sah, daß er jenes ihr Haus und ihren Turm verließ und sie alle den Löwen preisgab, um sie zu zerreißen und zu verschlingen, allen Raubtieren.

Da fing ich an, aus allen meinen Kräften zu schreien und den Herrn der Schafe anzurufen und ihm betreffs der Schafe Vorstellungen zu machen, daß sie von allen Raubtieren verschlungen würden. Als er es sah, blieb er ruhig und freute sich, daß sie verschlungen, gefressen und geraubt wurden, und überließ sie, um verschlungen zu werden, der Gewalt aller Raubtiere.

Er rief siebzig Hirten und verstieß jene Schafe, um sie zu weiden, und sprach zu den Hirten und ihren Genossen: Jeder einzelne von euch soll von jetzt an die Schafe weiden, und alles, was ich euch befehlen werde, tut! Und ich will sie euch genau abgezählt übergeben und werde euch sagen, wer von ihnen umgebracht werden soll – und diese bringt um! Da überließ er ihnen jene Schafe. Er rief einen anderen und sprach zu ihm: Gib acht und siehe auf alles, was die Hirten an diesen Schafen tun werden; denn sie werden mehr unter ihnen umbringen, als ich ihnen befohlen habe. Jede Überschreitung und Vernichtung, die durch die Hirten angerichtet werden wird, schreibe auf, wie viele sie nach meinem Befehl umbringen und wie viele sie nach ihrer Willkür umbringen, und schreibe jedem einzelnen Hirten alles, was er vernichtet, an. Lies es mir der Zahl nach vor, wie viele sie nach ihrer Willkür umbrachten und wieviel sie der Vernichtung preisgaben, damit mir dies zum Zeugnis gegen sie sei und ich alles Tun der Hirten weiß, so daß ich, wenn ich sie abwäge, sehe, was sie tun, ob sie dem von mir gegebenen Befehle treu geblieben sind oder nicht.

Aber sie sollen es nicht wissen, und du sollst es ihnen nicht mitteilen noch sie ermahnen, sondern schreibe von jedem einzelnen die Vernichtung auf, die die Hirten, ein jeder zu seiner Stunde, anrichten, und lege mir alles vor! Ich sah, bis daß jene Hirten, ein jeder zu seiner Stunde, weideten; und sie fingen an, zu töten und umzubringen mehr, als ihnen befohlen worden war, und sie gaben jene Schafe den Löwen preis. Die Löwen und Tiger fraßen und verschlangen den größeren Teil jener Schafe, und die Wildschweine fraßen mit ihnen, und sie steckten jenen Turm in Brand und zerstörten jenes Haus. Da wurde ich sehr traurig wegen jenes Turms, weil jenes Haus der Schafe zerstört worden war, und danach konnte ich nicht mehr sehen, ob jene Schafe in jenes Haus hineingingen.

Die Hirten aber und ihre Genossen übergaben jene Schafe allen Raubtieren, um sie zu fressen; jeder einzelne von ihnen empfing zu seiner Stunde eine bestimmte Zahl, und von jedem einzelnen von ihnen schrieb der andere in ein Buch, wie viele von ihnen er umbrachte. Jeder tötete und brachte mehr um, als ihnen vorgeschrieben worden war. Da begann ich wegen jener Schafe zu weinen und gar sehr zu wehklagen.

In dieser Weise sah ich im Gesichte, wie jener Schreiber jeden einzelnen, der durch jene Hirten umkam, Tag für Tag aufschrieb und das ganze Buch dem Herrn der Schafe hinaufbrachte, vorlegte und alles zeigte, was sie getan, und alle, die ein jeder von ihnen beseitigt hatte, und alle, die sie zur Vernichtung übergeben hatten.

Das Buch wurde dem Herrn der Schafe vorgelesen, und er nahm das Buch aus seiner Hand, las es, versiegelte es und legte es beiseite. Danach sah ich, wie die Hirten zwölf Stunden lang weideten, und siehe, drei von jenen Schafen kehrten zurück, kamen, traten heran und begannen alle Ruinen jenes Hauses aufzubauen; aber die Wildschweine hielten sie ab, so daß sie nichts auszurichten vermochten.

Da begannen sie wiederum wie zuvor zu bauen und führten jenen Turm auf, und man nannte ihn den hohen Turm; sie begannen wiederum einen Tisch vor den Turm zu stellen, aber alles Brot auf ihm war befleckt und unrein. Trotz alledem waren die Augen dieser Schafe und ebenso der Hirten blind, so daß sie nicht sahen, und sie wurden in großer Menge ihren Hirten zum Umbringen übergeben, und sie traten die Schafe mit ihren Füßen und verschlangen sie.

Der Herr der Schafe aber blieb ruhig, bis sich alle Schafe über das Feld zerstreuten und sich mit ihnen, den Raubtieren, vermischten; und sie, die Hirten, retteten sie nicht aus der Gewalt der Raubtiere. Jener aber, der das Buch schrieb, brachte es hinauf, zeigte und las es vor dem Herrn der Schafe, legte Fürbitte für sie ein und bat ihn, indem er ihm alles, was die Hirten getan hatten, zeigte und vor ihm gegen alle Hirten Zeugnis ablegte. Dann nahm er das Buch, legte es bei ihm nieder und ging weg. Ich sah eine Zeitlang, bis in dieser Weise fünfunddreißig Hirten weideten, und alle vollendeten jeder seine Zeit wie die früheren, und andere bekamen sie in ihre Gewalt, um sie zu ihrer Zeit zu weiden, jeder Hirte zu seiner Zeit. Danach sah ich im Gesicht alle Vögel des Himmels kommen: die Adler, Geier, Weihen und Raben; die Adler aber führten alle Vögel, und sie fingen an, jene Schafe zu fressen, ihnen die Augen auszuhacken und ihr Fleisch zu verzehren. Die Schafe aber schrien, weil ihr Fleisch von den Vögeln verzehrt wurde, und als ich es sah, wehklagte ich in meinem Schlaf über jenen Hirten, der die Schafe weidete. Ich sah, daß jene Schafe von den Hunden, Adlern und Weihen gefressen wurden, und sie ließen an ihnen weder Fleisch noch Haut noch Sehnen übrig, bis nur noch ihr Skelett dastand; aber auch ihr Skelett fiel zu Boden, und so verringerten sich die Schafe.

Ich sah so lange, bis dreiundzwanzig Hirten die Weide übernahmen, und sie vollendeten, je zu ihrer Zeit, dreiundzwanzig Zeiten. Von jenen weißen Schafen aber wurden keine Lämmer geboren, und sie fingen an, ihre Augen aufzumachen, zu sehen und zu den Schafen zu schreien. Aber die Schafe schrien ihnen nicht zu und hörten nicht, was sie ihnen erzählten, sondern waren über die Maßen taub, und ihre Augen waren überaus sehr verblendet.

Ich sah im Gesichte, wie Raben auf jene Lämmer losflogen, eins von jenen Lämmern ergriffen und die Schafe zerstückelten und verschlangen. Ich sah, bis daß jenen Lämmern Hörner sproßten und die Raben ihre Hörner niederwarfen; ich sah, bis daß ein großes Horn bei einem von jenen Schafen hervorsproßte, und ihre Augen wurden geöffnet. Es weidete sie, und ihre Augen öffneten sich, und es schrie nach den Schafen; als aber die Böcke es sahen, liefen ihm alle zu. Trotz alledem zerrissen jene Adler, Geier, Raben und Weihen immerzu die Schafe, flogen auf sie los und verschlangen sie. Die Schafe jedoch verhielten sich ruhig, aber die Böckchen wehklagten und schrien. Jene Raben kämpften und fochten mit ihm und suchten sein Horn zu beseitigen, hatten aber keine Gewalt über es.

Ich sah, daß die Hirten und Adler, jene Geier und Weihen kamen, und sie schrien den Raben zu, daß sie das Horn jenes Böckchens zerbrechen sollten; sie kämpften und fochten mit ihm, und es stritt mit ihnen und schrie, daß seine Hilfe ihm kommen möge. Ich sah, daß jener Mann kam, der die Namen der Hirten aufschrieb und sie dem Herrn der Schafe vorlegte, und er half jenem Böckchen und zeigte ihm alles, und daß er, um ihm zu helfen, gekommen sei. Ich sah, daß jener Herr der Schafe im Zorn zu ihnen kam, und alle, die ihn sahen, flohen, und alle fielen in Finsternis vor seinem Angesicht. Alle Adler, Geier, Raben und Weihen versammelten sich, brachten alle Schafe des Feldes mit sich, kamen alle zusammen und halfen einander, jenes Horn des Böckchens zu brechen.

Ich sah, daß jener Mann, der das Buch auf den Befehl des Herrn schrieb, jenes Buch der Vertilgung öffnete, die jene zwölf letzten Hirten angerichtet hatten, und er legte vor dem Herrn der Schafe dar, daß sie weit mehr als ihre Vorgänger umgebracht hatten. Ich sah, daß der Herr der Schafe zu ihnen kam, seinen Zornstab in die Hand nahm und die Erde schlug, so daß sie zerbarst, und alle Tiere und Vögel des Himmels glitten von jenen Schafen herunter und versanken in die Erde, die sich über ihnen schloß. Ich sah, daß den Schafen ein großes Schwert überreicht wurde, und die Schafe zogen gegen alle Tiere des Feldes, um sie zu töten, und alle Tiere und Vögel des Himmels flohen vor ihnen.

Ich sah, bis daß ein Thron in dem lieblichen Land errichtet wurde und der Herr der Schafe sich darauf setzte, und der andere nahm die versiegelten Bücher und öffnete jene Bücher vor dem Herrn der Schafe. Der Herr rief jene sieben ersten Weißen und befahl, vor ihn zu bringen, beginnend mit dem ersten Sterne, der zuerst herausgegangen war, alle Sterne, deren Schamglieder wie die der Rosse gewesen waren, und sie brachten sie alle vor ihn. Er sprach zu jenem Manne, der vor ihm schrieb, der einer von den sieben Weißen war, und sagte zu ihm: Nimm diese siebzig Hirten, denen ich die Schafe übergeben habe, und indem sie sie nahmen, töteten sie mehr von ihnen, als ich ihnen befohlen hatte. Siehe, ich sah alle gebunden und vor ihm stehen.

Das Gericht begann bei den Sternen, und sie wurden gerichtet, für schuldig befunden und kamen an den Ort der Verdammnis, und man warf sie in einen Abgrund voll Feuer, flammend und voll Feuersäulen. Auch jene siebzig Hirten wurden gerichtet, für schuldig befunden und in jenen Feuerpfuhl geworfen.

Ich sah in jener Zeit, wie sich ein ähnlicher Abgrund inmitten der Erde öffnete, voll von Feuer. Man brachte jene verblendeten Schafe; alle wurden gerichtet, für schuldig befunden und in jenen

Feuerpfuhl geworfen und brannten; dieser Abgrund befand sich zur Rechten jenes Hauses. Ich sah jene Schafe und ihr Gebein brennen. Ich stand auf, um zu sehen, bis daß er jenes alte Haus einwickelte. Man schaffte alle Säulen hinaus; alle Balken und Verzierungen jenes Hauses wurden mit ihm eingewickelt. Man schaffte es hinaus und legte es an einen Ort im Süden des Landes. Ich sah, daß der Herr der Schafe ein neues Haus brachte, größer und höher als jenes erste, und es an dem Orte des ersten aufstellte, das eingewickelt worden war. Alle seine Säulen waren neu, auch seine Verzierungen waren neu und größer als die des ersten alten, das er hinausgeschafft hatte; und der Herr der Schafe war darin.

Ich sah, wie alle übriggebliebenen Schafe und alle Tiere auf der Erde und alle Vögel des Himmels niederfielen, jene Schafe anbeteten, sie anflehten und ihnen in jedem Worte gehorchten. Darauf nahmen mich jene drei Weißgekleideten, die mich zuvor hinaufgebracht hatten, bei der Hand, und indem die Hand jenes Böckchens mich ergriff, brachten sie mich hinauf und setzten mich inmitten jener Schafe nieder, bevor das Gericht begann. Jene Schafe aber waren alle weiß, und ihre Wolle war reichlich und rein. Alle, die umgebracht oder zerstreut worden waren, alle Tiere des Feldes und alle Vögel des Himmels versammelten sich in jenem Hause, und der Herr der Schafe freute sich sehr, weil alle gut waren und in sein Haus zurückkehrten.

Ich sah, daß sie jenes Schwert, das den Schafen gegeben war, niederlegten, in sein Haus zurückbrachten und es vor dem Angesichte des Herrn versiegelten. Alle Schafe wurden in jenes Haus eingeladen, und es faßte sie nicht. Aller Augen waren geöffnet, daß sie das Gute sahen, und keiner war unter ihnen, der nicht sehend gewesen wäre. Ich sah, daß jenes Haus groß, geräumig und sehr voll war. Ich sah, daß ein weißer Farre mit großen Hörnern geboren wurde. Alle Tiere des Feldes und alle Vögel des Himmels fürchteten ihn und flehten ihn an alle Zeit. Ich sah, bis daß alle ihre Geschlechter verwandelt und alle weiße Farren wurden; der erste unter ihnen wurde ein Büffel, und jener Büffel wurde ein großes Tier und bekam auf seinem Kopfe große und schwarze Hörner. Der Herr der Schafe aber freute sich sehr über sie und über alle Farren.

Ich hatte in ihrer Mitte geschlafen; da wachte ich auf und sah alles. Dies ist das Gesicht, das ich im Schlafe sah. Als ich erwacht war, pries ich den Herrn der Gerechtigkeit und stimmte ihm einen

Lobgesang an. Darauf brach ich in lautes Weinen aus, und meine Tränen hörten nicht auf, bis ich es nicht mehr auszuhalten vermochte. Sooft ich hinsah, rannen sie herab wegen dessen, was ich sah. Denn alles wird eintreffen und sich erfüllen; alles Tun der Menschen ist mir der Reihe nach gezeigt worden. In jener Nacht erinnerte ich mich meines ersten Traums; auch seinetwegen weinte ich und war bestürzt, weil ich jenes Gesicht gesehen hatte.

Die Himmelfahrt Moses

Auftrag des Moses an Josua

Buch der Weissagung Moses, die er aussprach im hundertzwanzigsten Jahre seines Lebens, das ist das zweitausendfünfhundertste seit Erschaffung der Welt (nach orientalischer Zählung aber das zweitausendsiebenhundertste und das vierhundertste seit dem Auszug aus Phönizien), als das Volk nach dem von Mose bewerkstelligten Auszug aus Ägypten bis Amman jenseits des Jordans gekommen war – der Weissagung, die Mose eigentlich schon im Buche Deuteronomium aussprach.

Er rief Josua, den Sohn Nuns, einen Mann, vor dem Herrn bewährt, zu sich, damit er an seine Stelle träte in seinem Verhältnis zu dem Volk und der Hütte des Zeugnisses samt all ihren Heiligtümern und damit er auch das Volk in das Land führte, ihren Vätern zu künftiger Verleihung verliehen, d. h. auf Grund des Bundes und auf Grund des Schwurs, den er in der Hütte leistete, es durch Josua ihnen zu geben, indem er zu Josua sprach: So unternimm denn nach deinem Eifer alles, was dir zu tun aufgetragen ist, wie es untadelig ist. Deshalb spricht der Herr der Welt folgendermaßen: Denn er hat zwar schon die Welt um seines Gesetzes willen geschaffen, aber dasselbe, den Erstling der Schöpfung, nicht auch von Anfang der Welt an geoffenbart, daß die Heiden dadurch ihrer Sünden überführt würden und demütig einander im Streit hätten überführen können.

Deshalb ausersah und fand er mich, der von Anfang der Welt an dazu vorbereitet war, der Mittler jenes Bundes zu werden. Und nun tue ich dir kund, daß die Zeit der Jahre meines Lebens vollendet ist und ich hingehe zur Ruhe meiner Väter – und zwar öffentlich vor allem Volk. Du aber vernimm diese Schrift, an der man erkennen soll, wie sich die anderen Bücher bewähren, die ich dir übergeben werde. Die sollst du ordnen, mit Zedernöl salben und in irdenen Gefäßen an dem Orte hinterlegen, den er von Anfang der Schöpfung der Welt an dazu geschaffen hat, daß daselbst sein Name angerufen wird, bis zu dem Tage der Buße bei der letzten

Heimsuchung, mit der sie der Herr heimsucht, wenn sich das Ende der Tage vollendet.

Einzug ins Heilige Land

Jetzt aber werden sie durch deine Vermittelung in das Land einziehen, das er ihnen zu geben beschlossen und ihren Vätern versprochen hat; dort sollst du sie segnen und einem jeden seinen Anteil an mir geben und bestätigen und ihnen zugleich die Herrschaft über das Land bestätigen, sollst Ortsbehörden über sie setzen nach dem, wie es ihrem Herrn wohlgefallen wird, in Recht und Gerechtigkeit.

Fünf Jahre aber, nachdem sie in ihr Land eingezogen sind, von da ab wird es von Fürsten und Tyrannen beherrscht werden achtzehn Jahre lang, und neunzehn Jahre hindurch werden sich zehn Stämme losreißen. Zwei Stämme aber werden sich trennen und das Zeugnis der Hütte mitnehmen. Dann wird der Gott des Himmels den Pfahl seiner Hütte und das Eisen seines Heiligtums festmachen, und sie werden zu zwei heiligen Stämmen gemacht werden – aber die zehn Stämme werden sich nach ihren Anordnungen Herrscher einsetzen, und zwanzig Jahre lang werden sie Opfer darbringen. Sieben werden die Mauern befestigen, neun werde ich beschützen, und vier werden den Bund des Herrn übertreten und den Vertrag, den der Herr mit ihnen geschlossen hat, beflecken.

Sie werden ihre Söhne fremden Göttern opfern und schändliche Götzenbilder aufstellen, denen sie dienen; ja, im Hause des Herrn werden sie frevelhaft handeln und es überall mit vielen Bildern von Tieren gravieren.

Bestrafung des Volkes

Da wird über sie von Osten her ein König kommen, und seine Reiterei wird ihr Land bedecken; der wird ihre Ansiedelung nebst dem heiligen Hause des Herrn in Brand stecken, alle heiligen Gefäße wegnehmen, das ganze Volk vertreiben und sie in sein Heimatland führen; ja, die zwei Stämme wird er mit sich führen. Dann werden die zwei Stämme die zehn zu sich rufen, und sie werden entweichen wie eine Löwin, in sandige Gefilde, hungernd und dürstend mit unseren Kindern, und schreien: Gerecht und heilig ist der Herr; denn ihr habt gesündigt, und wir sind ebenso mit euch hergeführt worden.

Dann werden die zehn Stämme weinen, wenn sie die beschimpfenden Worte der zwei Stämme hören und sagen: Was haben wir euch getan, Brüder? Ist nicht über das ganze Haus Israel diese Heimsuchung gekommen? So werden denn alle Stämme weinen, indem sie zum Himmel schreien und sprechen: Gott Abrahams, Gott Isaaks und Gott Jakobs, gedenke an deinen Bund, den du mit ihnen geschlossen, und den Eid, den du ihnen bei dir selbst geschworen hast, daß nämlich ihr Same niemals weichen solle von dem Lande, das du ihnen gegeben hast.

Dann werden sie an mich gedenken, indem sie an jenem Tage sprechen, ein Stamm zum anderen und ein Mensch zu seinem Nächsten: Ist das nicht dasjenige, was uns damals Mose in seinen Weissagungen bezeugte, er, der viel erduldet hatte in Ägypten, am Roten Meer und in der Wüste, vierzig Jahre lang? Nachdem er es bezeugt, rief er auch Himmel und Erde zu Zeugen über uns an, wir sollten seine Gebote nicht übertreten, die er uns vermittelt hatte. Das ist nun von ihm nach seinen Worten und seiner Versicherung über uns hereingebrochen, wie er es uns damals bezeugt hat; und das ist alles eingetroffen bis dahin, wo wir in das Land des Ostens gebracht wurden – sie sollen auch Knechte sein etwa siebenundsiebzig Jahre lang.

Dann aber wird einer auftreten, der über ihnen steht, seine Hände ausbreiten, seine Knie beugen und also für sie beten: Herr des Alls, König auf hohem Sitz, der du über die Welt herrschest und dieses Volk dein auserwähltes Volk sein lassen wolltest: du hast damals als ihr Gott angerufen sein wollen, nach dem Bunde, den du mit ihren Vätern geschlossen. Aber sie sind als Gefangene mit ihren Weibern und Kindern in ein anderes Land gezogen, an den Eingang zu den Fremden, und wo viel Traurigkeit ist.

Achte auf sie und erbarme dich ihrer, Gott des Himmels! – Da wird Gott ihrer gedenken wegen des Bundes, den er mit ihren Vätern geschlossen, und wird seine Barmherzigkeit auch in jenen Zeiten wieder offenbaren. Er wird es dem König ins Herz geben, daß er sich ihrer erbarme, und er wird sie in ihr Land und Gebiet entlassen. Da werden einige Bestandteile der Stämme hinaufsteigen, an ihren bestimmten Ort kommen und ihn von neuem ummauern. Zwei Stämme aber werden in ihrer früheren Treue verharren, traurig und seufzend, weil sie dem Herrn ihrer Väter keine Opfer werden darbringen können. Dagegen zehn Stämme werden immer mehr zu Heiden werden in der Zeit der Heimsuchung.

Verwerflichkeit des Volkes

Wenn aber die Zeit zum Strafen herannaht, da wird die Rache über sie kommen durch dieselben Könige, die an ihren Verbrechen teilnahmen und sie nun jetzt strafen. Aber auch sie werden hinsichtlich der Wahrheit uneins werden, weil es eingetroffen ist, was geweissagt war: Sie werden die Gerechtigkeit meiden und sich der Unbilligkeit zuwenden; sie werden mit Befleckungen das Haus ihres Dienstes schänden, und weil sie fremden Göttern nachhuren werden. Denn sie werden nicht der Wahrheit Gottes folgen, sondern einige werden den Altar mit unreinen Gaben beflecken, die sie für den Herrn darauf legen. Leute, die keine Priester sind, sondern Sklaven, von Sklaven geboren.

Denn die Schriftgelehrten, die dann ihre Lehrer sind, werden auf die Person ihrer Lieblinge und die Annahme von Geschenken achten und Entscheidungen verkaufen, indem sie sich Bußen bezahlen lassen. Und so wird ihre Ansiedelung und das Gebiet ihrer Wohnung voller Verbrechen und Unbilligkeiten werden. Vom Herrn, der sie macht, werden sie abfallen; Richter werden in ihr sein, zu richten, wie jeder will.

Herrschaft der Hasmonäer

Dann werden sich über sie Könige erheben, die sie beherrschen, und werden zu Hohenpriestern Gottes berufen werden; aber Gottlosigkeit werden sie verüben vom Allerheiligsten aus. Und ihnen folgt ein frecher König, der nicht aus priesterlichem Geschlecht sein wird, ein verwegener und gottloser Mensch: Der wird sie richten, wie sie es verdienen.

Er wird ihre Obersten mit dem Schwert ausrotten und ihre Leiber an unbekannten Orten begraben, so daß niemand weiß, wo ihre Leiber sind; er tötet die Alten und Jungen und wird keine Schonung üben. Da wird drückende Furcht vor ihm über sie kommen in ihrem Lande; er aber wird Gericht unter ihnen halten, wie die Ägypter unter ihnen getan – vierunddreißig Jahre lang – und wird sie bestrafen. Und Söhne wird er zeugen, die in seiner Nachfolge kürzere Zeit herrschen werden. In ihr Gebiet werden Kohorten einfallen und des Abendlands mächtiger König, der sie erobern wird. Und sie werden sie gefangen fortführen; einen Teil ihres Tempels wird er mit Feuer verbrennen und einige um ihre Ansiedelung herum kreuzigen.

Sünder im Volk

Von da ab werden die Zeiten zu Ende gehen; plötzlich wird der Lauf sich schließen. Und über sie werden verderbliche und gottlose Menschen herrschen, die lehren, sie seien gerecht. Die werden den Zorn ihrer Freunde erregen, da sie betrügerische Leute sein werden, nur sich selbst zu Gefallen lebend, verstellt in all' ihrem Wandel und zu jeder Stunde des Tags gern schmausend und mit der Kehle schlingend, ... der Armen Güter fressend und behauptend, sie täten das aus Mitleid ..., Vertreiber von anderen, Streitsüchtige, Trügerische, die sich doch verstecken, um nicht erkannt werden zu können, Gottlose, voller Verbrechen und Ungerechtigkeit, vom Morgen bis zum Abend sprechend: Wir wollen Gelage und Überfluß haben, essend und trinkend ... und wollen uns einbilden, wir wären Fürsten! Ihre Hände und Herzen werden Unreines treiben, ihr Mund groß prahlen – und doch werden sie dabei sagen: Rühre mich nicht an, damit du mich nicht verunreinigst ...!

Rache Gottes

Da wird ... Rache und Zorn über sie hereinbrechen, wie sie unter ihnen nicht dagewesen sind von Ewigkeit her bis zu jener Zeit, in der er ihnen erwecken wird einen König über die Könige der Erde und einen Machthaber von großer Gewalt, der diejenigen, die sich zur Beschneidung bekennen, am Kreuz aufhängt, diejenigen aber, die sie verleugnen, foltern und überliefern wird, gefesselt ins Gefängnis geführt zu werden.

Ihre Frauen werden unter die Heiden verteilt, ihre männlichen Kinder von Ärzten operiert werden, um ihnen eine Knabenvorhaut darüberzuziehen, die anderen aber unter ihnen mit Martern, Feuer und Schwert gestraft und so gezwungen werden, öffentlich ihre Götzenbilder zu tragen, befleckt, wie sie sind, gleich ihren Besitzern. Ja, von ihren Folterern werden sie ebenfalls gezwungen werden, an ihren verborgenen Ort einzutreten; mit Stacheln werden sie gezwungen werden, das Wort schmählicherweise zu lästern, zuletzt nach diesem auch, was sie vom Gesetz über ihrem Altar haben.

Taxon, der Ordner

Dann wird, während jener herrscht, ein Mann vom Stamme Levi auftreten, dessen Name sein wird Taxon, d. h. der Ordner. Er wird sieben Söhne haben und bittend zu ihnen sprechen: Seht, meine Söhne, nun ist über das Volk eine zweite grausame, unreine Rache und erbarmungslose Strafe hereingebrochen, die die erste überragt. Denn welches Geschlecht, Land oder Volk von Frevlern gegen den Herrn, die doch viel Verbrecherisches verübt haben, hat so viel Leiden erduldet, als uns zuteil geworden ist?

Nun also, ihr Söhne, hört auf mich; seht doch und wißt, daß ich nie ein Versucher Gottes war, noch meine Väter oder ihre Vorfahren, daß sie seine Gebote übertreten hätten. Ihr wißt ja, daß darin unsere Kraft liegt – darum wollen wir folgendes tun: Wir wollen drei Tage lang fasten und am vierten in eine Höhle auf dem Felde gehen und lieber sterben als die Gebote des Herrn der Herren, des Gottes unserer Väter übertreten. Denn wenn wir das tun und so sterben, dann wird unser Blut vor dem Herrn gerochen werden.

Das Weltgericht

Und dann wird sein Regiment über alle seine Kreatur erscheinen;
dann wird der Teufel ein Ende haben,
und die Traurigkeit mit ihm hinweggenommen werden.
Dann werden die Hände des Engels gefüllt werden,
der an höchster Stelle steht,
und sofort wird er sie rächen an ihren Feinden.
Denn der Himmlische wird von seinem Herrschersitz aufstehen
und heraustreten aus seiner heiligen Wohnung
in Empörung und Zorn wegen seiner Kinder.
Da wird die Erde erbeben, bis zu ihren Enden erschüttert werden,
und hohe Berge werden erniedrigt und erschüttert werden,
und Täler werden einsinken.
Die Sonne wird kein Licht mehr geben und sich in Finsternis verwandeln;
die Hörner des Mondes werden zerbrechen, und er verwandelt sich

ganz in Blut, und der Kreis der Sterne wird in Verwirrung geraten.
Das Meer wird bis zum Abgrunde zurückweichen,
und die Wasserquellen werden ausbleiben,
und die Flüsse erstarren.
Denn der höchste Gott wird sich erheben, der allein ewig ist,
und wird offen hervortreten, um die Heiden zu strafen,
und alle ihre Götzenbilder vernichten.
Dann wirst du glücklich sein, Israel,
und auf Nacken und Flügel des Adlers hinaufsteigen,
und die Tage des Adlers werden sich erfüllen.
Und Gott wird dich erhöhen
und am Sternenhimmel schweben lassen,
am Ort ihrer Wohnung.
Dann wirst du von oben herabschauen und deine Feinde auf Erden sehen
und sie erkennen und dich freuen
und Dank sagen und dich zu deinem Schöpfer bekennen.
Du aber, Josua, Sohn Nuns, bewahre diese Worte und dies Buch; denn von meinem Tode (meiner Himmelfahrt) bis zu seiner Erscheinung werden 250 Zeiten sein, die erst vergehen müssen, und das wird ihr Lauf sein, den sie zurücklegen werden, bis sie sich vollenden. Ich aber will zur Ruhe meiner Väter gehen, daher sei stark, Josua, Sohn Nuns; dich hat Gott erwählt, mein Nachfolger in diesem Bunde zu sein.

Klage über die Zukunft

Als nun Josua die Worte Moses gehört hatte, die so in seiner Schrift geschrieben stehen, alles, was er vorhergesagt hatte, da zerriß er sich sein Gewand, fiel zu Moses Füßen, und Mose ermahnte ihn und weinte mit ihm. Josua aber antwortete und sprach zu ihm: Was solltest du mich trösten, mein Herr Mose, und auf welche Weise soll ich mich trösten über das bittere Wort, das du geredet hast, das aus deinem Munde gegangen ist, das reich ist an Tränen und Seufzern, daß du scheiden willst von diesem Volke?...

Welcher Ort wird dich aufnehmen, welches Denkmal wird dein Grab bezeichnen, oder wer wird deinen Leichnam von hier wegzuschaffen wagen, wie eines gewöhnlichen Menschen Leichnam, von einem Orte zum anderen? Alle Sterbenden erhalten ja nach ihrer Größe Gräber auf Erden, aber dein Grab reicht vom Sonnenaufgang bis zum Untergang und von Süden bis zur Grenze im Norden: Die ganze Welt ist dein Grab.

Du gehst hinweg, Herr – wer soll nun dieses Volk pflegen, oder wer wird sich ihrer erbarmen und ihnen ein Führer sein auf ihrem Wege? Oder wer wird für sie beten, ohne auch nur an einem Tag innezuhalten, damit ich sie in das Land ihrer Vorfahren hineinführen kann? Wie soll ich also über dieses Volk Herr werden, wie ein Vater über seinen einzigen Sohn oder seine eigne jungfräuliche Tochter, die sich rüstet, dem Manne übergeben zu werden, und nun sich in acht nehmen, ihren Leib vor der Sonne bewahren wird, und daß ihre Füße nicht unbeschuht seien zum Laufen über das Land? Wie soll ich ihnen nach ihrem Willen Speise schaffen und Trank nach dem Willen ihres Beliebens? Ihre Zahl belief sich ja auf 600000; aber sie haben so sehr zugenommen durch deine Gebete, mein Herr Mose. Und woher käme mir die Weisheit und Einsicht, um im Hause des Herrn mit Worten Gericht zu halten oder Bescheid zu geben?

Aber auch die Könige der Amoriter werden, wenn sie hören, daß wir sie angreifen wollen, in der Meinung, nun sei nicht mehr unter ihnen der heilige, des Herrn würdige, mannigfaltige und unfaßbare Geist, der allseits treue Herr des Worts, der göttliche Prophet für alle Welt, der vollkommenste Meister dieser Zeit sei nicht mehr unter ihnen, sagen: Laßt uns gegen sie ziehen! Wenn die Feinde noch einmal gottlos gehandelt haben wider ihren Herrn, dann haben sie keinen Verteidiger, der für sie Gebete vor Gott brächte, wie Mose ein großer Engel war, der zu jeder Stunde bei Tag und bei Nacht seine Knie auf die Erde gestemmt hatte, betend und aufschauend zu dem, der die ganze Welt beherrscht mit Barmherzigkeit und Gerechtigkeit, ihn erinnernd an den Bund mit den Vätern und mit einer Beschwörung den Herrn besänftigend. Denn so werden sie sagen: Er ist nicht mehr unter ihnen; auf also und vertilgen wir sie vom Angesichte der Erde! Was soll also mit diesem Volke werden, mein Herr Mose?

Abschied von Moses

Nachdem nun Josua diese Worte geendigt hatte, fiel er abermals Mose zu Füßen. Mose aber ergriff seine Hand, erhob ihn auf den Stuhl vor ihm, antwortete und sprach zu ihm: Josua, schätze dich nicht gering, sondern zeige dich unbesorgt und achte auf meine Worte. Alle Völker, die auf dem Erdkreise wohnen, und uns hat Gott geschaffen, sie und uns hat er vorhergesehen von Anfang der Erschaffung des Erdkreises wie bis zum Ende der Welt, und nichts ist von ihm übersehen, bis zum Kleinsten herab, sondern alles hat er zugleich mit ihnen vorhergesehen und vorherbestimmt ...

Der Herr hat alles, was auf diesem Erdkreise geschehen sollte, vorhergesehen, und siehe, es tritt ein. Er hat mich für sie und ihre Sünden eingesetzt, damit ich für sie betete und flehte. Denn nicht wegen meiner Tüchtigkeit oder Festigkeit, sondern durch die Milde seiner Barmherzigkeit und seine Langmut ist es mir zugefallen. Denn ich sage dir, Josua: Nicht wegen der Frömmigkeit dieses Volks wirst du die Heiden ausrotten: Alle Festen des Himmels und Grundlagen des Erdkreises sind von Gott geschaffen und gutgeheißen worden und befinden sich unter dem Ring seiner Rechten. Die daher Gottes Gebote halten und erfüllen, wachsen und haben Glück.

Denen aber, die sündigen und die Gebote vernachlässigen, mangeln die versprochenen Güter, und sie werden von den Heiden mit vielen Plagen gestraft werden; daß er sie aber völlig ausrotte und verlasse, ist unmöglich! Denn Gott wird hervortreten, der alles bis in Ewigkeit vorhergesehen hat und dessen Bund fest gegründet ist.

Das Testament des Abraham

Die Entsendung des Engels Michael

Als die Zeit kam, da Abraham sterben sollte, gab der Allmächtige dem Erzengel Michael den Auftrag: Steh auf, suche den Abraham auf, meinen lieben Diener, und tu ihm sein Ende kund. Sage ihm: Deine Lebensfrist ist abgelaufen. Er soll Zeit haben, sich auf seinen Tod vorzubereiten.

Der Engel machte sich auf und ging zum Erzvater. Der saß auf dem Feld bei seinen Zugtieren und hielt seinen Sohn im Arm. Aber er sah alt und müde aus. Als der Stammvater den Boten Gottes kommen sah, stand er auf und ging ihm entgegen, obwohl er ihm ein Fremder zu sein schien. Sein Gruß war: Der Segen des Allmächtigen sei mit dir. Er führe dich auf seinen Pfaden.

Der Engel sagte zu Abraham: Du bist freundlich, Abraham. Der Stammvater sagte daraufhin: Komm näher. mein Freund, und ruh dich aus. Ich will dir ein Mahl bereiten lassen. Komm mit in meine Behausung und raste dich dort aus. Die Nacht wird bald hereinbrechen. Wenn es wieder Tag wird, magst du dich auf den Weg machen. Gehst du noch heute weiter, könnte ein Raubtier dich überfallen und verletzen. Der Engel sagte zu Abraham: Ehe ich deine Gastfreundschaft annehme, möchte ich wissen, wer du bist und ob ich deinem Hauswesen kein Ungemach bringe.

Abraham sagte darauf: Abram hat mein Vater mich genannt, Gott aber hat mir einen neuen Namen gegeben, als er sagte: Steh auf und verlasse deine Heimat und deinen Stamm und ziehe in das Land, das ich dir zeige. Da ging ich fort in das Land, wie der Herr befohlen. Und er sagte: Dein Name sei nicht mehr Abram, sondern Abraham. Der Engel Michael sagte zu Abraham: Vater deines Stammes, Diener Gottes. Zwar kenne ich hier niemanden, aber es wurde mir Kunde davon, du seiest einmal eine sehr weite Strecke gegangen, um ein Kalb einzufangen und es zu schlachten, um Engeln, die in deiner Heimstatt Nachtruhe suchten, ein Festmahl zu rüsten.

Als sie so miteinander geredet hatten, standen sie auf, um zu

Abrahams Heimstatt zu gehen. Abraham befahl einem seiner Knechte: Bring ein Reittier her. Unser Gast soll reiten, er wird von dem weiten Weg erschöpft sein. Der Engel aber hielt ihn zurück: Laß deinen Diener nicht gehen. Wir wollen den Weg zu deiner Heimstatt zu Fuß zurücklegen. Ich gehe gerne in deiner Gesellschaft. Sie machten sich also auf den Weg. Als sie in die Nähe der Stadt kamen, sahen sie einen riesigen Baum, der Hunderte von Ästen hatte. Es war eine Tamariske. Aus deren Zweigen erklang eine wundersame Stimme: Bote Gottes, du hast eine Botschaft, und dein Auftrag ist, diese zu überbringen. Abraham hörte dies, sprach aber nicht darüber. Doch er überlegte: Welche Botschaft mag jener haben, die mich betrifft?

Als sie in die Heimstatt des Stammvaters kamen, befahl Abraham einem seiner Knechte: Geh hinaus zu den Herden, bringe drei Lämmer und bereite sie zum Mahle. Bringt Essen und Trinken herbei, denn es ist ein Festtag. Die Knechte bereiteten die Tiere zu, und der Stammvater holte seinen Sohn. Ihm sagte er: Isaak, mein geliebter Sohn, fülle Wasser in den Krug, damit unser Gast sich die Füße waschen kann. Isaak befolgte den Auftrag seines Vaters. Der Stammvater sagte zu seinem Sohn: Ich fühle, daß es das letzte Mal ist, daß ich in dieser Schüssel einem Gast die Füße wasche. Als der Sohn dies hörte, wurde er traurig und seufzte: Vater, was soll das bedeuten, du würdest nie mehr die Füße eines Gastes waschen? Als der Stammvater sah, daß Isaak weinte, brach auch er in Tränen aus. Auch der Engel wurde von Trauer ergriffen, als er die Männer so leiden sah. Des Michael Tränen aber wurden zu Diamanten, als sie in die Schale fielen.

Michael bittet für Abraham

Sarah, des Abraham Gefährtin, hörte das Klagen der Männer in ihrem Haus, sie kam also herbei und sagte zu ihrem Mann: Was ist geschehen, mein Gebieter, daß du Tränen vergießt? Der Stammvater antwortete ihr: Es ist nichts, Sarah, was dir Sorge bereiten müßte. Geh zurück in deine Räume und besorge deine Geschäfte. Wir wollen doch unserem Gast nicht lästig werden. Da ging Sarah in das Haus zurück und sorgte für das Festmahl.

Als der Abend hereinbrach, ging der Engel in das Haus und war im selben Augenblick in den himmlischen Sphären, denn es war die Stunde des Lobpreises. Alle himmlischen Heerscharen preisen den Herrn in der Stunde des Sonnenunterganges, ihr oberster Führer aber ist Michael. Als die Engel ihren Lobpreis gesungen hatten, kehrten sie um, dorthin, wo sie ihren Auftrag hatten. Nur Michael, der erste der Engel, blieb vor dem Thron des Herrn und sagte: Allmächtiger, gewähre mir zu sprechen vor dem Thron deiner Allmacht. Der Allmächtige forderte ihn auf: Sag, Michael, was du sagen willst. Da berichtete Michael: Herr, mein Gott, du hast mich zu Abraham geschickt, deinem Diener, um ihm zu sagen: Gib deine Seele zurück. Nimm den Tod an, weil der Allmächtige es will. Aber ich habe nicht die Kraft, ihm dies zu sagen, mein Herr und mein Gott, er ist dein Diener, er ist einer der Gerechten und voller Fürsorge für die Fremden. Herr, mein Gott, gewähre mir die Bitte, daß die Sehnsucht nach dem Tode von seiner Seele Besitz ergreife. Ich bringe es nicht fertig, ihm zu sagen: Geh aus dieser Welt. Und eine noch schwerere Aufgabe ist es, ihm zu sagen: Geh aus deinem Leib. Aus deiner Gnade ist Abraham so voller Liebe für das Menschengeschlecht.

Da befahl der Allmächtige dem ersten seiner Engel: Geh wieder zurück zu Abraham. Weile als Gast unter seinem Dach, teile das Mahl mit ihm und ruhe aus, wenn er zur Ruhe geht. Ich will seinem Sohn Isaak einen Traum senden, aus dem er vom Heimgang seines Vaters erfahren soll.

Also kehrte der Engel in die Behausung des Stammvaters zurück und kam rechtzeitig, als das Mahl fertig bereitet war. Sie genossen die Speisen und die Getränke voller Freude. Da gab Abraham dem Isaak den Auftrag: Geh nun, mein Sohn, mache eine Bettstatt bereit, damit unser Gast schlafen kann, entzünde die Lampe für ihn. Isaak erledigte den Auftrag seines Vaters, dann aber sagte er zu ihm: Mein Vater, heute möchte ich mich neben deinem Lager zur Ruhe legen. Doch der Stammvater erwiderte: Nein, mein Sohn, das könnte unseren Gast stören. Lege dich also wie gewohnt in deinem Haus zur Ruhe. Isaak war zwar traurig über den Auftrag seines Vaters, doch er war ihm gehorsam und ging in sein Haus.

Trauer befällt den Abraham

Als die Nacht ihre Mitte überschritten hatte, wurde Isaak plötzlich wach, da ging er hinüber zur Behausung seines Vaters, pochte an die Tür und rief: Mach auf, mein Vater, und laß mich noch mit dir beisammen sein, ehe du mich verlassen mußt. Abraham hörte des Sohnes Rufen und machte ihm die Türe auf. Isaak kam ins Haus, fiel seinem Vater um den Hals, küßte und herzte ihn und brach in Tränen aus. Da fing auch Abraham zu weinen an, desgleichen der Erzengel Michael, den ihr Klagen jammerte. Sarah, des Abraham Gefährtin, hörte das Jammern der Männer bis in ihr Schlafzimmer, da kam sie herbei und frug: Abraham, mein Gebieter, warum bist du in Tränen? Hat der Fremde dir etwa Botschaft gebracht vom Tod deines Bruders Loth? Oder ist ein anderes Elend über uns gekommen?

Da wandte sich Michael an Sarah und sagte: Nein, Sarah, ich brachte keine Nachricht von Loth. Eure Gottgefälligkeit, die größer ist als die aller anderen Menschen, hat mich hergeführt. Der Herr ist euch gnädig. Da sagte Sarah zu Abraham: Wie kannst du es wagen zu weinen, wenn ein Bote Gottes zu Gast ist? Wieso verschleiern Tränen deinen Blick, wo doch eitel Freude in dir sein sollte? Abraham sagte: Wie willst du wissen, daß er ein Bote Gottes ist? Sarah erwiderte: Ich sehe doch, er ist einer jener drei, die bei uns waren, als wir unter der Mambraeiche saßen, als du einen von den Dienern um ein Kalb sandtest, das du dann zum Mahle bereitet hast. Damals hast du mir befohlen: Geh und bereite ein Mahl, damit wir diese Leute in unserem Haus bewirten können. Abraham sagte darauf: Sarah, du hast dies erwogen. Auch ich wußte, als ich Wasser über seine Füße goß, daß dies die gleichen Füße waren wie die, die ich gewaschen, als wir einst bei der Mambraeiche waren. Als ich damals anfing zu fragen, wohin sie wohl gehen wollten, sagte er zu mir: Ich bringe Loth, deinen Bruder, weg aus dem sündigen Sodom. So erfuhr ich damals seinen Auftrag.

Der Traum des Isaak

Da frug nun der Stammvater den Engel: Offenbare mir jetzt, Bote des Allmächtigen, welche Botschaft bringst du mir? Da sagte ihm der Engel: Isaak, dein Sohn kann es dir offenbaren. Abraham frug Isaak: Mein Kind, welches Traumbild hast du gesehen, weshalb ängstigst du dich? Laß es mich wissen. Da offenbarte Isaak seinem Vater Abraham: Sonne und Mond wurde mir in einem Traumbild gezeigt, wie Strahlen flammten sie um meinen Kopf. Dann sah ich eine Gestalt von ungeheurer Größe. Und sie stand leuchtend gegen das Firmament, es schien, als wäre sie der Ursprung allen Leuchtens. Da nahm der Allmächtige die Sonne hinweg von meinem Kopf, nur ihr Leuchten sah ich noch. Da brach ich in Tränen aus und flehte: Herr, mein Gott, beraube mich doch nicht des Schmuckes meines Daseins, des Lichtes, das mein Haus erleuchtet, des Schönsten, was die Erde zeigt. Sonne, Mond und Sterne fielen in mein Flehen ein: Beraube uns nicht der Zierde des Firmaments. Da sagte die leuchtende Gestalt: Sei nicht traurig, wenn das Licht erlischt, das dein Haus erleuchtet. Es darf nun ausruhen von allen Plagen und wird aus den Niederungen in lichte Höhen geführt. Es wird nicht mehr in der Enge leben, sondern in lichter Weite, es wird nicht mehr von Dunkelheit umgeben sein. Da antwortete ich der leuchtenden Gestalt: Dann, Herr, nimm – ich flehe dich an – auch noch das Leuchten hinweg und laß es bei ihm. Die leuchtende Gestalt sagte: Noch einen ganzen Tag, dann wird das Leuchten verschwinden. Das erklärte mir die Gestalt, und ich sah, wie das Licht, das mein Haus erhellte, gen Himmel fuhr und auch das Leuchten verschwand. Dieses Licht aber warst du, mein Vater.

Da wandte sich der Engel an den Stammvater: Isaak, dein Sohn, hat es richtig gesagt. Du, Abraham, sollst in die Ewigkeit eingehen. Dein Körper wird auf der Erde verweilen, bis die Fülle der Zeit voll ist. Dann werden alle Leiber auferstehen. Abraham, ich bitte dich also, mache dein Testament, gib deinen Söhnen Weisungen, denn deine Tage neigen sich dem Ende zu. Da flehte Abraham den Engel an: Höre, Bote meines Gottes, wenn ich schon sterben soll, so möchte ich doch sicher sein, daß auch mein Leib in das Paradies kommt, damit ich im Himmel wie auf Erden alle Wesen sehen kann, die der allmächtige Schöpfer ins Leben rief. Der Engel antwortete: Ich weiß nicht, ob das möglich ist, aber ich will zum Schöpfer gehen und ihn befragen. Gibt er mir den Auftrag, so werde ich dich hinaufführen.

Abraham schaut das Paradies

Der Engel stieg in den Himmel auf, trat vor den Thron des Schöpfers und bat, Abrahams Sehnen zu erfüllen. Der Schöpfer befahl seinem Engel: Geh und hole den Abraham in seinem irdischen Körper ins Paradies, laß ihn sehen, was er sehen will, und erfülle ihm alle Wünsche, denn ich liebe ihn. Michael schwebte also zur

Erde zurück, hob den Abraham in der Gestalt eines Lebendigen auf eine Wolke und brachte ihn zum Strom der Zeiten.

Abraham sah auf und erblickte zwei Portale, ein winziges und ein riesiges. Zwischen diesen Portalen stand ein Thron wie aus Licht gewoben, auf dem saß ein Mann, und Scharen von Engeln waren bei ihm. Lachen und Weinen wechselten im Gesicht des Mannes, aber das Weinen war stärker als das Lachen. Abraham frug den Engel: Wer ist der Mann, der auf dem leuchtenden Thron zwischen den Portalen sitzt, in dessen Gesicht Lachen und Weinen wechseln, aber das Weinen stärker ist? Michael erwiderte: Weißt du wirklich nicht, wer das ist? Abraham verneinte, da frug der Engel: Siehst du die Portale nicht, das winzige und das riesengroße? Das sind die Tore, die zum ewigen Leben führen oder ins Verderben. Der Mann, der auf dem Throne sitzt, ist Adam, der erste Mensch, den Gott aus der Erde geformt hat. Er hat seinen Platz zwischen diesen Toren, damit er jede Seele sehen kann, die sterbend den Körper eines Menschen verläßt. Sie sind ja alle seine Nachkommen. Wenn Tränen über sein Gesicht strömen, so deshalb, weil er mitansehen muß, wie viele seiner Kindeskinder den Weg ins Verderben wählen. Sieht er aber einige Seelen der Gerechten, die ihren Weg zu Gott gehen, strahlt Lachen aus seinem Gesicht.

Weißt du jetzt, warum mehr Weinen als Lachen in seinem Gesicht ist? Das ist, weil die meisten seiner Nachkommen durch das riesige Portal ins Elend gehen, die wenigsten durch die kleine Tür ins Paradies. Darum ist mehr Weinen in seinem Gesicht als Lachen.

Das kleine Tor

Abraham wandte sich an den Engel: Wenn einer nicht durch das winzige Tor gelangt, ist er dann auf immer verloren? Und er klagte: O ich Elender, dann bin auch ich im Elend. Ich bin doch ein Mann von starker Gestalt. Wie sollte ich durch eine so winzige Tür gelangen, die kaum eines Kindes Körper durchläßt. Der Engel tröstete den Abraham: Sei ohne Furcht und Zagen. Ganz ohne Mühe kannst du durchgehen, Abraham, so wie alle, die gelebt haben wie du. Noch während Abraham darüber nachdachte, sah er, wie sechzigtausend Seelen von Engeln durch das große Portal in die Sphäre der Bestrafung getrieben wurden. Da frug Abraham den Engel: Ist diesen allen die ewige Pein bereitet? Und der Engel antwortete: So ist es. Aber wir wollen das Leben dieser Gottlosen ansehen, um zu erfahren, ob auch nur ein einziger von ihnen gottgefällig war.

Sie traten hinzu und sahen einen Engel, der aus der Schar der sechzigtausend eine einzelne Seele auf seine Arme hob. Es war die Seele einer Frau. Das Gewicht ihrer Untaten wurde aufgehoben durch das Gewicht ihrer guten Werke. Darum konnte sie weder ins Paradies eingehen, noch fiel sie in die Sphäre der Verdammnis, sondern blieb an einem neutralen Ort. Abraham frug seinen Begleiter: Bote meines Gottes, holt dieser Engel des Menschen Seele aus seinem Körper? Michael antwortete: Der Tod tut dies, und er bringt die Seele vor den Richterstuhl, damit der Herr über deren Schicksal entscheide.

Das Gericht über die Seelen

Da bat Abraham den Gottesboten: Bringe mich doch zum Richterstuhl, laß mich die Entscheidung schauen, die über sie gefällt wird. Der Engel hob den Abraham auf eine Wolke und stieg mit ihm in die Himmelssphäre. Als sie dorthin gelangten, wo der Stuhl des Richters stand, kam ein Engel, der eine Seele zur Aburteilung führte, und die Seele flehte um Gnade.

Der Richter aber sprach: Warum sollte ich mich deiner erbarmen? Hast du dich etwa deiner Tochter erbarmt? Hast du nicht diese Frucht deines Leibes getötet? Die Seele verteidigte sich: Herr, mein Gott, ich habe sie doch nicht getötet. Das behauptet doch nur meine Tochter, um mich in Schande zu bringen. Da winkte der Richter denjenigen herbei, der des Menschen Taten und Untaten aufschreibt. Da erschienen zwei mächtige Engel, die Schriftrollen trugen. Mit ihnen kam eine riesenhafte Gestalt, die drei Kronen trug. Eine der Kronen überragte die beiden anderen. Dies waren die Kronen des Zeugnisses. Die Gestalt trug eine glänzende Feder mit sich.

Da sagte der Richter zu der Gestalt: Nenne mir die Schuld dieser Seele. Da nahm die Gestalt eine der Schriftrollen aus den Händen der Engel. Sie suchte und fand die Niederschrift über die Schuld dieser Frau. Da sagte der Richter: Du Schuldbeladene, wieso leugnest du, deine Tochter getötet zu haben? Hast du Schamlose nicht nach dem Tod deines Mannes mit dem Gatten deiner eigenen Tochter die Ehe gebrochen und sie damit in den Tod getrieben? Der Richter warf ihr noch andere Vergehen vor, die sie im Laufe ihres Lebens auf sich geladen hatte.

Als die Seele dieser Frau dies hörte, weinte sie laut: O ich Beklagenswerte! All diese Schuld, die ich mein Lebtag begangen habe, hatte ich längst vergessen. Hier aber ist sie festgehalten. Dann wurde die Seele weggeführt und an den Ort der Züchtigung gebracht. Abraham frug den Engel: Mein Begleiter, wer ist es, der die Seelen scheidet, wer ist es, der ihre Schuld aufgeschrieben hat? Der Engel erklärte ihm: Der, der die Seelen scheidet, ist Abel, der als erster durch eines anderen Schuld zu Tode kam, darum machte ihn der Allmächtige zum Richter. Und der, der das Verzeichnis der Sünden verwaltet, ist Henoch, der dem Himmel und der Erde die Gerechtigkeit Gottes kündete.

Der Schöpfer trug ihm auf, eines jeden Menschen Wohltaten ebenso festzuschreiben wie seine Vergehen. Abraham frug weiter: Wie soll Henoch, der niemals sündigte, die Größe eines Vergehens beurteilen? Michael erklärte dem Abraham: Henoch soll nicht richten, dies ist nicht sein Auftrag, das hat der Allmächtige sich vorbehalten. Henochs Teil ist es, die Taten und Untaten zu notieren. Henoch selbst hatte seinem Schöpfer gesagt: Mein Gott, mach mich nicht zum Richter über die Seelen der Menschen, ich habe Angst, ich könnte nicht gerecht sein in meinem Urteil. Und Gott gab dem Henoch zur Antwort: Du sollst nur die Schuld eines Menschen aus der Schriftrolle tilgen, wenn ich mich seiner erbarme. Tut einer aber keine Buße, findet er nicht mein Erbarmen, so sorge dafür, daß die Schuld in der Rolle zu finden ist und der Schuldige seine Züchtigung erfährt.

Abraham kehrt zurück

Nachdem Abraham den Richterstuhl gesehen hatte, trug ihn die Wolke wieder zurück auf die Erde. Dort sah er einen Menschen, der mit eines anderen Mannes Frau die Ehe brach. Abraham drehte sich zu Michael um, seinem Begleiter, und frug: Siehst du die Untat, die diese begehen? Laß doch einen Blitz herniederfahren, der die Übeltäter trifft und tötet. Und im gleichen Moment schlug der Blitz in das Paar. Der Schöpfer hatte den Engel ja beauftragt, einen jeden Wunsch des Abraham zu erfüllen. Und als Abraham sich weiter umblickte, sah er, wie Freunde einander verleumdeten. Da sagte Abraham: Der Abgrund soll sich auftun und sie verschlingen. Und bevor er geendet hatte, waren die Frevler im Abgrund verschwunden.

Die Wolke trug Abraham und den Engel in eine andere Stadt. Dort erkannte Abraham einige Menschen, die in die Wüste hinausgingen, um gemeinsam einen anderen umzubringen. Da sprach Abraham zu dem Engel: Erkennst du, welche Untat sie planen? Die Bestien der Wüste mögen herbeieilen und die Übeltäter verschlingen. Und die Bestien der Wüste eilten herbei und verschlangen sie. Da ließ der Allmächtige seine Stimme ertönen und befahl seinem Engel: Führe den Abraham jetzt heim in seine Behausung. Er soll nicht länger durch die Welt gehen, denn er läßt keine Gnade walten über die Schuldbeladenen. Ich, der Schöpfer, aber habe Mitleid mit ihnen und will, daß sie Buße tun, um zu leben.

Es war Nachmittag, als der Engel den Abraham an die Schwelle seiner Heimstatt brachte. Sarah war am Morgen dieses Tages vor Kummer gestorben, weil sie ihren Mann Abraham nicht mehr hatte finden können und nicht wußte, was ihm passiert war. Als Abraham seine Gefährtin tot fand, trug er sie zu Grabe.

Der Tod sucht Abraham auf

Dann kam der Tag heran, an dem Abrahams Seele heimgeholt werden sollte. Der Herr wandte sich an den Erzengel: Dem Tod fehlt der Mut, die Seele Abrahams einzufordern, weil er weiß, daß ich diesen Menschen liebe. Geh also du hin, statte den Tod mit aller Lieblichkeit aus, und so soll er dann zu meinem Diener gehen, damit der ihn selber sehen und erkennen kann. Da stattete der Engel den Tod aus mit aller Lieblichkeit und schickte ihn hin zu Abraham, daß der ihn erkenne.

Der Tod ging hin und suchte sich einen Platz neben Abraham. Als der Stammvater sah, wer neben ihm Platz genommen hatte, überfielen ihn heftige Ängste. Da sagte der Tod in freundlichem Ton: Gruß dir, du gottgefällige Seele. Gruß dir, du Liebling des Schöpfers. Gruß dir, du freundlicher Helfer der Fremden. Abraham sagte: Sei auch du mir gegrüßt, Abgesandter meines Schöpfers. Tu mir den Gefallen und sage mir deinen Namen. Komm in meine Behausung, sei mein Gast, aber dann geh deines Weges. Denn als du neben mir Platz genommen hast, kam Unruhe in mein Herz. Die Ehre deines Besuches ist zu groß, du bist ein Bote des Herrn, ich aber bin bloß ein sterblicher Mensch, und der Glanz deiner Nähe ist zu groß für mich. Es besteht ja kein Zweifel: Der Schmuck deiner Lieblichkeit kann nicht irdischer Herkunft sein.

Da sagte der Tod zum Stammvater: Ich darf dir künden, daß in der ganzen Schöpfung kein Mensch ist wie du. Der Schöpfer selbst konnte keinen entdecken, den er so lieben könnte wie dich. Abraham antwortete: Wie kannst du solche Ungeheuerlichkeiten aussprechen? Ich weiß ja, daß der Schmuck deiner Lieblichkeit nicht irdischer Herkunft sein kann. Der Tod sagte daraufhin: Abraham, diesen Schmuck trage ich nicht immer. Nicht, wenn ich zu anderen Menschen gesandt werde. Nur wenn mein Weg mich zu jemandem führt, den Gott so liebt wie dich, dann gehe ich im vollen Schmuck der Lieblichkeit. Werde ich zu einem Frevler geschickt, so ist mein Leib voller Schwären, ich trage eine Krone, die aus seinen Vergehen geflochten wurde, und der Frevler wird erzittern in großer Furcht.

Abraham wollte wissen: Wie kommst du zu dieser Krone? Der Tod sagte ihm: Kein anderer Bote Gottes trägt mehr Verwesung als ich. Da frug Abraham: Bist du der, den man den Tod nennt? Und der antwortete: Ja, ich trage diesen furchterregenden Namen, der alle erschauern läßt.

Abrahams Ende

Da bat Abraham: Laß mich deine Schrecknisse erkennen. Da zeigte ihm der Tod alle seine Schrecknisse. Er hatte zwei Köpfe, der eine war einem Drachen gleich, und bei seinem Anblick sinken etliche mitten im Kampf tot darnieder unter ihrem Schild. Der zweite Kopf hatte die Form eines Schwertes. Und das heißt, daß viele von der Schärfe des Schwertes oder von der Spitze eines Pfeiles getötet werden.

Die Knechte Abrahams starben an jenem Tag vor Furcht, als sie des Todes ansichtig wurden. Als der Stammvater dies erkannte, bat er den Schöpfer, ihnen das Leben wiederzugeben, und Gott erfüllte seine Bitte. Da wandte der Schöpfer sich wieder seinem Diener Abraham zu und hüllte seinen Geist in freundliche Träume ein, und so konnte Michael, der Engel, des Abraham Seele in das Paradies führen.

Isaak senkte seines Vaters Abraham Leib neben seiner Mutter Sarah in die Erde. Er sandte seinen Lobpreis zum Schöpfer, denn diesem allein ist Lob und Preis und alle Glorie gemäß, dem Vater, dem Sohn und dem Heiligen Geist, jetzt und in aller Zeit.

Amen.

Das Testament des Isaak

Die Voraussage des Todes

Als sich des Isaak Leben vollenden sollte und die Zeit kam, da er seine Seele zurückgeben sollte, wurde vom allmächtigen Gott der oberste der Engel zu ihm geschickt, so wie einstens zu des Isaak Vater Abraham.

Michael ging zu Isaak und grüßte ihn also: Segen über dich, du Freund des Allerhöchsten. Mit diesen Worten begrüßte Michael den greisen Isaak, so wie auch all jene Engel es taten, mit denen Isaak regelmäßig zu verkehren pflegte. Als Isaak den Engelfürsten erblickte, warf er sich auf die Erde und sah, daß der Engel in seinem Aussehen ihn gar sehr an seinen Vater Abraham erinnerte. Und er brach in Jubel und Lobpreis aus und sagte: Wenn ich dich ansehe, so ist mir, als würde ich meinem Herrn und Gott, meinem Schöpfer und Ernährer gegenüberstehen.

Da antwortete ihm Michael, der Engelsfürst: Isaak, getreuer Diener des Herrn. Eben dieser Herr und Gott hat mich zu dir geschickt, damit ich dich heimhole ins Paradies, wo Abraham, dein Vater, bei den Heiligen Gottes lebt. Und Abraham, dein Vater, freut sich auf dein Kommen. Denn in der Nähe von deines Vaters Thron ist auch für dich ein Thron bereitet, und ein weiterer wartet auf Jakob, deinen Sohn. Beide sollt ihr thronen im himmlischen Königreich, ihr sollt leben im Licht der allerheiligsten Dreifaltigkeit, und von nun an soll man von den Vätern reden, wenn man von euch redet. Alle Menschen sollen euch als Väter verehren, denn du, Isaak, hast Gott treu gedient.

Isaak sagte zu Michael: Wer bist du? Bist du denn nicht Abraham, mein Vater? Der Engel antwortete: Ich bin doch nicht Abraham, dein Vater, ich bin vielmehr zu seinem Knecht bestellt. Du aber sollst jetzt voller Jubel sein, und Freude soll aus deinem Angesicht strahlen. Sei ohne Furcht. Unter Jauchzen und gänzlich ohne Beschwerden sollst du dein Leben beenden, und du sollst in Glorie leben für alle Ewigkeit. Aus der irdischen Bedrängnis gehst du in die Fülle des Paradieses. Du wirst in das Land gehen, das vom Leuchten der Seligkeit beherrscht wird, in dem die Freude keine Grenzen kennt, in dem der Lobpreis des Schöpfers erklingt ohne Anfang und ohne Ende. Sage jetzt deinen Kindern das Wort des Abschieds und gib ihnen deine Weisung. Bestelle dein Haus, denn du gehst in die Herrlichkeit Gottes. Ihm sei Lob, Lob sei dem Vater Abraham, Lob sei deinen Kindern und Kindeskindern.

Isaak will nicht sterben

Jakob, des Isaak Sohn, hörte den Vater vor dem Haus mit jemandem reden, und er versteckte sich voller Furcht. Isaak aber sagte zu dem Boten Gottes mit flehender Stimme: Was soll denn dann aus Jakob werden, meinem innigst geliebten Sohn? Seinetwegen bin ich in Sorge. Du weißt doch, Esau ist ihm nicht wohlgesonnen.

Da sagte Michael dem Isaak: Wenn alle Welt wider Jakob aufstünde, könnte ihm doch nichts geschehen, denn du hast ihn gesegnet. Und in dem Augenblick, da du den Segen über ihn gesprochen hast, hat die allerheiligste Dreifaltigkeit gemeinsam mit deinem Vater Abraham den Jakob ebenfalls in aller Liebe gesegnet. Keiner seiner Feinde soll ihn besiegen, er soll stärker sein als seine Gegner und das Zepter über sie führen. Seine Kindeskinder sollen die Erde bevölkern und zwölf mächtige Stämme bilden. Da sagte Isaak zu Michael, dem Engel: Was du gesagt hast, tut mir wohl. Aber mein Sohn Jakob soll nichts davon wissen, er könnte traurig und bekümmert sein, bisher aber hat er niemals Leid erfahren müssen.

Da sagte Michael: Isaak, geliebter Diener Gottes! Das größte Glück ist es für die Gottesfürchtigen, von der Erde hinweggenommen zu werden und zum allmächtigen, gütigen Schöpfer zu gehen. Schrecken bringt der Tod nur dem Gottlosen, dessen Nachkommen nicht die Gebote Gottes befolgen, denn ihretwegen muß er Tränen vergießen. Mache du alle deine Nachkommen mit Gottes Geboten vertraut, erinnere sie an die Frömmigkeit deines Vaters Abraham, damit sie beachtet werde bis ans Ende der Zeiten. Und sei Jakobs wegen unbesorgt. Allen Gottesfürchtigen sind sie aufgetragen, damit sie eingehen können in die Herrlichkeit des Paradieses, trotzdem sollst du sie wiederholen, ehe ich wieder zu dir komme und dir den Frieden Gottes bringe, den auch ich erfahren darf. Jetzt kehre ich heim zum Herrn, der mir den Auftrag gab.

Als er seine Rede geendet hatte, verließ Michael das Haus des

Isaak und war verschwunden. Isaak schaute ihm nach und war voller Verwunderung über die Offenbarung, die ihm gegeben wurde. Da sagte Isaak: Ich will nicht in das Paradies gehen, solange ich nicht muß.

Isaak verabschiedet sich von seinem Sohn Jakob

Während Isaak noch seinen Gedanken nachhing, betrat Jakob den Ruheraum seines Vaters. Der Engel hatte den Jakob in Schlaf versenkt, solange er anwesend war, damit er das Gespräch mit Isaak nicht hören sollte. So frug er jetzt: Wer war bei dir, mein Vater, ich hörte dich reden. Da sagte Isaak: Du hörtest mich reden, Jakob. Ja, der Bote des Herrn war bei mir, um meine Seele zu holen. Da umarmte Jakob den Vater und sagte zu ihm unter Tränen: Wie soll ich dann weiterleben, mein Vater, soll ich denn als Waise zurückbleiben? Was soll nur aus mir werden? Wieder umarmte Jakob den Vater und liebkoste ihn, und beide brachen in Tränen aus, und nur die übergroße Müdigkeit beendete endlich ihr Weinen.

Jakob sagte zu seinem Vater: Ich will mit dir gehen und nicht von deiner Seite weichen. Der antwortete: Das kann ich nicht bestimmen, mein Sohn. Laß uns aber dem Schöpfer danken, daß auch dir Nachkommen geboren wurden. Du sollst bei ihnen bleiben, bis auch deine Seele eingefordert wird. Siehe, die Tage der Erde sind gezählt. Abraham, meinem Vater, wurde geoffenbart, daß der Schöpfer diese Entscheidung verwirklichen will und nicht von ihr lassen wird. Denn so steht es geschrieben, und was geschrieben steht, ist gültig auf ewig. Jakob, mein Kind, der Schöpfer weiß, daß mein Herz voller Trauer ist, wenn ich dich verlassen muß. Und zugleich bin ich voller Freude, wenn ich in das Paradies des Schöpfers eingehen darf. Fasse dich also, sei nicht mehr traurig und trockne deine Tränen.

Merke auf, Jakob, mein Sohn, ich will dir sagen, was ich von unserem Stammvater Adam weiß, dem ersten Menschen, den Gott erschaffen hat, und von Eva, der Mutter des Menschengeschlechts. Erzählen will ich dir von Abel und seinem Bruder Seth, vom Propheten Henoch, von Mahalabehl und seinem Sohn Methusalem, von Lamech, dem Vater Noahs und dessen Nachkommen Sem, Ham und Japhet, von deren Kindern Pinechas und Kainan, Noe, Eber und Rem, Terach, Nachor und schließlich von meinem Vater Abraham und von Loth. Aller Seelen hat der Schöpfer geholt außer der von Henoch. Er war vollkommen und kam mit seinem Leib ins Paradies.

Nach dir werden noch zwölf starke Väter kommen, bis schließlich Jesus geboren wird. Seine Mutter ist eine Jungfrau, die Mirjam genannt wird und die in Gott ist, bis die tausend Jahre zu Ende gehen, die der Welt noch beschieden sind. Dann begann Isaak zu fasten, keine Speise nahm er zu sich, bis die Nacht hereinbrach. Dann ging er hin und opferte dem Herrn und bat ihn, seine Seele zu retten sowie die Seelen seiner Familienmitglieder und seiner Knechte. Auch in der Stunde, da die Nacht sich wendet, stand er auf, um den Herrn zu preisen. Und am Tage tat er das gleiche.

So lebte Isaak noch viele Jahre in der Verehrung des Herrn und hielt in jedem Jahr dreimal die vierzigtägigen Fasten. Er verzichtete auf den Genuß von Fleisch und Wein, solange er lebte, nie sättigte er sich an Früchten, nie gönnte er sich ein bequemes Ruhelager, seine Tage waren ausgefüllt mit dem Lobpreis des Schöpfers und damit, seine Gnade zu erflehen. Wenn die Menschen erfuhren, daß der Prophet Gottes in seine Nähe käme, so eilten sie von weit her auf ihn zu, um seine Botschaft zu hören und von ihm in jenen Lebensregeln belehrt zu werden, die ihnen des Herren Gnade sichern sollten. Denn sie wußten, daß aus dem Mund des Propheten der Geist des Allerhöchsten spricht.

Die Führer der Stämme, die unter den Zuhörern waren, fragten: Welches Wissen hat Gott dir gegeben seit jenem Tag, da dir das Licht deiner Augen genommen wurde? Was sehen die Augen deines Herzens? Lächelnd erklärte der greise Gottesdiener seinen Zuhörern: Ihr, die ihr hierhergekommen seid, sollt es erfahren. Gnade hat der Allmächtige mir geschenkt als Trost dafür, daß mein Leben sich dem Ende zuneigt. Es ist der Segen meines Greisenalters, daß ich das Wort Gottes verkünden darf.

Da redete einer der Zuhörer ihn an und bat: Gib auch mir die Tröstung des Herrn und weise mir den Weg. Da belehrte ihn Isaak: Du hast ein aufbrausendes Temperament, darum mußt du darauf achten, niemanden voreilig zu beschuldigen. Paß auch auf, daß du nicht zum Prahler wirst, daß du nicht nur über dich selber redest und daß die Worte deines Mundes nicht unrein seien. Laß auch deinen Körper nicht freveln, denn er ist Gottes Tempel. Darum trage Sorge, daß du ihn heilig hältst. Mache deinen Mund nicht zum Werkzeug des Bösen und nicht zur Quelle des Lasters. Gestatte deinen Händen nicht zu stehlen. Und gehe nicht in den Tempel, wenn du unrein bist, sondern verrichte die Waschungen, ehe du dein Opfer auf dem Altar darbringst. Wie immer du versuchst, Gott zu dienen, deine wichtigste Aufgabe soll sein, Frieden zu stiften zwischen den Verfeindeten. Und wenn du dich zum Opfer bereitest, so bete, so lange es dir möglich ist, zum Herrn, ehe du deine Gaben niederlegst. Und ehe du bittest, sage deinem Schöpfer, dem ewigen, allmächtigen, heiligen und geheimnisvollen Herrn, Dank. Und dann flehe: Erbarme dich meiner, Herr, und vergib mir meine Schuld. Ich weiß, daß ich eine sündige Kreatur bin, ich weiß, daß ich Schuld auf mich geladen habe und nur du meine Seele heilen kannst. Du bist mein Heil und mein Retter, also rette mich. Reinige mich von meiner Schuld, damit ich rein in deinen Tempel treten darf. Ich leide unter der Last meines Vergehens, ich leide Höllenqualen. Gieß dein Erbarmen aus über mich, lösche, was mein Herz belastet, schenk mir dein Erbarmen.

Erbarme dich aber auch aller deiner Geschöpfe, die gesündigt haben vor dir und deren Glauben schwach ist.

Einem jeden von ihnen schenke ich meine Aufmerksamkeit, wenn ich weiß, daß er zu deinem Volk gehört. Ich nähere mich dir, mein Gott, ich bin dein Eigentum und ein Sohn deines Volkes, ein erbarmungswürdiger Mensch. Du aber bist der Allbarmherzige. So schenke mir dein Verzeihen und schenke mir die Gnade, in deinen Tempel zu gehen und ein Opfer zu bringen, das du annimmst. Verstoß mich nicht ob meiner Schwäche, und wende dich nicht ab von mir, sondern hole mich in deine Herde, führe mich heim wie ein verirrtes Schaf. So lehrte Isaak seinen Zuhörer.

Isaaks Abschied

Zu seinem Sohn aber sagte Isaak: Jakob, mein Sohn, der ewige Gott, der unsere Stammväter Adam, Abel, Noah und Abraham behütete, soll auch dich geleiten. Er soll sich auch meiner erbarmen, wenn ich zum Opfertisch gehe. Du aber beherzige, was ich dir gesagt, handle nach meinem Wort, wenn du zum Opfer in den Tempel gehen willst. Tu alles, um dem Allmächtigen in Ehrfurcht zu dienen.

Gott hat seinen Priestern eine schwere Bürde auferlegt. Seine Diener sollen sich nicht trunken machen vom Wein, sie sollen nicht mehr essen, als die Sättigung verlangt, sie sollen ihr Interesse nicht den irdischen Belangen zuwenden. Und dies soll gelten durch alle Geschlechter bis zu dem Tag, da der Herr der Welt das Ende bereitet. Die Priester sollen jede Stunde und jeden Atemzug ihres Daseins auf den Dienst des Herrn verwenden und darauf, zu wachsen in der Anbetung, im Streben nach Frieden. Und jeder, der Leben hat in dieser Welt, sei er ein Elender oder ein Fürst, soll festhalten an der Redlichkeit seines Tuns. Denn ein jedes Leben geht zu Ende, und nur wer reinen Herzens ist, wird mit den Engeln vor dem Thron des Allerhöchsten stehen und mit den Engeln zusammen den Schöpfer preisen und ihm ein reines Opfer darbringen dürfen. Schon auf Erden gleicht der Priesterstand dem Dienst der Engel im Himmel, und die Engel sind ihm darum in seinem Dienst beigegeben, wenn er reinen Herzens dem Herrn dient. Lohn und Ehre wird der Priester überreich empfangen, denn es gibt nichts, und sei es noch so nichtig, was der Allmächtige nicht erheben könnte, wenn es vor ihm ohne Schuld befunden wird.

Seid also demütig vor dem Herrn. Sühnt eure Schuld und haltet seine Gebote. Tötet nicht mit der Schärfe des Schwertes und tötet nicht mit der Schärfe eurer Rede. Brecht die Ehe nicht, überwindet euren Zorn, noch ehe ihr euer Nachtlager aufsucht, meidet den Hochmut und haltet euer Herz frei von Schadenfreude, wenn Unglück eure Feinde trifft. Schmäht nicht eure Brüder und verleumdet sie nicht. Verfolgt die Frauen nicht in zügelloser Begierde und entweiht nicht die reine Würde eures Leibes. Überlaßt euch nicht dem Zorn, denn der wird vom Herrn erkannt in eurem Herzen.

Isaak fährt in den Himmel auf

Die Menge, die sich angesammelt hatte, um Isaaks Mahnungen zu hören, brach in Lobpreis aus und sagte: Dieser gottgefällige Greis spricht mit dem Mund des Herrn, wir wollen ihm gehorchen.

Isaak schwieg erschöpft, der Mantel glitt von seinen Schultern, und er wurde damit zugedeckt. Die Zuhörer wie die Priester, die sich versammelt hatten, schwiegen still, um seine Ruhe zu schonen, wie sie sagten. Zu Isaak aber kam der Bote des Herrn. Der nahm ihn an der Hand und führte ihn in die himmlischen Sphären, wo er ihm ein loderndes Feuer zeigte. Bestien waren dort zu sehen, die nur eine Körperseite hatten, davon aber zwei, die so zusammengewachsen waren, daß sie einander nicht sehen konnten. Ihre Gesichter waren häßlich wie die von Kamelen und Hunden, von Löwen, Hyänen und Leoparden, andere aber waren einäugig.

Isaak blickte um sich und sah, wie ein Mann hastig hereingejagt wurde. Er wurde bis zu den Löwen getrieben, dort aber allein gelassen. Da fielen die Bestien über ihn her, zerfetzten seinen Leib und seine Glieder und fraßen sein Fleisch. Dann aber spuckten sie das Fleisch und die Knochen wieder aus, und alles fügte sich zusammen zur vorherigen Gestalt des Mannes. Da frug Isaak den Gottesboten: Welche Schuld hat dieser Mensch auf sich geladen, daß er solche Strafe erleiden muß? Der Engel antwortete ihm: Dieser Sünder hat seinen Nachbarn mit bösen Anschuldigungen gekränkt und ist ein paar Stunden später gestorben, ohne um Verzeihung gebeten zu haben. Jetzt werden ihn die Peiniger verfolgen, jeweils ein ganzes Jahr lang für eine jede Stunde, in der er nicht zur Versöhnung bereit war. Und weiter sagte der Engel zu Isaak: Siehst du diese sechzig Dämonen dort? Auch deren Aufgabe ist es, zu strafen für jede Frist, die ein Mensch mit seinen Mitmenschen in Feindschaft lebt. Jeder, der dies nicht bereute, kommt hierher, und ein jeglicher der sechzig Dämonen züchtigt ihn abwechselnd eine Stunde lang, bis sich ein Jahr gerundet hat. Einem jeglichen droht diese Strafe, wenn sich die Seele von seinem Leib trennt, ehe er seine Schuld bereut und Frieden schließt mit seinem Gegner.

Isaak schaut in die Hölle

Dann brachte der Engel den Isaak an einen glühenden Strom, dessen Fluten hochschossen wie feurige Fontänen und dessen Rauschen so laut war wie das Grollen des Donners.

Und Isaak sah, wie viele Seelen tief in diesen Strom geworfen wurden, und er hörte ihr Schreien und Stöhnen und Wehklagen. Die Glut dieses flammenden Flusses fügte den Seelen der Gottgetreuen keinen Schaden zu, verbrannte aber alle, die sich gegen Gottes Gebote vergangen hatten. Sie müssen getilgt werden, weil sie von scheußlichen Ausdünstungen umgeben sind, die aus der Gottlosigkeit aufsteigen. Isaak schaute in den glühenden Fluß und spürte die Dämpfe, die daraus aufstiegen. Er sah die Sünder auf dem Grund des Flusses und hörte ihr Wehklagen und ihr Stöhnen.

Da sagte der Engel zu ihm: Betrachte die tiefste Tiefe. Dort nämlich siehst du all jene, die schuldig wurden wie die Bürger von Sodom. Sie werden auf die härteste Weise gezüchtigt. Isaak erblickte einen Dämon, der diese Züchtigung beaufsichtigte. Er war wie aus Flammen gestaltet und schlug auf die Geister ein, die das

Feuer schürten, und trieb sie an: Vernichtet sie ohne Zögern, damit sie die ewige Herrschaft Gottes anerkennen.

Wieder redete der Engel den Isaak an: Verschließe deine Augen nicht vor den Qualen der Züchtigung. Isaak erwiderte: Ich kann sie nicht alle betrachten, sie sind so zahlreich und vielfältig. Aber sage mir, wie lange all diese am Ort der Peinigung ausharren müssen. Der Engel antwortete: Bis der Barmherzige ihnen Barmherzigkeit erweist und ihnen gnädig ist.

Isaak schaut ins Paradies

Der Bote des Herrn führte Isaak zum Paradies, dort erblickte er den Abraham und begrüßte ihn voller Ehrfurcht. Abraham umarmte den Isaak, und desgleichen taten all die Gottesfürchtigen, die den Isaak voller Liebe begrüßten um seines Vaters Abraham willen. Sie führten den Isaak zum Thron des Allmächtigen. Isaak warf sich davor nieder und verehrte den Herrn mit Psalmen und Lobgesängen. Desgleichen taten Abraham und all die Gottesfürchtigen, und sie ließen den Lobpreis erschallen: Heilig, heilig, heilig ist der Herr. Himmel und Erde sind erfüllt von seiner Herrlichkeit.

Der Allmächtige wandte sich an die Gottesfürchtigen und sagte: Wer seinem Sohn den Namen des Isaak gibt, den ich liebe, der soll gesegnet sein samt seinem Hauswesen und seinen Nachkommen.

Sei gegrüßt, Abraham! Segen ruht auf deinen Nachkommen, und voller Freude sehe ich, daß dein Sohn gekommen ist. Alles, um was du bittest um seinetwegen, soll dir zuteil werden, damit ich den Bund bestätige, den ich mit dir geschlossen habe. Abraham sagte: Dein ist die Macht und die Herrlichkeit, allmächtiger Herrscher des Alls.

Und der Allmächtige sagte zu Abraham: Noch einmal sage ich dir: Wer den Namen des Isaak weitergibt oder seine Nachkommen an des Isaak gottesfürchtiges Leben erinnert, der soll gesegnet sein bis ans Ende der Zeiten, und mit ihm sein ganzes Hauswesen. Wer um des Isaak willen einem Notleidenden hilft, soll mit euch im Paradies sein.

Abraham aber bat: Allmächtiger, gütiger Gott! Gib auch jenen deinen Segen, die in ihrer letzten Stunde nicht die Belehrung für ihre Söhne aufschreiben können. Sei auch ihnen barmherzig, du

Allerbarmer. Der Allmächtige antwortete: Jedem will ich einen Platz im Paradies geben, der einen Hungernden speist. Er soll mit allen Heiligen zu Tische sitzen, wenn ich den neuen Himmel und die neue Erde schaffe.

Und der eingeborene Sohn des Allmächtigen sagte zu Abraham: Wenn aber einer so arm ist, daß er dem Hungernden kein Mahl vorsetzen kann, soll er durch die Nacht wachen und sich dabei des Isaak erinnern, der den Schlaf mied sein Leben lang. Dann soll auch er leben in meinem Reich. Abraham antwortete: Schenk auch dem dein Erbarmen und deine Milde, der zu elend ist, um des Schlafes zu entbehren.

Der Allmächtige sagte dem Abraham: Ein solcher soll mir am Tag, da man das Andenken deines Sohnes Isaak feiert, den ich liebe, ein wenig Weihrauch opfern. Und wer die Anweisungen nicht kennt, weil er des Lesens unkundig ist, soll sie sich von einem Schriftkundigen erläutern lassen. Und wenn er auch dies nicht kann, soll er in seiner Kammer niederfallen und hundertfach bereuen. Dann soll auch er bei euch in meinem Paradies leben. Am besten freilich wäre es für ihn, am Tag, da man des Isaak Gedächtnis feiert, ein Opfer auf dem Altar darzubringen. Allen, die beherzigen, was ich euch jetzt geoffenbart habe, sollen Erben sein in meinem himmlischen Reich.

Allen gebe ich dieses Erbe, die bereit sind, diesem meinem Gebot zu folgen, und die die Worte als Vermächtnis meines Willens weitergeben samt des Isaak Geschichte. Allen auch gebe ich dieses Erbe, die aus Barmherzigkeit dem Dürstenden einen Trunk Wasser geben, denn auch sie tun meinen Willen und folgen meinem Gebot um ihres Heiles willen und werden treu befunden im Glauben. Darum werden sie teilnehmen am immerwährenden Festmahl in meinem Reich. Meine Gnade wird euch nie verlassen, denn meine Liebe ist um euch.

Der Tod kommt zu Isaak

Als der Herr geendet hatte, brachen die Seligen in Lobpreis aus: Heilig, heilig, heilig ist der Herr, Himmel und Erde sind erfüllt von seiner Herrlichkeit. Da rief der Allmächtige, der Himmel und Erde in seinen Händen hält, von seinem Throne aus den obersten der Engel: Michael, mein getreuer Diener, sammle alle Engel und alle Seligen um dich. Steige in den Wagen, den die Seraphim führen, und laß alle Cherubim vor ihm hergehen. Als der Allmächtige so gesprochen hatte, verlor Jakob die Fassung, umarmte seinen Vater Isaak, herzte ihn und brach in Tränen aus. Isaak erwiderte die Liebkosungen seines Sohnes Jakob und tröstete ihn: Trockne deine Tränen, Jakob!

Da wandte Abraham sich an den Allmächtigen und bat: Laß dein Erbarmen auch über Jakob walten, himmlischer Vater, meines Sohnes Isaak Sohn. Und der Allmächtige versprach: Meine Kraft will ich ihm geben, er wird mir ein treuer Diener sein und ich will ihn zum Herrscher bestellen über das Land, das ich deinem Stamm gegeben habe. Und seine Feinde werden nicht Sieger sein über ihn.

Da wandte Isaak sich an Jakob und sagte: Mein Sohn, nun achte auf mein Hinscheiden, damit du weißt, an welchem Tag du meinen Leichnam bestatten sollst. Bring keine Schande über das Abbild des Schöpfers, denn der Schöpfer hat den Menschen ja nach seinem Abbild geschaffen. So wirst auch du am Ende deiner Tage den Schöpfer schauen. Dies waren die letzten Worte, die Isaak zu seinem Nachkommen sprach, dann holte der Allmächtige die Seele seines Dieners heim, und sie war ohne Makel.

Isaak fährt in den Himmel

Und des Isaak makellose Seele wurde in den Wagen gehoben, den die Seraphim zogen, und in das Paradies gebracht. Mit Lobgesängen zogen die Cherubim und alle Seligen vor dem Gefährt her. Der Herr gab Isaak das Paradies und alle Herrlichkeiten als Lohn, mehr als Isaak sich je hätte erträumen können. Dies alles gewährte der Allmächtige ihm, und nie wird er den Bund aufkündigen, den er mit seinem Volk geschlossen. Der Tod des Stammvaters Abraham und seines Sohnes Isaak erfolgte am gleichen Tag, an dem Abraham, der Stammvater, Gott zu opfern pflegte. Es wurden Himmel und Erde ausgefüllt von dem süßen Duft seines gottgefälligen Lebens. Und Isaaks Seele schmolz im Feuer wie Silber, das in der Glut von allen Schlacken gereinigt wird.

So läßt Gott an jedem geschehen, der sein Leben nach des Isaak Vorbild lebt und Gutes tut um seinetwillen. An jenem Tag, an dem Abraham bereit war, dem Herrn seinen Sohn Isaak als Opfer darzubringen, steigt der Duft eines jeden Opfers wie Weihrauch auf zum Thron des Schöpfers.

Gnade wird allen zuteil, die am gemeinsamen Festtag des Abraham und des Isaak Gutes tun. Sie werden heimgeführt in das Paradies, denn der Allmächtige hat einen Bund geschlossen mit seinem Volk. Und er hält ihn mit allen Nachkommen Abrahams, und er hat versprochen:

Allen, die um des Isaak willen Gutes tun, führe ich zum himmlischen Festmahl. Sie sollen mit euch feiern und sich im Paradies am Glanz des Ewigen erfreuen und an der Gnade des eingeborenen Sohnes Gottes, des Herrn Jesus Christus.

Ihm allein gebühren Macht und Herrlichkeit, Ehre und Anbetung, Lob und Preis in Einheit mit dem allmächtigen Vater und dem Geist Gottes, jetzt und in Ewigkeit.

So endet das Vermächtnis vom Tod des Isaak. Der Herr sei gepriesen jetzt und in Ewigkeit.

Die Offenbarung Adams

Die Offenbarung, die Adam seinem Sohne Seth im siebenhundertsten Jahre gegeben hat. Er sprach: Höre auf meine Rede, mein Sohn Seth! Als Gott mich aus dem Boden gemacht hatte samt deiner Mutter Eva, lebte ich mit ihr in einem Glanze, den sie gesehen hatte in dem Äon, in dem wir entstanden waren: Sie überbrachte mir ein Wort einer Erkenntnis Gottes, des Ewigen. Wir waren wie die großen, ewigen Engel. Wir waren größer als Gott, der uns gemacht hatte, und größer als die Kräfte, die mit ihm waren – wir kannten sie nicht. Da schloß uns Gott, der Archon der Äonen, zornig aus. Wir selbst wurden zwei Äonen, der Glanz, der in unserem Herzen war, verließ uns, mich und deine Mutter Eva, samt der ersten Erkenntnis, die in uns war. Der Glanz verließ uns und ging über in große Äonen ...

Die Erkenntnis aber, die nicht in diesem Äon entstanden war, in dem ich und deine Mutter Eva entstanden sind, ging über in den Samen großer Äonen. Deshalb habe ich dich nach dem Namen jenes Äons benannt, des Menschen, er ist der Same des großen Geschlechtes und stammt aus ihm. Nach dieser Zeit war die große Erkenntnis des Gottes der Wahrheit fern von mir und deiner Mutter Eva. Seither haben wir als Menschen Belehrung über tote Dinge. Da erst erkannten wir den Gott, der uns gemacht hatte; denn wir standen seinen Kräften ja sehr nahe. Wir dienten ihm in Furcht und Knechtschaft.

Unsere Herzen verfinsterten sich. Im Sinnen meines Herzens aber schlief ich ein. Da sah ich drei Männer vor mir, ich konnte sie nicht genau erkennen, da sie nicht aus den Kräften Gottes stammten, der uns gemacht hatte. Sie übertrafen alles, was ich sonst gesehen hatte. Sie traten auf mich zu, machten sich mir bekannt und sprachen: Stehe auf, Adam, aus dem Schlafe des Todes! Vernimm über den Äon und den Samen jenes Menschen, zu dem das Leben gekommen ist und der aus dir und deiner Paargenossin stammt.

Als ich diese Worte der Männer, die bei mir standen, gehört hatte, jammerten wir, ich und Eva, in unseren Herzen. Und der Herr, Gott, der uns gemacht hatte, trat auf und sprach zu uns:

Adam, warum jammert ihr in euren Herzen, wißt ihr nicht, daß ich der Gott bin, der euch gemacht hat? Ich habe in euch einen Geist des Lebens eingeblasen zu einer lebendigen Seele. Da verfinsterten sich unsere Augen, und Gott, der uns gemacht hatte ..., sprach: Ich bin Gott, und es gibt keinen außer mir! Du aber bist Boden und sollst wieder samt deiner Frau Eva zum Boden zurückkehren.

Da erkannte ich im Sinn und in der Begierde meines Herzens ein süßes Verlangen nach deiner Mutter. Und die Eindeutigkeit einer ewigen Erkenntnis verkam in uns. Und eine Schwäche folgte uns nach. Ich hatte nämlich erkannt, daß ich unter die Herrschaft des Todes geraten war.

*

Jetzt, mein Sohn Seth, sei dir offenbart, was mir jene drei Männer geoffenbart haben, die einst vor mir gestanden haben.

Nachdem ich die Tage dieses Geschlechtes hinter mir haben werde, wird Noah kommen, ein Knecht des Herrn, des Gottes, der auch uns gemacht hat.

Und kommen wird eine große Flut. Zuerst werden Güsse Gottes, des Allmächtigen, herabstürzen. So wird alles Fleisch auf der Erde zugrunde gehen: alles, was ringsum war. Zugrunde gehen werden auch alle, die aus dem Samen des Menschen stammten, diejenigen, die die Offenbarung der Erkenntnis belebt hatte, die aus deiner Mutter Eva hervorgekommen war. Diese waren ihm nämlich wie Fremdlinge.

Danach werden große Engel auf hohen Wolken daherkommen. Und sie werden die Menschen zu jenem Ort wegführen, an dem der Geist des ewigen Lebens ist ...

Ein Glanz jener Äonen wird ihnen gegeben werden ..., wird vom Himmel zur Erde kommen, und die ganze Zahl des Fleisches wird im Wasser ertrinken. Dann erst wird Gott in seinem Zorne anhalten und seine Kraft auf die Massen der Wasser werfen.

Doch er wird verschonen den Noah, seine Söhne und deren Frauen durch die Arche. Und auch die Tiere, an denen er Gefallen fand, wird er verschonen. Und die Vögel des Himmels, die er gerufen hatte, setzte er auf die Erde nieder.

Und Gott wird zu Noah – die Völker werden ihn Deukalion rufen (der Noah im griechischen Mythos) – sprechen: Sieh, ich habe dich in der Arche am Leben erhalten, samt deiner Frau und deinen Söhnen und deren Frauen und ihren Tieren und den Vögeln des Himmels, die du gerufen hast ... Darum werde ich jetzt dir die Erde übergeben, dir und deinen Söhnen. In einer Herrschaft wirst du über sie befehlen, du und deine Söhne. Und kein menschlicher Same kommt aus dir, der nicht auch in Ehre hintreten darf vor mich. Sie werden dann (so zahlreich) sein wie die Wolke des großen Lichtes.

Es werden herantreten jene Menschen, die von der Erkenntnis der großen Äonen und der großen Engel ausgeschlossen worden waren. Und sie werden sich hinstellen vor Noah und die großen Äonen. Gott aber wird zu Noah reden: Weshalb bist du von dem Wege abgewichen, von dem ich zu dir geredet habe? Du hast dir ein anderes Geschlecht gemacht, um meine Kraft für klein anzusehen.

Dann aber wird Noah sagen: Ich kann vor deiner Stärke bezeugen, daß das Geschlecht dieser Menschen nicht durch mich entstanden ist, noch durch meine Kinder, sondern durch den ewigen Gott der Wahrheit und seine Erkenntnis. Und jene Menschen wird man erretten und sie in ein ausgezeichnetes Land bringen und ihnen dort eine heilige Wohnstatt bauen.

Man wird sie mit jenem Namen rufen, und sie werden dort sechshundert Jahre in der Erkenntnis der Unvergänglichkeit sein. Und mit ihnen werden Engel des großen Lichtes sein. Nichts, was man haßt, wird in ihrem Herzen wohnen, nichts denn die Erkenntnis Gottes allein.

Noah wird dann die gesamte Erde unter seine Söhne Ham, Japhet und Sem aufteilen, und er wird zu ihnen sprechen: Meine Söhne, hört meine Rede! Seht, ich habe die Erde unter euch aufgeteilt. Besorgt sie also in Furcht und Knechtschaft alle die Tage eures Lebens. Und euer Same möge nicht weichen vom Angesichte Gottes, des Allmächtigen; jedenfalls dienen ihm ich und euer Bruder Sem. Er ist der Gott, der uns gemacht hat.

Sem, Sohn Noahs, wird dann sagen: Mein Same finde Gefallen vor deiner Kraft! Siegle ihn mit deiner starken Hand in Furcht und Weisung. Denn all der Same, der aus mir hervorgekommen ist, wird nicht abweichen von dir und Gott, dem Allmächtigen, sondern er wird in Dienst und Furcht der Erkenntnis untertan sein.

Dann werden andere hervortreten, die aus dem Samen Hams und Japhets. Vierhunderttausend Mann werden kommen und in ein anderes Land übersiedeln, Wohnung zu nehmen bei jenen

Menschen, die entstanden sind aus der großen, ewigen Erkenntnis. Der Schatten ihrer Kraft wird die, die gekommen sind, Wohnung bei diesen zu nehmen, vor jedem Bösen bewahren, fernhalten von aller schmutzigen Gier. Dann wird der Same Hams und Japhets zwölf Reiche darstellen. Und der Same wird je in ein anderes Volk hineingehen ... tote Taten gegen ihren großen Äon der Unvergänglichkeit.

Dann werden sie vor ihrem Gott Saklas erscheinen. Sie werden hingehen zu den Kräften und die großen Menschen verklagen – weil die in ihrem Glanze sind.

Und so werden sie zu Saklas sprechen: Worin besteht die Kraft dieser Menschen, die sich da vor dich hingestellt haben? Man hat sie aus dem Samen Hams und Japhets genommen, und des sind ihrer vierhunderttausend Mann. Man hat sie in einen anderen Äon aufgenommen als den, von dem sie abstammen. Und sie haben all den Glanz deiner Herrschaft umgestürzt. Denn der Same Noahs hat durch seinen Sohn (allein) deinen ganzen Willen getan mit allen Kräften in den Äonen, über die deine Macht Herr gewesen ist. Doch jene Menschen und die, die Fremdlinge sind in ihrem Glanze, haben deinen Willen nicht getan. Im Gegenteil, sie haben deine gesamte (Menschen-)Menge abspenstig gemacht.

Dann wird der Gott der Äonen ihnen von denen, die ihm dienen, einige geben. Diese werden der Feuerlast folgen. Und sie werden zu jenem Land kommen, in dem die großen Menschen wohnen werden, die sich nicht beschmutzt haben und die sich auch nicht beschmutzen werden mit irgendwelchem Verlangen. Ihre Seele ist nämlich nicht durch eine beschmutzte Hand entstanden, sondern durch einen großen Befehl des ewigen Engels.

Danach wird man Feuer, Schwefel und Asphalt auf jene Menschen werfen. Und Feuer und Finsternis werden kommen über jene Äonen, und die Augen der Kräfte der Lichter werden finster werden. An jenen Tagen können die Äonen sie nicht sehen.

Dann werden große Lichtwolken herabsteigen. Und andere Lichtwolken aus den großen Äonen werden auf diese herabkommen.

Und es werden Abrasax, Sablo und Gamaliel (hier absichtlich Phantasienamen) herabsteigen und jene Menschen aus dem Feuer und dem Zorn herausführen und sie hoch über die Engel und die Herrschaften der Kräfte stellen. Sie werden sie herausführen und ihnen ewiges Leben geben ... und die Kraft von Äonen.

(Der unvergängliche Äon aber ist der Wohnort jener Lichter) und der heiligen Engel und Äonen. Und die Menschen werden jenen Lichtern gleichen, denn sie sind ihnen nicht fremd. Sie arbeiten am unvergänglichen Samen.

Dann wird das Licht der Erkenntnis zum dritten Male vorübergehen in großem Glanze, um übrigzulassen vom Samen Noahs und den Söhnen Hams und Japhets. Es wird sich Bäume übriglassen, die Frucht bringen.

Und am Tage des Todes wird es ihre Seelen retten. Denn alles Gemächt, das aus dem Boden entstanden ist, wird unter die Gewalt des Todes kommen. Wer aber an der Erkenntnis des ewigen Gottes in seinem Herzen festgehangen hat, der wird nicht zugrunde gehen, weil er nicht den Geist dieses Reiches erhalten hat, sondern den Geist von einem der ewigen Engel.

Und das Licht (der Erkenntnis kommt auf die) tote (Erde und siegelt sie mit dem Namen) Seths und wirkt Zeichen und Wunder, um so ihre Kräfte und ihren Archon zu erniedrigen.

Dann wird der Gott der Kräfte verwirrt werden und sprechen: Was ist das für eine Kraft des Menschen, daß er selbst uns überlegen ist? Und er wird einen großen Zorn gegen jenen Menschen entfachen. Aber der Glanz wird hindurchschreiten und in ihren Häusern wohnen. Diese haben sie sich ausgesucht. Die Kräfte können sie mit ihren Augen nicht sehen. Und auch das Licht werden sie nicht sehen. Darauf wird man das Fleisch des Menschen bestrafen, über den Heiliger Geist gekommen ist.

Dann werden die Engel und alle Arten der Kräfte den Namen vortäuschend mißbrauchen und werden sagen: Woher stammt dies, und woher sind die Lügenworte gekommen, die keine der Kräfte gefunden hat?

Das erste Reich nun sagt: Der Name stammt von dem Herrn eines heiligen, großen Reiches. Ein Geist hat ihn zum Himmel entrückt. Er wurde in den Himmeln erzogen. Und er erhielt den Glanz und die Kraft von jenem. Man legte ihn an die Brust seiner Mutter, und so kam er auf das Wasser.

Das zweite Reich aber sagt über ihn: Er entstammt einem großen Propheten. Und ein Flugtier kam, nahm das eben geborene Kind und trug es auf einen hohen Berg. Und es wurde von dem Flugtier des Himmels großgezogen. Ein Engel aber kam dort heraus und sprach: Steh auf, dir gibt Gott die Ehre! Es empfing also Glanz und Stärke und kam so auf das Wasser.

Das dritte Reich sagt von ihm: Er entstammt einem jungfräulichen Schoß. Man vertrieb ihn aus einer Stadt, ihn und seine Mutter. Und so ward er an einen öden Ort geführt und kam dort hoch. Er kam, empfing Glanz und Kraft, und so kam er auf das Wasser.

Das vierte Reich sagt von ihm: Er entstammt einer Jungfrau. Sie wurde schwanger im geheimen. Und es verfolgte sie Solomon, er und Phersalis und Sayel (hier absichtlich Phantasienamen) und seine Heere der Abergeister, um die Jungfrau zu finden. Sie fanden aber nicht die Jungfrau, die sie suchten, sondern eine andere, die ihnen gegeben worden war. Die brachten sie. Und Solomon nahm sie. Die Jungfrau wurde schwanger. Und sie gebar das Kind an jenem Ort. Sie zog es groß an einer ganz bestimmten Stelle der Wüste. Und als es herangewachsen war, empfing es Glanz und Kraft von dem Samen, durch den es gezeugt worden war, und so kam es auf das Wasser.

Das fünfte Reich aber sagt von ihm: Er entstammt einem unteren Äon, damit er Blumen pflücke. Und sie (der weibliche Äon) wurde schwanger vom Verlangen nach den Blumen. Und sie gebar ihn an jenem Ort. Und die Engel des Antheonos (wörtlich: der Gottwidrige) ernährten ihn. Und er empfing Glanz an jenem Ort und Kraft, und so kam er auf das Wasser.

Das siebente (der Spruch des sechsten Reiches ist nicht überliefert) Reich aber sagt von ihm: Er ist ein Tautropfen. Er ist vom Himmel auf die Erde gefallen. Und er wurde in Schlangehöhlen hinabgeführt. So wurde er ein Kind. Und ein Geist kam über ihn. Er trug ihn hinauf zur Höhe an jenen Ort, an dem der Tautropfen entstanden war. Und er empfing Glanz und Kraft an jenem Ort, und so kam er auf das Wasser.

Das achte Reich aber sagte von ihm: Eine Wolke überschattete die Erde. Sie hüllte einen Berg ein. Daraus ist er entstanden. Und die Engel, die über der Wolke sind, haben ihn großgezogen. Und er empfing den Glanz und die Kraft an jenem Ort, und so kam er auf das Wasser.

Das neunte Reich aber sagte von ihm: Von den neun Pieriden (eine der Musen) trennte sich eine ab. Sie stieg auf einen großen Felsen. Und lange Zeit saß sie dort. Schließlich begehrte sie sich selbst und wollte mannweiblich werden. Und sie vollendete ihr Verlangen und wurde von ihrem Verlangen schwanger. Und so hat sie geboren. Und Engel, die über dem Verlangen waren, zogen ihn groß. Und er empfing Glanz an jenem Ort und Kraft, und so kam er auf das Wasser.

Das zehnte Reich sagte von ihm: Sein Gott liebte eine Wolke des Verlangens. Er zeugte ihn in seine Hand und warf ihn auf die Wolke. Die war weit weg von ihm und von dem Samen, und so wurde er geboren. Und er empfing Glanz und Kraft an jenem Ort, und so kam er auf das Wasser.

Das elfte Reich aber sagte: Der Vater verlangte nach seiner eigenen Tochter. Sie wurde von ihrem eigenen Vater schwanger. Und sie warf ihr Kind in die Höhe draußen in der Wüste. Der Engel zog es groß an jenem Ort. Und so kam es auf das Wasser.

Das zwölfte Reich sagte von ihm: Er ist aus zwei Lichtern entstanden. Und dort wurde er großgezogen. Er empfing Glanz und Kraft, und so kam er auf das Wasser.

Das dreizehnte Reich aber sagt von ihm: Es ist überhaupt jedes Gebären ihres Archons ein Wort. Und dieses Wort hat an jenem Ort einen Willen ausgesprochen. Und er empfing Glanz und Kraft, und so kam er auf das Wasser, damit das Verlangen dieser Kräfte ruhiggestellt werde.

Das königliche Geschlecht (die Gnostiker) aber sagt: Gott hat ihn aus allen Äonen heraus erlesen. Und er ließ eine unbefleckte Erkenntnis der Wahrheit durch ihn entstehen. Sie sprach: Das große Licht ist aus einem fremden Raum, aus einem großen Äon herausgekommen. Es ließ das Geschlecht jener Menschen entstehen, die erleuchten können und die er sich auserlesen hat, so daß sie den ganzen Äon erleuchten.

*

Dann wird der Same gegen die Kraft kämpfen. Es sind die, die seinen Namen annehmen werden auf dem Wasser und von ihnen allen.

Und eine Finsterniswolke wird über sie kommen. Dann werden die Völker mit lauter Stimme rufen: Heil der Seele jener Menschen! Sie haben in ihrer Erkenntnis der Wahrheit Gott erkannt.

Und sie werden bis in alle Ewigkeiten leben und gehen nicht zugrunde durch ihr und der Engel Verlangen. Sie haben ja die Werke der Kräfte nicht getan. Sie standen vor ihm in einer Erkenntnis Gottes wie Licht, das aus Feuer und Blut quillt.

Wir aber haben alle Werke im Unverstand der Kräfte getan. Und wir haben uns der Übertretung dieser Werke auch noch gerühmt ... Seine Werke aber sind wahrhaftig, und sein Äon ist ewig. Diese aber sind (bloße) Geister.

Jetzt haben wir erkannt, daß unsere Seelen den Tod sterben werden. Dann kam eine Stimme zu ihnen und sprach: Michev, Michar und Mnesinus (hier absichtlich Phantasienamen), die ihr über dem heiligen Bade und dem lebendigen Wasser seid! Warum habt ihr zum lebendigen Gott gerufen mit Stimmen und Zungen ohne Gesetz, denen keine Weisung gegeben ist, sondern Seelen voller Schmutz und Blut? Da ihr angefüllt seid mit Werken, die nicht zur Wahrheit gehören, sind dennoch eure Wege voll von Lachen und Jubel. Da ihr das Wasser des Lebens beschmutzt und es zum Willen der Kräfte herabgezogen habt, in deren Hände ihr gegeben seid, sollt ihr ihnen auch dienen.

Und euer Sinn gleicht nicht dem jener Menschen, die ihr bekämpft, (weil sie nicht gehört haben) auf euer Verlangen und die Kräfte und Engel ... Und ihre Angst wird kein Ende nehmen. Man wird sie nämlich bis zu den großen Äonen hinauf kennen, sie, die Worte des Gottes der Äonen. Man hat sie bewahrt, ohne daß man ein Buch schreiben wollte oder gar schrieb. Nein, Engel werden diese Worte bringen. Und alle Geschlechter der Menschen werden sie nicht kennen. Und sie werden auf einem hohen Berg, auf einem Felsen der Wahrheit sein.

Daher wird man sie die Worte der Unvergänglichkeit und der Wahrheit derer nennen, die den ewigen Gott in Weisheit, Erkenntnis und Lehre von Engeln und Ewigkeit kennen. Denn er weiß alles.

*

Dies sind die Offenbarungen, die Adam seinem Sohne Seth vermittelt hat. Und sein Sohn hat sie seinen Nachkommen erzählt.

Das ist die verborgene Gnosis Adams, die er dem Seth gegeben hat. Dies ist das heilige Bad derer, die ewige Gnosis kennen.

Gegeben durch die Wortgeborenen und die unvergänglichen Lichter, die aus dem heiligen Samen hervorgegangen sind, Jesseus, Mazareus, Jessedekeus (hier absichtlich Phantasienamen)... sie sind heilig.

Das Evangelium nach Maria (Magdalena)

... Wird auch die Materie gerettet oder nicht?

Der Retter sagte: Alle Natur, jede Gestalt und jede Kreatur besteht in- und miteinander und wird wieder zu ihrer eigenen Wurzel hin aufgelöst. Denn die Natur der Materie kann sich nur zu ihren eigenen Wurzeln hin auflösen.

Wer Ohren hat, zu hören, der soll hören!

Da sprach Petrus: Du hast uns alles erkennen lassen, sage uns nun auch noch dies: Worin besteht die Sünde der Welt?

Der Retter sprach: In Wahrheit gibt es keine Sünde, sondern ihr macht Sünde durch euer Tun. Sie kommt (zum Beispiel) aus der Natur der zerbrochenen Ehe. Das nennt einer Sünde. Deswegen aber kam das Gute in die Mitte, hin zum Wesen jeder Natur, um sie so wieder in ihre Wurzel einzufügen.

Und er sprach weiter: Deswegen entsteht auch ihr, und deswegen sterbt auch ihr ... Wer es fassen kann, der soll es fassen!

Es gibt ein Leid, das nicht verglichen werden kann. Es ist aus einem Gegenüber der Natur hervorgegangen. Daher entsteht eine Verwirrung überall am Leibe. Und deswegen habe ich euch gesagt: Habt Mut! Auch wo ihr Mut nicht habt, habt dennoch Mut! Denn ihr seht doch, die Gestalten der Natur, sie sind verschieden.

Wer Ohren hat, zu hören, der soll hören!

Als der Selige dies gesagt hatte, gab er allen den Gruß(kuß) und sprach: Friede mit euch! Müht euch um meinen Frieden. Hütet euch, daß niemand euch abirren lasse mit den Worten: Seht hier! oder: Seht da!, denn der Sohn des Menschen ist inwendig in euch. Ihm sollt ihr nachgehen! Wer ihn sucht, wird ihn finden. Geht also und predigt das Evangelium der Herrschaft (Gottes)!

Ich habe euch kein anderes Gebot gegeben, nur das, worin ich euch unterwiesen habe. Und ich habe euch kein Gesetz gegeben, wie Gesetzesstifter tun. Ihr sollt nicht durch das Gesetz ergriffen werden.

Als er so sprach, wurde er unsichtbar.

Sie aber waren traurig, weinten und sprachen: Haben wir jetzt zu den Völkern hinauszugehen, um das Evangelium vom Menschensohn zu predigen?

Da erhob sich Maria, gab allen den Gruß(kuß) und sprach zu den Brüdern: Weint nicht, trauert nicht und zweifelt nicht, denn seine Huld wird mit euch sein und euch hüten. Laßt uns seine Größe rühmen, denn er hat uns hergerichtet und aus uns Menschen gemacht.

Indem Maria dies sagte, wendete sie den Sinn derer, die ihr zuhörten, zum Guten, und sie begannen über die Worte des Retters miteinander zu reden.

Petrus sprach zu Maria: Schwester, wir alle wissen, daß der Retter dich lieber hatte als die anderen Frauen. Sage du uns Worte des Retters, derer du dich erinnerst und die du kennst, wir aber nicht, weil wir sie auch nicht gehört haben.

Da fing sie an, ihnen diese Worte zu sagen: Ich, sprach sie, ich sah den Herrn in einem Traum und sprach zu ihm: Herr, ich sah dich heute in einem Traum! Er gab Antwort und sprach zu mir: Segen über dich, da du nicht strauchelst bei meinem Anblick. Denn wie euer Herz ist, wird auch eure Kraft zu sehen sein.

Ich sprach zu ihm: Herr, sieht ein Mensch den Traum, den er sieht, durch die Seele oder durch den Geist?

Der Retter gab Antwort und sprach: Er sieht weder durch die Seele noch durch den Geist, sondern durch die Mitte von beidem sieht der Traum durch den Sinn.

(...)

Und das Verlangen sprach: Ich sah nicht, wie du herankamst. Jetzt aber sehe ich, wie du hinaufsteigst. Warum lügst du also?

Die Seele antwortete und sprach: Ich habe dich durchaus gesehen, aber du hast mich nicht gesehen. Du hast mich nicht erkannt. Obwohl du ein Kleid warst, hast du mich nicht erkannt.

Als sie dies gesagt hatte, jubelte sie in Freude und ging davon. Darauf kam sie zur dritten Gewalt. Man nennt sie Unwissenheit. Diese wollte die Seele ausprüfen: Wohin gehst du? Du bist in der Tat gefangen, in der Sünde ergriffen. Richte also nicht!

Aber die Seele sprach: Worum richtest du mich, wo ich dich nicht richten soll? Zwar bin ich ergriffen worden, aber ich selbst habe nicht zugegriffen. Ich bin nicht erkannt worden, aber ich habe erkannt, daß nämlich das ganze Universum frei wird, Himmlisches wie Irdisches.

Nachdem die Seele die dritte Gewalt hinter sich gelassen hatte, stieg sie hinauf und stand vor der vierten Gewalt. Die war siebengestaltig. Die erste Gestalt ist die Finsternis, die zweite das Verlangen, die dritte die Unwissenheit, die vierte die Bringerin des Todes, die fünfte der Bereich des Fleisches, die sechste das dumme Verlangen des Fleisches, die siebente das Wissen des ...

Das sind die sieben Genossen des Zornes. Diese fragen die Seele: Woher kommst du, du hast Menschen getötet? Und wohin gehst du, du überwindest Raum?

Die Seele antwortete und sprach: Getötet ist worden, was mich festhielt, was mich umwendete, ist umgewendet. Mein Verlangen ist zu Ende. Meine Unwissenheit ist gestorben. In der Welt wurde ich gerettet aus der Welt durch eine hohe Gestalt. Ich wurde gerettet aus der Fessel, nicht zu erkennen. Dies besteht nur auf Zeit. Von jetzt an werde ich Ruhe erlangen. Dies ist der richtige Zeitpunkt. Ich werde Ruhe erlangen im Schweigen.

Als Maria das gesagt hatte, schwieg sie. Dies war es, was der Retter zu ihr geredet hatte.

Andreas aber sprach dawider und sagte zu den Brüdern: Sagt doch, wie denkt ihr über das, was sie gesagt hat? Ich glaube nicht, daß der Retter so geredet hat. Seine Lehren haben eine andere Bedeutung.

Da redete Petrus dawider und fragte seine Brüder über den Retter: Sollte er tatsächlich mit einer Frau allein gesprochen und uns ausgeschlossen haben? Sollten wir ihr etwa zunicken und alle auf sie hören? Hat er sie uns vorgezogen?

Da weinte Maria und sprach zu Petrus: Mein Bruder Petrus, was sagst du da! Meinst du, ich hätte dies alles selbst ersonnen in meinem Herzen und würde so über den Retter lügen?

Da nahm Levi das Wort und sprach zu Petrus: Petrus, du bist von jeher aufbrausend. Und jetzt sehe ich, wie du dich gegen diese Frau groß machst, als wärest du ein Rechtsgegner. Wenn aber der Retter sie für wert genug hielt – wer bist dann du, daß du sie verwürfest? Sicherlich kennt der Retter sie ganz genau. Und deshalb hat er sie auch mehr als uns geliebt.

Wir sollen uns also schämen und den endgültigen Menschen anziehen. Wir sollen werden, wie er uns angewiesen hat, und das Evangelium predigen, ohne daß wir eine Weisung oder ein Gesetz geben, es sei denn das, in dem uns der Retter unterwiesen hat.

Als Levi das gesagt hatte, rüsteten sie sich, auszurufen und zu predigen.

Das Apokryphon des Johannes

An einem dieser Tage aber trug es sich zu, daß heraufkam Johannes, der Bruder des Jakobus, dies sind des Zebedäus Söhne. Und als er zum Tempel heraufstieg, da begegnete ihm ein Pharisäer namens Amanja. Der sprach ihn an: „Wo ist dein Rabbi, mit dem du gegangen bist?" Er sprach zu ihm: „Er ist wieder dorthin gegangen, von wo er gekommen war." Da sagte der Pharisäer: „Dieser Nazarener hat euch in die Irre geführt ... Er hat eure Herzen verstockt und hat euch von den Überlieferungen eurer Väter abgebracht."

Als ich das hörte, ging ich vom Tempel weg hinauf zum Berge, an einen öden Platz. Und ich war sehr traurig in meinem Herzen und sprach: „Wie hat man den Retter ausgewählt? Und warum wurde er von seinem Vater, der ihn gesandt hat, in die Welt gesandt? Und wer ist überhaupt sein Vater? Und was ist das für ein Äon, zu dem wir kommen sollen?" Er hat uns gesagt: „Dieser Äon hat die Gestalt jenes kommenden Äons angenommen. Aber er hat uns nicht belehrt, was das für ein Äon ist."

Da! gleich, als ich's so erwog, öffneten sich die Himmel, und die ganze Schöpfung war von einem Licht angeschienen, das vom Himmel herabkam – und die Welt erbebte.

Ich hatte Furcht und fiel zu Boden. Und da! es zeigte sich mir ein Kind, und doch sah ich die Gestalt eines Kreises. Licht war in ihm. Ich schaute ihn an und verstand nicht dieses Rätselvolle: eine Einheit und viele Weisen des Erscheinens im Lichte. Und die Formen ihres Erscheinens ergänzten sich gegenseitig. Wenn es eine Form ist, wieso hat sie dann drei Weisen zu erscheinen?

Er aber sprach mich an: „Johannes, warum zweifelst du?" Und dann: „Prüfe dich, denn diese Erscheinung kann dir doch nicht fremd sein. Sei nicht klein, denn ich bin da bei euch alle Zeit. Ich bin der Vater, ich bin die Mutter, ich bin der Sohn. Ich bin der immer Seiende, der Unvermischbare. Keiner vermischt sich mir.

Ich bin gekommen, dir zu sagen, was war, was ist und was sein wird. Du sollst das Unsichtbare und das Sichtbare erkennen. Du sollst belehrt werden über den endgültigen Menschen.

Jetzt aber erhebe dein Gesicht. Komm, höre und erkenne, was ich dir heute sagen werde. Du sollst es denen, die aus dem gleichen Geiste stammen, sagen. Sie sind aus dem nicht wankenden Geschlechte des endgültigen Menschen."

Da sagte ich: „Sprich, damit ich erkenne." Er sprach zu mir: „Über die Einheit, die ganz alleine ist, herrscht niemand." – (Weitere Rühmung der Unermeßlichkeit Gottes.)

Von uns hat niemand erkannt, was es mit dem Unermeßlichen auf sich hat, nur der, der in ihm gewohnt hat. Er ist es, der uns dieses erzählt hat. Er erkennt sich selbst in seinem eigenen Lichte. Es umgibt ihn, und er ist die Quelle lebendigen Wassers. Er ist das Licht, das aus Klarheit besteht. Die Quelle des Geistes kam aber aus dem lebendigen Wasser des Lichtes. Und er stattete alle Äonen und Welten in jeder Art aus. Als er sein Bild im reinen Wasser, das ihn umgibt, ansah, da erkannte er es. Da schuf sein Gedanke ein Werk. Er erschien und trat vor ihn hin, heraus aus dem Glanze des Lichtes. Und das ist die Kraft vor dem Universum, die erschienen ist. Das ist die vollkommene Pronoia (wörtlich: die Vorwissende; hier die Paargenossin des ersten Äons, des Unermeßlichen) des Universums. Das Licht. Das Bild des Lichtes. Das Abbild des Unsichtbaren. Sie ist die endgültige Kraft, die Barbelo (nicht übersetzbar), der endgültige Äon des Glanzes. Er rühmt ihn, weil er sich durch ihn eröffnet hat. Als erster Gedanke und als Abbild erkennt er ihn. Und er wurde zum ersten Menschen. Das ist: der unberührte Geist, der dreimal Männliche, der mit den drei Kräften, den drei Namen, den drei Zeugungen, der Äon, der nie altert, mannweiblich und aus seinem Gedanken gekommen.

Und (dieser Äon) die Barbelo erbat von ihm, ihr eine allererste Erkenntnis zu gewähren. Und er gewährte. Da trat diese allererste Erkenntnis hervor, stellte sich samt der Pronoia hin und rühmte den Unsichtbaren, die endgültige Kraft. Es rühmte aber die Barbelo, weil sie beide durch diese Kraft entstanden waren.

Und wiederum bat die Barbelo, ihr die Unvergänglichkeit zu gewähren. Und er gewährte. Und als er gewährt hatte, trat die Unvergänglichkeit hervor. Und auch diese stellte sich samt dem Gedanken und der ersten Erkenntnis hin und rühmte den Unsichtbaren und die Barbelo, weil sie ihretwegen entstanden war.

Da bat die Barbelo, ihr das ewige Leben zu gewähren. Und er gewährte. Und als er gewährt hatte, trat das Leben hervor. Und alle stellten sich hin und rühmten den Unsichtbaren und die Barbelo, weil sie ihretwegen entstanden waren, durch Offenbarung des unsichtbaren Geistes.

Dies ist die Fünfheit der Äonen des Vaters: die Barbelo, der Gedanke, die erste Erkenntnis, die Unvergänglichkeit und das ewige Leben; das heißt (zusammengefaßt) der erste Mensch, das Bild des Unsichtbaren. Das ist aber auch die mannweibliche Fünfheit, nämlich die Zehnheit der Äonen, der Vater aus dem ungezeugten Vater.

Dann blickte die Barbelo tief hinein in das reine Licht und gebar so einen Lichtfunken. Der war ihr aber nicht gleich. Das ist der vor dem Vater erschienene Einziggeborene, der selbstentstandene Gott, der erstgeborene Sohn des Universums, des Geistes, des reinen Lichtes.

Da jubelte der unsichtbare Geist über das so entstandene Licht. Denn es war zuerst erschienen in der ersten Kraft, seiner Pronoia, der Barbelo. Und in seiner Güte salbte er das Licht. Mangellos wurde es so der Christus, hatte er es doch in seiner Güte zum unsichtbaren Geiste gesalbt. Er offenbarte sich ihm also durch die Gabe der Salbung, durch den unberührten Geist. Und auch der Christus stellte sich hin und rühmte den unsichtbaren Geist und die endgültige Pronoia (= Barbelo), worinnen er gewohnt hatte.

Und auch der Christus bat, ihm eines zu gewähren, den Nous (wörtlich: Sinn). Er gewährte es, der unsichtbare Geist. Da zeigte sich der Nous. Und er trat mit dem Christus hin und rühmte den Unsichtbaren und die Barbelo.

Diese alle aber entstanden in Schweigen und in einem einzigen Gedanken.

Der unsichtbare Geist aber wollte ein weiteres Werk tun. Da gewann sein Wille Gestalt und erschien. Er stellte sich hin mit dem Nous und dem Licht und rühmte. Dem Willen aber folgte das Wort (Wille und Wort sind ein neues Äonenpaar).

Durch das Wort aber hat der Christus alles geschaffen, er, der selbstentstandene Gott, das ewige Leben und (jetzt auch) der Wille.

Und auch der Nous und die erste Erkenntnis stellten sich hin und rühmten den unsichtbaren Geist und die Barbelo. Sie waren ja durch diese beiden entstanden. Endgültig aber ward der Nous erst durch den Geist, den ewigen selbstentstandenen Gott, den Sohn der Barbelo.

Das Endgültige aber wurde durch den Geist, den ewigen selbstentstandenen Gott, den Sohn der Barbelo, und zwar weil auch der zu dem ewigen, unberührten und unsichtbaren Geiste trat. Denn kein anderer als dieser selbstentstandene Gott, Christus, ist es, der dem Unsichtbaren die große Ehre gab, weil auch er aus jenem ersten Gedanken entstanden ist. Denn diesen Gedanken, die Barbelo, setzte der unsichtbare Geist als Gott über das Universum. Der wahre Gott gab ihm alle Macht und bestimmte die Wahrheit ihm zum Untertan, damit er das Universum erkenne. Und den Namen dieses Gedankens (Barbelo!) wird man all denen sagen, die seiner würdig sind.

Aus dem Lichte, Christus, aber und aus der Unvergänglichkeit traten vier große Lichter hervor. Sie sollten sich zu ihm stellen und zu den dreien: dem Willen, dem Gedanken und dem Leben. Diese vier Lichter sind: Gnade, Einsicht, Wahrheit und Klugheit ... (Die folgende Kosmogonie ist für unseren Zweck nicht mitzuteilen.)

*

Unsere Coschwester aber, die Sophia (die Sophia [Weisheit] ist letzter und jüngster Äon), erdachte in sich einen Gedanken, denn auch sie ist ja eine Äonin. Sie wollte nämlich nach dem Gedanken des Geistes und der ersten Erkenntnis ihren Gedanken als Bild aus sich heraus in Erscheinung treten lassen. Aber der Geist hatte nicht zugestimmt und nicht gewährt. Und auch ihr männlicher Paargenosse, der unberührte Geist, hatte dieser Absicht nicht zugestimmt. Sie fand also keine Übereinstimmung. Sie gewährte es (sich also selbst) ohne die Zustimmung des Geistes und ohne Wissen ihres eigenen Partners. Wegen des Verlangens aber, das in ihr wohnt, wollte sie (Eigenes) hervorbringen.

Und ihr Gedanke konnte nicht ohne Folgen bleiben. Es kam also ihr Werk hervor, unvollendet und häßlich von Ansehen. Sie hatte ja ohne ihren Paargenossen gehandelt. Ihr Werk aber war auch ihr selbst, der Mutter, nicht ähnlich, sondern von anderer Gestalt. Es erwägend, sah sie eine andere Form und ein anderes Aussehen, ein Schlangen- und Löwen-Aussehen. Und die Augen (ihres Werkes) glühten im Feuer. Da brachte sie es aus jenen Orten hinweg. Keiner der Unsterblichen sollte es sehen, war es doch in Unkenntnis geboren.

Sie umhüllte es mit einer Lichtwolke und setzte einen Thron in die Mitte der Wolke, damit niemand es sähe – ausgenommen der heilige Geist, den man das Leben und aller Mutter nennt. Und sie gab ihrem Werk diesen Namen: Jaldabaoth (nicht übersetzbar). Das ist der erste Archon, ausgestattet mit großer Kraft aus seiner Mutter. Und er entfernte sich von ihr ... (im Folgenden schafft Jaldabaoth diese Welt).

Als nun die Mutter ihren Mangel erkannt hatte – hatte doch ihr Paargenosse nicht mit ihr übereingestimmt und war sie doch von ihrer Vollkommenheit herabgesetzt worden –, da begann sie zu schweben.

Ich aber sprach: „Christus, was bedeutet schweben?" Da lächelte er und sprach: „Meinst du, es sei so, wie Moses gesagt hat, über den Wassern (schweben)? Nein, sondern weil sie das Schlimme und den Kehrricht sah, der ihrem Sohne zuteil werden würde, da reute es sie. Und als sie in der Finsternis hin und her irrte, begann sie sich zu schämen. Und sie wagte keine Umkehr, sondern irrte hin und her. Und dieses ihr Gehen und Kommen, das heißt schweben.

Als (Jaldabaoth) der Selbstgerechte nun wohl Kraft von seiner Mutter erhalten hatte, da wußte er dennoch von vielem nichts, nämlich von all dem, das über seiner Mutter war. Er dachte, nur seine Mutter existiere. Und da er die große Zahl der von ihm geschaffenen Engel ansah, erhob er sich über diese.

Und als nun die Mutter erkannt hatte, daß ihre Fehlgeburt in der Finsternis nicht vollkommen war, weil ja ihr Paargenosse nicht mit ihr übereingestimmt hatte, da bereute sie also. Sie weinte. Und er (der Unsichtbare) hörte auf das Flehen ihrer Reue, und ihre Brüder (die übrigen Äonen) baten für sie. Der heilige, unsichtbare Geist aber nickte gewährend.

Nachdem nun der heilige, unsichtbare Geist gewährt hatte, goß er über sie einen Geist der Vollkommenheit aus. Und ihr Paargenosse war zu ihr herabgestiegen, um ihre Mängel zu beheben. Er wollte ihre Mängel aber durch einen Gedanken beheben. Man brachte sie aber nicht zu ihrem Paar-Äonen hinauf, sondern wegen der an ihr offenbar gewordenen großen Unwissenheit ist sie unter die Neunheit (d. h. in den Schöpfungsbereich ihres Sohnes Jaldabaoth) gestellt worden – bis daß ihr Mangel behoben wäre! ... (Es folgt, gnostisch gedeutet, die bekannte Erschaffung und der Sündenfall des Menschen.)

Ich sprach zu ihm: „Christus, war es nicht die Schlange, die sie belehrte?" Er sprach lächelnd: „Ja, die Schlange lehrte sie (nämlich

Eva) die Zeugung des Begehrens, des Befleckens und des Verderbens, denn diese nützen ihr (der Schlange). Doch sie erkannte, daß jene weit klüger ist als sie selber und ihr nicht gehorchen würde. Sie wollte die Kraft herausbringen, die ihr von ihr (der Mutter Sophia) gegeben worden war. Da warf sie schließlich eine Vergessenheit auf Adam."

Ich sprach zu ihm: „Christus, was ist die Vergessenheit?" Er sprach: „Nicht wie Moses gesagt hat: Er senkte einen Schlaf auf ihn, sondern er bedeckte seine Sinne mit einem Schleier, er beschwerte ihn mit der Last des Nicht-mehr-Erkennens, denn er hat ja durch den Propheten gesprochen: Ich will die Ohren ihrer Herzen beschweren, damit sie nicht verstehen und nicht sehen.

Da aber verbarg sich die Epinoia in ihm (dem Menschen)" ... (Es folgt, wiederum gnostisch gedeutet, die Schöpfung der Frau aus der Rippe.) Da sprach ich: „Christus, werden die Seelen aller Menschen in das reine Licht gerettet werden?" Er sprach zu mir: „Du bist zur Überlegung großer Gedanken gekommen. Sie sind anderen schwer zu zeigen, es sei denn, sie wären von jener Art, die nicht wankt. Diejenigen, auf die der Geist des Lebens herabgekommen ist und sich mit der Kraft verbunden hat, die werden gerettet werden. Endgültig und würdig geworden, werden sie zu den großen Lichtern hinaufsteigen. Denn sie werden würdig werden, sich mit den Lichtern von allem Bösen und den Prüfungen der Bosheit zu reinigen, weil sie auf nichts anderes schauen werden als auf die unvergängliche Versammlung. Sie bemühen sich darum ohne Zorn, Neid, Furcht, Begierde und Sattheit. Von all dem werden sie nicht ergriffen. Auch nicht von irgend anderem, ausgenommen vom Fleische allein, das sie gebrauchen, werden sie ergriffen. Denn sie schauen einzig darauf, herausgebracht zu werden. Und sie werden von den Annehmern in die Würde des ewigen, unvergänglichen Lebens und des Rufes aufgenommen werden. Dabei dulden und tragen sie alles, um so den Kampf zu beenden und das ewige Leben zu erben."

Ich sprach: „Christus, was werden aber diejenigen tun, die das nicht getan haben? Denn auch in ihre Seelen ist doch die Kraft und der Geist des Lebens gekommen, damit sie gerettet werden." Er sprach zu mir: „Zu wem jener Geist gekommen ist, der wird auf jeden Fall gerettet werden, er kommt aus dem Schlimmsten heraus. Die Kraft kommt in jeden Menschen, ohne sie könnte ja keiner gerade stehen. Aber nach der Geburt der Kraft bringt man zu ihr den Geist des Lebens. Wenn aber der starke, göttliche Geist zum Leben gekommen ist, stärkt er die Kraft, das heißt die Seele, und also irrt sie nicht ab zum Schlimmen. Bei denen aber, in die der Geist der Nachahmung kommt, wird von ihm die Seele verführt, und sie geht irre."

Ich aber sprach: „Christus, wenn deren Seelen aus dem Fleische kommen, wo werden die dann hingehen?" Er aber sprach lächelnd: „An einen Seelenort, das ist die Kraft, die weit mehr vermochte als der Geist der Nachahmung. Diese Kraft ist stark und flieht die Werke des Schlimmen.

Und durch die unvergängliche Sorge wird sie gerettet und hinaufgebracht zur Ruhe der Äonen."

Ich aber sprach: „Christus, was sind aber die Seelen derer, und wohin werden die gehen, die überhaupt nicht erkannt haben?" Er sprach zu mir: „Über jene ist ein Geist der Nachahmung Herr geworden und sie sind gestürzt. Und so belegt er ihre Seele und drängt sie zu den Werken des Schlimmen und bringt sie so zur Vergessenheit. So entblößt, liefert er sie an die Mächtigen aus, die unter dem Archon geworden sind. Sie werden gefesselt und herumgeführt, (jedoch nur) bis sie von der Vergessenheit gerettet werden, sie Gnosis erhalten und so vollendet und gerettet werden."

Ich aber sprach: „Christus, ist es so, daß die Seele in sich zusammenfällt und wieder in die Natur der Mutter oder des Menschen hineingeht?" Als ich ihn so fragte, freute er sich und sprach: „Du bist selig zum Verstehen. Ja, sie werden einem anderen gegeben, in dem der Geist des Lebens ist, auf daß der nachfolge. Und wenn sie durch den hört, wird sie gerettet. In ein anderes Fleisch geht sie freilich nicht ein." Ich sprach zu ihm: „Christus, jene aber, die zwar erkannten, aber sich dennoch abwandten, was sind ihre Seelen?" Er sprach zu mir: „Diese werden an jenen Ort gehen, zu dem die Engel der Armut gehen werden, die Reuelosen. Sie werden bis auf jenen Tag hin aufbewahrt, an dem sie der Strafe verfallen. Denn jeder, der den heiligen Geist gelästert hat (vgl. Mt 12,31 f.), wird mit ewiger Strafe gestraft werden." – (Schlußwort des Christus): „Ich aber sage dir dieses, und du schreibe es auf und gib es geheim weiter an jene, die mit dir Geistiker (Versuch eines Kunstwortes für „Pneumatiker") sind. Denn dieses Geheimnis gehört dem Geschlecht, das nicht wankt. Die Mutter kam vor mich hin. Und das ist es, was sie in der Welt getan hat: Sie hat ihren Samen aufgerichtet. Ich aber will euch verkünden, was geschehen wird. Denn ich habe dir dieses übergeben, damit du es niederschreibst und man es sicher hinterlege."

Dann sprach er zu mir: „Verflucht ist jeder, der dieses für ein Geschenk, eine Speise, ein Getränk, ein Kleid oder was sonst weitergibt".

Er gab also Johannes das Geheimnis und wurde im selben Augenblick für ihn unsichtbar. Der aber kam zu denen, die mit ihm Schüler waren, ihnen zu sagen, was ihm vom Retter gesagt worden war.

Apokalypse des Paulus

Die Offenbarung des heiligen Apostels Paulus: was ihm offenbart wurde, als er bis zum dritten Himmel aufstieg und ins Paradies entrückt wurde und unsagbare Worte hörte.

1. Unter dem Konsulat des Theodosius Augustus des Jüngeren und des Cynegius offenbarte einem angesehenen Manne, der damals in Tarsus in dem Hause, das dem heiligen Paulus gehört hatte, wohnte, ein Engel, ihm nachts erscheinend, und sagte, er solle die Fundamente des Hauses aufbrechen und, was er gefunden hätte, veröffentlichen. Er meinte aber, dies sei eine Täuschung.

2. Zum dritten Mal aber kommend, geißelte ihn der Engel und zwang ihn, das Fundament aufzubrechen. Und nachgrabend fand er ein marmornes Kästchen, das auf den Seiten beschrieben war: Darin waren die Offenbarung des heiligen Paulus und seine Schuhe, in welchen er zu wandeln pflegte, wenn er das Wort Gottes lehrte. Er scheute sich aber, das Kästchen zu öffnen, und brachte es dem Richter. Der Richter sandte es nach Empfang, so wie es war, mit Blei versiegelt dem Kaiser Theodosius, in der Befürchtung, es könnte etwas anderes sein. Der Kaiser öffnete es nach Empfang und fand die Offenbarung des heiligen Paulus. Er sandte die Originalschrift nach Jerusalem, nachdem eine Abschrift gemacht war. Es war darin aber also geschrieben:

3. Das Wort des Herrn erging an mich also: Sage diesem Volke: Wie lange wollt ihr sündigen und häuft Sünde auf Sünde und versucht den Herrn, der euch gemacht hat, sagend, ihr seid Kinder Abrahams, aber die Werke des Teufels tuend? Wandelnd in der Zuversicht auf Gott, euch rühmend allein wegen eures Namens, aber arm wegen der Materie der Sünde? Gedenkt also und erkennt, Menschenkinder, daß die ganze Schöpfung Gott untertan ist, das menschliche Geschlecht aber allein sündigt! Es herrscht aber über alles Geschöpf, und mehr als alle Natur sündigt es.

4. Denn oft hat das große Licht, die Sonne, Einspruch erhoben beim Herrn, sagend: O Herr, allmächtiger Gott, ich sehe auf die Gottlosigkeiten und Ungerechtigkeiten der Menschen; erlaube mir, und ich will ihnen tun nach meinen Fähigkeiten, damit sie erkennen, daß du allein Gott bist. Und es erging eine Stimme an sie, sagend: Dies alles weiß ich; denn mein Auge sieht und mein Ohr hört, aber meine Geduld trägt sie noch, bis daß sie, sich bekehrend, Buße tun. Wenn sie aber nicht zu mir zurückkehren, werde ich sie richten.

5. Bisweilen haben nämlich der Mond und die Sterne Einspruch beim Herrn erhoben, sagend: Herr, allmächtiger Gott, uns hast du Macht über die Nacht gegeben; wie lange sollen wir ansehen die Gottlosigkeiten und Hurereien und Morde, welche die Menschenkinder begehen? Erlaube uns, daß wir entsprechend unsern Fähigkeiten gegen sie handeln, damit sie erkennen, daß du allein Gott bist. Und es erging an sie eine Stimme, sagend: Ich erkenne dies alles, und mein Auge sieht, und mein Ohr hört, aber meine Geduld trägt sie noch, bis daß sie sich bekehren und Buße tun. Wenn sie aber nicht zu mir zurückkehren, werde ich sie richten.

6. Und häufig hat auch das Meer ausgerufen, sagend: Herr, allmächtiger Gott, die Menschen haben deinen heiligen Namen auf mir befleckt; erlaube, daß ich mich erhebe und jeden Wald und Gebüsch und die ganze Welt bedecke, bis ich alle Menschenkinder von deinem Angesichte weg vertilge, damit sie erkennen, daß du allein Gott bist. Und wiederum erging eine Stimme und sagte: Ich weiß alles; denn mein Auge sieht alles und mein Ohr hört, aber meine Geduld trägt sie noch, bis daß sie sich bekehren und Buße tun. Wenn sie aber nicht zurückkehren, werde ich sie richten. Bisweilen haben auch die Wasser Einspruch erhoben gegen die Menschenkinder, sagend: Herr, allmächtiger Gott, die Menschenkinder haben alle deinen heiligen Namen befleckt. Und es erging eine Stimme, sagend: Ich erkenne alles, bevor es geschieht, denn mein Auge sieht und mein Ohr hört alles, aber meine Geduld trägt sie noch, bis daß sie sich bekehren. Wo nicht, werde ich richten. Oft hat auch die Erde zum Herrn gerufen, gegen die Menschenkinder sagend: Herr, allmächtiger Gott, ich werde mehr als alle deine andere Kreatur geschädigt, indem ich ertrage Hurereien, Ehebrüche, Morde, Diebstähle, Meineide, Magie, Zauberei der Menschen und alles Böse, was sie begehen, so daß der Vater sich erhebt gegen den Sohn und der Sohn gegen den Vater, der Fremde gegen den Fremden, so daß ein jeder das Weib seines Nächsten verunreinigt. Der Vater besteigt das Lager seines Sohnes, und der Sohn besteigt in gleicher Weise das Polster seines Vaters, und mit allen diesen Übeltaten haben die, welche deinem Namen ein Opfer bringen wollten, deinen heiligen Ort befleckt. Deswegen leide ich mehr Schaden als alle übrige Schöpfung, und obwohl ich es nicht will, gebe ich den Menschenkindern mein Vermögen und meine Früchte. Erlaube mir, daß ich die Kraft meiner Früchte tilge. Und es erging eine Stimme und sagte: Ich weiß alles, und es gibt keinen, der sich vor seiner Sünde verbergen kann. Ihre Gottlosigkeiten aber kenne ich, aber meine Heiligkeit duldet sie noch, bis daß sie sich bekehren und Buße tun. Wenn sie aber nicht zu mir zurückkehren, werde ich sie richten.

7. Seht, Menschenkinder, die Schöpfung ist Gott unterworfen; aber das menschliche Geschlecht allein sündigt. Deshalb, ihr Menschenkinder, preiset den Herrn Gott unaufhörlich zu allen Stunden und an allen Tagen, besonders aber bei Sonnenuntergang. Denn zu dieser Stunde gehen alle Engel zum Herrn, um ihn anzubeten und die Werke der Menschen ihm zu bringen, welche ein jeder Mensch von früh bis zum Abend wirkt, seien es gute oder böse. Und da ist ein Engel, der froh von dem Menschen fortgeht, welchen er bewohnt, ein anderer aber geht mit trauriger Miene. Wenn also die Sonne in der ersten Stunde der Nacht untergegangen ist, in eben der Stunde trifft der Engel eines jeden Volkes und jedes Mannes und Weibes, welche Engel sie beschützen und bewahren, weil der Mensch das Bild Gottes ist, ebenso auch zur Morgenstunde, welche die zwölfte der Nacht ist, treffen alle Engel der Männer und Weiber mit Gott zusammen, um Gott anzubeten und jedes Werk zu bringen, welches ein jeder Mensch gewirkt hat, sei es gut oder böse. An jedem Tag und jeder Nacht bringen die Engel Gott die Rechenschaft über alle Taten des menschlichen Geschlechtes. Deshalb sage ich euch, Menschenkinder, preist den Herrn Gott unablässig an allen Tagen eures Lebens!

8. Zur festgesetzten Stunde also schreiten alle Engel, ein jeder froh, zusammen in eins vor Gott, um ihm zu begegnen zur festgesetzten Stunde. Und siehe, plötzlich geschah zur Stunde eine Begegnung (?), und die Engel kamen, vor Gott anzubeten, und der Geist ging ihnen entgegen, und eine Stimme erging und sagte: Woher seid ihr gekommen, ihr unsere Engel, Lasten von Nachrichten bringend?

9. Sie antworteten und sagten: Wir kommen von jenen, welche dieser Welt entsagt haben wegen deines heiligen Namens, als Fremdlinge umherirrend und wohnend in einer Höhle von Felsen und weinend zu allen Stunden, in welchen sie die Erde bewohnen, weinend und hungernd und dürstend um deines Namens willen, an den Lenden gegürtet, in den Händen den Weihrauch ihres Herzens habend und betend und preisend zu allen Stunden, bedrängend und zähmend sich selbst mehr als die übrigen, die auf Erden wohnen, weinend und trauernd. Und wir, ihre Engel, trauern mit ihnen; befiehl uns also, daß wir gehen und dienen, wohin es dir gefällt. Befiehl, Herr, daß sie bis ans Ende in deiner Gerechtigkeit bleiben. Und es erging eine Stimme Gottes an sie, sagend: Ihr sollt wissen, daß euch hier nun meine Gnade festgestellt werden wird, und meine Hilfe, welche mein höchstgeliebter Sohn ist, wird ihnen zur Seite stehen, sie leitend zu jeder Stunde; ihnen auch dienend, verläßt er sie niemals, weil ihr Ort seine Wohnung ist. Ich habe sie bewahrt und werde sie vorwurfsfrei bewahren in meinem Reiche.

10. Als diese Engel sich entfernten, siehe da kamen andere Engel, um anzubeten angesichts der Herrlichkeit, zum Zusammentreffen, welche weinten; und der Geist Gottes ging ihnen entgegen, und es erging die Stimme Gottes und sagte: Woher seid ihr, unsere Engel, gekommen, tragend die Lasten als Diener der Nachrichten der Welt? Antwortend sagten sie angesichts Gottes: Wir sind von jenen gekommen, die deinen Namen angerufen haben, und die Hindernisse der Welt haben sie elend gemacht, indem sie zu jeder Stunde viel Gelegenheiten erfinden, nicht ein reines Gebet und nicht von ganzem Herzen in der gesamten Zeit ihres Lebens verrichtend. Weshalb also ist es nötig, Menschen, die Sünder sind, beizustehen? Und es erging die Stimme Gottes an sie: Ihr müßt ihnen dienen, bis sie sich bekehren und Buße tun: Wenn sie sich aber nicht mir zuwenden, werde ich sie richten. Erkennt also, Menschenkinder, daß das, was von euch gewirkt wird, die Engel Gott berichten, sei es gut oder böse.

11. Und darauf nach diesem sah ich eins von den Geistwesen bei mir, und es entraffte mich im Heiligen Geist und trug mich bis zum dritten Teil des Himmels, welches der dritte Himmel ist. Und antwortend sagte der Engel zu mir: Folge mir, und ich will dir den Ort der Gerechten zeigen, wohin sie geführt werden, wenn sie abgeschieden sind. Und danach will ich dich zum Abgrund nehmen und dir die Seelen der Sünder zeigen, in was für einen Ort sie geführt werden, wenn sie abgeschieden sind. Und ich ging hinter dem Engel, und er führte mich in den Himmel, und ich sah das Firmament und sah dort die Macht, und dort war das Vergessen, welches täuscht und zu sich die Herzen der Menschen verführt, und der Geist der Verleumdung und der Geist der Hurerei und der Geist der Wut und der Geist der Unverschämtheit, und dort waren die Fürsten der Bosheiten; die sah ich unter dem Firmament des Himmels. Und wiederum blickte ich und sah Engel ohne Erbarmen, die kein Mitleid hatten, deren Miene voll Wut war, und ihre Zähne ragten aus dem Munde hervor; ihre Augen blitzten wie der Morgenstern des Ostens, und von den Haaren ihres Hauptes gingen Feuerfunken aus, auch aus ihrem Munde. Und ich fragte den Engel, sagend: Wer sind diese, Herr? Und der Engel sagte antwortend zu mir: Das sind die, welche bestimmt werden für die Seelen der Gottlosen in der Stunde der Not, die nicht geglaubt haben, daß sie den Herrn als Helfer hätten, und nicht auf ihn gehofft haben.

12. Und ich blickte in die Höhe und sah andere Engel, deren Angesicht wie die Sonne blitzte, die Lenden umgürtet mit goldenen Gürteln, in ihren Händen Palmen habend und das Zeichen Gottes, bekleidet mit Gewandung, die beschrieben war mit dem Namen des Sohnes Gottes, aber erfüllt mit aller Milde und Barmherzigkeit. Und ich fragte den Engel und sagte: Wer sind die, Herr, in solcher Schönheit und Barmherzigkeit? Und der Engel sagte antwortend zu mir: Dies sind die Engel der Gerechtigkeit, die gesandt werden, in der Stunde der Not die Seelen der Gerechten herbeizuführen, die geglaubt haben, daß sie den Herrn zum Helfer hätten. Und ich sagte zu ihm: Müssen Gerechte und Sünder notwendigerweise den Zeugen begegnen, wenn sie gestorben sind? Und der Engel sagte zu mir antwortend: Einer ist der Weg, auf dem alle zu Gott hinübergehen, aber die Gerechten, weil sie bei sich einen heiligen Helfer haben, werden nicht verstört, wenn sie gehen, um vor Gott zu erscheinen.

13. Und ich sagte zu dem Engel: Ich wollte die Seelen der Gerechten und der Sünder sehen, wie sie aus der Welt gehen. Und antwortend sagte der Engel zu mir: Blicke hinunter auf die Erde! Und ich blickte vom Himmel auf die Erde und sah die ganze Welt, und sie war wie nichts in meinem Blick, und ich sah die Menschenkinder, als ob sie nichts wären und schwächer werdend; und ich wunderte mich und sagte zu dem Engel: Das ist die Größe der Menschen? Und antwortend sagte der Engel zu mir: Das ist sie, und das sind die, welche von früh bis zum Abend schaden (Syr: sündigen). Und ich blickte, und ich sah eine große Wolke von Feuer ausgebreitet über die ganze Welt. Und ich sagte zu dem Engel: Was ist das, Herr? Und er sagte zu mir: Das ist die Ungerechtigkeit, gemischt von den Fürsten der Sünder (?) (Gr.: mit dem Verderben der Sünder. Syr.: mit dem Gebet der Menschen).

14. Ich aber, als ich dies gehört hatte, weinte seufzend und sagte zu dem Engel: Ich wollte warten auf die Seelen der Gerechten und der Sünder und sehen, auf welche Weise sie aus dem Körper herausgehen. Und der Engel sagte antwortend zu mir: Blicke wiederum auf die Erde! Und ich blickte und sah die ganze Welt, und die Menschen waren wie nichts und schwach werdend. Und ich blickte hin und sah einen Menschen im Begriff zu sterben. Und der Engel sagte zu mir: Der, den du siehst, ist ein Gerechter. Und wiederum blickte ich und sah alle seine Werke, die er getan hatte um des Namens Gottes willen; und alle seine Neigungen, deren er sich erinnerte und deren er sich nicht erinnerte, standen alle vor seinem Blick in der Stunde der Not. Und ich sah, daß der Gerechte Fortschritte gemacht und Erquickung und Vertrauen gefunden hatte, und bevor er aus der Welt ging, traten ihm gleichzeitig zur Seite heilige und gottlose Engel, und ich sah sie alle, aber die gottlosen fanden keinen Platz, in ihm zu wohnen, die heiligen aber beherrschten seine Seele, sie führend, bis sie aus dem Körper herausging. Und sie ermunterten die Seele, sagend: Seele, nimm Kenntnis von deinem Körper, aus dem du ausgezogen bist, denn es ist nötig, daß du am Tage der Auferstehung in denselben Körper zurückkehrst, damit du empfangest, was allen Gerechten verheißen ist. Die Seele also aus dem Körper in Empfang nehmend, küßten sie sie sogleich, als ob sie ihnen täglich bekannt sei, ihr sagend: Sei guten Muts, denn du hast den Willen Gottes getan, solange du auf Erden sein solltest. Und es kam ihr entgegen der Engel, der sie an den einzelnen Tagen beobachtete, und sagte zu ihr: Sei guten Muts, Seele; denn ich freue mich über dich, weil du den Willen Gottes auf Erden getan hast. Denn ich berichtete Gott alle deine Werke, wie sie sich verhalten. In gleicher Weise ging ihr auch der Geist entgegen und sagte: Seele, fürchte dich nicht und beunruhige dich nicht, bis du gekommen sein wirst an den Ort, welchen du niemals gekannt hattest, aber ich werde dir Helfer sein, denn ich habe in dir einen Ort der Erquickung gefunden in der Zeit, in welcher ich in dir wohnte, während ich (?) auf Erden war. Und der Geist derselben stärkte sie, und ihr Engel nahm sie auf und führte sie in den Himmel. Und der Engel sagte: Und es gingen ihr entgegen die bösen Herrscher, die unter dem Himmel sind, und es kam zu ihr jener Geist des Irrtums und sprach zu ihr: Wohin eilst du, Seele, und wagst einzutreten in den Himmel? Warte und laß uns sehen, ob etwas Unsriges in dir ist. Und die Seele wurde dort gebunden. Und es entstand ein Kampf zwischen jenen guten und jenen bösen Engeln. Und als jener Geist des Irrtums es sah, jammerte er mit lauter Stimme und sagte: Ach, deinetwegen, weil wir an dir nichts von dem Unsrigen gefunden haben; und siehe, alle Engel und Geister helfen dir gegen mich, und siehe, diese alle sind mit dir, und du bist von uns hinübergegangen. Und dann gingen ein anderer Geist, der ein Verleumder ist, und ein Geist der Hurerei aus, und sie kamen ihr entgegen. Als sie sie aber sahen, weinten sie gegen sie und sagten: Wie ist diese Seele uns entflohen? Sie hat den Willen Gottes auf der Erde getan. Und siehe, es helfen ihr nämlich die Engel und lassen sie von uns weg hinübergehen. – Und alle Herrschaften und bösen Geister kamen ihr entgegen und zu ihr. Aber nicht fanden sie an ihr etwas von ihrem Eigenen. Und sie waren nicht imstande, etwas für sich zu tun. Und sie knirschten mit ihren Zähnen wider diese Seele und sagten: Wie ist sie uns entronnen? Und es antwortete jener Engel, der sie führte, und sagte zu ihnen: Wendet euch beschämt! Es gibt für euch keinen Weg zu ihr. Sehr listig wart ihr zwar; ihr habt ihr geschmeichelt, solange sie auf der Erde war, aber sie hat nicht auf euch gehört.

Und dann hörte ich die Stimme einer Myriade von Myriaden heiliger Engel, wie sie sagten: Freue dich und frohlocke, o Seele, sei stark und erzittere nicht! – Und sehr wunderten sie sich über jene Seele, weil sie das Siegel des lebendigen Gottes festgehalten hatte. Und so ermutigten sie sie und priesen sie selig und sagten: Wir alle freuen uns über dich, weil du den Willen deines Herrn getan hast. – Und sie geleiteten sie, bis sie anbetete angesichts Gottes. Und als sie aufgehört hatte, da fielen sogleich Michael und das ganze Heer der Engel nieder und beteten den Schemel seiner Füße an und zeigten der Seele sagend: Dies ist der Gott aller, der dich nach seinem Bild und Gleichnis gemacht hat. Es eilte aber ein Engel ihr voraus und erklärte, sagend: Gott, sei eingedenk ihrer Arbeiten; denn dies ist die Seele, über deren Werke ich dir, Herr, täglich berichtete, nach deinem Gericht handelnd. Und der Geist sagte in gleicher Weise: Ich bin der Geist der Belebung, sie durchhauchend und wohnend in ihr; ich habe nämlich bei ihr Erquikkung gehabt in der Zeit, in der ich in ihr gewohnt habe. Sie hat nach deinem Gericht gehandelt. Und es erging die Stimme Gottes und sagte: Wie diese mich nicht betrübt hat, so werde ich sie auch nicht betrüben; wie sie sich erbarmt hat, werde ich mich über sie erbarmen. Sie möge also Michael, dem Engel des Bundes, übergeben werden, und er möge sie in das Paradies des Frohlockens führen, daß sie dort bis zum Tag der Auferstehung sei, daß sie auch Miterbe mit allen Heiligen werde. Und ich hörte danach die Stimme von tausendmal tausend Engeln und der Erzengel und der Cherubim und der vierundzwanzig Ältesten, die Hymnen sangen, den Herrn verherrlichten und riefen: Gerecht bist du, Herr, und gerecht sind deine Gerichte, und es ist kein Ansehen der Person bei dir, sondern du vergiltst einem jeden nach deinem Urteil. Und der Engel antwortete und sagte zu mir: Hast du geglaubt und erkannt, daß, was immer ein jeder von euch gehandelt hat, er das sieht in der Stunde seiner Not? Und ich sagte: Ja, Herr.

15. Und er sagte zu mir: Blicke wiederum hinab auf die Erde und warte auf jene andere Seele eines Gottlosen, wie sie aus dem Körper geht, die den Herrn bei Tag und Nacht gereizt hat, sagend: Nichts anderes kenne ich als diese Welt; ich esse und trinke und genieße, was in der Welt ist. Denn wer ist in die Unterwelt hinabgestiegen und hat uns heraufsteigend berichtet, daß dort ein Gericht ist? Ich blickte aber und sah alle Verachtung des Sünders und alles, was er gehandelt hat, und das stand vor ihm in der Stunde der Not. Und ich sah, daß jene Stunde ihm bitterer war als das zukünftige Gericht. Und jener Mann sagte: O daß ich nicht geboren und nicht in der Welt gewesen wäre! Und danach kamen zugleich heilige und boshafte Engel, und die Seele des Sünders sah beide, und die heiligen Engel fanden keinen Platz in ihr. Die bösen Engel bemächtigten sich ihrer; und als sie sie aus dem Körper herausführten, ermahnten die Engel sie dreimal, sagend: O elende Seele, sieh dir dein Fleisch an, aus dem du ausgegangen bist; denn du mußt am Tage der Auferstehung in dein Fleisch zurückkehren, um zu empfangen das deiner Sünden und deiner Gottlosigkeiten Angemessene.

16. Und als sie sie vorführten, ging ihr der vertraute Engel voraus und sagte zu ihr: O elende Seele, ich bin der Engel, der dir anhing, täglich dem Herrn berichtend deine bösen Werke, die du Tag und Nacht getan hast; und wenn es in meiner Macht gewesen wäre, so würde ich dir auch nicht an einem einzigen Tag gedient haben, aber nichts davon konnte ich tun. Denn Gott ist barmherzig und ein gerechter Richter, und er hat uns geboten, daß wir nicht aufhören sollen, der Seele zu dienen, bis ihr bereut. Du aber hast die Zeit der Reue verloren. Und ich bin dir heute ein Fremder geworden und du mir. Laß uns also zu dem gerechten Richter gehen; ich will dich nicht entlassen, bevor ich vom heutigen Tage an weiß, daß ich dir ein Fremder geworden bin. Und der Geist verwirrte sie, und der Engel beunruhigte sie. Als sie aber zu den Mächten gekommen war, da sie schon in den Himmel einzutreten fortging, da wurde eine schlimme Last über die andere auf sie gelegt. Denn der Irrtum und die Vergeßlichkeit und das Zutragen kamen ihr entgegen und der Geist der Hurerei und die übrigen Mächte und sagten zu ihr: Wohin gehst du, elende Seele, und wagst es, in den Himmel zu eilen? Halt an, daß wir sehen, ob wir an dir unser Eigentümliches haben, weil wir keinen heiligen Helfer bei dir sehen.

Und als sie sie besehen hatten, freuten sie sich und sagten: Ja, ja, es ist in dir, und du gehörst uns ganz; jetzt wissen wir, daß auch dein Engel dir nicht helfen und uns entreißen kann. – Aber der Engel antwortete und sagte: Wisset, daß sie eine Seele des Herrn ist, und er läßt sie nicht, und ich lasse das Bild Gottes auch nicht in den Händen der Bösen. Denn jener, der mich unterstützt hat alle Tage des Lebens dieser Seele, er kann unterstützen und helfen mir und ihr. Und ich lasse sie nicht, bis sie zum Thron des erhabenen Gottes aufsteigt. Und wenn er sie sieht, er hat Macht über sie und schickt sie dahin, wohin er will.

Und darauf hörte ich Stimmen in der Höhe des Himmels, die sagten: Bringt die elende Seele Gott, damit sie erkenne, daß ein Gott ist, den sie verachtet hat. Als sie also eingetreten war in den Himmel, sahen sie alle Engel, tausendmal tausend, riefen alle mit einer Stimme aus, sagend: Wehe dir, elende Seele, wegen deiner Werke, die du auf der Erde getan hast; welche Antwort willst du Gott geben, wenn du herzugetreten sein wirst, ihn anzubeten? Und es antwortete der Engel, der mit ihr war, und sagte: Weinet mit mir, meine Geliebtesten, denn ich habe keine Ruhe gefunden in dieser Seele! Und es antworteten ihm die Engel und sagten: Eine solche Seele soll aus unserer Mitte geschafft werden. Denn seit sie eingetreten ist, ist ihr Gestank auf alle Engel übergegangen. Und danach wurde sie fortgeschafft, um angesichts Gottes anzubeten, und es zeigte ihr der Engel Gott, den Herrn, der sie gemacht hat nach seinem Bilde und Gleichnis. Ihr Engel aber eilte ihr voraus, sagend: Herr, allmächtiger Gott, ich bin der Engel jener Seele, deren Werke ich dir berichtete Tag und Nacht, nicht handelnd nach deinem Gericht. Tue ihr nach deinem Urteil! Und der Geist sprach gleicherweise: Ich bin der Geist, welcher in ihr wohnte, seitdem sie gemacht war in der Welt, und sie ist nicht gefolgt meinem Willen. Richte sie, Herr, nach deinem Urteil! Und die Stimme Gottes erging an sie und sagte: Wo ist deine Frucht, die du gebracht hast, entsprechend dem Guten, welches du empfangen hast? Habe ich einen Unterschied auch nur eines Tages zwischen dir und einem Gerechten gesetzt? Ließ ich nicht die Sonne aufgehen über dir wie über einem Gerechten? Sie aber verstummte, da sie nichts zu antworten hatte. Es erging wiederum eine Stimme, die sagte: Gerecht ist das Gericht Gottes, und es ist kein Ansehen der Person bei Gott, denn wer Barmherzigkeit geübt hat, dessen wird man sich erbarmen, und wer nicht barmherzig gewesen ist, dessen wird sich Gott auch nicht erbarmen. Er soll übergeben werden dem Engel Tartaruchus, der gesetzt ist über die Strafen, und der möge ihn schicken in die äußere Finsternis, wo Weinen und Zähneknirschen ist, und dort möge er sein bis zum großen Tage des Gerichtes. Und danach hörte ich die Stimme der Engel und Erzengel, die sagten: Gerecht bist du, Herr, und gerecht ist dein Gericht.

17. Und wiederum sah ich und siehe! Eine Seele, welche herbeigeführt wurde von zwei Engeln, weinend und sagend: Erbarme dich meiner, Gott, gerechter Richter. Denn es sind heute sieben Tage, daß ich aus meinem Körper gegangen bin, und ich bin jenen zwei Engeln übergeben, und sie haben mich geführt an die Orte, welche ich niemals gesehen hatte. Und es sagte zu ihr Gott, der gerechte Richter: Was hast du getan? Du hast nämlich niemals Erbarmen geübt, deshalb bist du solchen Engeln übergeben, die kein Erbarmen haben, und weil du nicht das Rechte getan hast, deshalb sind sie auch nicht mitleidig mit dir verfahren in der Stunde deiner Not. Bekenne also deine Sünden, die du begangen hast, als du in die Welt gestellt warst! Und sie antwortete und sagte: Herr, ich habe nicht gesündigt. Und es wurde in Wut erzürnt der Herr Gott, der gerechte Richter, als sie sagte, ich habe nicht gesündigt, weil sie log; und Gott sagte: Glaubst du, noch in der Welt zu existieren, wie jeder von euch dort sündigend es verheimlicht und seine Sünde seinem Nächsten verbirgt? Hier wird aber nichts verbor-

gen. Denn wenn die Seelen gekommen sind, um im Anblick des Thrones anzubeten, werden sowohl die guten Werke einer jeden als auch ihre Sünden offenbart. Und dies hörend, schwieg die Seele, da sie keine Antwort hatte. Und ich hörte Gott, den Herrn, den gerechten Richter, wiederum sagen: Komm, Engel dieser Seele, und tritt in die Mitte! Und es kam der Engel der sündigen Seele, in den Händen ein Schriftstück habend, und sagte: Dies, Herr, sind in meinen Händen alle Sünden dieser Seele von ihrer Jugend an bis zum heutigen Tage, von den Jahren ihrer Geburt an; und wenn du befiehlst, Herr, so will ich ihre Handlungen aufzählen, seit sie anfing, fünfzehn Jahre alt zu sein. Und Gott, der Herr, der gerechte Richter, sagte: Ich sage dir, Engel, ich erwarte von dir nicht die Rechenschaft, seit sie anfing, fünfzehn Jahre alt zu sein, sondern setze ihre Sünden auseinander fünf Jahre, bevor sie starb und hierherkam. Und wiederum sagte Gott, der gerechte Richter: Ich schwöre bei mir selbst und bei meinen heiligen Engeln und bei meiner Macht, daß, wenn sie bereut hätte fünf Jahre, bevor sie starb, wegen der Bekehrung eines Jahres Vergessen aller Übeltaten nun eintreten würde, die sie vorher gesündigt hat, und sie würde Verzeihung und Erlaß der Sünden haben, nun aber mag sie zugrunde gehen. Und es antwortete der Engel der sündigen Seele und sagte: Befiehl, Herr, daß jener Engel jene Seelen herbeibringe!

18. Und in derselben Stunde wurden die Seelen in die Mitte gebracht, und die Seele des Sünders erkannte sie. Und der Herr sagte zur Seele des Sünders: Ich sage dir, Seele, bekenne deine Taten, die du begangen hast gegen diese Seelen, die du siehst, als sie in der Welt waren. Und antwortend sagte sie: Herr, es ist noch kein volles Jahr, seitdem ich diese getötet und ihr Blut auf die Erde vergossen habe, und mit der andern habe ich gehurt; nicht aber dies allein, ich habe sie auch sehr geschädigt, denn ich habe ihr Vermögen weggenommen. Und es sagte Gott, der Herr, der gerechte Richter: Oder wußtest du nicht, daß, wer einem andern Gewalt antut, wenn der, welcher die Gewalt erlitten hat, eher stirbt, an diesem Ort aufbewahrt wird, bis der Schädigende stirbt, und dann treten beide vor den Richter, und nun hat jeder empfangen nach dem, was er getan hat? Und ich hörte die Stimme eines, der sagte: Jene Seele möge in die Hände des Tartarus übergeben werden, und sie muß hinab zu den Unterirdischen geführt werden, man führe sie in das Gefängnis der Unterirdischen, und sie werde in Qualen geschickt und dort gelassen bis zum großen Tage des Gerichtes. Und wiederum hörte ich tausendmal tausend von Engeln, die dem Herrn einen Hymnus sagten und ausriefen: Gerecht bist du, Herr, und gerecht sind deine Gerichte.

19. Der Engel antwortete und sagte zu mir: Hast du dies alles wahrgenommen? Und ich sagte: Ja, Herr. Und er sagte zu mir: Folge mir wiederum, und dich mitnehmend will ich dir die Stätten des Gerechten zeigen. Und ich folgte dem Engel, und er erhob mich bis zum dritten Himmel und stellte mich an die Tür der Pforte. Und aufmerkend sah ich, und die Pforte war golden, und zwei goldene Säulen vor ihr und zwei goldene Tafeln darüber, voll von Buchstaben. Und es wandte der Engel sich wiederum zu mir und sagte: Selig bist du, wenn du in diese Pforten eingetreten sein wirst, weil nur denen es gestattet wird einzutreten, welche Güte und Unschuld der Körper haben. Und ich fragte den Engel und sagte: Herr, sage mir, weshalb diese Buchstaben auf jene Tafeln gesetzt sind? Der Engel antwortete und sagte zu mir: Das sind die Namen der Gerechten, die Gott von ganzem Herzen dienen, solange sie die Erde bewohnen. Und wiederum sagte ich: Herr, so sind also ihre Namen im Himmel angeschrieben, während sie noch in die Welt gestellt sind? Und er antwortete und sagte zu mir: Nicht nur ihre Namen, sondern auch ihre Mienen; und das Gleichnis derer, die Gott dienen, ist im Himmel, und den Engeln sind die Diener Gottes bekannt, die es aus ganzem Herzen sind, bevor sie aus der Welt gehen.

20. Und als ich in das Innere der Pforte des Paradieses eingetreten war, ging mir ein alter Mann entgegen, dessen Angesicht wie die Sonne leuchtete. Und mich umarmend sagte er: Sei gegrüßt, Paulus, von Gott Geliebtester! Und er küßte mich mit heiterer Miene. Und danach fing er an zu weinen. Und ich sagte zu ihm: Vater, warum weinst du? Und wiederum seufzend und weinend sagte er: Wir werden ja geschädigt von den Menschen, und sie betrüben uns sehr; denn viel sind die Güter, welche der Herr bereitet hat, und groß ist seine Verheißung, aber viele nehmen sie nicht an. Und ich fragte den Engel und sagte: Wer ist dieser? Und er sagte zu mir: Dieser ist Henoch, der Schreiber der Gerechtigkeit. Und ich trat in das Innere jenes Ortes ein, und sogleich sah ich Elias, und kommend begrüßte er mich heiter und sich freuend: Und als er mich gesehen hatte, wandte er sich ab und weinte und sagte zu mir: Paulus, daß du doch die Belohnung für deine Arbeiten, die du im menschlichen Geschlecht geleistet hast, erhieltest! Was mich betrifft, ich habe die großen und zahlreichen Güter, die Gott allen Gerechten bereitet hat, gesehen, und groß sind die Verheißungen Gottes, aber die Mehrzahl bekommt sie nicht; aber auch durch viele Mühen tritt kaum der eine oder der andere in jene Stätten ein.

21. Und der Engel antwortete und sagte zu mir: Was ich dir nun hier zeige und was du gehört haben wirst, das sollst du niemandem auf Erden mitteilen. Und er führte mich und zeigte mir, und ich hörte dort Worte, die ein Mensch nicht sagen darf. Und wiederum sagte er: Folge mir weiter, und ich werde dir zeigen, was du öffentlich erzählen und berichten darfst.

Und er ließ mich vom dritten Himmel herab und führte mich in den zweiten Himmel, und wiederum führte er mich an das Firmament, und vom Firmament führte er mich zu den Toren des Himmels. Und er machte eine Öffnung auf, und es war der Anfang seines Fundamentes über einem Fluß, welcher die ganze Erde bewässert. Und ich fragte den Engel und sagte: Herr, was ist dieser Fluß von Wasser? Und er sagte zu mir: Dies ist der Ozean. Und plötzlich ging ich aus dem Himmel und begriff, daß es das Licht des Himmels ist, welches dem ganzen Land dort leuchtet. Dort aber jenes Land ist siebenmal heller als Silber. Und ich fragte: Herr, was ist dieser Ort? Und er sagte zu mir: Das ist das Land der Verheißung. Hast du noch nicht gehört, was geschrieben ist: Selig sind die Sanftmütigen, denn sie werden das Land erben? Die Seelen aber der Gerechten, wenn sie aus dem Körper gegangen sind, werden einstweilen nach diesem Ort entlassen. Und ich sagte zu dem Engel: Wird also dies Land nach einer Zeit in Erscheinung treten? Der Engel antwortete und sagte zu mir: Wenn Christus, den du predigst, kommt, um zu regieren, dann wird durch Machtspruch Gottes die erste Erde aufgelöst werden, und dies Land der Verheißung wird dann gezeigt werden, und es wird sein wie Tau oder eine Wolke, und dann wird der Herr Jesus Christus, der ewige König, offenbar werden und wird mit allen seinen Heiligen kommen, um darauf zu wohnen, und wird über sie tausend Jahre regieren, und sie werden essen von den Gütern, welche ich dir jetzt zeigen werde.

22. Und ich beschaute jenes Land, und ich sah einen Fluß, der floß von Milch und Honig, und am Ufer des Flusses waren Bäume gepflanzt voll Früchte; jeder Baum aber trug zwölfmal zwölf Früchte im Jahr, mannigfaltige und verschiedene. Und ich sah das Geschöpf jenes Ortes und alles Werk Gottes, und ich sah dort Palmen von zwanzig Ellen, andere aber von zehn Ellen. Jenes Land aber war siebenmal heller als Silber. Und die Bäume waren voll von Früchten von der Wurzel bis zum Gipfel. Von der Wurzel jeden Baumes bis zu seinem Herzen waren zehntausend Zweige mit Zehnern von Tausenden von Trauben, und es waren zehntausend Datteln an jeder Traube. Und so war es auch bei den Weinstöcken. Jeder Weinstock hatte zehntausend Reben, und jede Rebe hatte an sich zehntausend Beerentrauben, und jede Traube hatte zehntausend Beeren. Und dort gab es noch andere Bäume, Myriaden von Myriaden davon, und ihre Frucht war in demselben Verhältnis. Und ich sagte zu dem Engel: Warum bringt ein jeder Baum Tausende von Früchten? Der Engel sagte antwortend zu mir: Weil der Herr Gott seine Gaben in seinem Überfluß den Würdigen fließend gibt, weil sie, solange sie in der Welt weilten, aus freiem Willen sich selbst niederbeugten, indem sie alles um seines heiligen Namens willen taten.

Und wiederum sagte ich zu dem Engel: Herr, sind dies die einzigen Verheißungen, welche der Herr Gott seinen Heiligen verheißen hat? Und antwortend sagte er zu mir: Nein, es gibt nämlich welche, die siebenmal größer sind.

Ich sage dir aber, daß, wenn die Gerechten aus dem Körper gegangen sind und sehen werden die Verheißungen und Güter, welche ihnen Gott bereitet hat, sie wiederum noch seufzen und weinen werden, sagend: Warum nur haben wir ein Wort aus unserm Munde hervorgehen lassen, den Nächsten zu reizen auch nur an einem Tag? Ich aber fragte und sagte wiederum: Sind nur dies die Verheißungen Gottes? Und antwortend sagte der Engel zu mir: Das, was du jetzt siehst, ist für die, welche verheiratet sind und die Keuschheit in der Ehe bewahren, indem sie sich enthalten. Für die Jungfräulichen aber und solche, die hungern und dürsten nach der Gerechtigkeit und sich um des Namens des Herrn willen demütigen, wird Gott Dinge geben, die siebenmal größer sind als diese, dich ich dir nun zeigen werde.

Und danach nahm er mich weg aus jenem Ort, wo ich dies sah, und siehe, ein Fluß, und seine Wasser waren sehr weiß, mehr als Milch. Und ich sagte zu dem Engel: Was ist das? Und er sagte zu mir: Dies ist der Acherusische See, wo die Stadt Christi ist, aber nicht jedermann wird gestattet, in jene Stadt einzutreten. Dies ist nämlich der Weg, welcher zu Gott führt; und wenn einer ein Hurer oder Gottloser ist und sich bekehrend Buße tut und der

Buße würdige Frucht bringt, wird er, wenn er aus dem Körper herausgegangen ist, zuerst hingeführt und betet Gott an, und von dort wird er auf Befehl des Herrn dem Engel Michael übergeben, und der tauft ihn im Acherusischen See. So führt er ihn in die Stadt Christi neben die hin, die nicht gesündigt haben. Ich aber wunderte mich und pries den Herrn Gott wegen alledem, was ich sah.

23. Und der Engel antwortete und sagte zu mir: Folge mir, und ich will dich in die Stadt Christi führen. Und er stand am Acherusischen See und setzte mich in ein goldenes Schiff, und ungefähr dreitausend Engel sagten einen Hymnus vor mir, bis ich zur Stadt Christi gelangte. Die aber die Stadt Christi bewohnten, freuten sich sehr über mich, wie ich zu ihnen ging, und ich trat ein und sah die Stadt Christi, und sie war ganz golden, und zwölf Mauern umgaben sie, und zwölf Türme darin, und die einzelnen Mauern hatten unter sich je ein Stadium im Umkreis. Und ich sagte zu dem Engel: Herr, wieviel ist ein Stadium? Es antwortete der Engel und sagte zu mir: Es ist so viel wie zwischen dem Herrn Gott und den Menschen, die auf Erden sind, weil nämlich einzig groß ist die Stadt Christi. Und zwölf Tore von großer Schönheit waren im Umkreis der Stadt, und vier Flüsse umgaben sie. Es war aber ein Fluß von Honig und ein Fluß von Milch und ein Fluß von Wein und ein Fluß von Öl. Und ich sagte zu dem Engel: Was sind das für Flüsse, welche diese Stadt umgeben? Und er sagte mir: Dies sind die vier Flüsse, welche reichlich fließen für die, welche in diesem Lande der Verheißung sind, deren Namen sind: Der Fluß von Honig wird genannt Pison und der Fluß von Milch Euphrat und der Fluß von Öl Gihon und der Fluß von Wein Tigris. Wie die Gerechten also in der Welt sind, haben sie die Macht über diese Dinge nicht gebraucht, sondern haben ohne sie gehungert und sich gedemütigt wegen des Herrn Gott. Deshalb wird der Herr ihnen, wenn sie in diese Stadt eintreten, dieses über Zahl und Maß geben.

24. Und ich sah, als ich in das Tor eintrat, große und sehr hohe Bäume, die keine Frucht, sondern nur Blätter hatten. Und ich sah einige Männer, die zerstreut inmitten der Bäume waren; und sie weinten sehr, wenn sie einen in die Stadt eintreten sahen. Und jene Bäume taten Buße für sie, indem sie sich selbst erniedrigten und neigten, und sie richteten sich wieder auf. Und ich sah es und weinte mit ihnen und fragte den Engel und sagte: Herr, wer sind diese, die man nicht in die Stadt Christi hat eintreten lassen? Und er sagte zu mir: Das sind die, welche eifrig mit Fasten Tag und Nacht Verzicht geübt haben, aber sie haben ein Herz gehabt, das stolzer war als die übrigen Menschen, indem sie sich selbst rühmten und lobten und dem Nächsten nichts taten. Denn die einen grüßten sie freundlich, andern sagten sie nicht einmal: Sei gegrüßt! Und welchem sie wollten, öffneten sie die Pforte des Klosters, und wenn sie ihrem Nächsten einmal ein bißchen erwiesen, waren sie aufgeblasen. Und ich sagte: Herr, wie also, ihr Stolz hat sie gehindert, in die Stadt Christi einzutreten? Und antwortend sagte der Engel zu mir: Die Wurzel aller Übel ist der Stolz. Sind sie etwa besser als der Sohn Gottes, der zu den Juden in großer Demut kam? Und ich fragte ihn und sagte: Was ist es damit, daß die Bäume sich erniedrigen und wiederum sich aufrichten? Und der Engel antwortete und sagte zu mir: All die Zeit, die jene auf Erden zubrachten, Gott dienend, haben sie wegen der Beschämung und der Vorwürfe der Menschen zeitweilig errötend sich erniedrigt, sind aber nicht betrübt gewesen, noch haben sie Buße getan, daß sie abließen von ihrem Hochmut, der in ihnen war. Das ist der Grund, warum die Bäume sich erniedrigen und wiederum sich aufrichten. Und ich fragte und sagte: Weshalb sind sie zugelassen an den Toren der Stadt? Der Engel antwortete und sagte zu mir: Wegen der großen Güte Gottes und weil hier der Eingang aller Heiligen, die in diese Stadt eintreten, ist. Deswegen sind sie an diesem Ort gelassen, daß, wenn der ewige König Christus mit seinen Heiligen einzieht, alle Gerechten bei seinem Eintritt für sie bitten und sie dann mit ihnen in die Stadt einziehen, jedoch vermag niemand derselben dasselbe Vertrauen zu haben, welches jene hatten, die sich demütigten, dem Herrn Gott dienend in ihrem ganzen Leben.

25. Ich aber schritt unter Führung des Engels einher, und er brachte mich zu dem Flusse von Honig, und ich sah dort Jesaja und Jeremia und Ezechiel und Amos und Sacharia, die kleineren und größeren Propheten, und sie grüßten mich in der Stadt. Ich sagte zu dem Engel: Was ist dieser Weg? Und er sagte zu mir: Dies ist der Weg der Propheten. Jeder, der seine Seele trübe gestimmt und nicht seinen eigenen Willen um Gottes willen getan hat, wenn er aus der Welt gegangen und zum Herrn Gott geführt ist und ihn angebetet hat, wird dann auf Befehl Gottes Michael übergeben, und der führt ihn in die Stadt an diesen Ort der Propheten, und sie begrüßen ihn wie ihren Freund und Nächsten, weil er den Willen Gottes getan hat.

26. Wiederum führte er mich dahin, wo der Fluß von Milch war.

Und ich sah an jenem Orte alle Kinder, welche der König Herodes um des Names Christi willen getötet hat, und sie grüßten mich. Und der Engel sagte zu mir: Alle, welche Keuschheit und Reinheit bewahren, wenn sie aus dem Körper gegangen sind, werden, nachdem sie den Herrn Gott angebetet haben, Michael übergeben und zu den Kindern geführt, und sie grüßen sie, sagend: Sie sind unsere Brüder und Freunde und Mitglieder. Unter ihnen werden sie die Verheißungen Gottes erben.

27. Wiederum nahm er mich und brachte mich zum Norden der Stadt und führte mich dahin, wo der Fluß von Wein war; und ich sah dort Abraham, Isaak und Jakob, Lot und Hiob und andere Heilige; und sie grüßten mich. Und ich fragte und sagte: Was ist dies für ein Ort, Herr? Es antwortete der Engel und sagte zu mir: Alle, die Fremde aufgenommen haben, wenn sie aus der Welt gegangen sind, beten zuerst den Herrn Gott an und werden Michael übergeben und auf diesem Wege in die Stadt geführt, und alle Gerechten begrüßen sie wie Söhne und Brüder und sagen zu ihnen: Weil ihr bewahrt habt Menschlichkeit und Gastfreundschaft von Pilgern, kommt, habt das Erbe in der Stadt unseres Gottes. Ein jeder Gerechte wird nach seiner besonderen Handlung in der Stadt die Güter Gottes erhalten.

28. Und wiederum brachte er mich an den Fluß von Öl östlich der Stadt. Und dort sah ich Männer, die frohlockten und Psalmen sangen, und ich sagte: Wer sind diese, Herr? Und der Engel sagte zu mir: Dies sind die, welche sich von ganzem Herzen Gott geweiht haben und nicht Stolz in sich haben. Denn alle, welche sich in dem Herrn Gott freuen und von ganzem Herzen dem Herrn psalmodieren, werden hierher in diese Stadt geführt.

29. Und er trug mich in die Mitte der Stadt neben die zwölfte Mauer. Sie war aber an dieser Stelle höher als andere. Und ich fragte und sagte: Gibt es in der Stadt Christi eine Mauer, die an Ehre dieser Stelle vorangeht? Und antwortend sagte der Engel zu mir: Die zweite ist besser als die erste und ebenso die dritte als die zweite, weil eine die andere übertrifft bis hin zur zwölften Mauer. Und ich sagte: Weshalb, Herr, übertrifft eine die andere an Ruhm? Deute es mir! Und antwortend sagte der Engel zu mir: Allen, die in sich auch nur ein wenig Verleumdung oder Eifersucht oder Stolz haben, wird etwas vom Ruhm derselben gemindert, auch wenn sie in der Stadt Christi zu sein scheinen. Blicke rückwärts!

Und ich wandte mich und sah goldene Throne, die an die einzelnen Tore gestellt waren, und auf ihnen Männer, die goldene Diademe und Edelsteine hatten. Und ich blickte und sah zwischen den zwölf Männern in anderer Ordnung gestellte Throne, die von großer Herrlichkeit zu sein schienen, so daß niemand ihr Lob auszusagen vermag. Und ich fragte den Engel und sagte: Herr, wer sind die, welche auf den Thronen sitzen werden? Und antwortend sagte der Engel zu mir: Dies sind die Throne derer, welche Güte und Verständnis des Herzens hatten und sich gleichwohl selbst zu Toren gemacht haben um des Herrn Gottes willen, indem sie weder die Schriften kannten noch mehrere Psalmen, sondern, eines Kapitels über die Gebote Gottes eingedenk und sie hörend, nach diesen Geboten in großer Sorgfalt gehandelt haben und dabei rechten Eifer vor dem Herrn Gott zeigend. Und über diese ergreift alle Heiligen vor dem Herrn Gott Bewunderung, indem sie, sich unterhaltend, einer zum andern sagen: Wartet und seht diese Unerfahrenen, die nichts weiter wissen, wie sie ein so großes und schönes Gewand verdient haben und solchen Ruhm wegen ihrer Unschuld.

Und ich sah mitten in der Stadt einen großen, sehr hohen Altar, und es stand einer neben dem Altar, dessen Gesicht leuchtete wie die Sonne, und er hielt in seinen Händen ein Psalterium und eine Zither, und er psalmodierte, sagend: Halleluja. Und seine Stimme erfüllte die ganze Stadt. Und sobald alle, die auf den Türmen und an den Toren waren, ihn hörten, antworteten sie: Halleluja, so daß die Fundamente der Stadt sich bewegten. Und ich fragte den Engel und sagte: Wer ist, Herr, der hier von so großer Gewalt? Und der Engel sagte zu mir: Dies ist David; dies ist die Stadt Jerusalem. Wenn aber Christus, der König der Ewigkeit, mit dem Vertrauen (?) seines Reiches gekommen sein wird, dann wird er wiederum vorausschreiten, um zu psalmodieren, und alle Gerechten psalmodieren gleichzeitig, respondierend: Halleluja. Und ich sagte: Herr, wieso macht allein David vor den übrigen Heiligen den Anfang des Psalmodierens? Und antwortend sagte der Engel zu mir: Weil (?) Christus, der Sohn Gottes, sitzt zur Rechten seines Vaters, wird auch dieser David vor ihm psalmodieren im siebenten Himmel, und wie es im Himmel geschieht, so gleicherweise auch unterhalb, weil es nicht erlaubt ist, ohne David Gott ein Opfer darzubringen, sondern es ist nötig, daß David psalmodiere in der Stunde der Darbringung des Leibes und Blutes Christi; wie es im Himmel ausgerichtet wird, so auch auf der Erde.

30. Und ich sagte zu dem Engel: Herr, was ist Halleluja? Und antwortend sagte der Engel zu mir: Du forschest und fragst in allen Dingen. Und er sagte zu mir: Halleluja wird gesagt in der hebräischen Sprache Gottes und der Engel; die Bedeutung von Halleluja ist aber diese: tecel. cat. marith. macha. Und ich sagte: Herr, was ist tecel. cat. marith. macha? Und antwortend sagte der Engel zu mir: Dies ist tecel. cat. marith. macha: Laßt uns ihn preisen alle zusammen. Ich fragte den Engel und sagte: Herr, preisen alle, welche Halleluja sagen, Gott? Und der Engel antwortete und sagte zu mir: So ist es; wiederum, wenn jemand also Halleluja psalmodiert und die anwesend sind, nicht gleichzeitig psalmodieren, begehen sie Sünde, weil sie nicht mitpsalmodieren. Und ich sagte: Herr, sündigt auch ähnlich, wenn einer kindisch oder sehr alt ist? Es antwortete der Engel und sagte zu mir: Nein, wer es aber vermag und nicht mitpsalmodiert, einen solchen erkennt man als Verächter des Wortes. Und es wäre stolz und unwürdig, daß er nicht den Herrn Gott, seinen Schöpfer, preise.

31. Und als er aufgehört hatte, zu mir zu reden, führte er mich nach draußen außerhalb der Stadt mitten durch Bäume und rückwärts weg von den Stätten des Landes der Güter und stellte mich an den Fluß von Milch und Honig. Und danach führte er mich zum Ozean, der die Fundamente des Himmels trägt. Und der Engel antwortete und sagte zu mir: Begreifst du, daß du von hier fortgehst? Und ich sagte: Ja, Herr. Und er sagte zu mir: Komm und folge mir, und ich will dir die Seelen der Gottlosen und Sünder zeigen, damit du erkennst, wie beschaffen der Ort ist. Und ich brach mit dem Engel auf, und er trug mich nach Sonnenuntergang zu, und ich sah den Anfang des Himmels gegründet auf einem großen Fluß Wassers, und ich fragte: Was ist dieser Fluß von Wasser? Und er sagte zu mir: Dies ist der Ozean, welcher die ganze Erde umgibt. Und als ich an der Außenseite des Ozeans war, blickte ich umher, und es war nicht Licht an jenem Orte, sondern Finsternis und Traurigkeit und Betrübnis, und ich seufzte.

Und ich sah dort einen Fluß, von Feuer siedend, und hineingeschritten war eine Menge von Männern und Weibern, eingesunken bis an die Knie, und andere Männer bis an den Nabel, andere bis an die Lippen, andere aber bis zu den Haaren. Und ich fragte den Engel und sagte: Herr, wer sind die im feurigen Flusse? Und der Engel antwortete und sagte zu mir: Sie sind weder heiß noch kalt, weil sie weder in der Zahl der Gerechten gefunden sind noch in der

Zahl der Gottlosen. Diese verwandten nämlich die Zeit ihres Lebens auf Erden, indem sie einige Tage mit Gebeten zubrachten, andere Tage aber in Sünden und Hurereien bis zum Tode. Und ich fragte und sagte: Wer sind die, Herr, welche bis zu den Knien im Feuer eingesunken sind? Antwortend sagte er zu mir: Das sind die, welche, wenn sie aus der Kirche gegangen sind, sich damit beschäftigten, in fremdartigen Gesprächen zu debattieren. Die aber, welche bis zum Nabel eingesunken sind, das sind die, welche, wenn sie Leib und Blut Christi genommen haben, hingehen und huren und nicht ablassen von ihren Sünden, bis sie sterben. Die bis an die Lippen Eingesunkenen sind wechselseitige Verleumder, wenn sie in der Kirche Gottes zusammenkommen. Die bis an die Augenbrauen Eingesunkenen aber sind die, welche sich zuwinken, ihrem Nächsten dabei Bosheit heimlich bereiten.

32. Und ich sah nach Norden zu einem Ort von mannigfaltigen und verschiedenen Strafen, voll von Männern und Weibern, und ein feuriger Fluß floß auf sie herab. Ich blickte aber und sah Gruben von außerordentlicher Tiefe, und in ihnen waren sehr viele Seelen zusammen, und die Tiefe jenes Ortes war ungefähr dreitausend Ellen, und ich sah sie seufzend und weinend und sagend: Erbarme dich unser, Herr! Aber niemand erbarmte sich ihrer. Und ich fragte den Engel und sagte: Wer sind diese, Herr? Und antwortend sagte der Engel zu mir: Dies sind die, welche nicht auf den Herrn gehofft haben, daß sie ihn zum Helfer haben könnten. Und ich fragte und sagte: Herr, wenn diese Seelen von vor dreißig oder vierzig Generationen so eine auf der andern bleiben, wenn sie nicht tiefer hinabgelassen werden, glaube ich, würden die Gruben sie nicht fassen. Und er sagte zu mir: Der Abyssus hat kein Maß, überdies folgt auch auf ihn nämlich der (Abgrund?), welcher darunter ist. Und es ist so, wie wenn etwa jemand einen Stein nimmt und wirft ihn in einen sehr tiefen Brunnen, und nach vielen Stunden gelangt er zur Erde, so ist der Abyssus. Wenn die Seelen dahinein geworfen werden, gelangen sie kaum nach fünfhundert Jahren auf den Grund.

33. Ich aber, als ich das gehört hatte, weinte und seufzte über das menschliche Geschlecht. Es antwortete der Engel und sagte: Warum weinst du? Bist du barmherziger als Gott? Da nämlich Gott gütig ist und weiß, daß es Strafen gibt, trägt er geduldig das menschliche Geschlecht, indem er einem jeden nach seinem eigenen Willen zu handeln erlaubt in der Zeit, wo er auf der Erde wohnt.

34. Und ich blickte noch auf den feurigen Fluß und sah dort, wie einem Menschen von tartarushütenden Engeln die Kehle zugeschnürt wurde, die in ihren Händen ein Eisen mit drei Zacken hatten, womit sie die Eingeweide jenes Greises durchbohrten. Und ich fragte den Engel und sagte: Herr, wer ist jener Greis, dem solche Qualen auferlegt werden? Und antwortend sagte der Engel zu mir: Der, welchen du siehst, war ein Presbyter, der seinen Dienst nicht wohl versehen hat. Während er aß und trank und hurte, brachte er dem Herrn das Opfer an seinem heiligen Altar dar. [In anderen Vorlagen lautet der Text: Dann blickte ich auf den Fluß von Feuer; ich sah einen alten Mann, welcher (Gr.: von zweien) gezogen wurde. Sie tauchten ihn bis an seine Knie unter. Und der Engel Aftemeluchos kam mit einer großen feurigen Forke, welche drei Zacken hatte, damit zog er seine Eingeweide aus dem Munde. Und ich blickte und sah wiederum einen Fluß von Feuer, der sehr viel reißender war als jener andere Fluß, und einen alten Mann, den führten Engel und tauchten ihn in diesen Fluß von Feuer bis an seine Knie. Und es kam ein Diener von den Engeln, und er hatte in seiner Hand einen Stab von Eisen, an dem waren drei Zähne. Und er brachte die Eingeweide jenes Alten damit aus seinem Munde heraus.]

35. Und ich sah nicht weit entfernt einen andern Greis, den vier böse Engel in Eile laufend herzubrachten, und sie ließen ihn bis an die Knie in den feurigen Fluß hinab und bewarfen ihn mit Steinen und verwundeten sein Gesicht wie ein Sturm und erlaubten ihm nicht zu sagen: Erbarme dich meiner! Und ich fragte den Engel, und er sagte zu mir: Der, welchen du siehst, ist Bischof gewesen, aber er hat sein Bischofsamt nicht gut ausgeführt; er hat zwar einen großen Namen erhalten, aber er ist nicht eingetreten in die Heiligkeit dessen, der ihm den Namen gegeben hat, in seinem ganzen Leben, weil er nicht gerechtes Gericht gehalten und sich der Witwen und Waisen nicht erbarmt hat. Nun aber ist ihm vergolten gemäß seiner Ungerechtigkeit und seinen Werken.

36. Und ich sah einen andern Menschen im feurigen Flusse bis an die Knie. Es waren aber seine Hände ausgestreckt und blutig, und Würmer gingen aus seinem Munde und aus seinen Nasenlöchern, und er war seufzend und weinend, und ausrufend sagte er: Erbarme dich meiner, denn mir wird mehr Leid zugefügt als den übrigen, die in dieser Strafe sind. Und ich fragte: Wer ist dieser, Herr? Und er sagte zu mir: Dieser, den du siehst, ist Diakon gewesen, der die Opfergaben aufaß und hurte und das Rechte angesichts Gottes nicht tat. Deshalb bezahlt er unaufhörlich diese Strafe.

Und ich blickte und sah an seiner Seite einen andern Menschen, den man in Eile brachte und in den feurigen Fluß warf, und er war darin bis an die Knie. Und es kam der Engel, der über die Strafen gesetzt war, mit einem großen feurigen Schermesser, und damit zerfleischte er die Lippen jenes Mannes und die Zunge in gleicher Weise. Und seufzend weinte ich und fragte: Wer ist jener, Herr? Und er sagte zu mir: Der, welchen du siehst, ist Vorleser gewesen und hat dem Volke vorgelesen, er selbst aber beobachtete die Gebote Gottes nicht. Nun bezahlt er auch seine besondere Strafe.

37. Und ich sah eine andere Menge von Gruben an jenem Orte und in der Mitte davon einen Fluß, der angefüllt war mit einer Menge von Männern und Weibern, und Würmer verzehrten sie. Ich aber weinte, und seufzend fragte ich den Engel und sagte: Herr, wer sind diese? Und er sagte zu mir: Das sind die, welche Zinseszins eintrieben und auf ihre Reichtümer vertrauten, nicht hoffend auf Gott, daß er ihnen Helfer wäre.

Und wiederum blickte ich und sah einen andern sehr engen Ort, und er war wie eine Mauer und in seinem Umkreis Feuer. Und ich sah darin Männer und Weiber, die ihre Zunge zerkauten, und fragte: Wer sind diese, Herr? Und er sagte zu mir: Dies sind die, welche in der Kirche das Wort Gottes verunglimpfen, nicht darauf achtend, sondern gewissermaßen Gott und seine Engel für nichts achtend. Deshalb bezahlen sie nun in gleicher Weise ihre besondere Strafe.

38. Und ich blickte und sah ein anderes Loch unten in der Grube, und sein Anblick war wie Blut. Und ich fragte und sagte: Herr, was ist dieser Ort? Und er sagte zu mir: In dieser Grube fließen alle Strafen zusammen. Und ich sah Männer und Weiber, eingetaucht bis an die Lippen, und fragte: Wer sind diese, Herr? Und er sagte zu mir: Diese sind Zauberer, welche Männern und Weibern magische Zaubermittel dargereicht haben und es nicht möglich machten, daß sie zur Ruhe kamen, bis sie starben. Und wiederum sah ich Männer und Weiber von sehr schwarzem Angesicht in der Feuergrube und seufzte und weinte und fragte: Wer sind diese, Herr? Und er sagte zu mir: Diese sind Hurer und Ehebrecher, die, obwohl sie eigene Frauen hatten, die Ehe gebrochen haben; gleicherweise haben auch die Weiber in derselben Art die

Ehe gebrochen, obwohl sie eigene Männer hatten. Deshalb bezahlen sie unaufhörliche Strafen.

39. Und ich sah dort Mädchen, welche schwarze Gewänder hatten, und vier fürchterliche Engel, die in ihren Händen feurige Ketten hatten. Und sie legten die Ketten an ihre Nacken und führten sie in die Finsternis. Und wiederum weinend fragte ich den Engel: Wer sind diese, Herr? Und er sagte zu mir: Diese sind solche, welche, obwohl sie als Jungfrauen bestellt waren, ihre Jungfrauenschaft ohne Wissen ihrer Eltern verunreinigt haben. Deshalb bezahlen sie unaufhörlich ihre besonderen Strafen.

Und wiederum erblickte ich dort Männer und Weiber mit zerschnittenen Händen und Füßen gestellt und nackt an einen Ort von Eis und Schnee, und Würmer verzehrten sie. Wie ich es aber sah, weinte und fragte ich: Wer sind diese, Herr? Und er sagte zu mir: Diese sind die, welche Waisen und Witwen und Arme geschädigt und nicht auf den Herrn gehofft haben. Deshalb bezahlen sie unaufhörlich ihre besonderen Strafen.

Und ich blickte und sah andere hängend über einem Wasserlauf, und ihre Zungen waren hinlänglich trocken, und viele Früchte waren in ihrem Anblick angebracht, aber es wurde ihnen nicht erlaubt, von diesen zu nehmen. Und ich fragte: Wer sind die, Herr? Und er sagte zu mir: Das sind die, welche vor der festgesetzten Stunde das Fasten gebrochen haben. Deswegen bezahlen sie unaufhörlich diese Strafen.

Und ich sah andere, Männer und Weiber, aufgehängt an ihren Augenbrauen und Haaren, und ein feuriger Fluß zog (?) sie, und ich sagte: Wer sind diese, Herr? Und er sagte zu mir: Dies sind solche, die sich nicht den eigenen Männern und Frauen hingeben, sondern Ehebrechern, und darum bezahlen sie unaufhörlich die besonderen Strafen. [In einer koptischen Quelle lautet der Text: Und ich sah andere Männer und Weiber aufgehängt mit dem Kopf nach unten, und große Fackeln von Feuer brannten vor ihren Gesichtern, und Drachenschlangen waren um ihre Leiber geschlungen und verschlangen sie. Und ich sagte zu dem Engel: Wer sind diese, mein Herr, die in dieser schrecklichen Weise leiden? Und der Engel sagte zu mir: Diese sind die, welche sich zu schmücken pflegen mit Teufelssalben und gehen in die Kirche um Ehebruchs willen und nicht ihrer Ehemänner wegen. Sie machten Gott sich zum Feinde wegen ihrer täuschenden Salben. Deshalb werden sie diese Strafe erhalten, welche in Ewigkeit bleibt.]

Und ich sah andere, Männer und Weiber, mit Staub bedeckt, und ihr Anblick war wie Blut, und sie waren in einer Grube von Pech und Schwefel und liefen in einen feurigen Fluß hinab. Und ich fragte: Wer sind diese, Herr? Und er sagte zu mir: Diese sind die, welche die Gottlosigkeit von Sodom und Gomorrha begangen haben, Männer mit Männern. Deshalb bezahlen sie unaufhörlich Strafen.

40. Und ich blickte und sah Männer und Weiber, angetan mit hellen Gewändern, welche blinde Augen hatten, in eine Grube von Feuer gesetzt. Und ich fragte: Wer sind diese, Herr? Und er sagte zu mir: Diese sind von den Heiden, die Almosen gegeben haben und den Herrn Gott nicht kannten; deshalb zahlen sie unaufhörlich ihre besonderen Strafen.

Und ich blickte und sah andere Männer und Weiber auf einer feurigen Spitzsäule, und Tiere zerrissen sie, und es wurde ihnen nicht erlaubt zu sagen: Erbarme dich unser, o Herr! Und ich sah den Engel der Strafen in stärkster Weise Strafen auf sie legen und sagen: Erkennt das Gericht des Sohnes Gottes an! Denn es ist euch vorausgesagt; wenn euch die göttlichen Schriften vorgelesen wurden, gabt ihr nicht acht; deshalb ist das Gericht Gottes gerecht; eure bösen Handlungen haben euch erfaßt und euch in diese Strafen geführt. Ich aber seufzte und weinte und fragte und sagte: Wer sind diese Männer und Weiber, die im Feuer erwürgt werden und Strafen bezahlen? Und er antwortete mir: Dies sind die Weiber, welche das Gebilde Gottes befleckten, indem sie aus dem Mutterschoß Kinder hervorbrachten, und das sind die Männer, die ihnen beiwohnten. Ihre Kinder aber gingen den Herrn Gott und die Engel, die über die Strafen gesetzt waren, an, sagend: Verteidige uns vor unsern Erzeugern, denn sie haben das Gebilde Gottes befleckt; den Namen Gottes zwar habend, aber seine Gebote nicht beobachtend, haben sie uns zur Speise den Hunden und zum Zertreten den Schweinen gegeben, andere in den Fluß geworfen. Jene Kinder aber wurden den Engeln des Tartarus, die über die Strafen waren, übergeben, daß sie sie an einen geräumigen Ort des Erbarmens führten. Ihre Väter und Mütter aber wurden in ewiger Strafe erstickt. Und darauf sah ich Männer und Weiber, angetan mit Lappen voll von Pech und Schwefel von Feuer, und Drachen waren gewunden um ihre Hälse und Schultern und Füße, und Engel, die feurige Hörner hatten, hielten sie im Zaum und schlugen sie und schlossen ihre Nasen, sagend: Warum habt ihr nicht erkannt die

Zeit, in welcher es recht war, daß ihr Buße tatet und Gott dientet, und habt es nicht getan? Und ich fragte: Wer sind diese, Herr? Und er sagte zu mir: Diese sind die, welche der Welt zu entsagen schienen, indem sie unser Gewand anlegten, aber die Hindernisse der Welt machten sie zu Elenden, indem sie nicht eine einzige Agape veranstalteten, und der Witwen und Waisen erbarmten sie sich nicht; den Ankömmling und Fremden nahmen sie nicht auf, auch nicht eine Gabe darbringend, und erbarmten sich nicht des Nächsten. Ihr Gebet aber stieg auch nicht an einem Tage als reines zu dem Herrn Gott empor; viele Hindernisse der Welt aber hielten sie ab, und sie konnten nicht das Rechte tun angesichts Gottes. Und Engel gingen mit ihnen umher an dem Ort der Strafen. Es sahen sie aber die, welche in Strafen waren, und sagten zu ihnen: Wir wenigstens, in der Welt lebend, haben Gott vernachlässigt; warum habt ihr gleicherweise gehandelt? Und sie führten sie an einen andern Ort, und auch die sagten in gleicher Weise zu ihnen: Wir, da wir in der Welt waren, wußten, daß wir Sünder waren; wir sahen aber euch in heiligem Gewande und priesen euch selig, indem wir sagten: Die sind gerecht und Diener Gottes. Nun aber haben wir erkannt, daß ihr eitel nach dem Namen Gottes genannt seid; deshalb zahlt ihr die beständige Strafe.

Und seufzend weinte ich und sagte: Wehe den Menschen, wehe den Sündern! Weshalb sind sie geboren worden? Und antwortend sagte der Engel zu mir: Warum weinst du? Bist du barmherziger als der Herr Gott, der gepriesen ist in Ewigkeit, der Gericht festgesetzt hat und einem jeden erlaubt hat, nach eigenem Willen gut und böse zu wählen und zu tun, was ihm beliebt? Wiederum weinte ich noch auf das heftigste, und er sagte zu mir: Weinst du, während du bisher noch nicht größere Strafen gesehen hast? Folge mir, und du wirst welche sehen, die siebenmal größer sind als diese.

41. Und er trug mich nach Norden, dem Ort aller Strafen, und stellte mich an einen Brunnen, und ich fand ihn mit sieben Siegeln versiegelt. Und antwortend sagte der Engel, der mit mir war, zu dem Engel jenes Ortes: Öffne die Mündung des Brunnens, damit Paulus, der Höchstgeliebte Gottes, hineinblicke, weil ihm die Vollmacht gegeben ist, daß er alle Strafen der Unterwelt sehe. Und der Engel sagte zu mir: Steh entfernt, weil du nicht den Gestank dieses Ortes auszuhalten vermagst! Als also der Brunnen geöffnet worden war, stieg sogleich ein harter und sehr bösartiger Geruch auf, der alle Strafen übertraf. Und ich blickte in den Brunnen und sah feurige Massen, von allen Seiten brennend, und die Enge des Brunnens war an der Mündung des Brunnens so eng, daß er nur einen einzigen Menschen zu fassen vermochte. Und der Engel antwortete und sagte zu mir: Wenn einer in diesen Brunnen des Abgrundes geschickt und über ihm versiegelt worden ist, geschieht niemals seiner Erwähnung vor dem Vater und dem Sohne und dem Heiligen Geiste und den heiligen Engeln. Und ich sagte: Wer sind diese, Herr, welche in diesen Brunnen geschickt werden? Und er sagte zu mir: Diese sind: wer nicht bekannt hat, daß Christus im Fleisch gekommen ist und daß ihn die Jungfrau Maria geboren hat, und wer sagt, daß das Brot der Eucharistie und der Kelch des Segens nicht Leib und Blut Christi seien.

42. Und ich blickte von Norden nach Westen, und ich sah dort den nicht ruhenden Wurm, und an dem Orte war Zähneknirschen. Der Wurm aber hatte an Maß eine Elle, und zwei Köpfe waren daran. Und ich sah dort Männer und Weiber in Kälte und Zähneknirschen. Und ich fragte: Herr, wer sind diese an diesem Orte? Und er sagte zu mir: Dies sind die, welche sagen, daß Christus von den Toten nicht auferstanden ist und daß dieses Fleisch nicht aufersteht. Und ich fragte und sagte: Herr, gibt es nicht Feuer und Wärme an diesem Ort? Und er sagte zu mir: An diesem Orte gibt es nichts anderes als Kälte und Schnee. Und wiederum sagte er zu mir: Auch wenn die Sonne über ihnen aufginge, würden sie nicht warm wegen der übermäßigen Kälte jenes Ortes und des Schnees.

Als ich dies hörte, streckte ich meine Hände aus und weinte, und seufzend sagte ich wiederum: Besser wäre es für uns, wenn wir nicht geboren wären, wir alle, die wir Sünder sind.

43. Als aber die, welche an demselben Orte waren, mich bei dem Engel weinen sahen, riefen sie aus und weinten auch selbst, sagend: Herr Gott, erbarme dich unser! Und danach sah ich den Himmel geöffnet und Michael, den Erzengel, herabsteigend vom Himmel, und mit ihm das ganze Heer der Engel, und sie gelangten zu denen, die in die Strafen gesetzt waren; und als sie ihn sahen, riefen sie wiederum weinend aus und sagten: Erbarme dich unser, Erzengel Michael, erbarme dich unser und des menschlichen Geschlechtes, weil wegen deiner Gebete die Erde besteht. Wir haben nun das Gericht gesehen und den Sohn Gottes erkannt. Es war vordem uns unmöglich, hierfür zu beten, ehe wir an diesen Ort kamen. Denn wir haben gehört, daß ein Gericht sein würde, ehe wir aus der Welt gingen, aber die Hindernisse und das weltliche

Leben ließen es nicht zu, daß wir Buße taten. Und Michael antwortete und sagte: Hört, wenn Michael redet: Ich bin es, der ich zu jeder Stunde vor Gott stehe. So wahr der Herr lebt, in dessen Gegenwart ich stehe, ich lasse nicht ab, nur an einem Tage oder einer Nacht unaufhörlich zu beten für das menschliche Geschlecht, und ich bete für die, die (noch) auf der Erde sind. Sie aber hörten nicht auf, Schlechtigkeit zu begehen und Hurerei, und sie standen mir nicht bei im Guten, solange sie auf Erden gesetzt waren. Und ihr habt die Zeit, in der ihr hättet Buße tun müssen, in Nichtigkeit zugebracht. Ich aber habe immer so gebeten und flehe jetzt, daß Gott Tau sende und Regen bestimmt werde über die Erde, und noch bitte ich, bis die Erde ihre Früchte hervorbringe; und ich sage, daß, wenn einer auch nur ein bißchen Gutes getan hat, ich für ihn kämpfe, ihn schützend, bis er entgeht dem Gericht der Strafen. Wo sind also eure Gebete? Wo eure Buße? Ihr habt die Zeit verächtlich verloren. Nun aber weint, und ich und die Engel, die mit mir sind, werden weinen zusammen mit dem höchstgeliebten Paulus, ob der barmherzige Gott Erbarmen übe und euch Erquickung gebe. Als aber jene diese Worte hörten, riefen sie aus und weinten sehr und sagten alle einstimmig: Erbarme dich unser, Sohn Gottes! Und ich, Paulus, seufzte und sagte: Herr Gott, erbarme dich deines Gebildes, erbarme dich der Menschenkinder, erbarme dich deines Bildes.

44. Und ich blickte und sah den Himmel sich bewegen wie einen Baum, der vom Winde bewegt ist. Plötzlich aber warfen sie sich auf ihr Angesicht vor dem Thron; und ich sah die vierundzwanzig Ältesten und die vier Tiere Gott anbeten, und ich sah den Altar und den Vorhang und den Thron, und alles war frohlockend, und es erhob sich der Rauch eines guten Geruches neben dem Altare des Thrones Gottes, und ich hörte die Stimme eines, der sagte: Um weswillen bittet ihr, unsere Engel und unsere Diener? Und sie riefen aus, sagend: Wir bitten, da wir deine große Güte gegen das Menschengeschlecht sehen. Darauf sah ich den Sohn Gottes herabsteigen vom Himmel, und es war ein Diadem auf seinem Haupte. Als aber die, welche in die Strafen gesetzt waren, ihn sahen, riefen sie alle einstimmig aus, sagend: Erbarme dich, Sohn des erhabenen Gottes! Du bist es, der du allen Erquickung gewährt hast im Himmel und auf Erden, erbarme dich unser gleicherweise; seitdem wir nämlich dich gesehen haben, haben wir Erquickung. Und es ging eine Stimme vom Sohne Gottes aus durch alle Strafen hin, sagend: Und welches Werk habt ihr getan, daß ihr von mir Erquikkung fordert? Mein Blut ist um euretwillen vergossen worden, und ihr habt auch so nicht Buße getan. Um euretwillen habe ich eine Krone aus Dornen auf meinem Haupte getragen; für euch habe ich Backenstreiche auf meine Kinnbacken erhalten, und auch so habt ihr nicht Buße getan. Um Wasser habe ich am Kreuze hängend gebeten, und sie gaben mir Essig mit Galle gemischt; mit einer Lanze haben sie meine rechte Seite geöffnet. Meines Namens wegen haben sie meine Diener, die Propheten und die Gerechten, getötet, und bei all diesem habe ich euch Raum zur Buße gegeben, und ihr habt nicht gewollt. Nun aber: um Michaels, des Engels meines Bundes, und der Engel, die mit ihm sind, und um Paulus, meines Hochgeliebten, den ich nicht betrüben will, um eurer Brüder, die in der Welt sind und Opfergaben darbringen, und um eurer Kinder, weil meine Gebote in ihnen sind, und noch mehr um meiner eigenen Güte willen: an dem Tage nämlich, an welchem ich von den Toten auferstanden bin, gewähre ich euch allen, die ihr in Qualen seid, eine Nacht und einen Tag Erquickung für immer. Und alle riefen aus und sagten: Wir preisen dich, Sohn Gottes, daß du uns eine Nacht und einen Tag Erquickung gegeben hast. Besser ist nämlich für uns die Erquickung eines Tages als alle Zeit unseres Lebens, die wir auf der Erde waren, und wenn wir deutlich erkannt hätten, daß dieser Ort bestimmt ist für die, welche sündigen, würden wir überhaupt keine andere Arbeit gemacht haben, nichts gehandelt haben und keine Bosheit begangen haben. Was wäre es für uns nötig gewesen, in die Welt hineingeboren zu sein? Hier nämlich ist unser Stolz gefaßt, der aus unserm Munde gegen den Nächsten aufsteigt. Beschwerde und unsere allzu großen Ängste und Tränen und die Würmer, welche unter uns sind, das ist weit schlechter für uns als die Strafen, welche ... uns. Als jene dies redeten, wurden die bösen Engel und die über die Strafen erzürnt auf sie, sagend: Wie lange habt ihr geweint und geseufzt? Denn ihr habt nicht Erbarmen gehabt. Dies nämlich ist das Gericht Gottes über den, der nicht Erbarmen geübt hat. Diese große Gnade aber habt ihr erhalten: in der Nacht und am Tage des Sonntags Erquikkung um des hochgeliebten Paulus willen, der zu euch hinabgestiegen ist.

45. Und danach sagte zu mir der Engel: Hast du alles gesehen? Und ich sagte: Ja, Herr. Und er sagte zu mir: Folge mir, und ich will dich ins Paradies führen. Und es sollen dich die Gerechten, die dort sind, sehen; siehe, sie hoffen nämlich, dich zu sehen, und sind bereit, dir entgegenzugehen in Freude und Jubel. Und ich folgte dem Engel aus Antrieb des Heiligen Geistes, und er versetzte mich ins Paradies und sagte zu mir: Dies ist das Paradies, in welchem Adam irrte und sein Weib. Ich trat aber in das Paradies ein und sah den Ursprung des Wassers; und der Engel winkte mir und sagte zu mir: Schau, sagte er, die Wasser; dies ist nämlich der Fluß Pison, der das ganze Land Hevila umzieht, und der andere ist Gihon, der das ganze Land Ägypten und Äthiopien umzieht, und der andere ist der Tigris, der den Assyrern gegenüber liegt, und der andere ist der Euphrat, welcher das Land Mesopotamien bewässert. Aber weiter hineingegangen, sah ich einen Baum gepflanzt, von dessen Wurzeln Wasser hervorflossen, und von ihm aus war der Ursprung der vier Flüsse; der Geist Gottes aber ruhte über jenem Baume, und wenn der Geist wehte, flossen die Wasser. Und ich sagte: Herr, ist es dieser Baum selbst, welcher die Wasser fließen läßt? Und er sagte zu mir: Weil im Anfang, bevor Himmel und Erde in Erscheinung traten, alles unsichtbar war, der Geist Gottes über den Wassern schwebte; seitdem aber das Gebot Gottes Himmel und Erde zum Vorschein brachte, ruhte der Geist auf diesem Baume. Deshalb, wenn der Geist geweht hat, fließen die Wasser aus diesem Baume. Und er hielt mir die Hand fest und führte mich zum Baum der Erkenntnis des Guten und des Bösen und sagte: Dies ist der Baum, durch den der Tod in die Welt eingetreten ist, und von ihm her hat Adam, von seinem Weibe erhaltend, gegessen, und der Tod ist in die Welt eingetreten. Und er zeigte mir einen andern Baum in der Mitte des Paradieses und sagte zu mir: Dies ist der Baum des Lebens.

46. Während ich noch den Baum betrachtete, sah ich aber eine Jungfrau von ferne kommen und zweihundert Engel vor ihr, Hymnen sagend. Und ich fragte und sagte: Herr, wer ist diese, die in solcher Pracht kommt? Und er sagte zu mir: Dies ist Maria, die Mutter des Herrn. Als sie aber nahe herzukam, grüßte sie mich und sagte: Sei gegrüßt, Paulus, du von Gott und den Engeln und den Menschen Hochgeliebter! Denn alle Heiligen haben meinen Sohn Jesus, der mein Herr ist, gebeten, daß du hierher im Körper kommen möchtest, damit sie dich sähen, bevor du aus der Welt gingest, und der Herr hat ihnen gesagt: Wartet und haltet euch geduldig! Noch ein wenig, und ihr werdet ihn sehen, und er wird ewig bei euch sein. Und wiederum sagten alle gemeinsam zu ihm:

Betrübe uns nicht! Wir wollten ihn nämlich noch im Fleisch befindlich sehen; durch diesen ist ja dein Name in der Welt sehr verherrlicht, und wir haben gesehen, daß er alle Werke der Kleinen und der Großen auf sich genommen hat. Von denen, die hierherkommen, erfragen wir, sagend: Wer ist es, der euch in der Welt geleitet hat? Und sie berichten uns: Es ist einer in der Welt, dessen Name Paulus ist; der kündigt Christus verkündend an, und wir glauben, daß durch die Kraft und Süßigkeit seiner Rede viele ins Reich eingetreten sind. Siehe, alle Gerechten selbst sind hinter mir, die dir entgegengehen. Ich sage dir aber, Paulus, daß ich deshalb zuerst denen entgegengehe, die den Willen meines Sohnes und meines Herrn Jesu Christi getan haben, ich gehe ihnen zuerst entgegen und lasse nicht zu, daß sie wie Fremdlinge sind, bis sie in Frieden meinem geliebten Sohne begegnen.

47. Während sie noch redete, sah ich drei, von fern kommend, sehr schön, nach der Art Christi, und ihre Bilder waren leuchtend, und ihre Engel. Und ich fragte: Wer sind diese, Herr? Und er sagte zu mir: Kennst du sie nicht? Und ich sagte: Nein, Herr. Und er antwortete: Diese sind die Väter des Volkes: Abraham, Isaak und Jakob. Und nahe herzukommend, grüßten sie mich und sagten: Sei gegrüßt, Paulus, Hochgeliebter Gottes und der Menschen; selig ist, wer Gewalt erträgt um des Herrn willen. Und es antwortete Abraham und sagte: Dies ist mein Sohn Isaak, und Jakob, mein Hochgeliebter. Und wir haben den Herrn erkannt und sind ihm gefolgt. Selig sind alle, die deinem Wort geglaubt haben, daß sie das Reich Gottes ererben können durch Arbeit, Entsagung und Heiligung und Demut und Liebe und Milde und rechten Glauben an den Herrn. Und wir haben auch Ergebung gegen den Herrn gehabt, den du predigst, mit dem Verbündnis, daß wir allen Seelen, die ihm glauben, beistehen und ihnen dienen, wie Väter ihren Söhnen dienen.

Während sie noch redeten, sah ich andere zwölf von weit in Ehre herankommen. Und ich fragte: Wer sind diese, Herr? Und er sagte: Diese sind die Patriarchen. Und herzutretend grüßten sie mich und sagten: Sei gegrüßt, Paulus, Hochgeliebter Gottes und der Menschen! Der Herr hat uns nicht betrübt, so daß wir dich noch im Körper befindlich sehen, bevor du aus der Welt gehst. Und ein jeder gab mir seinen Namen an, der Reihe nach von Ruben bis Benjamin; und es sagte zu mir Joseph: Ich bin es, der verkauft worden ist; ich sage dir aber, Paulus, daß ich, was alles auch meine Brüder mir angetan haben, in keinem Stück boshaft mit ihnen verfahren bin, auch nicht in aller Mühe, die sie mir auferlegt haben, noch habe ich sie in allen Stücken verletzt deswegen von früh bis zum Abend. Selig ist der, welcher in einem Stück geschädigt wird um des Herrn willen und ausgehalten hat, weil der Herr ihm das vielfältig vergelten wird, wenn er aus der Welt gegangen sein wird.

48. Während er noch redete, sah ich einen andern Schönen von fern kommen und seine Engel Hymnen singen und fragte: Wer ist dieser, Herr, schön von Antlitz? Und er sagte zu mir: Kennst du ihn nicht? Und ich sagte: Nein, Herr. Und er sagte zu mir: Dieses ist Moses, der Gesetzgeber, welchem Gott das Gesetz gegeben hat. Und als er neben mich getreten war, weinte er sogleich, und danach begrüßte er mich. Und ich sagte zu ihm: Was weinst du? Ich habe nämlich gehört, daß du jeden Menschen an Milde übertriffst. Und er antwortete mir, sagend: Ich weine über die, welche ich mit Mühe gepflanzt habe, weil sie Frucht nicht gebracht haben und keiner von ihnen Fortschritte gemacht hat. Und ich sah, daß alle Schafe, die ich weidete, zerstreut und geworden sind wie solche, die keinen Hirten haben, und daß alle Mühen, die ich wegen der Kinder Israel ertragen habe, für nichts geachtet sind, und wie viele Krafttaten ich in ihrer Mitte vollbracht habe, sie es nicht begriffen haben; und ich wundere mich, daß Fremde und Unbeschnittene und Götzenanbeter sich bekehrend in die Verheißungen Gottes eingetreten sind, Israel aber nicht eingetreten ist. Und ich sage dir, Bruder Paulus, daß in jener Stunde, als das Volk Jesus, den du predigst, aufhängte, der Vater, der Gott von allem, der mir das Gesetz gegeben hat, und Michael und alle Engel und Erzengel und Abraham und Isaak und Jakob und alle Gerechten weinten über den Sohn Gottes, der ans Kreuz gehängt war. Alle Heiligen richteten ihre Aufmerksamkeit in jener Stunde auf mich schauend und sagten zu mir: Sieh, Moses, was sie von deinem Volke dem Sohne Gottes getan haben! Deshalb bist du selig, Paulus, und selig ist das Geschlecht und das Volk, welches deinem Worte geglaubt hat.

49. Während er noch redete, kamen andere zwölf, und als sie mich sahen, sagten sie: Du bist Paulus, gepriesen im Himmel und auf der Erde? Und ich antwortete und sagte: Wer seid ihr? Der erste antwortete und sagte: Ich bin Jesaja, dem Manasse den Kopf mit einer Holzsäge zersägte. Und der zweite sprach ähnlich: Ich bin Jeremia, der von den Kindern Israel gesteinigt und getötet wurde. Und der dritte sagte: Ich bin Ezechiel, den die Kinder Israel an den Füßen über den Felsen auf den Berg schleiften, bis daß sie mein Gehirn ausschütteten. Und alle diese Mühsale haben wir ertragen, weil wir die Kinder Israel retten wollten. Und ich sage dir, daß ich nach den Mühsalen, die sie mir auferlegt haben, mich vor dem Herrn auf mein Angesicht warf, für sie betend, die Knie beugend bis zur zweiten Stunde des Sonntages, bis Michael kam und mich von der Erde aufhob. Selig bist du, Paulus, und selig ist das Volk, das durch dich zum Glauben gekommen ist.

Als diese vorübergingen, sah ich einen andern, schön von Angesicht, und ich fragte: Wer ist dieser, Herr? Und er sagte zu mir: Das ist Loth, der in Sodom als gerecht befunden wurde. Als er mich gesehen hatte, freute er sich, und sich nähernd grüßte er mich und sagte: Selig bist du, Paulus, und selig ist das Geschlecht, daß du bedient hast. Und antwortend sagte ich zu ihm: Du bist Loth, der in Sodom als gerecht befunden wurde? Und er sagte: Ich habe die Engel als Fremde in meinem Hause aufgenommen, und als die aus der Stadt sie vergewaltigen wollten, habe ich ihnen meine beiden jungfräulichen Töchter, die noch keinen Mannesumgang kennengelernt hatten, angetragen und ihnen gegeben, sagend: Gebrauchet sie, wie ihr wollt, nur diesen Männern tut nichts schändlicherweise; deshalb sind sie unter das Dach meines Hauses eingetreten. Deshalb müssen wir also Vertrauen haben und wissen, daß, wenn ein jeder etwas getan hat, Gott ihnen vielfältig vergilt, wenn sie zu ihm gekommen sind. Selig bist du, Paulus, und selig das Volk, das deinem Wort geglaubt haben wird.

Als er nun aufgehört hatte, zu mir zu sprechen, sah ich einen andern von weit her kommen, sehr schön von Angesicht, lächelnd und seine Engel Hymnen singend, und ich sagte zu dem Engel, der bei mir war: Es hat also ein jeder der Gerechten einen Engel als Genossen?

Und er sagte zu mir: Ein jeder der Heiligen hat einen eigenen, der ihm beisteht und einen Hymnus singt, und einer weicht nicht vom andern. Und ich sagte: Wer ist dieser, Herr? Und er sagte: Dieser ist Hiob. Und herantretend begrüßte er mich und sagte: Bruder Paulus, du hast großes Lob bei Gott und den Menschen. Ich aber bin Hiob, der ich eine Zeit von dreißig Jahren infolge des Serums des Schlages viel gelitten habe. Und anfangs waren die Wunden, die aus meinem Körper hervorkamen, wie Weizenkörner, die Würmer aber, welche herabfielen, hatten eine Länge von vier Fingern. Und der Teufel erschien mir zum dritten Male und sagte zu mir: Sag ein Wort gegen den Herrn und stirb! Ich sagte zu ihm: Wenn es so der Wille Gottes ist, daß ich in dem Schlage die ganze Zeit meines Lebens bleibe, bis ich sterbe, werde ich nicht aufhören, den Herrn Gott zu preisen, und werde mehr Lohn empfangen. Ich weiß nämlich, daß die Mühsale dieser Welt nichts sind gegen die Erquickung, die später ist. Deshalb bist du selig, Paulus, und selig ist das Volk, das durch dich zum Glauben gekommen ist.

50. Während er noch redete, kam ein anderer, von weit her rufend und sagend: Selig bist du, Paulus, und ich bin selig, weil ich dich, den von dem Herrn Geliebten, gesehen habe. Und ich fragte den Engel: Wer ist dieser, Herr? Und antwortend sagte er zu mir: Dies ist Noah zur Zeit der Sintflut. Und sogleich begrüßten wir uns einander. Sich sehr freuend, sagte er zu mir: Du bist Paulus, der Hochgeliebte Gottes. Und ich fragte ihn: Wer bist du? Und er sagte: Ich bin Noah, der zur Zeit der Sintflut war. Ich sage dir aber, Paulus, daß ich hundert Jahre mit der Herstellung der Arche zugebracht habe, indem ich das Gewand, mit dem ich bekleidet war, nicht auszog und das Haar meines Hauptes nicht schor. Dazu beeiferte ich mich der Enthaltsamkeit, indem ich mich meinem eigenen Weibe nicht näherte; in jenen hundert Jahren wuchs das Haar meines Hauptes nicht in die Größe, und meine Kleider wurden nicht beschmutzt. Und ich bat die Menschen zu jener Zeit, sagend: Tut Buße! Es wird nämlich eine Wasserflut über euch kommen. Sie verlachten mich aber und verhöhnten meine Worte. Und wiederum sagten sie zu mir: Diese Zeit ist vielmehr für die, welche spielen können und nach Belieben sündigen wollen, für den, wem es möglich ist, nicht wenig zu huren; denn Gott sieht dies nicht und beachtet nicht, was von allen gehandelt wird, und eine Sintflut von Wasser wird ganz und gar nicht in diese Welt kommen. Und sie ließen ihre Sünden nicht, bis Gott alles Fleisch, welches Lebensgeist in sich hatte, vernichtete. Erkenne aber, daß Gott einen Gerechten mehr liebt als ein ganzes Jahrhundert von Gottlosen. Deshalb: selig bist du, Paulus, und selig ist das Volk, das durch dich gläubig geworden ist.

51. Und mich wendend, sah ich andere Gerechte, von weit her kommend, und ich fragte den Engel: Wer sind diese, Herr? Und er antwortete mir: Das sind Elias und Elisa. Und sie begrüßten mich. Und ich sagte zu ihnen: Wer seid ihr? Und es antwortete einer von ihnen: Ich bin Elias, der Prophet Gottes. Ich bin Elias, der gebetet hat, und wegen meines Wortes regnete der Himmel nicht in drei Jahren und sechs Monaten wegen der Ungerechtigkeiten der Menschen. Gerecht ist Gott, und wahrhaftig, der den Willen seiner Diener tut. Denn oft haben die Engel den Herrn gebeten um den Regen, und er hat gesagt: Bezeigt Geduld, bis mein Diener Elias betet und dieserhalb bittet, so werde ich Regen auf die Erde senden ... [Syrische Quelle: bis ich von neuem anrief, und dann gab er ihnen. Aber selig bist du, Paulus, daß dein Geschlecht und deine Schülerschaft alle Kinder des Reiches sind. Und wisse, Paulus, daß jeder, der durch dich glaubt, selig ist und Seligkeit ihm aufbewahrt ist. – Dann schied er von mir. Und als er von mir geschieden war, führte mich der Engel, der mit mir war, hinaus und sagte in großem Ernste: Paulus, dir ist das Geheimnis dieser Offenbarung gegeben; wie du willst, tue es kund und offenbare es den Menschen. – Ich, Paulus, aber kam zu mir und erkannte und wußte alles, was ich gesehen hatte, und schrieb es in eine Rolle. Und solange ich im Leben war, hatte ich keine Ruhe, dies Geheimnis zu offenbaren, sondern ich schrieb es (auf) und legte es unter die Mauer eines Hauses jenes gläubigen Mannes, bei dem ich in Tarsus, einer Stadt Ciliciens, war. Als ich aber aus diesem zeitlichen Leben entlassen war (und) vor meinem Herrn (stand), da sagte er so zu mir: Paulus, habe ich dir alles gezeigt, daß du es unter die Hausmauer legtest? Vielmehr schicke und offenbare seinethalben, damit die Menschen es lesen und sich wenden auf den Weg der Wahrheit, damit sie nicht in diese bittern Qualen kommen.]

Die Leiden, welche ein jeder erduldet um Gottes willen, wird Gott ihm vergelten zweifach. Selig bist du, Paulus, und selig das Volk, das durch dich glauben wird. Wie dieser redete, kam nämlich ein anderer, Henoch, grüßte mich und sagte zu mir: Die Leiden, welche der Mensch um Gottes willen erträgt, Gott betrübt ihn nicht, wenn er aus der Welt geht.

Wie dieser mit mir redete, siehe, da kamen zwei andere miteinander, und ein anderer ging hinter ihnen her, indem er ihnen zurief: Wartet auf mich, daß ich komme, damit ich den Geliebten Gottes, Paulus, sehe; es wird Befreiung für uns sein (?), wenn wir ihn sehen werden, während er noch im Leibe ist. Ich sagte zum Engel: Mein Herr, wer sind diese? Er sagte zu mir: Diese sind Zacharias und Johannes, sein Sohn. Ich sagte zum Engel: Der andere denn, der hinter ihnen läuft? Er sagte: Dieser ist Abel, den Kain getötet hat. Sie grüßten mich und sagten zu mir: Selig bist du, Paulus, der du gerecht in allen deinen Werken bist. Es sagte Johannes: Ich bin der, dessen Haupt sie im Gefängnis wegnahmen um eines Weibes willen, das bei einem Mahle tanzte. Es sagte Zacharias: Ich bin es, den sie töteten, indem ich Gott ein Opfer darbrachte; und als die Engel zum Opfer kamen, brachten sie meinen Leib zu Gott empor, und kein Mensch fand meinen Leib, wohin er genommen war. Abel sagte: Ich bin der, den Kain getötet hat, indem ich Gott ein Opfer darbrachte. Die Leiden, die wir um Gottes willen erduldet haben, sind nichtige Dinge; was wir um Gottes willen getan haben, haben wir vergessen. Und die Gerechten und alle Engel umgaben mich; sie freuten sich mit mir, weil sie mich im Fleisch gesehen hatten.

Ich blickte und sah einen andern, der sie alle übertraf. Und ich sagte zu dem Engel: Wer ist dieser, mein Herr? Er sagte zu mir: Dieser ist Adam, der Vater von euch allen. Während er zu mir gelangte, begrüßte er mich mit Freude. Er sagte zu mir: Mutig, Paulus, Geliebter Gottes, der du eine Menge hast zum Glauben an Gott gebracht und zur Reue, wie ich selbst bereut habe und genommen habe meinen Preis von dem Barmherzigen und Mitleidigen. [Koptische Quelle: Der Engel des Herrn hob mich empor und brachte mich auf den Ölberg. Dort fand ich, Paulus, die Apostel versammelt zusammen. Ich begrüßte sie und verkündigte ihnen jedes Ding, welches mir begegnet war, und das, was ich gesehen hatte, und die Ehre, welche den Gerechten widerfahren wird, und den Untergang und das Niederreißen, welches den Gottlosen widerfahren wird. Da freuten sich die Apostel und frohlockten und segneten Gott, und sie befahlen uns zusammen: mir, Markus und Timotheus, dem Schüler des heiligen Paulus (!), dem Lehrer der Kirche, in Schrift zu fassen diese heilige Apokalypse zum Frommen und zum Nutzen derer, die sie hören werden. Als die Apostel mit uns redeten, offenbarte sich uns der Heiland Christus aus dem Wagen der Cherubim und sagte zu uns: Seid gegrüßt, meine heiligen Jünger, welche ich erwählt habe aus der Welt! Sei gegrüßt, Petrus, Krone der Apostel! Sei gegrüßt, Johannes, mein Geliebter! Seid gegrüßt, (ihr) Apostel alle! Der Friede meines guten Vaters sei mit euch! Dann wandte er sich zu unserm Vater und sagte zu ihm: Sei gegrüßt, Paulus, geehrter Briefschreiber! Sei gegrüßt, Paulus, Mittler des Bundes! Sei gegrüßt, Paulus, Dach und Fundament der Kirche! Hast du dich überzeugt von den Dingen, die du gesehen hast? Bist du voll überzeugt von den Dingen, die du gehört hast? Paulus antwortete: Ja, mein Herr. Deine Gnade und deine Liebe haben mir Großes, was gut ist, erwiesen. Der Heiland antwortete und sagte: O Geliebter des Vaters, Amen, Amen, ich sage euch, daß die Worte dieser Apokalypse in der ganzen Welt gepredigt werden zum Nutzen derer, die sie hören werden. Amen, Amen, ich sage dir, Paulus, daß der, welcher sorgen wird für diese Apokalypse, sie schreiben wird und niederlegen als ein Zeugnis für die kommenden Geschlechter, dem werde ich nicht zeigen die Unterwelt mit dem bitteren Weinen bis zum zweiten Geschlecht seines Samens. Und den, welcher sie liest im Glauben, werde ich segnen und sein Haus. Wer verspottet die Worte dieser Apokalypse, den werde ich bestrafen. Und nicht soll man lesen darin außer an den heiligen Tagen, weil ich das ganze Geheimnis meiner Gottheit euch offenbart habe, o meine heiligen Glieder. Siehe, ich habe euch jedes Ding bereits verkündigt. Geht nun und geht hinaus und predigt das Evangelium von meiner Herrschaft, da sich genähert hat nämlich euer Lauf und euer heiliger Kampf. Du selbst aber, mein Erwählter, Paulus, du wirst vollenden deinen Lauf, du und mein Geliebter, Petrus, am fünften Tag des Monats Epep. Du wirst in meinem Reich in Ewigkeit sein. Meine Kraft wird mit euch sein. – Und sogleich befahl er der Wolke, aufzunehmen die Jünger und sie zu führen in das Land, welches er ihnen zugewiesen hatte. Und sie sollten predigen an jedem Ort das Evangelium vom Himmelreich in Ewigkeit wegen der Gnade und Menschenliebe unseres Herrn Jesu Christi, unseres Heilandes, welchem Ruhm ist und seinem gütigen Vater und dem Heiligen Geist bis in alle Ewigkeit. Amen.]

Apokalypse des Thomas

Höre Thomas, denn ich bin der Sohn Gottes des Vaters, und ich bin der Vater aller Geister! Höre von mir die Zeichen, die sich beim Untergang dieser Welt ereignen werden, wenn das Ende der Welt vollbracht wird, bevor meine Auserwählten aus der Welt scheiden.

Ich teile dir offen mit, was nun den Menschen geschehen soll. Wann dies aber stattfinden wird, das wissen die Fürsten der Engel nicht, denn es ist vor ihnen verborgen. Dann werden sich die Könige die Welt untereinander teilen: Großer Hunger, Seuchen und vielfache Not werden auf der Erde herrschen. Die Menschenkinder werden in allen Nationen zu Sklaven werden und durch das Schwert umkommen. Ein großer Aufruhr wird in der Welt ausbrechen. Daraufhin, wenn die Stunde des Endes näherrückt, werden große Zeichen am Himmel sieben Tage lang erscheinen, und die Kräfte des Himmels werden sich in Bewegung setzen. Dann am ersten Tage, zu Beginn der dritten Stunde, wird eine mächtige und laute Stimme am Firmament des Himmels erschallen. Eine Wolke aus Blut wird von Norden her aufgehen, ihr werden große Donner und mächtige Blitze folgen, und sie wird den ganzen Himmel bedecken. Dann wird ein Blutregen auf die Erde niedergehen. Dies sind die Zeichen des ersten Tages.

Und am zweiten Tag wird eine mächtige Stimme am Firmament des Himmels ertönen. Die Erde wird von einer Erschütterung heimgesucht werden. Die Pforten des Himmels werden sich am Himmelsfirmament von Osten her öffnen. Durch sie wird der Rauch eines großen Brandes hinausgespien werden, von dem der ganze Himmel bis zum Westen hin bedeckt sein wird. Ein großes Bangen und Angst wird an diesem Tage in der Welt herrschen. Dies sind die Zeichen des zweiten Tages.

Und am dritten Tage, gegen die dritte Stunde, wird eine mächtige Stimme im Himmel erschallen, und die Abgründe der Erde werden von den vier Ecken der Welt aus brüllen. Die Zinnen des Himmelsfirmaments werden aufplatzen, und die ganze Atmosphäre wird voll Rauchsäulen sein. Ein übler Geruch nach Schwefel wird bis zur zehnten Stunde anhalten. Die Menschen werden sagen: Das Ende der Welt ist über uns hereingebrochen, wir gehen zugrunde. Dies sind die Zeichen des dritten Tages.

Und am vierten Tage, zur ersten Stunde, wird der Abgrund von Osten her schmelzen und brüllen. Die ganze Erde wird von der Wucht der Erschütterung beben. An diesem Tage werden die Götzenbilder der Heiden sowie alle Gebäude der Erde von der Wucht des Erdbebens einstürzen. Dies sind die Zeichen des vierten Tages.

Und am fünften Tage, zur sechsten Stunde, werden plötzlich mächtige Donner im Himmel dröhnen, und die Kräfte des Lichtes werden zucken, und der Sonnenball wird aufplatzen, und eine dichte Finsternis wird sich der ganzen Welt bis zum Abendland bemächtigen. Das All wird ohne Sonne und Mond traurig sein. Die Sterne werden aufhören, ihren Dienst zu tun. An diesem Tage werden alle Nationen so sehen, als ob sie in einem Sack eingesperrt wären. Sie werden das Leben dieser Welt verachten. Dies sind die Zeichen des fünften Tages.

Und am sechsten Tage, zur vierten Stunde, wird eine mächtige Stimme im Himmel erschallen. Das Firmament des Himmels wird sich vom Osten her bis zum Westen öffnen, und die Engel werden durch die Klüfte des Himmels auf die Erde hinausblicken, und alle auf der Erde wohnenden Menschen werden die vom Himmel herabschauende Engelschar sehen können. Und alle Menschen werden dann in die Gräber fliehen, um sich vor den gerechten Engeln zu verstecken, indem sie sagen: Möge sich die Erde öffnen und uns verschlingen. Es werden nämlich Dinge passieren, die noch nie seit der Entstehung dieser Welt vorgefallen sind. Dann werden sie mich sehen, indem ich im Lichte meines Vaters mit der Kraft und der Ehre der heiligen Engel von oben herabkomme. Bei meiner Ankunft wird dann die Feuerumfriedung des Paradieses aufgebrochen werden, denn das Paradies ist mit Feuer umzäunt. Das ist aber das ewige Feuer, das den Erdkreis und alle Bestandteile der Welt verzehrt. Dann werden die Geister und die Seelen der Heiligen das Paradies verlassen und auf die Erde kommen, jeder in seinem eigenen Leib, wo dieser auch immer begraben ist. Und jeder wird sagen: Hier liegt mein Leib begraben. Und wenn die mächtige Stimme jener Geister vernommen wird, dann werden sich überall Erderschütterungen ereignen, und die Wucht dieses Erdbebens wird gegen die Gebirge einsetzen, und die Steine werden sich durch und durch spalten. Dann wird die Seele eines jeden in ihr

Gefäß zurückkehren, und die Leiber der entschlafenen Heiligen werden aufstehen. Dann werden sich ihre Leiber in die Ähnlichkeit und das Abbild und die Ehre der heiligen Engel und in die Kraft des Bildes meines heiligen Vaters verwandeln. Dann werden sie das Kleid des ewigen Lebens anziehen: das Kleid aus der Wolke des Lichtes, die auf dieser Welt noch nie zu sehen war. Denn diese Wolke kommt vom oberen Himmelsreich von der Macht meines Vaters herab. Sie wird alle Seelen, die an mich geglaubt haben, mit ihrem Glanz umhüllen. Dann werden sie angezogen und durch die Hände meiner heiligen Engel, wie gesagt, getragen werden. Dann werden sie ins All auf einer Wolke aus Licht entrückt werden. Froh werden sie mit mir zusammen in den Himmel kommen und im Lichte und in der Ehre meines Vaters bleiben. In der Gegenwart meines Vaters und meiner heiligen Engel werden sie tiefste Freude empfinden. Dies sind die Zeichen des sechsten Tages.

Und am siebenten Tage, zur achten Stunde, werden Stimmen in den vier Ecken des Himmels erschallen. Das All wird sich in Bewegung setzen und von heiligen Engeln wimmeln. Diese werden den ganzen Tag hindurch gegeneinander kämpfen. An jenem Tage werden die Auserwählten durch die heiligen Engel vom Weltuntergang errettet werden. Dann werden alle Menschen einsehen, daß die Stunde ihres Verderbens geschlagen hat. Dies sind die Zeichen des siebenten Tages.

Und wenn die sieben Tage vorüber sind, am achten Tage zur sechsten Stunde wird sich eine zarte und leise Stimme von Osten her melden. Dann wird jener Engel in Erscheinung treten, der über die heiligen Engel Gewalt hat. Mit ihm werden alle Engel zusammen ausziehen, auf dem Wolkenwagen meines heiligen Vaters sitzend, frohlockend, in der Luft unter dem Himmel umherschweifend, um meine Auserwählten, die an mich geglaubt haben, zu retten; froh schließlich darüber, daß der Untergang der Welt hereingebrochen ist.

Soweit die Worte des Heilandes an Thomas über das Ende dieser Welt.

Erläuterungen

Apokalypse des Abraham

Die Offenbarung Abrahams, ein ursprünglich jüdischer, mit deutlichen christlichen Einschüben versehener Text, dürfte im 1. Jahrhundert nach Christus entstanden sein. Auf diese späte Entstehungszeit deuten unter anderem Lücken und Fehler in der Genealogie.

Der Text besteht aus zwei Abschnitten – im ersten wird die Bekehrung Abrahams zum Monotheismus erzählt, im zweiten überschaut der Stammvater, in den siebenten Himmel entrückt, die Zukunft der Stämme Israels und das Weltgeschehen. Auf die jüdische Tradition deuten Passagen, die davon berichten, daß die Engel tagsüber schweigen und nur nachts das Lob Gottes singen, in denen der Erzengel Michael, der traditionelle Beschützer der Patriarchen, zitiert wird oder die Traube als Frucht der Verführung bezeichnet wird, weil unmäßiger Weingenuß die Wurzel vieler Übel ist.

Geistige Nähe zum Kreis der Essener lassen die Engellehre und die Nichtnennung einer leiblichen Auferstehung vermuten. Deutliche Parallelen sind aber auch zum Jesaja-Text vorhanden, wie die Erzählung von den sieben Himmeln oder den vier Lebewesen, die den Thron Gottes tragen.

Apokalypse des Sophonias

Deutlicher als bei anderen Apokalypsen macht sich bei diesem ursprünglich jüdischen, stark essenisch beeinflußten Text das Fehlen vieler Passagen bemerkbar. Von manchen Forschern wird eine bewußte Auslassung durch spätere Kopisten vermutet, möglicherweise sind auch – wie bei manchen mittelalterlichen Codices – beim mühsamen Handwerk des Abschreibens Seiten oder Textpassagen verwechselt worden oder bewußt in die sogenannte „anonyme Apokalypse“ übernommen worden.

Das detaillierte Sündenregister und die Betonung caritativer Pflichten gelten als Indiz für die Nähe des Verfassers zur Gemeinde von Qumram, das Bild vom Wägen des Herzens erinnert an das Totengericht des Osiris, der See mit dem Feuerschlamm wiederum findet seine Parallele in der sogenannten Petrus-Apokalypse des frühen Christentums.

Apokalypse des Elias

Die Offenbarung von der Himmelfahrt des Elias, ursprünglich sicherlich ein Text aus jüdischer Feder, dürfte zwischen dem letzten vorchristlichen und dem ersten nachchristlichen Jahrhundert in Ägypten entstanden und später von einem christlichen Autor überarbeitet worden sein.

Auf die jüdische Abkunft deuten beispielsweise die Beschreibungen des Tempels und die Schilderung des Antichrist, auf den ägyptischen Einfluß der Hinweis auf Kos, die nördlich von Theben gelegene größte Stadt Oberägyptens, deren Rang dem unterägyptischen Memphis durchaus gleich gewesen sein muß. Auch eine Reihe von Prophezeiungen bezieht sich einwandfrei auf die Ereignisse im Pharaonenreich. Die christliche Überarbeitung, die in den Formulierungen eine spürbare Nähe zu den Apokalypsen des Johannes, des Petrus und des Paulus verrät, ist durch zahlreiche Anspielungen auf die neutestamentlichen Evangelien erkennbar, in denen das Kommen des Messias und des tausendjährigen Reiches der Heiligen vorausgesagt wird.

Überkommen ist die Himmelfahrt des Elias in einer koptischen Fassung.

Apokalypse des Baruch

Entstanden ist die auf einen früheren semitischen Grundtext zurückgehende Baruch-Apokalypse vermutlich zwischen 100 und 130 n. Chr., sicherlich aber nach der Zerstörung des Tempels, denn ihr vordringlicher Zweck war, das in Trauer gefangene Volk wieder aufzurichten. Überliefert sind eine syrische und eine – wohl daraus entnommene – griechische Fassung.

Baruchs Klage über den Untergang des Volkes nimmt im zerstörten Jerusalem ihren Ausgang, weist aber, jüdischer Überlieferung entsprechend, deutlich darauf hin, daß nicht das Land Palästina, sondern das Gesetz Gottes der wirklich bleibende Besitz des auserwählten Volkes sei.

Auf seinem Weg durch fünf himmlische Sphären schaut Baruch Gottes Geheimnisse und erfährt, daß nach den abgelaufenen zwölf irdischen Zeitaltern mit der Ankunft des Messias die selige Endzeit beginnt.

Neben diesen deutlichen rabbinischen und christlichen Inhalten verrät der Text – in der Warnung vor Luxus oder der Empfehlung, Wasser als Getränk zu wählen, etwa – essenisches Gedankengut, die Bilder vom Hahn und vom Phönix entstammen dagegen hellenistischem Einfluß.

(Aus: Loerzer Sven, Visionen und Prophezeiungen, Augsburg 1990)

Apokalypse des Esra

Von Esra, dem „Schreiber der Wissenschaft des Höchsten", beziehen mehrere spätere Autoren ihre Legitimation, auch der Verfasser der Esra-Apokalypse. Und er versucht durch pathetische Formulierungen besonders deutlich, gemäß seinem historischen Vorbild, astrologische, kosmologische und historische Ordnungsprinzipien zu erläutern. Damit folgt er nicht nur einer jüdischen, sondern einer gesamtorientalischen Tradition, das Wissen vom Menschen, von der ihn umgebenden Welt und der Beschaffenheit des Lebensraumes in leicht verständlichen Bildern zu vermitteln.

Esra, der weise Priester, auf den sich dann so viele spätere Schriften beziehen, hatte zur Zeit der Perserherrschaft im 6. vorchristlichen Jahrhundert gelebt und aus der babylonischen Deportation heraus versucht, durch die Niederschrift des für alle verbannten Israeliten gültigen „Gesetzes des Himmelsgottes" einen neuen Kristallisationspunkt zu schaffen, der das Volk, dessen politische Einheit aufgelöst war, zusammenhalten sollte, bis zum Anbruch einer besseren Zukunft.

Apokalypse des Moses

Die ursprünglich wohl hebräische, um die Zeitenwende verfaßte Schrift besteht aus zwei Teilen, der Apokalypse und dem Himmelfahrtsbericht. Überliefert ist der Text in lateinischen, griechischen und armenischen Fragmenten.

In deutlichen Anklängen an die Berichte der Genesis wird das Leben des ersten Menschenpaares geschildert, vor allem der Sündenfall aus der Sicht der „Betroffenen“ – zweifellos eine höchst originelle literarische Variante in den zeitgenössischen Schriften.

Unbestreitbar deutlich ist der Einfluß der asketischen Essener-Sekte. Ihre leibfeindliche Alltagspraxis wird beispielsweise aus Formulierungen erkennbar, die besagen, Adam und Eva hätten im Paradies in getrennten Gärten gelebt.

Apokalypse des Sedrach

Die Entstehungszeit der Schrift ist unbekannt, ein hebräischer Urtext, der allerdings verschollen ist, wird aus vielerlei Anzeichen geschlossen. Die überlieferte griechische Fassung zeigt deutlich die christliche Überarbeitung, wenn beispielsweise die aus der Abraham-Apokalypse vertraute Führer-Gestalt des Erzengels Michael durch Christus ersetzt wird. Im allgemeinen aber gilt die Sedrach-Apokalypse als das optimale Beispiel für das jüdische Theodizee-Denken, für den Versuch des Geschöpfes also, mit dem Schöpfer über den Lauf der Geschichte zu rechten, über dessen Toleranz gegenüber dem Bösen, über Macht und Verführungskunst des Satans. Diese Auseinandersetzung ist nicht zuletzt ein Versuch, menschliche Schuld zu rechtfertigen.

Insgesamt weist der Text eine deutliche geistige Nähe zum Buch Hiob, aber auch zur Esra- und zur Baruch-Apokalypse auf.

Viertes Buch Esra

Das vierte Buch Esra gilt als typisches Beispiel für die Unterscheidung zwischen der frühen Prophetie und der Apokalyptik der Zeitenwende. Lassen die jüdischen Propheten stets die Möglichkeit offen, Gott werde durch eine „Umkehr“ der Sünder zu einer

Änderung seiner weltgeschichtlichen Pläne bestimmt, so ist für die Apokalyptiker der vorgeplante historische Ablauf unabänderlich.

Das vierte Esra-Buch ist – aus dem Grundbestand jüdischer Traditionen – um 100 n. Chr. entstanden und greift in der Stilform von Frage und Antwort das literarische Element der tradierten Weisheitslehre auf, wobei gerade die simplen Hinweise auf natürliches Geschehen als Erklärung schwieriger theologischer Fragen dem Text große Popularität sicherten. Die Schrift weist deutliche Bezüge zur syrischen Baruch-Apokalypse und zur äthiopischen Fassung des Henoch-Buches sowie zu Deuterojesaja auf, wo gleichfalls das spezifisch eschatologische Denken detailliert herausgearbeitet, die geschichtsimmanente Zukunfsschau aber weitgehend vernachlässigt wird.

(Aus: Loerzer Sven, Visionen und Prophezeiungen, Augsburg 1990)

Äthiopisches Henoch-Buch

Henoch, der Vater Methusalems, war ein bereits in der Genesis erwähnter Patriarch, um dessen Weisheit sich viele, teilweise sogar nichtjüdische Legenden rankten. Er galt als Erfinder der Rechenkunst, der Schrift, der Astronomie, verfügte über magische Künste und fuhr wie Elias in den Himmel auf. Kein Wunder, daß Henoch – „der Kundige“ – zum Lieblingskind des Wunderglaubens gleichermaßen bei Juden, Christen und Muslimen wurde.

Kein Wunder auch, daß der Autor des Henoch-Buches mit dem Namen Henoch hohe Autorität adaptierte und selbst ein breitgefächertes Bild zeitgenössischen Weltverständnisses zu vermitteln versuchte. Der aus uneinheitlichen Fragmenten komponierte und vielfach überarbeitete Text ist wohl zwischen 160 vor und 60 nach Christi Geburt entstanden, jedenfalls vor der Zerstörung des Tempels abgeschlossen worden. Erhalten blieben eine griechische, eine slawische und eine äthiopische Fassung, die einander zwar ähneln, aber nicht identisch sind, so daß man von einer gemeinsamen, wohl aramäischen Wurzel ausgehen kann.

In diese wohl bilderreichste aller Apokalypsen sind neben essenischen auch umfangreiche christliche Passagen und Ideen eingeflossen.

(Aus: Loerzer Sven, Visionen und Prophezeiungen, Augsburg 1990)

Himmelfahrt Mose

Kaum eine andere apokalyptische Schrift wird im frühen Christentum so häufig erwähnt wie die Himmelfahrt des Mose, auf die Clemens von Alexandrien ebenso hinweist wie Didynos, Origenes und Gelasius. Sie wird aber auch in den Akten des Konzils von Nicäa genannt.

Entstehungs- und Überarbeitungszeit sind ungewiß, in einigen Quellen wird die Zeitenwende vermutet, in anderen das Jahr 45, unmittelbar nach dem Tod des Herodes, in anderen die Zeit um 70 oder gar erst um 130. Gegen letztere Datierung spricht allerdings, daß Fehlangaben über die Regierungszeit der Herodes-Söhne nicht korrigiert wurden. Gegen die früheste Datierung wiederum spricht die genaue Kenntnis der Frevel, die Herodes gegen das Volk Israel verübte.

Mit vielen historischen Bezügen über die erlebte und die künftige Geschichte, von der Zeit des Exils und der Verwüstung Israels bis zum Anbruch des Weltgerichts, mahnt Moses sein Volk zu einem Lebenswandel, der sich allein an den Geboten ausrichtet, die ihm auf dem Sinai übergeben wurden.

(Aus: Loerzer Sven, Visionen und Prophezeiungen, Augsburg 1990)

Das Testament Abrahams

Dieses Testament Abrahams wird von der Forschung ins 2. nachchristliche Jahrhundert datiert und basiert auf einer Reihe jüdischer Legenden, in die die visionären Bilder von der Reise durch die himmlischen Sphären eingestreut sind. Das Testament des Abraham stammt ganz offenbar aus einem anderen geistigen Umfeld als die Offenbarung Abrahams. Ist diese nach jüdischer Tradition noch deutlich nationalistisch gefärbt, so wird das Testament zu einer moralisch-ethischen Lehrrede. Somit zeigt der Text dann große Nähe ebenso zu den ebenfalls aus christlicher Zeit stammenden Testamenten der zwölf Patriarchen wie zu den aus rein christlicher Autorenschaft stammenden Apokalypsen des Petrus und des Paulus.

Essenische Einflüsse lassen der Lobpreis der Gastfreundschaft vermuten sowie der Rat, Milde gegenüber jenen Mitmenschen walten zu lassen, die in irgendeiner Form schuldig geworden sind.

Das Testament Isaaks

Der Text, dessen Entstehungszeit ebenfalls als ungesichert gilt, ist in einer arabischen und einer äthiopischen Fassung erhalten. Unklar ist auch das geistige Umfeld des Autors, in jedem Fall lassen deutliche Fehler in der Genealogie und die erkennbare Reduktion nationaler Bindung frühchristliche Herkunft vermuten. Ein bewußtes Wiederaufgreifen jüdischer Tradition wird wiederum aus der Tatsache deutlich, daß nicht Christus, sondern der Erzengel Michael als Führer durch das Jenseits auftritt. Insgesamt erscheint der Text als eine wohlüberlegte und systematische Komposition in der traditionellen Apokalypsen-Reihe des Adam, des Abraham und des Moses, obwohl die dafür typischen Lehr- und Mahnreden fehlen.

Das Bangen um das Schicksal der Nachkommen, die zärtliche Bemühung, ihnen Kummer zu ersparen – die sich letztlich auch im Vater-Sohn-Bild der christlichen Botschaft widerspiegelt –, wirft ein deutliches Licht auf die jüdische Familienbindung, während Hinweise auf das wiederholte vierzigtägige Fasten, auf den Verzicht von Fleisch und Wein, auf ein Ruhelager und auf die Erfüllung sexueller Freuden essenisches Gedankengut verdeutlichen.

Die Offenbarung Adams

Das sogenannte Testament Adams – auch Apokalypse oder Buße Adams genannt – enthält vorwiegend christliches Gedankengut, wie Formulierungen wie „der erste und der zweite Adam" verdeutlichen. Natürlich liegen der wohl aus verschiedenen überlieferten Teilen zusammengesetzten Schrift Einflüsse der verschiedensten jüdischen Lehrrichtungen zugrunde, etwa die geschichtlichen Prophezeiungen, die Beschreibung der neun Engelschöre mit ihren Aufgaben, der Hinweis auf den durch Tag und Nacht andauernden Lobpreis des Allerhöchsten. Aber auch Gedankengut aus den Glaubenstraditionen Ägyptens – wo die jüdische Gemeinde stark vertreten war und auf der Nilinsel Elephantine sogar einen eigenen Tempel hatte – wird erkennbar. Nicht minder deutlich ist wiederum der Einfluß gerade dieses Textes auf die Schriften und Rituale der koptischen Christen.

Fragmente des Testamentes Adams liegen in syrischer, arabischer und griechischer Fassung vor. Entstanden ist es wohl in einer Zeit, da die gnostischen Gruppierungen sich noch der christlichen Kirche zugehörig fühlten, also um die Wende zum 2. Jahrhundert.

Das Evangelium nach Maria (Magdalena)

Das Evangelium nach Maria, den kanonischen Evangelien deutlich nachempfunden, ist eines der besten Beispiele für die hohe Stellung der Frau im frühen Christentum, vor allem in den Gemeinden der Gnostiker. Es war ja naheliegend, daß die Frauen, die bei der Grablegung und der Auferstehung Christi eine bedeutende Rolle spielten, nun auch mit der Auslegung der Botschaft betraut waren – allerdings nicht ohne den Widerspruch des Petrus zu erfahren. Auf welche der Marien aus dem Frauenkreis um Jesus – ob die Mutter des Herrn oder die Maria aus Magdala – die Offenbarung bezogen ist, läßt sich nicht einwandfrei belegen; die Kraft ihrer Fürbitte läßt wohl eher auf die Gottesgebärerin schließen.

Der nur fragmentarisch überlieferte Text zeigt eine deutliche Abschiedsstimmung.

In der einen der erhaltenen Fassungen betet Maria auf dem Ölberg, in der anderen auf Golgota und erhält jeweils Aufschluß über die Höllenqualen der Verdammten (mit besonderer Betonung der verdammten Kleriker und Mönche), und sie erreicht durch ihre Fürbitte die periodische Aussetzung der Bestrafung.

Der Text dürfte frühestens im 7. – nach manchen Forschern erst im 9. Jahrhundert – entstanden sein, da bereits auf Mohammed und seine Anhänger verwiesen wird.

(Aus: Hörmann Werner, Gnosis, Augsburg 1990)

Apokryphon des Johannes

Neben der geheimen Offenbarung von Patmos sind zwei weitere Johannes-Offenbarungen tradiert, deren eine um 400 geschrieben sein dürfte und um 900 bezeugt ist, deren andere zwischen dem 6. und dem 8. Jahrhundert auf Zypern entstanden sein soll. Beide beziehen ihre Legitimation aus dem Namen des Lieblingsjüngers, der von Christus über Parusie und Weltgericht informiert wird, der den Zustand der Menschen nach der Auferstehung erfährt und – auf Engelsflügeln emporgetragen – das Paradies kennenlernen darf, den Zustand des ersten Menschen vor und nach dem Sündenfall.

Verschiedene Autorenmerkmale, aber auch verschiedene geistige Einflüsse kennzeichnen die einzelnen Passagen, die untereinander offensichtlich keine Verbindung aufweisen. Erkennbar wird ein breites Spektrum orientalisch-hellenistischen Gedankengutes. Die hier vorgelegte Fassung ist gnostischer Herkunft und einerseits vom Glauben an die Erlöserkraft Christi geprägt, andererseits von nicht übersehbarem Judenhaß. So bringt beispielsweise – die Lehre, daß Gott Mann und Frau, Vater und Mutter in einem sei, mißachtend – der Äon Sophia aus jungfräulich-weiblicher Zeugungskraft den jüdischen Schöpfergott als schuldbeladene Fehlgeburt zur Welt. Die griechische, bereits dem Irenäus bekannte Fassung dieses Textes könnte auf eine koptische Schrift zurückgehen, einige Formulierungen, wie beispielsweise Anweisungen zur Liturgie oder über die „den Priestern zu erweisende Verehrung“, sprechen dafür.

(Aus: Hörmann Werner, Gnosis, Augsburg 1990)

Die Offenbarung des Paulus

In naher Verwandtschaft zur wahrscheinlich ältesten christlichen Apokalypse, der des Petrus, ist – nach einer Notiz des Origenes zwischen 240 und 250 – die griechische Urschrift der Paulus-Offenbarung entstanden, und zwar wahrscheinlich in Ägypten. Sie ist ebenso verschollen wie eine bei Epiphanias erwähnte Himmelfahrtsoffenbarung des Paulus.

Der überkommene Text dürfte um 380 neu geschrieben worden sein und wird mit einer originellen Legende eingeleitet, die von der Auffindung des Manuskriptes während der Regierungszeit Kaiser Theodosius' im Haus des Paulus in Tarsus erzählt.

Kaum eine andere Schrift jener Zeit hat das christliche Jenseitsbild bis ins Mittelalter so stark beeinflußt wie die Petrus- und die Paulus-Apokalypse, deren Höllen- und Dämonenbilder nicht nur bei Augustinus erwähnt werden, sondern vor allem in Dantes Inferno und in den Schauungen der Hildegard von Bingen ihren Niederschlag fanden, in romanischen und frühgotischen Fresken, Portalen und Bestiensäulen sichtbare Gestalt annahmen.

(Aus: Schneemelcher Wilhelm (Hrsg.), Neutestamentliche Apokryphen, Verlag J.C.B. Mohr (Paul Siebeck), Tübingen 1971[4])

Die Offenbarung des Thomas

Die Entstehungszeit der Thomas-Offenbarung, die der Autor als Evangelium verstanden wissen will, ist unklar, Forschungsergebnisse nennen unterschiedliche Datierungen zwischen dem 1. und dem 4. Jahrhundert.

Bekannt war die Existenz der Thomas-Schrift – ehe Anfang des 20. Jahrhunderts die Schriftfunde von Nag Hammadi entdeckt wurden – nur aus dem Decretum des Gelasius, der den Text klar ablehnte.

Zur Deutung gibt der Autor selbst Aufschluß: „Dies sind die verborgenen Worte, die der Jesus, der lebt, sagte und die der Zwilling Judas Thomas aufschrieb." Thomas will also eine messianische Zitatensammlung niedergeschrieben haben und betont immer wieder: „Jesus sagte" – wobei nur ein Teil dieser Aussprüche in den kanonischen Evangelien belegt wird.

Gnostische Einflüsse sind relativ gering, insgesamt dürfte der Text der Offenbarungstradition am nächsten stehen, denn im Gegensatz zu den Apokalyptikern erfährt der Autor keine Vision über das Jenseits, den Lauf der Welt und ihr vorbestimmtes Ende, sondern er interpretiert das Wort Jesu.

(Aus: Schneemelcher Wilhelm (Hrsg.), Neutestamentliche Apokryphen, Verlag J.C.B. Mohr (Paul Siebeck), Tübingen 1971[4])

Die Textauswahl

Dieser Sammelband kann nur eine Auswahl aus den apokryphen apokalyptischen Schriften aus jüdischer und christlicher Zeit bieten. Ausgespart blieben – beispielsweise – Texte, die bereits in anderen Ausgaben des Pattloch-Verlages erschienen sind, in Hörmann: „Die Apokryphen", in Loerzer: „Visionen und Prophezeiungen", in Hörmann: „Gnosis".

Verzichtet wurde auch auf Texte, die durch allzu unkritische Überarbeitungen ihre Authentizität weitgehend eingebüßt haben oder die aus anderen, häufigen Publikationen als bekannt vorausgesetzt werden dürfen. Auf sie wurde darum in diesem Einleitungstext durch kurze Hinweise aufmerksam gemacht.

Zweifellos stellt diese Sammlung keinen Beitrag zur wissenschaftlichen Erforschung der Texte dar, sondern lediglich den Versuch, einem breiten Leserkreis einige der formal interessanten Texte in einer zeitgemäß formulierten, leicht verständlichen Sprache zugänglich zu machen.

Für die freundlicherweise erteilte Abdruckgenehmigung für die Paulus-Apokalypse und die Thomas-Apokalypse danken wir dem Verlag J. C. B. Mohr (Paul Siebeck) Tübingen. Entnommen aus: Neutestamentliche Apokryphen. Hrsg. v. Wilhelm Schneemelcher, Tübingen 1971, 4. Auflage. Paulus-Apokalypse S. 647–675, Thomas-Apokalypse S. 676–679.

Soweit nicht anders angegeben, wurden alle anderen Quellentexte von der Herausgeberin und Herrn Ulrich Berger, München, bearbeitet und übersetzt.

Literaturhinweise

Quellentexte

Bensly, J.:	Missing Fragment of the Latin Translation of the Fourth Book of Ezra, o. O. 1875
Birch, A.:	Auctuarium codicis apocryphi Nt Fabriciani, I 1804
Brandes, H.:	Visio S. Pauli. Ein Beitrag z. Visionslit. m. einem dt. u. zwei lat. Texten, o. O. 1885
Budge, E. A. W.:	Miscellaneous Coptic Texts in the Dialect of Upper Egypt (kopt.), London 1915, 534–574 (m. engl. Übers. 1043–1084)
Ceriani:	Monumenta Sacra V (1868), 1, 11–18
Dillmann:	Chrestomathia Aethiopica (äthiop.), Lips. 1866, 1–15 Menaeum Graecorum, Venedig 1609
Fabricius, J. A.:	Codex apocryphus NT, 2 Bde. 1703/19
Fabricius, J. A.:	Codex pseudepigraphus Vet. Test. 1723 II, 173–307
Fritsche:	Libri Vet. Test. pseudepigraphi selecti, o. O. 1871, 22–71
Harris, Rendel:	The Rest of the Words of Baruch, London 1889
Hauler, E.:	Zu den neuen lateinischen Bruchstücken der Thomas-Apokalypse ... im cod. Vindob. n. 16, in: Wiener Studien 30, Wien 1908, 308–340
Hilgenfeld, A.:	NT extra canonem receptum, 2. Aufl. 1884
Hilgenfeld. A.:	Messias Iudaeorum, 1869
James, M. R.:	Apocrypha anecdota, in: Text and Studies 1893/7
James, M. R.:	Notes on Apocrypha, Revelatio Thomae, in: The Journal of Theological Studies (JThS) 11 (1910), 288 ff.
Klostermann, E. u. Harnack, A.:	Apocrypha, 1–444 (KIT3, 8, 11, 12)
Meyer, W.:	Leben Adams und Evas (lat. Vita), in: Abh. d. bayr. Ak. d. Wiss., philol.-philosoph. Kl. IV, 3, 1878, 185 ff.
Riciotti, G.:	Apocalypsis Pauli syriacae: Or Nova Ser 2 (1933), 1–25, 120–1449 (m. lat. Übers.)
Rutherford, A.:	Visio S. Pauli (nach Textausg. v. James), in: Menzies, A.: Ante-Nicene Christian Library, 1903 (m. guter Bibliogr.)
Sabatier:	Bibliorum sacrorum latinae versiones antiquae III, 1749, 1069–1084
Silverstein, Th.:	Visio S. Pauli, in: Studies and Documents (ed. 9, lat Bearbeitungen m. ausführl. Lit.), London 1935

Thilo, J. C.: Codex apocryphus NT, I 1832
Tischendorf, C.: Apocalypses apocryphae, London 1866
Unkanon. Bücher des AT (Sammlg. armen. Apocrypha), Venedig 1896, 349–364
van der Vlis: Disputatio critica de Ezrae libro apocrypho vulgo quarto dicto, 1839
Wilhelm, F.: Dt. Legenden und Legendare, o. O. 1907, 40–42

Übersetzungen

Bensly, James: Fourth Book of Ezra, in: Robinson, Texts and Studies III, 2 (1895)
Bonwetsch, F. N.: Die Bücher d. Geheimnisse Henochs, Leipzig 1922
Box, G. H.: The Ap. of Abraham, London 1919
Burkitt, F. C.: Jewish and Christian Apocalypses, o. O. 1914
Charles, R. H.: The Apocrypha and Pseudepigrapha of the Old Testament in English, 2 Bde., Oxford 1913
Gaselee, S.: The Testament of Isaac and Jacob, London 1927
Geffcken, J.: Christl. Apokryphen, o. O. 1908
Hennecke, E.: Neutestamentl. Apokryphen in dt. Übers., Tübingen ²1924
Hörmann, W.: Gnosis: Das Buch der verborgenen Evangelien, Augsburg 1989
James, M. R.: The Apocryphal New Testament, Oxford 1924
James, M. R.: On the Ap. of Sedrach, o. O. 1893
James, M. R.: The Testament of Abraham, Text and Studies II, 2, o. O. 1892
Kautzsch, E.: Die Apokryphen und Pseudepigraphen des Alten Testaments, Tübingen 1900
Loerzer, S.: Visionen und Prophezeiungen. Die berühmtesten Weissagungen d. Weltgeschichte, Augsburg 1990
Michaelis, W.: Die apokr. Schriften z. NT, Bremen 1956, 464–488
Rießler, P.: Altjüdisches Schrifttum außerhalb der Bibel, Heidelberg ²1966
Schneemelcher, W.: Neutestamentl. Apokryphen, 2 Bde., Tübingen 1987/88, 5. Auflage
Steindorff, G.: Die Ap. des Elias, London 1899
Weidinger, E.: Die Apokryphen. Verborgene Bücher der Bibel. Augsburg 1990

Sekundärliteratur

Altaner, B.: Patrologie, Freiburg 1950
Amann, E.: Apocryphes du NT, in: Dictionnaire de la Bible I, 460–533

Baray, G.:	Reallexikon f. Antike u. Christentum, hrsg. v. Th. Klauser, Stuttgart 1941 (1950) ff., Bd. I, 516–520
Bardenhewer, O.:	Geschichte d. altkirchl. Literatur, 5 Bde., Freiburg i. Breisgau 1902 ff., I ²1913, II ²1914, III ²1923, IV ¹⁻²1924, V 1932
Bonwetsch, F. N.:	Das slav. Henochbuch = Abhandl. d. königl. Ges. d. Wiss. zu Göttingen, philologisch-histor. Klasse, N. F. Bd. 1, Nr. 3
Botterweck, G. J.:	„Apokryphen" u. „Apokryphen d. AT", in: LThK 1, 712/713
Casey, R. P.:	in: JThST 1933 (zur Apok. Pauli), S. 1–32
	Dictionnaire de la Bible, Suppl., hrsg. v. L. Pirot, fortges. v. A. Robert, Paris 1928 ff., Bd. I, 354–460
Eißfeldt, O.:	Einleitung in das Alte Testament, Tübingen ²1956
Graf, G.:	Gesch. d. christl. arab. Literatur I–IV = Studi e Testi, 118, 133, 146, 147, 172, Rom 1944–53
Gross, H.:	„Apokryphe Apokalypsen d. AT", in: LThK 1, 696–698
Hallévi, J.:	Recherches sur la langue de la rédaction primitive du livre d'Enoch, Journal Asiatique 1867
Hallock, F. H.:	Coptic Apocrypha, in: Journal of Biblical Literature (JBL) 53 (1932), 163–174
Harnack, A. v.:	Gesch. d. altchristl. Literatur, 3 Bde., Leipzig 1893–1904
Hörmann, W.:	Gnosis: Das Buch der verborgenen Evangelien, Augsburg 1989
Krause, M. u. Labib, P.:	Die drei Versionen d. Apokryphen d. Johannes im Kopt. Museum zu Alt-Kairo, Abh. Dt. Arch. Inst. Kairo, Kopt. Reihe Bd. 1, 1962
Lawlor:	Early Citations from the Book of Enoch, in: The Journal of Philology 1897
Loerzer, S.:	Visionen und Prophezeiungen. Die berühmtesten Weissagungen d. Weltgeschichte, Augsburg 1990
Meyer, R. u. Oepke, A.:	Theolog. Wörterbuch zum NT, hrsg. v. G. Kittel, fortges. v. G. Friedrich, Stuttgart 1933 ff., Bd. III, 979–999
Michl, J.:	„Apokr. d. NT", in: LThK 1, 713
Michl, J.:	„Apokryphe Apokalypsen d. NT", in: LThK 1, Freiburg ²1986, 698–704
Milik, J. T.:	Biblica 32 (1951), 393–400
Mowinckel, S.:	He That Cometh, Oxford 1956, 346–450
Schneemelcher, W.:	Neutestamentl. Apokryphen, 2 Bde., Tübingen 1987/88, 5. Auflage
Schürer, E.:	Geschichte d. jüd. Volkes im Zeitalter Jesu Christi, Bd. III, Leipzig ⁴1909, 258–407
Till, W. C.:	Die Gnosis in Ägypten, in: La Parola del passato 12, o. O. 1949
ders.:	The Gnostic Apocryphon of John, in: JEH 3 (1952), 14–22

Torrey, C. C.: The Apocryphal Literature, New Haven 1946

Wallace, D. H.: The Semitic Origin of the Assumption of Mosis, in: ThZ 11 (1955), 321–328

Weidinger, E.: Die Apokryphen. Verborgene Bücher der Bibel. Augsburg 1990

Weinel, H.: Die spätere christl. Apokalyptik, Festgabe f. H. Gunkel II, Göttingen 1923, 141–173